中国田野考古报告集·考古学专刊·丁种第106号
广州田野考古报告之八
南越国宫署遗址考古发掘报告之二

南 越 木 简

广 州 市 文 物 考 古 研 究 院
中国社会科学院考古研究所 　编著
南 越 王 博 物 院

文物出版社
北京·2022

图书在版编目（CIP）数据

南越木简／广州市文物考古研究院，中国社会科学院考古研究所，南越王博物院编著. -- 北京：文物出版社，2022.12

　　ISBN 978 - 7 - 5010 - 5152 - 6

　　Ⅰ. ①南…　Ⅱ. ①广…②中…③南…　Ⅲ. ①南越（古族名）- 木简 - 研究　Ⅳ. ①K877.54

　　中国版本图书馆 CIP 数据核字（2021）第 170257 号

南越木简

编　　著：广州市文物考古研究院
　　　　　中国社会科学院考古研究所
　　　　　南越王博物院
主　　编：韩维龙　刘　瑞　莫慧旋

责任编辑：黄　曲　蔡　敏
封面设计：程星涛
责任印制：张　丽

出版发行：文物出版社
社　　址：北京市东城区东直门内北小街 2 号楼
邮　　编：100007
网　　址：http：//www.wenwu.com
经　　销：新华书店
印　　刷：宝蕾元仁浩（天津）印刷有限公司
开　　本：889mm×1194mm　1/16
印　　张：27.75　插页：1
版　　次：2022 年 12 月第 1 版
印　　次：2022 年 12 月第 1 次印刷
书　　号：ISBN 978 - 7 - 5010 - 5152 - 6
定　　价：480.00 元

Archaeological Monograph Series, Type D No. 106

Monographs of Guangzhou Archaeology No. 8

Monographs of Palace Site of Nanyue Kingdom No. 2

NANYUE WOODEN SLIPS

Compiled by

Guangzhou Institute of Cultural Relics and Archaeology

Institute of Archaeology, Chinese Academy of Social Sciences

Nanyue King Museum

Cultural Relics Press

Beijing · 2022

主 编

韩维龙　刘　瑞　莫慧旋

序

　　《南越木简》付梓之际，课题组同志嘱我作序。"南越木简"出土于"南越国宫署遗址"。"南越国宫署遗址"在 20 世纪 90 年代后期的一连串重要考古发现，引起学术界的高度重视。当时负责"南越国宫署遗址"发掘的麦英豪先生，邀请我到广州考察，他希望与中国社会科学院考古研究所合作，把这一考古工作进一步推向深入。中国社会科学院考古研究所与广州市考古机构有着很好的合作历史传统。早在 20 世纪 80 年代初，南越王墓发现伊始，麦英豪先生就向时任中国社会科学院考古研究所所长夏鼐先生提出合作发掘南越王墓的建议，并得到夏鼐先生的积极支持。随后双方开展的南越王墓田野考古工作合作密切，田野考古报告《西汉南越王墓》整理、编著合作更为紧密，此书出版以后荣获"夏鼐考古学一等奖"，获得学术界的赞誉。鉴于这样的历史背景，我代表中国社会科学院考古研究所表示愿意与广州市文物考古机构合作开展"南越国宫署遗址"考古工作。随后麦英豪先生邀请我赴广州商议今后"南越国宫署遗址"田野考古发掘与研究工作的思路与实施计划。我希望"南越国宫署遗址"考古工作重点应该落实在"南越国都城"与"南越国宫城"遗址方面，而都城、宫城的核心是"宫殿建筑遗址"，这是"国家"的"政治平台"。我认为今后相当长一段时间"南越国宫署遗址"考古工作的"重点""学术突破点"与考古"切入点"应该集中在南越国王宫及其宫殿建筑遗址。麦英豪先生赞同我的上述意见，并希望我提出一个近期及今后较长一段时间，南越国宫署遗址考古工作重点、学术突破点、考古工作的切入点等问题的思路。我询问了 90 年代以来"南越国宫署遗址"的考古发现具体情况，他提到 1995 年考古发现了南越国宫苑的"蕃池"遗址，1996 年夏秋之际又在"蕃池"遗址以西 30 米处考古发现了一个南越国时期的"水井"，"水井"西侧大灰坑内发现大量砖瓦建筑材料堆积。根据麦英豪先生提供的以往考古工作信息，我根据在汉长安城遗址考古发掘的经验，建议以"蕃池"西部"水井"遗址为基点，向西北部安排试掘探方，开展寻找"宫殿建筑遗址"的考古工作技术路线。2000 年年初，广州市文物考古研究所①、中国社会科学院考古研究所、南越王宫博物馆筹建处②组成联合考古队，开始合作考古勘探、发掘南越国宫城遗址，首先通过考古试掘确认了水井西北部的"宫殿建筑遗址"（编号"南越国一号宫殿建筑遗址"），其后在其附近进行了考古发掘工作，证实南越国的宫殿遗址就在儿童公园之下。这一重要发现曾经引起学术界极大关注，大多数学者认为这一发现十分重要，也有一些著名考古学家质疑这不是南越国宫殿建筑遗址。时间是

---

① 根据广州市机构编制委员会批复，2014 年 1 月广州市文物考古研究所更名为广州市文物考古研究院。
② 2021 年 9 月，南越王宫博物馆与西汉南越王博物馆合并，组建南越王宫博物院。

检验科学的重要因素，随着南越国宫城及宫殿建筑遗址考古工作的深入开展，重要考古发现一个又一个地面世，南越国都城、宫城、宫殿遗址得到学术界认同，那些"质疑"之声也就销声匿迹了。广州市政府面对南越国王宫、宫殿建筑遗址的考古发现，果断、迅速地作出时任市长林树森所说的"如果儿童公园发掘出南越国时期的宫殿遗址，儿童公园整体搬迁"重要决定，2002 年儿童公园进行了整体搬迁。2003 年后，联合考古队在南越国宫城遗址先后发掘了南越国王宫"一号宫殿遗址""二号宫殿遗址"，究明了"宫城遗址"范围，使两千多年前的"南越国宫城遗址"得以全面保护并展示给世人。2011 年，我与原广州市市长、贵州省省长林树森同志作为"第十届河洛文化学术研讨会"的代表，在台湾参会期间，我们又愉快地回忆起十几年前这件事，我想当时正是林树森市长的"搬迁儿童公园"的果断决定，使"南越国宫城遗址"得以保存，并能够得以进行大面积的考古发掘，从而使一些重大考古发现成为现实。现在即将付梓的考古发掘报告《南越木简》，就是在儿童公园整体搬迁之后的那些重大考古发现的科研成果之一。

《南越木简》一书是 2004 年 11 月至 2005 年 1 月联合考古队在南越国宫苑遗址渗水井（编号 J264）考古发掘及出土南越国时期木简的田野考古报告。该报告是联合考古队同志对 J264 渗水井考古发现及多学科、跨学科进行了全面、深入科学研究的成果，其中尤以 J264 出土木简学术意义最为重要，因此这项考古发掘、研究的考古报告，命名为《南越木简》。

以往出版的秦汉简帛考古报告也有不少，但是我读了《南越木简》稿，觉得该课题编著者的这部"考古报告"，其"木简"的学术意义"非同一般"，"考古报告"的编著特点很有"考古学特色"，它们主要有以下几点：

一 南越木简属于西汉诸侯王国——南越国王宫木简文书

南越木简出土于南越国王宫之宫苑中的渗水井使用过程形成的堆积中，木简出土"空间"位置说明这些木简应该是王宫"使用"的遗存。进一步的佐证是木简中的文字也充分说明了这点，如木简中的"陛下""公主""宫门""守苑""蕃禺""南海"等木简文字，均与南越国王宫相关事务有关。再有，其中一些简文内容多与南越国王宫相关，可能有的就是王宫文书。

木简之中文字多有涉及法律、籍簿等文书内容，诸如律令、爰书、奏谳书等，属于籍簿内容的出入籍、门籍、物籍等。木简文字记载的职官、刑法、赋税、从军等内容，无疑折射出木简出土地的政治与社会历史，这恰恰与南越国宫城遗址的"性质"是"一致的"。上述木简因为出土于南越国宫城遗址，宫城作为南越国的政治中心，其木简文字内容自然与南越国历史密切相关。这批木简不是墓葬中的"随葬品"，而是官方的"文书"，且又不是一般"县级"的"官方文书"，而是"王宫文书"，这是首次发现的西汉诸侯王的都城、宫城之中的具有王宫文书性质的"简"。

二 南越木简补充了《史记·南越列传》的一些重要历史文献记载

木简及碎片共计 136 枚，墨书文字共约 1200 字。《南越木简》作者认为木简时代属于南越国早期，其年代早于《史记》80 年，此处刘瑞统计《史记·南越列传》共计 2480 字，而南越国王宫遗址出土南越木简的现存文字约 1200 字，其中大多又为历史文献记载中所少见或不见，对于南越国及西汉诸侯王国历史研究意义重大。

三 南越木简是"中华民族"形成于秦汉时代的重要佐证之一

南越国作为距离秦汉帝国中心最远的地区之一，南越木简的文字及体例与中原地区的汉代书简、律简相同，加之考古发现南越国都城、宫城遗址及南越王墓的建筑形制、出土遗物等"国家文化"载体与"大中原地区"的同类遗存具有一致性，这些考古发现物化载体佐证了华南地区早在秦汉时代已经成为"中华民族文化圈"的组成部分。

四 《南越木简》考古报告的"考古学"特色

多年来各地考古发现的简帛类遗存为数不少，近年来也整理、编写、出版了一批简帛类考古报告。《南越木简》与以往"简牍报告"不同的是，本报告编著者注重以考古学方法进行木简"自身"及木简文字所涉及环境与社会的研究，如《南越木简》中的植物遗存、动物骨骼等分析，尤其是木板、木片、木炭及植物叶片的分析、鉴定等，对于南越木简材料产地，以及进一步对木简文字的书写地与相关年代学研究，均提供了科学支撑。可以说《南越木简》考古报告中"多学科""跨学科"研究在同类著作中是十分突出的部分，我们期待以后能有更多这样的"出土文献类"（如甲骨文、金文、简帛等）田野考古报告问世。

刘庆柱

2018 年 12 月 30 日

目录

插图目录

插表目录

图版目录

上编：发掘篇

壹 前言

一 地理位置和自然环境

广州市地处中国大陆南部、广东省中部偏南，北接南岭余脉，南临南海，西江、北江、东江在此汇流入海，是中国的南大门，地理位置十分重要。范围跨度为北纬 22°26′~23°56′、东经 112°57′~114°3′，北回归线在市境中部偏北穿过。广州市地处珠江三角洲北部，整体地势呈现北高南低、自北向南逐渐倾斜的趋势。东北部为中低山地，海拔一般在 500~800 米之间；中部为丘陵台地，海拔一般在 500 米以下；南部为沿海冲积平原，海拔一般数米至 10 多米。由于地处海陆交互作用带，其地貌类型多样与多层。市区的地形大致是南部和西南部比较低，海拔 15~25 米；东北部和北部比较高，从大庾岭逶迤而来的白云山起，至横亘于市区北面的越秀山止，形成一列呈东北—西南走向、绵延起伏的低山丘陵。其中白云山的主峰摩星岭海拔 372 米，越秀山的主峰越井岗海拔 70 米。

由于地处低纬度及濒临南海的共同作用，广州市归属南亚热带海洋性季风气候带，一年内冬夏季风交替，具有光能充足，暖热少寒、夏长冬短，雨量充沛、雨季明显等气候特征。在地形和气候的共同作用下，广州市河流纵横，水资源丰富，生物种类繁多，且生长快速[①]。

南越国宫署遗址位于越秀区的西北部，越秀区为广州市老城区中心，是古代广州城所在地。广州作为历代州、郡、县治所和南越国、南汉国都城，其行政中心多在今越秀区范围内。

越秀区因北倚越秀山而得名，地处白云山、瘦狗岭丘陵区与珠江三角洲过渡地带，地形东北高、西南低，由西北向西、向南倾斜。越秀区常见的地形是海河合力淤积所形成的近代冲积平原，海拔多在 10 米以下，地势低平。根据地理学家考查，广州老城区的原始地形为两个半岛：一是东面由番山、禺山南北相连组成的番山半岛（或番禺半岛）[②]，在今北京路以东；二是西南面坡山半岛，在今惠福西路。两个半岛之间为古西湖，在今教育路、西湖路一带。今越秀区之西北陲，即

---

① 广州市地方志编纂委员会：《广州市志》卷二，第 5~8 页，广州出版社，1998 年。

② 1954 年在越秀山镇海楼后面的山坳处发现晚唐天祐三年（906 年）王涣墓，其墓志记载："遂于尉他朝台之侧，设权窆之仪……以天祐三年六月廿六日改卜于是……番山之左，越井之下，以卜以筮，可封可树。"由是可知，唐时的番山即今越秀山，因其位处老城区之北，又称为"北山"。南宋时，番山与禺山在城中的位置已不能确指了。参见伍庆禄、陈鸿钧著：《广东金石图志》，第 61~63 页，线装书局，2015 年。

象岗山以西，流花湖一带则为兰湖；南部即惠福路以南，为近一千五百多年间逐渐淤积成的陆地①。广州市的前身番禺城，就位于番山半岛之上。随着城市的发展，陆地扩大，番山和坡山两个半岛逐渐连接起来。

二　历史沿革

广州古称番禺，早在四五千年前已有先民在此聚居，在东郊飞鹅岭②、新市葵涌③、增城金兰寺④和南沙鹿颈村⑤等地发现的新石器时代晚期山岗遗址和贝丘遗址中，都曾发现早期人类的生活遗迹。广州有信史可查的建城史始于秦代。据《史记》《汉书》等史籍记载，秦始皇三十三年（前214年）统一岭南，在岭南地区设立了桂林、象郡和南海三郡。南海郡治番禺，郡尉任嚣在禺山上筑番禺城（俗称任嚣城）。秦末，赵佗继任南海郡尉，趁北方战乱之机，出兵击并桂林、象郡，于公元前203年建南越国，定都番禺。赵佗拓宽番禺城，在城内修建宫室。

广州市内曾发现多处番禺城和南越国时期的遗迹、遗物。区庄罗岗（螺岗）秦墓出土的"（秦始皇）十四年属邦"铜戈是秦统一岭南的历史物证⑥，西村石头岗1号秦墓发现烙印"蕃禺"的漆奁是番禺地名见于考古实物的最早一例⑦。中山四路南越国宫署遗址内的砖石走道⑧、御苑遗址，以及遗址内出土的"万岁"瓦当和印花大方砖，石构水池中刻有"蕃"的石板⑨，象岗山南越王墓以及墓中出土刻有"蕃禺""蕃"字铭文的铜鼎⑩等遗迹和遗物见证了南越国的兴衰。汉武帝于元鼎六年（前111年）平定南越国，分岭南三郡为九郡。

汉武帝元封五年（前106年）设部刺史，岭南地区属交趾刺史部，治所在苍梧广信（今广西梧州）。东汉献帝建安八年（203年），交趾部改部为州，更名交州⑪。东汉建安二十二年（217年），交州刺史步骘复修赵佗故城为步骘城，把州治由广信迁至番禺。三国吴黄武五年（226年），孙权分交州为交、广二州，合浦以北属广州，辖南海、苍梧、郁林、合浦四郡，州治设于番禺，广州之名由此而来。两晋、南朝时期，广州为州（都督府）、南海郡、番禺县的治所，隋代为总管府、南海郡治，唐代为都督府（总管府）和岭南东道治地。

五代后梁贞明三年（917年），刘龑割据岭南称帝，建立南汉国，定都广州，改广州为兴王府，在南越国宫署的原址上修建宫室。广州宋代为广南东路和广州治地，元代为广东道和广州路治地，明清为广东布政司和广州府治地。

---

① 广州市越秀区地方志编纂委员会编：《广州市越秀区志》，第44页，广东人民出版社，2000年。
② 李始文：《广州东郊飞鹅岭地区新石器时代遗址调查探掘报告》，《中山大学学报（自然科学版）》1959年第4期。
③ 陈伟汉、黄兆强：《广州新市葵涌贝丘遗址的试掘》，《广州文博通讯》1982年第4期。
④ 广州市文化局等编：《广州文物志》，第18页，广州出版社，2000年。
⑤ 广州市文物考古研究所：《广州南沙鹿颈村遗址的发掘》，《广州文物考古集——广州考古五十年文选》，第339～358页，广州出版社，2003年。
⑥ 麦英豪：《广州东郊罗冈秦墓发掘简报》，《考古》1962年第8期。
⑦ 广州市文物管理委员会、广州市博物馆：《广州汉墓》，第175页，文物出版社，1981年。
⑧ 广州市文物管理处、中山大学考古专业75届工农兵学员：《广州秦汉造船工场遗址试掘》，《文物》1977年第4期。
⑨ 南越王宫博物馆筹建处、广州市文物考古研究所：《南越宫苑遗址：1995、1997年考古发掘报告》，文物出版社，2008年。
⑩ 广州市文物管理委员会、中国社会科学院考古研究所、广东省博物馆：《西汉南越王墓》，文物出版社，1991年。
⑪ 方志钦、蒋祖缘主编：《广东通史·古代上册》，第235～236、238～240页，广东高等教育出版社，1996年。

历代文献和考古材料表明，秦汉以来，广州大部分时间都是岭南地区的政治、经济、文化中心，又曾是南越、南汉两代王朝的都城。历代封建统一王朝都把岭南地区的最高行政机构设置在这里。两千多年以来，广州名称经过多次更迭，城区不断向四周扩张，但城市中心区域一直在今越秀区的范围内，从秦汉至今未有大变。广州城市的变迁遵循"叠合式"轨迹，从唐城—宋城—明清城，城市的"历史厚度"从"中心"向"外围"逐渐趋薄。广州一直处在中国历代版图的南部边缘地带，少有毁灭性的战乱发生，也未有大的自然灾害，所以广州城"层叠式"遗址古迹保存得相当好。南越国宫署遗址内厚达 5～6 米的文化层是广州城市历史两千多年的文化堆积，有 12 个历史朝代的建筑遗迹：南越国的宫殿和御苑、东汉的建筑基址、南朝的台基式建筑、唐代的砖砌路面、五代南汉国的宫殿和苑池、宋代的大殿、明清布政司署、法国领事馆以及民国时期的汉民公园和日据时期的广东神社等，层层叠压，是广州城市发展的一本无字史书。

三　南越国宫署遗址

南越国宫署遗址位于广州市越秀区中山四路与中山五路交接处的西段北侧，地理坐标为北纬 23°07′46″、东经 113°15′51″。现已发现宫署遗址内的主要遗迹分布于广州市电信局长话分局、原广州市文化局大院和儿童公园及周边地区。其西北为南越文王墓，西南为南越国木构水匣遗址（图一；图版一）。

据考古发掘和钻探资料，整个宫署遗址的面积约为 50 万平方米以上，主要包括宫殿和御苑两部分。宫殿区内已发现宫殿台基、砖木构水井和砖石廊道等遗迹，御苑范围内已知有石构蓄水池和曲流石渠等遗迹。南越国的御苑遗址是中国乃至世界现存年代较早、保存较为完好的园林遗迹，是中国三大园林流派之一岭南园林的源头，比陕西的唐代曲江池和山西的隋代绛守居园池都要早一千多年，具有很高的历史文化价值。

据《史记》《汉书》记载，秦朝末年，原任龙川县令的秦将赵佗接任南海郡尉后，趁农民起义、中原战乱之机，发兵绝秦新道，击并桂林和象郡，于公元前 203 年据岭南三郡建立南越国，自称南越武王，定都番禺，即今天的广州。汉高祖十一年（前 196 年），刘邦派陆贾出使南越，册封赵佗为南越王，南越国向汉朝称臣。公元前 183 年，吕后采纳有司建议，对南越采取禁运政策，实行经济封锁。赵佗遂自封为南越武帝，并发兵攻打长沙国，南越与汉朝交恶。公元前 179 年，汉文帝继位，派陆贾第二次出使南越，赵佗再次归汉称臣。南越国末年，丞相吕嘉反汉，汉武帝发兵征讨，于元鼎六年（前 111 年）灭南越国。

南越享国 93 年，传四世五主：赵佗（前 203 年～前 137 年）——赵眜（胡）（前 137 年～前 122 年）——赵婴齐（前 122 年～前 113 年）——赵兴（前 113 年～前 112 年）——赵建德（前 112 年～前 111 年）。

两千多年后，尘封的南越国史在 20 世纪初以来的南越国考古中被徐徐揭开。南越国考古始于建筑材料和文字的发现。清光绪三十三年（1907 年）七月，广九铁路兴工，在广州东山龟岗一带，由于翻土修筑路基，大量瓦片伴随泥土被翻出地面。南海人潘六如偶然发现瓦片上"隐隐有虫书"，此后十年余间，他经常来这里，拾拾不辍，收集了大量带文字瓦片，考释研究后写成《南

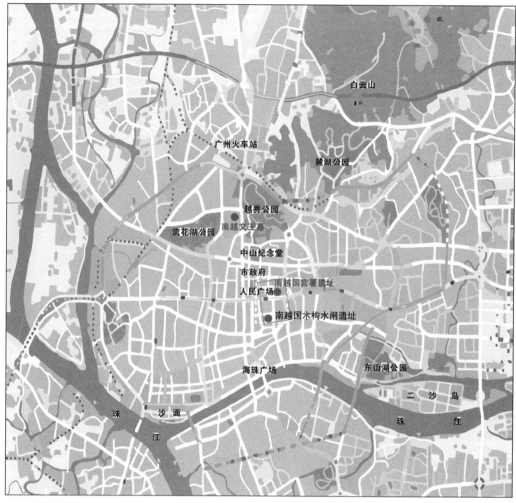

-----南越国都城范围

图一　南越国宫署遗址位置示意图

越故宫残瓦记》《南越故宫残瓦文字》《说瓦》等书稿，后经整理汇编为《潘六如南越瓦文稿》，
是研究南越陶文的拓荒之作①。1932 年，曾传辂先生在东山龟岗附近的寺贝底进行考古调查时，
发现埋藏有大量南越国瓦片，对瓦片和瓦文进行研究考证②。1999 年 11 月，广州市文物考古研究
所在龟岗附近的农林下路发掘了一个南越瓦片坑，清理出 3000 多片残瓦，其中有少量文字瓦。发
掘者根据东山地区过去几十年曾发现多座西汉早期墓葬，断定南越国时期东山一带为墓地，推测
龟岗周围曾是南越国的砖瓦窑场所在地③。1975 年 8 月至 1976 年 1 月，广州市文物管理处在中山
四路北面清理出一段南越国宫署的大型砖石走道④，南越国宫署初露端倪。1983 年，在解放北路
象岗山上发现了第二代南越王赵眜的陵墓⑤，揭开了南越国王陵的神秘面纱。2000 年 4 月，在北

① 林雅洁、陈伟武、亚兴编：《南越陶文录》前言，天津人民美术出版社，2004 年。
② 曾传辂：《南越朝台残瓦考》，《考古学杂志》创刊号，广州黄花考古学会编，1932 年。
③ 邝桂荣：《广州东山农林下路南越瓦片坑清理记》，《广州文物考古集——广州考古五十年文选》，第 405 ~ 412 页，广州出版社，
　 2003 年。
④ 广州市文物管理处、中山大学考古专业 75 届工农兵学员：《广州秦汉造船工场遗址试掘》，《文物》1977 年第 4 期。
⑤ 广州市文物管理委员会、中国社会科学院考古研究所、广东省博物馆：《西汉南越王墓》，文物出版社，1991 年。

京路光明广场发现了南越国大型木构水闸遗址,表明此处应为当时番禺城的南界①。

南越国宫署遗址考古始于 20 世纪 70 年代,历经多次发掘,发掘范围主要在广州市中山四路北面的原广州市文化局大院、广州市电信局长话分局和原广州市儿童公园内。1975 年至 2009 年三十多年的考古工作大致分三个阶段。第一阶段是 1975 年至 1988 年,为配合城市建设的零星抢救性考古发掘。第二阶段是 1995 年至 1997 年,为配合城市建设的大面积抢救性考古发掘,发掘面积共计约 4000 多平方米,发现了南越国王宫内的食水砖井、宫苑内的石构水池和曲流石渠等重要遗迹。第三阶段是 2000 年至 2009 年,为有计划的持续的大面积主动科学考古发掘,发掘面积共计约 11000 平方米。各阶段的发掘成果或以简报的形式先后发表在《文物》《考古》和《考古学报》等刊物上,或已出版考古发掘报告。

1975 年 8 月至 1976 年 1 月,广州市文物管理处在中山四路北面的广州市文化局大院内清理出一段南越国时期的大型砖石走道。砖石走道宽 2.55、长 20 余米,呈东北—西南走向。砖石走道做工讲究,铺砌于一层薄而纯净的朱红色垫土之上,中间平铺两行灰白色砂岩石板,两侧砌大型的几何纹印花砖夹边。发掘者认为这段砖石走道是南越王赵佗称帝后营造的大型宫室的一个附属设施②。

1988 年 9 月至 11 月,广州市文物考古研究所在位于中山四路和北京路交界处的新大新百货大楼基建工地内发现了一处南越国时期用大型花纹砖铺砌的池状建筑,残存面积约 150 平方米。发掘者根据形状和结构推测其为一个从四面向中央倾斜的方形斗状水池的东南部,其东边 200 余米即后来确定的南越国宫署遗址,水池应是南越国宫署的一部分③。

1995 年 7 月至 12 月,广州市文物考古研究所在位于中山四路北面、广州市文化局大院东北边的广州市电信局综合大楼基址配合基建发掘,发掘面积 682 平方米。发现了一座南越国时期的大型石构斗形蓄水池的西南角,出土大量门楣、栏杆、望柱、八棱形柱等石建筑构件。通过勘探分析,水池平面呈长方形,面积约 3600 平方米,斗状斜坡池壁,池底铺鹅卵石和碎石。发掘者称之为"陂池",因池壁石板刻"蕃"字,故又称"蕃池"④(图二;图版二,1)。经国家文物局专家组考察论证,确认石砌蓄水池"蕃池"为南越国宫署内的重要遗迹。根据广东省、广州市政府决定,"蕃池"遗址原地保护,建设单位将综合大楼主体建筑西移。

1996 年 8 月至 11 月,广州市文物考古研究所在"蕃池"以西约 30 米处的清代儒良书院旧址进行考古发掘,发掘面积 108 平方米。发现一口南越国时期的砖砌食水井,井口内径 0.86、现存深度 8.8 米,井内出土有木辘轳和汲水铁罐。该井做工考究、砌筑精良,用扇形井砖砌壁,石板铺底,石板上开凿 5 个水眼,其下铺垫细沙(图版二,2)。由水井的建造规格可推测,与之共存的建筑应该非同一般。在该井西侧的一个灰坑内出土包括空心砖踏步在内的大量砖瓦建筑材料,

① 广州市文物普查汇编编纂委员会等:《广州市文物普查汇编·越秀区卷》,第 40 页,文物出版社,2008 年。
② 广州市文物管理处、中山大学考古专业 75 届工农兵学员:《广州秦汉造船工场遗址试掘》,《文物》1977 年第 4 期。
③ 全洪:《广州市中山五路南越国建筑遗迹清理简报》,《广州文物考古集——广州考古五十年文选》,第 366~373 页,广州出版社,2003 年。
④ 广州市文物考古研究所、南越王宫博物馆筹建办公室:《广州南越国宫署遗址 1995—1997 年发掘简报》,《文物》2000 年第 9 期。

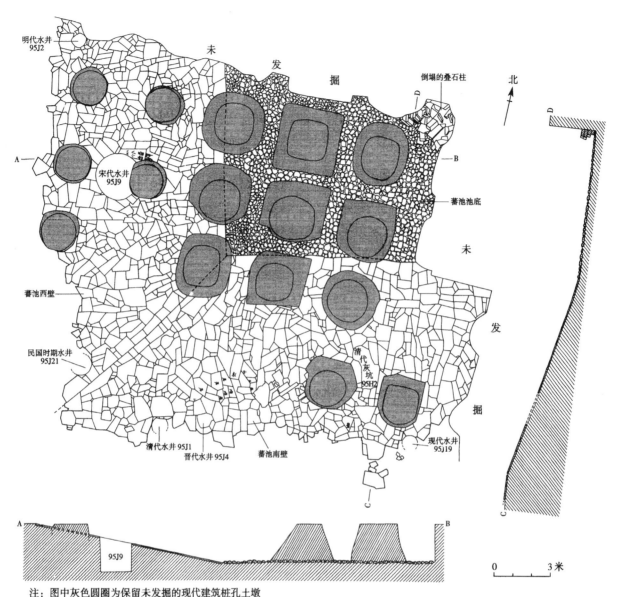

注：图中灰色圆圈为保留未发掘的现代建筑桩孔土墩

图二　蕃池遗迹平、剖面图

灰坑向西延伸入儿童公园①。

　　1997 年 7 月至 1998 年 1 月，广州市文物考古研究所在石构水池南侧的原广州市文化局大院内信德广场建筑工地配合开展基建发掘，发掘面积 3370 平方米，清理出保存基本完整的南越宫苑曲流石渠。曲流石渠走向大致为由东北而西，由弯月形石池、渠陂、石板斜口和排水的木质暗槽组成。在曲流石渠的西端发现一段南越国时期的回廊散水，散水呈直角曲尺形，其向西的一段发现不少大型石构件。由此推测在回廊的西、北面可能会有大型宫殿的基址②（图版三）。南越宫苑遗址内出土的瓦片上不少戳印或拍印有文字，瓦片的纹饰、文字内容、风格都与东山龟岗地区发现

①　广州市文物考古研究所、南越王宫博物馆筹建办公室：《广州南越国宫署遗址 1995—1997 年发掘简报》，《文物》2000 年第 9 期；
　　南越王宫博物馆筹建处、广州市文物考古研究所：《南越宫苑遗址：1995、1997 年考古发掘报告》，文物出版社，2008 年。
②　广州市文物考古研究所、南越王宫博物馆筹建办公室：《广州南越国宫署遗址 1995—1997 年发掘简报》，《文物》2000 年第 9 期；
　　南越王宫博物馆筹建处、广州市文物考古研究所：《南越宫苑遗址：1995、1997 年考古发掘报告》，文物出版社，2008 年。

的瓦片基本一致。有学者据此推测南越宫苑内所用的瓦件是由东山的瓦窑烧制的^①。

蕃池和曲流石渠先后在 1995 年和 1997 年入选当年度的"全国十大考古新发现"。1996 年 11 月，南越国宫署遗址被国务院公布为全国重点文物保护单位。在发现蕃池、曲流石渠等重要的南越国宫苑遗迹后，广州市政府出资 1.9 亿元补偿开发商，决定不再建设信德广场主楼，原地原址保护南越国宫苑遗址。1998 年初，在有关专家的建议下，经广州市机构编制委员会研究，批复同意成立南越王宫博物馆筹建处。同年 7 月 28 日广州市政府根据《文物保护法》及有关规定，结合本市实际，发布《关于保护南越国宫署遗址的通告》（穗府〔1998〕62 号），将南越国宫署遗址的保护、建设和管理纳入广州市城市总体规划，将上述发现南越国宫署遗迹的广州市电信局长话分局、原广州市文化局大院和儿童公园及周边区域划为文物保护区。核心保护区东起中山四路忠佑大街、城隍庙和长胜里以西，南至中山四路规划路北边线，西至北京路东边线，北至梯云里、儿童公园后墙和广东省财政厅以南地段，总面积为 488870 平方米。其建设控制地带（缓冲区）从遗址核心保护范围东、南、西边线向外延伸 50 米；北边线的梯云里段向外延伸 50 米，根据 2009 年 6 月公布的《南越国宫署遗址保护总体规划》，南越国宫署遗址保护范围东至旧仓巷西边线，南至中山四路南侧的规划道路红线，西至昌兴街东边线一线，北至南越王宫博物馆（今南越王博物院王宫展区）用地范围北界一线及凌霄里，面积 99300 平方米，其中重点保护区 44700 平方米，一般保护区 54600 平方米。建设控制地带东边界为保护范围东边界外扩至仓边路西侧的道路红线；南边界为保护范围南界外扩 40~60 米，沿控规地块边界或现状建筑边界；西边界为保护范围西界外扩至大马站路东侧道路红线—广大路东侧道路红线—广仁路西侧道路红线；北边界为保护范围北界外扩至越华路南侧道路红线，面积 117500 平方米（图三）。

通过考古调查和发掘发现的食水井、蕃池、曲流石渠等南越国遗迹都是南越国宫署的重要组成部分，它们均坐落在广州市儿童公园周边。考古发现和调查的多条线索表明，南越国宫署的主体宫殿区可能在广州市儿童公园内。有鉴于此，广州市政府决定组织考古单位在广州市儿童公园内选点进行科学发掘，以确定公园内南越国宫署遗迹的分布状况，若发现南越国的宫殿遗迹就搬迁儿童公园，由文物部门规划进行大规模发掘。

1998 年 12 月 26 日，冯永驱代表广州市文物考古研究所及南越王宫博物馆筹建处，刘庆柱代表中国社会科学院考古研究所签订广州南越国宫署遗址联合发掘议定书，组成南越国宫署遗址发掘队，着手开展南越国宫署遗址的发掘工作。

2000 年 2 月至 5 月，由广州市文物考古研究所、中国社会科学院考古研究所和南越王宫博物馆筹建处联合组成的考古队，在儿童公园东部原电动木马处进行试掘，发掘面积 360 平方米，领队：冯永驱（广州市文物考古研究所）、安家瑶（中国社会科学院考古研究所），发掘人员有中国社会科学院考古研究所赵永红、萧淮雁、刘瑞，广州市文物考古研究所张金国、廖明泉，南越王宫博物馆筹建处李灶新。发现了一座南越国宫殿基址的局部（F24），包括宫殿的东北部、宫殿北侧的散水和东侧的通道。从该宫殿基址与 1997 在广州市文化局大院内发现的南越宫苑曲流石渠的

---

① 林雅洁、陈伟武、亚兴编：《南越陶文录》前言，天津人民美术出版社，2004 年。

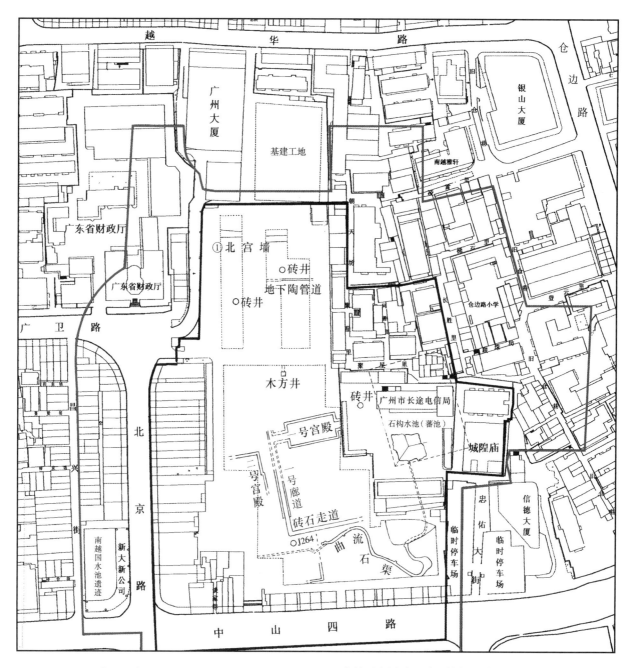

南越国宫署遗址核心保护范围　　　　　　南越国宫署遗址建设控制地带

图三　2007 年南越国宫署遗址保护区内的重要遗迹示意图

相对位置判断，它可能不是南越国宫署区内的主要宫殿，主要建筑的位置尚待进一步确定①。通过这次考古发掘，南越国宫殿区埋藏在广州市儿童公园内的推测得到印证，为即将开始的大规模科学发掘和保护奠定了基础。

　　有鉴于此，2002 年广州市政府出资 3 亿元，将儿童公园整体搬迁，原地块交给考古部门进行

① 中国社会科学院考古研究所、广州市文物考古研究所、南越王宫博物馆筹建处：《广州南越国宫署遗址 2000 年发掘报告》，《考古学报》2002 年第 2 期。

分期发掘与规划保护，开始了以探寻南越国宫殿为核心的持续的大规模科学考古发掘。联合考古队发掘中全程使用电子全站仪统一布方测绘，按象限法将发掘区划分为四个象限区。截至 2009 年 8 月，发掘面积约 11000 平方米，清理南越国至明清各类遗迹约 4900 处。

2002 年至 2009 年，由广州市文物考古研究所、中国社会科学院考古研究所和南越王宫博物馆筹建处联合组成南越国宫署遗址考古队在儿童公园内进行大规模考古发掘，邻队：冯永驱（广州市文物保护考古研究所），白云翔（中国社会科学院考古研究所），发掘人员有中国社会科学院考古所刘瑞、杨勇，南越王宫博物馆筹建处陈伟汉、韩维龙、胡建、李灶新、温敬伟、莫慧旋、乐新珍、刘锁强、谭志刚等。中山大学人类学系师生参加了部分发掘。先后发现了一号宫殿、二号宫殿、一号廊道和砖石走道 L35、渗水井 J264 以及宫城北墙等南越国遗迹。一号宫殿即 2000 年发掘时发现的 F24，当时揭露出其东段局部，后在此基础上作了进一步清理，编号为一号宫殿。一号宫殿位于发掘区的东部，台基平面呈东西向长方形，方向为北偏西 11.3°，东西长 30.2、南北宽 14.4 米，面积 434.88 平方米。台基上发现 3 块柱础石，其东西间距为 5.8 米，南北间距为 3.3 米，与南、北两侧台基包边距离同为 4.3 米。台基外散水宽 1.5 米，最外侧由带榫长条砖侧立拦边，拦边内铺卵石，靠近台基一侧铺大型印花砖。台基东、西两侧有通道，其南、北两侧散水与台基东、西两侧散水相连（图版四，1）。二号宫殿位于一号宫殿西南，目前只揭露了宫殿的东北角，方向为北偏西 11.3°，台基有竖砖包边，包边外有散水，其结构和用材与一号宫殿台基散水基本相同，宽 1.48 ~ 1.5 米，已揭露部分长 11.56 米。在 2 号宫殿基址北侧堆积中，出土一件戳印"华音宫"文字的残陶器盖，为确定宫殿名称提供了重要依据（图版四，2、3）。一号廊道位于一号宫殿和二号宫殿之间，为连接两座宫殿的通道。廊道呈南北走向，与宫殿垂直，方向为北偏西 11.3°，已揭露部分长 44.05、宽 5.94 米。廊道中间为台基，两边用立砖包边，包边外侧为散水（图版五，1）。廊道东、西两侧散水的南端都设有石质地漏，地漏与其下的木暗渠相连，为宫殿区地下四通八达的排水系统的一个缩影。砖石走道 L35 位于一号廊道的南边，南北向，与廊道相接。已揭露部分长 22.2、宽 3.6 米。走道中间铺砂岩石板，两边铺砖，外侧立条石或砖拦边（图版五，2）。走道南端折向东，从其位置和走向来看，可能与 1975 年在发掘区东侧原广州市文化局大院内发现的南越国砖石走道相连。[①] 南越国宫城北墙位于发掘区的北部，东西向，仅发现其夯土墙基。发掘的墙基东西长 17.6、南北残宽 3.8 ~ 4.8、残高约 0.42 米。墙基南侧保存有散水，现揭露部分东西长 10.76、宽约 1.5 米。散水是先用纯净的红色黏土夯筑一层垫土，之上再铺砌一层碎石。墙基西部发现陶排水管道，从北向南穿墙而过，残长 2.3 米[②]（图版五，3）。渗水井 J264 位于曲流石渠的西端、砖石走道 L35 的西南面，井内清理出土一百多枚南越国时期的木简[③]。国家文物局印发的《文物要情》（2005 年第 3 期，总第 395 期）、中央电视台新闻联播等媒体都报道了这一重要的考古发现。2005 年南越国宫署遗址被列入国家"十一五"期间重点保护大遗址项目，2006 年

---

① 广州市文物考古研究所、中国社会科学院考古研究所、南越王宫博物馆筹建处：《广州市南越国宫署遗址 2003 年发掘简报》，《考古》2007 年第 3 期。

② 广州市文物考古研究院、中国社会科学院考古研究所、南越王宫博物馆：《广州市南越国宫署遗址南越宫城北墙基址的发掘》，《考古》2020 年第 9 期。

③ 广州市文物考古研究所、中国社会科学院考古研究所、南越王宫博物馆筹建处：《广州市南越国宫署遗址西汉木简发掘简报》，《考古》2006 年第 3 期。

12 月被列入中国世界文化遗产预备名单。2009 年 8 月 27 日，南越王宫博物馆奠基仪式在南越国宫署遗址内举行，博物馆基建工程正式开始。联合考古队的工作重点转移到南越国宫署遗址的保护、考古发掘资料的整理和考古发掘报告的编写出版。

已发现和发掘的遗迹现象表明，南越王宫可分为宫殿区和宫苑区两大区域。其总范围大体为东起仓边路，西至吉祥路、教育路，南达南越国木构水闸遗址，北抵越华路南。两片区域通过廊道和砖石走道分隔连通。一号和二号宫殿以南北走向的一号廊道为轴线，分置廊道的东、西两侧。宫苑区呈曲尺形，其东北部以蓄池为中心，南部以曲流石渠为中心。

贰　J264

一　位置与层位

J264 位于广州市南越国宫署遗址儿童公园发掘布方区第Ⅰ象限区 T7 的西南部（简写为"Ⅰ T7"，下同）。井西距 1997 年发掘的南越国曲流石渠西北端的出水木暗渠约 15 米，北距 2004 年春发掘的南越国砖石走道 L35 约 3 米。Ⅰ T7 从现代地表往下文化层分为 24 层，跨越自南越国至近现代的两千多年历史（图四）。J264 井口叠压在第⑬层南越国文化层下，井内清理出一百多枚南越国时期木简以及大量植物遗存、少量动物遗存和建筑材料等。J264 位于宫殿区和宫苑区交界处，通过解剖井口的进排水沟渠，得知 J264 通过井口的进水渠道、排水管道与周边地漏、暗渠、明渠等交汇相通，是南越国王宫内排水系统中的一个重要枢纽。

二　发掘经过

渗水井编号 2004GEⅠT7J264①。2004GEⅠT7 东侧与 1997 年发掘的南越国宫苑遗址相邻，其北边、西边和南边分别与Ⅰ T107、Ⅰ T6 和Ⅳ T7 相接。Ⅰ T7 布方面积为 100 平方米（10 米 × 10 米），方向为正北向。南越王宫博物馆筹建处韩维龙和中国社会科学院考古研究所刘瑞代表联合考古队领队负责南越国宫署遗址的野外考古发掘工作，莫慧旋等参与发掘。Ⅰ T7 由考古技工余保国负责发掘和绘图，参加发掘的工人有陶明书、欧本吉、蓝泽军、陈兴友、陈敏、邹仁平等。第六节井圈和木简整取到地面后，邀请长沙简牍博物馆馆长宋少华和文物保护技术人员汪力工、金平、胡冬成到现场参与指导木简的提取和清洗保护。随后木简的清理提取工作由联合考古队成员和考古技工负责，抽调祝乃军、孙林如、吴荣涛等技工增援。木简的清洗保护主要由谭文、章昀和莫慧旋负责。期间著名考古学家麦英豪、中国社会科学院考古研究所文物修复专家白荣金先生多次到现场指导渗水井和木简的发掘、保护工作。J264 与井中所埋藏木简的考古发掘清理工作始于 2004 年 11 月，2005 年 3 月结束，大致可以分为野外考古发掘、整取井体与木简、提取与保护木简三个阶段。

---

① 2004 代表开始发掘年份，G 代表广州市，E 代表儿童公园，Ⅰ代表第Ⅰ象限区，T 代表探方，7 为探方顺序号。

（一）野外考古发掘

ⅠT7 的考古发掘工作自 2004 年 7 月 16 日开始，至 2005 年 4 月 23 日结束。探方内发掘南越国至近现代历代文化堆积 24 层，各层下共有房基、灰坑、沙井、水井等历代遗迹 60 多处（图四）①。其中重要遗存有水井 J41 出土墨书"广东布政司使□□"瓦片、南越国时期灰坑 H1086 出土的戳印"中共厨"陶器盖、砖石走道的花纹铺地砖、木暗槽以及渗水井 J264 出土的木简等。

2004 年 11 月 7 日，ⅠT7 西南部发现一由扇形砖构筑的水井，其中两块砖表面局部施绿釉。井西半部被唐代水渠 G103 打破，东半部叠压在南越国文化层第⑬层下。砖长 23～26、宽 12.5、厚 5 厘米，水井口部标高为 -4.234 米。从扇形砖的形状、材质、规格及砌筑方式，结合地层叠压关系，判断井的时代为南越国时期（图版六，1）。随后，将其编号为 J264。

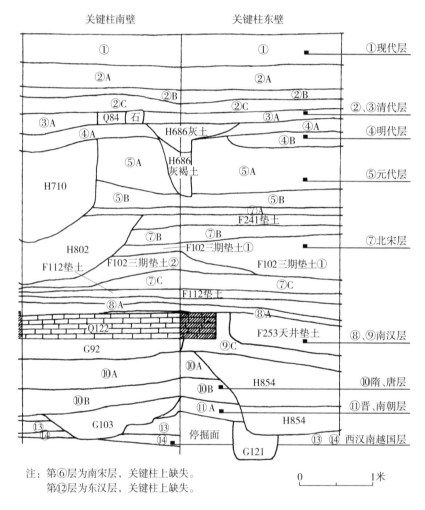

注：第⑥层为南宋层，关键柱上缺失。
第⑫层为东汉层，关键柱上缺失。

图四 ⅠT7 关键柱剖面图及相应时代

11 月 21 日，J264 考古发掘工作正式开始，集中清理井内堆积。当日清理至井口以下 1.7 米，根据土质土色和包含物，将所清理的堆积分为 4 层：第①层为红色土，第②层为红烧土，第③层

---

① T7②B 层以上地层在发掘前清除表层现代建筑时清理完毕，图四中②B 以上地层据旁边遗留地层复原。

为红色土，第④层为褐色土，各层出土物均以瓦片为主。清理至距井口 0.85 米的深度时，发现井壁由扇形砖砌筑变为陶井圈叠砌。在距离井口 1.66 米处的第④层堆积内出土 1 件基本完整的绳纹筒瓦，筒瓦表面戳印一个"公"字，编号 J264∶1。同时，在 J264 井口东侧第⑭层下清理出一片用大型素面条砖铺砌的地面。

11 月 22 日，中国社会科学院考古研究所赵志军指导工人用水波浮选仪，对 J264 内的堆积进行浮选，将所有浮选出来的遗物分类收集[①]。浮选收集到大量动植物遗存，其中植物遗存包括树叶、竹木片和果核种子等，动物遗存包括鱼骨、鸟骨和贝壳等。树叶直接交到文物库房饱水保存，其余的动植物遗存阴干后再入库密封保存。井内出土动植物遗存后由中国社会科学院考古研究所的相关专家进行检测分析，其中果核种子等植物遗存委托赵志军分析鉴定，鱼骨、鸟骨和贝壳等动物遗存由袁靖等分析鉴定，树叶和竹木片由王树芝分析鉴定。

当日清理井内第④层、第⑤层和第⑥层堆积。第④层中出土 1 块戳印"公"字的绳纹筒瓦残片和 1 件断成 2 段的绳纹筒瓦，分别编号 J264∶2 和 J264∶3。第⑤层为灰褐色土，含红烧土块，出土较多青灰色绳纹瓦片、少量木炭颗粒和兽骨。第⑥层为黑色淤泥土，从该层开始有竹木片、果核和动物骨头等出土，竹木片大小不一，形制不规整。其中木片 1 块，长 18、宽 1.8、厚 0.5 厘米；竹片 14 块，长 4～10、宽 0.5～1.7、厚约 0.5 厘米。刘瑞指出，国内考古发掘中在井内发现简册文书的例子屡见不鲜，而 J264 位于南越国宫署遗址内，很可能埋藏有王宫内的简牍类文物，因此安排井内出土的每一片竹木片都用水清洗，确定其上是否有文字。经清洗确认，第⑥层出土的木片和竹片上均未发现有文字。在距离井口约 2.4 米处的第⑦层堆积内发现 1 块长方形木板，木板平置于井中。

发现木板后，暂停清理井内堆积，转向清理附着在井壁上的泥土。确定井壁上部北侧井砖包砌着一节椭圆形陶管道，东、西两侧井壁井砖间各留有一个缺口。陶管道顶部距离井口 0.3 米，东侧缺口顶部距离井口 0.2 米，西侧缺口顶部坍塌不存，底部距离井口 0.4 米。井口下 0.85 米以上的井壁为扇形砖砌筑，现存井砖 15 层，各层井砖数量不等。其中第 1～9 层井砖遭晚期遗迹破坏有缺失，数量不等，第 10～15 层各层井砖数为 11 块或 11 块半。井砖以下为陶井圈叠砌，已清理出 5 节井圈。井圈规格基本一致，每节井圈壁上均有 4 个等距对称排列的圆孔。

在 J264 井口外东侧的素面砖铺地面中部清理出一段东西向的土壁明渠，砖铺地面和明渠向东延伸部分被晚期遗迹打破，情况不明。明渠东端底部平铺一块石板。从明渠的走向来看，其西端正好与 J264 井壁上部东侧的缺口对应，明渠可能通过缺口与 J264 连通。据此我们判断，砖铺地面、明渠与 J264 应为同时期遗迹，砖铺地面和明渠为 J264 的附属设施。J264 井壁上有陶管道和缺口，井外有与之相通的明渠，井体结构与食水井大相径庭，需要对其性质和功能进行重新判断。

11 月 23 日晨，刘瑞通过办公室黄敏找来毛笔，清洗第⑥层底部堆积内 1 块新出土的木片（长 3、宽 1.6 厘米），用毛笔蘸清水清洗表面淤泥，两个墨书文字赫然呈现在面前。虽文字墨迹较淡，但这块貌不惊人的小简片却是名副其实的南越王宫第一简，它证实了 J264 内埋藏有简册的推测。

---

① 　水波浮选仪的结构和操作方法见赵志军：《植物考古学的田野工作方法——浮选法》，《植物考古学：理论、方法和实践》，第 31～34 页，科学出版社，2010 年。

刘瑞打电话向麦英豪、韩维龙报告了这个好消息！该木简片编号为 J264∶4 - 001，此后井内出土的全部木简即在此基础上按照流水号顺序编小分号。第⑦层的木板提取出来后编号 J264∶5。木板形状规整，表面和边缘光滑平整，其中一面局部残留漆皮。在清洗木板时，从附着在木板表面的淤泥中收集到较多树叶、瓜子等植物遗存。木简残片和木板拍照记录出土状况后，立即提取送到文物库房，分别用蒸馏水浸泡保存。

从清理情况看，J264 内可能还埋藏有更多、更完整的木简或其他珍贵文物，因此决定暂停向下清理，商讨更利于保护木简的清理方法。

11 月 25 日，在清刮 J264 井口西侧第⑬层下平面时，确定一段东西向沟槽，走向正好与 J264 井壁上部西侧的缺口对应，判断沟槽应通过缺口与 J264 连通。

11 月 29 日，在清理 I T7 南部的 G34 时，G34 底部露出一节南北向的陶质管道。该管道表面饰绳纹，南高北低，从其位置和走向看，管道应与 J264 井壁上部北侧的管道相连。从 J264 井壁上部北侧的陶管道及井外与之连通的陶管道、井壁上部东西两侧的缺口及与之连通的沟槽和明渠，以及井内第⑥层堆积为黑色淤泥土及其中出土大量种子、树叶、动物骨头等动植物遗存来看，其井体结构、井内堆积及出土遗物均与食水井有别，据此判断 J264 为一口渗水井。

为了解 J264 内第⑥层以下堆积的深度和其中包含遗物状况，我们在井内清理面的南部做了一个边长约 20 厘米近方形小"探沟"，清理深度约 20 厘米。通过清理，获知井内的第⑦层为红褐色淤泥土，含少量树叶碎片和果核。第⑧层为黑色淤泥土。"探沟"内出土 3 块木简残片，其中 1 块上残留墨书笔画。

此时恰逢中国社会科学院考古研究所文物修复专家白荣金先生在南越国宫署遗址考古发掘工地，对一南朝水井内出土铁甲进行保护修复。考古队就木简的清理方法，向白先生征询意见。白先生提出井内空间狭小，应采用平台柔性清理的建议。根据白先生建议，考古队拟定出下一步清理木简的方法：用钢槽订做一个"L"形的可移动悬挂式井下小型操作平台。平台的一端悬挂于井口，与井口垂直部分等距焊接钢槽做成工作人员上下井的梯子。平台伸入井内的另一端焊接若干条钢槽，其上平铺一块木板，作为工作平台。平台底部和井内淤泥之间预留足够的空间，避免平台和清理人员直接压迫或踩踏井内含有木简的淤泥，最大限度保证木简的安全。考古人员蹲在平台上进行清理，并对木简绘图、编号、提取，进行及时保护。

12 月 1 日，开始利用特制的"L"形活动平台对 J264 进行发掘。考古队员轮流下井清理，每次一人顺悬梯下井，蹲在悬梯下方的木板上，用竹签清理 J264 内的第⑦层堆积（图版六，2）。该层包含大量树叶，一层淤泥夹一层树叶，从中可提取出较完整树叶。该层出土多块竹片和 1 块木片，竹片和木片均用毛笔蘸水仔细清洗，竹片未见文字，木片形状规整，上有 5 字，为一块较大的木简残片。

第⑦层清理完毕后，为了解井内第⑦层以下的堆积情况，在清理面的西南做了一个边长约 15 厘米的方形小"探沟"，清理出多块木简残片，确定第⑦层以下的堆积内应埋藏有较多木简。

当日共清理出 13 块带墨书文字的木简残片，共有墨书文字 27 个，最多的一块上墨书 5 字。墨迹均很淡。在第⑦层堆积内成功提取出几片较大、较完整的树叶，其中一片长 10、宽 3.8 厘米。木简和树叶拍照记录出土状况后，分别装入塑料盒内用纯净水浸泡，送文物库房保管。

12 月 2 日，考虑到井内空间狭小，人员蹲在悬梯上清理木简容易疲劳，需要轮换作业，以确保木简在清理过程中得到周全保护。刘瑞、莫慧旋、余保国和祝乃军先后下井清理堆积。先把第⑦层清理干净，出土一些树叶和小骨头。随后在第⑧层堆积内清理出 5 枚基本完整的木简、3 块木简残片和少量动物骨头，其中一块木简残片上墨书"横山"二字。经翻查资料得知，"横山"为南越国时期的地名，有可能在今越南境内。为了解第⑧层堆积内埋藏木简的分布状况和木简之间的叠压关系，将来整理考古发掘材料时能准确复原木简的排列分布和编联关系，为木简的缀合和编联提供科学依据，这 5 枚完整木简暂时不提取，待该层堆积内埋藏的木简全部清理出来，完成编号、绘图、照相等记录工作后再统一提取。3 块木简残片拍照记录出土状况后提取，装塑料盒内用纯净水浸泡，送文物库房保存。

安排民工蓝泽军、邹仁平对装袋收集的 J264 第⑦层和第⑧层堆积用水波浮选仪进行浮选。第⑦层浮选堆积体积 33 升，收集到 2 块带墨书文字的木简残片和果核、瓜子、动物骨骼等遗存。第⑧层浮选堆积体积 32 升，收集到竹片和果核、瓜子、动物骨骼等遗存，竹片上未见文字。

12 月 3 日，白荣金先生到探方内指导木简清理。余保国、祝乃军、莫慧旋和刘瑞先后下井，继续清理井中第⑧层堆积。出土大量瓜子、少量果核、树叶和动物骨骼，向下清理 2~3 厘米，又发现 12 枚木简。至此，第⑧层已清理出 17 枚木简，其中 10 枚基本完整，7 枚略有残缺。木简分布零散，无规律可寻，多为平放，偶有侧立，个别局部有叠压。

安排民工蓝泽军和陈敏浮选 J264 的第⑤层和第⑥层堆积，浮选体积共 120 升。

12 月 4 日，祝乃军、莫慧旋和刘瑞先后下井，继续清理 J264 内的第⑧层堆积，新发现 2 枚木简，至此第⑧层内已清理出 19 枚完残不一的木简。麦英豪先生到考古工地考察 J264 及木简的清理情况，提出建议：从 J264 已出土木简保存状况可知，井内埋藏的木简被污水浸泡千年，腐朽较甚，质地脆弱，在井内提取不利于木简保护，宜暂停清理，商讨更利于保护木简的清理方法，可以考虑把井内剩余的堆积连同井圈一起整取到地面后再继续清理发掘。

考虑到要将 J264 内埋藏木简的陶井圈整体提取到地面，需先了解 J264 内未清理堆积的厚度，为制订整体提取方案提供参考，考古人员通过用小棍子在陶井圈周边表面没有木简的地方进行下探，得知目前保留的木简平面距离井底还有 0.4~0.5 米，大约相当于 1 节陶井圈的高度，J264 的陶井圈应共有 6 节。至此，井内清理暂停，在发掘面上覆盖一块饱水海绵，海绵上再加盖木板，以防止已清理出的木简脱水。

12 月 5 日，发掘工作转至井口周边，清理 J264 井口东侧明渠的西半段。渠内填含红烧土颗粒的红褐色土，出土少量绳纹瓦片，两侧渠壁和渠底均有质地纯净的褐色淤泥土和残留的板灰痕迹，板灰痕迹表明渠壁和渠底原来应铺有木板。全站仪测量数据表明，明渠底部东高西低，渠西端底部标高比井壁东侧缺口底部要低，由此可知渠内水流方向为自东向西经过井壁东侧缺口流入 J264，明渠应是 J264 的一条进水渠道。

12 月 6 日，清刮 J264 井口西侧的第⑬层下平面，以进一步明确 J264 井口西侧沟槽南、北两侧的边线。

12 月 7 日，清理 J264 井口西侧沟槽内填土。填土为红褐色，质地致密，较黏，接近底部有一层很薄的褐色淤泥土。在沟槽东端底部的淤泥层下清理出板灰痕迹，两侧渠壁上未见板灰痕迹。

沟槽向西延伸部分被晚期遗迹打破，情况不明，残存部分东西长 1.6、南北宽 0.37、深 0.29 米。用全站仪测量标高得知，沟槽底部西高东低，其东端底部略高于 J264 井壁上部西侧缺口底部，可见沟槽内水流应是由西向东引水入 J264。

为了解 J264 北侧陶管道向北延伸情况，向下清理陶管道北延长线上的六朝水井 J282。在 J282 井口下约 0.5 米井壁上清理出一条被其打破的木暗渠，南、北两侧井壁上均可见木暗渠的断面，其中北壁上断面保存相对较好，将该木暗渠编号为 G154。从 J282 北侧井壁观察，木暗渠断面呈长方形，渠内填满红褐色淤泥土。木暗渠位于 J264 北侧陶管道的北延长线上，从埋藏深度看，木暗渠与陶管道对接。木暗渠渠底南高北低，其底部标高比 J264 井壁上部北侧陶管道底部要低。据此判断 J264 北侧陶管道向北延伸与木暗渠 G154 连接，组成 J264 向外的排水管道。

12 月 8 日，清理 J264 井壁上北侧陶管道北向木暗渠 G154。分别将 J282 南、北两侧井壁上的木暗渠断面向内清理约 5 厘米，渠内填红褐色淤泥土，质地较黏，含沙量大。渠内淤积土应是水流长年沉淀形成的，其性状与暗渠作为渗水井 J264 的排水渠道功能相符，进一步证明暗渠与 J264 北侧陶管道连接的推测。J282 井壁北侧的暗渠断面东西宽 0.25、高 0.13 米，南侧的暗渠断面东西宽 0.28、高 0.1 米。暗渠顶板腐朽严重，仅存木板痕迹，无法测量木板厚度。两侧边板也腐朽较甚，残存厚度为 1.5 厘米。底板保存较好，残存厚度为 2 厘米。

（二）整取井圈与木简

J264 内径 0.82 米，暂停清理面的深度为井口下约 2.5 米，井内操作空间狭窄，光线昏暗；木简在井内淤积土中浸渍两千多年，残朽严重，非常脆弱，考古人员蹲在井内悬梯上清理和提取木简的方法，受空间和光线局限，操作尚有不便，对木简的保护有不利之处，完整提取木简的难度较大。为解决这一难题，在麦英豪先生的安排下考古队多次调研，曾有专家提出拆井取简的清理方法。考虑到 J264 结构清晰而独特，功能明确，保存完整，是南越国宫署遗址乃至广州地区首见也是目前唯一一口此类构造的渗水井，是南越国宫署四通八达的排水系统中的重要枢纽，拆除甚为可惜。同时，J264 周围有着丰富的南越国遗迹，其东南部紧邻与南越国宫苑曲流石渠连接的木暗槽，北侧靠近连接宫苑区和宫殿区的大型砖石走道，J264 与周围的南越国遗迹紧密联系、不可分割。而按照广州市政府规划，南越国宫署遗址日后将会建成大型考古遗址博物馆。因此从日后博物馆展示的需要考虑，应努力将 J264 主体、附属设施以及周围的南越国遗迹原址原状保留，故拆井取简的考虑也就只能放弃。

这样，为在原址原状保留 J264 和周围南越国遗迹的同时把井内埋藏的木简完整提取出来，考古队先后于 12 月 6 日、10 日和 17 日三次召集专家学者开会研讨。

12 月 6 日上午，在广州市文化局的协调下，南越王宫博物馆筹建处召开专家论证会，讨论研究 J264 内埋藏木简的后续发掘清理方案。论证会邀请了华南理工大学建筑学院冯建平教授、广州市鲁班建筑防水补强有限公司李国雄工程师、广东民间工艺博物馆李继光副馆长等多位文物保护及土建工程方面的专家与联合考古队成员一起，到 J264 考古工地现场考察、调研，然后就相关问题进行研讨论证。会议以既能科学完整地提取木简、又能保护井本体和周围南越国遗迹的完整性为出发点，确定了"木简整体提取，井体保持原状"的原则，提出在不破坏 J264 及其周边重要遗迹遗物的前提下，将 J264 第六节陶井圈及井圈内埋藏木简的淤积土整体提取到地面清理的初步设想。会议决定委托之前曾成功完成广州绵纶会馆整体移动的广州市鲁班建筑防水补强有限公司制定实施整体提取木简的具体施工方案。

12 月 10 日上午，在广州市文化局的协调下，南越王宫博物馆筹建处再次就整体提取 J264 内埋藏木简的问题召开专家论证会。会议邀请文物考古专家麦英豪先生、黎显衡先生、何民本先生，广州市文化局文物处刘晓明处长，广东民间工艺博物馆李继光副馆长，华南理工大学冯建平教授，广州市鲁班建筑防水补强有限公司李国雄工程师、蒋利民工程师等有关文物保护及土建工程方面的专家参加。会上，广州市鲁班建筑防水补强有限公司的工程师们详细介绍了他们根据 12 月 6 日会议的设想制定的整取 J264 内木简的施工方案。鉴于井口北边、东边和西边均有与井体连接的管道或渠道，拟在井南侧开挖一个边长 2.2 米、深度超过井底 1 米的方形竖井。竖井壁分段做钢筋砼护壁。用钢筋、钢索、螺杆等材料将第六节陶井圈以上的井体悬吊起来，以保证井底掏空后该部分井体不会下滑。在井底以下 20～30 厘米的深度，用千斤顶沿水平方向压入钢板，形成"托盘"。在压入钢板的同时掏空第六节井圈周边及井底下面的泥土，待第六节井圈因自重与上部井体沿上下井圈边缘自然分离后，将第六节井圈整体横向平移至竖井中，再用大型吊车搬运到地面，在室内清理提取木简。最后用复制的井圈填补第六节井圈的空缺，回填竖井，确保原地、原位、原标高地保护 J264 及周围的遗迹。与会人员一致认为，为妥善开展木简整取，需对 J264 及其周边进行进一步的考古发掘，明确 J264 及其周边遗迹的分布情况，选定开挖整取木简的工作基坑范围，并根据 J264 及其周边遗迹的状况修改和完善整取施工方案。

12 月 11 日上午，考古队在 J264 考古现场召开工作会议，商讨按 10 日专家论证会决定，根据 J264 周边遗迹的分布情况划定整取木简的工作基坑范围。从发掘平面看，J264 周边有丰富的南越国遗迹，北侧有连接宫苑和宫殿区的大型砖石走道以及与井体连接的陶管道，东、西两侧有与 J264 相通的沟渠，东南部为与南越国宫苑相连的曲流石渠向外排水的木暗渠。因此，北侧、东侧无法设置基坑。J264 南侧为南朝砖渠 G106 和灰坑 H960、南越国灰坑 H1086。综合判断 J264 南侧遗迹的保留价值低于其他三个方向，按两权相害取其轻的原则，大家决定在 J264 南侧划定整取木简工作基坑，商量在此进行考古发掘，若未发现值得现场保留的重要遗迹，则在基坑深度超过井底后交给广州市鲁班建筑防水补强有限公司进行整取木简的施工。

据此在 J264 南侧第⑬层下平面划出整取木简工作基坑的位置，布设解剖沟进行考古发掘。解剖沟内第①层和第②层均为黄黏土，质地纯净，出土少量绳纹瓦片。

12 月 13 日，麦英豪先生到考古工地现场考察，认为解剖沟面积太小，建议向西扩 0.5 米。据此，考古队将 J264 南侧解剖沟向西扩至ⅠT7 的西边界。清理解剖沟西扩范围内的 J244、H1027 和第②层黄黏土。解剖沟内的第②层清理完毕，露出第③层红褐色土和其中埋藏的 1 根木桩。

12 月 14 日，继续清理 J264 南侧解剖沟内的堆积，将第③层红褐色土至第⑨层灰褐色膏泥土清理完毕，在解剖沟的西南部清理出一段腐朽的圆木，直径 0.11、长 0.8 米。从解剖沟东壁看，第①层花色黄黏土厚约 10 厘米，第②层黄黏土厚约 20 厘米，第③层红褐色土厚 3～10 厘米，第④层黄黏土厚 13～28 厘米，第⑤层红褐色土厚 3～8 厘米，第⑥层黄黏土厚 4～8 厘米，第⑦层红褐色土厚约 4 厘米。第⑧层黄黏土厚约 10 厘米，出土少量绳纹瓦片。第⑨层灰褐色膏泥土厚约 10

厘米，出土少量绳纹瓦片和 1 块云纹瓦当残片。

12 月 15 日，清理 J264 南侧解剖沟内的第⑩层堆积，出土少量绳纹瓦片、几块陶片和动物骨头。第⑩层下发现一处由方木和竹竿构成的遗迹。解剖沟北部有 6 根南北向并排平放的方木，方木长 0.8～1.3 米，横截面边长 0.16～0.3 米。解剖沟中部有 7 根南北向纵向排列、垂直插入第⑩层下平面的竹竿，竹竿直径 4～6 厘米，竹竿两侧有竹篾编织品痕迹。解剖沟西部、东部和南部也有散乱放置的几根方木。北部的方木和中部的竹竿排列有序，似为时代比 J264 早的某个遗迹的一部分。受发掘面积限制，木桩和竹竿遗迹的整体结构未全面揭露，其性质和用途无法确定。

12 月 17 日上午，在南越王宫博物馆筹建处会议室，麦英豪先生召集考古队就广州市鲁班建筑防水补强有限公司 12 月 10 日提出的整体提取 J264 内埋藏木简施工方案的可行性进行讨论。认为必须在原地、原位、原标高保留 J264 及其三条进排水渠道的前提下，对 J264 内的木简进行整取。可准备几套不同的整取方案，待解剖沟深度超过井底后，根据井底结构确定最终的整取方案。

为进一步了解 J264 南侧解剖沟内第⑩层下由方木和竹竿构成的遗迹的整体结构和性质，考古队将解剖沟范围向东扩至ⅠT7 的东边界。清理完解剖沟东扩范围内的第①～③层堆积，出土少量绳纹瓦片、几块陶罐残片和动物骨头。在第①和第②层下都清理出平铺的石块。

12 月 18 日，清理 J264 南侧解剖沟东扩范围内第①层下几块平铺的石块，在其下发现 1 块长方形石头，南北长 0.7、东西宽 0.4 米。石块表面较光滑平整，疑为柱础石。将解剖沟东扩范围内的地层堆积清理至第⑧层，出土少量瓦片、几块陶片、1 块动物骨头和 1 块锈蚀铜块。其中瓦片表面饰绳纹或弦纹，里面多素面，少数饰麻点纹或布纹。

12 月 19 日，清理 J264 南侧解剖沟东扩范围内的第⑨层，出土少量瓦片。第⑨层下解剖沟东扩部分东半部为含较多碎木片的灰土面，西半部为红褐色沙土面。为进一步了解解剖沟内第⑨和第⑩层下遗迹的情况，又将东扩部分向北扩张。拆除解剖沟东扩范围内的 G106，清理叠压在其下的 J291 和 H1024。

12 月 20 日，在 J264 南侧解剖沟东扩范围的东北角清理出 1 个灰坑，编号 H1114。该灰坑开口于探方第⑫层下，内填褐色土，出土 1 件"万岁"瓦当和较多绳纹瓦片、花纹砖和长方形砖的碎块以及少量灰陶盆残片。该坑形制规整，平面呈椭圆形，坑壁直，坑底铺一块长方形石块，石块南北长 0.47、东西宽 0.66 米。从形制看，H1114 疑为废弃的柱础坑。清理解剖沟东扩范围内的第⑩层，东扩部分南部⑩层下露出 2 根南北向排列的木桩，木桩间距 1.176 米，其中北侧的圆木桩顶部为榫卯结构，其上挖槽立一方木。东扩部分的东南部⑩层下为一片含较多碎木片的灰土面。

12 月 21 日，在 J264 南侧解剖沟东扩部分西部⑩层下清理出 2 根南北向并排平放的圆木和 1 根圆木桩，其中 1 根圆木和木桩上带榫卯。这两天清理出的遗迹与 15 日解剖沟西部清理出的方木和竹竿同在⑩层下平面，它们的年代比 J264 早。但受发掘面积所限，未能确定其性质和归属。若拆除这些方木和竹竿，继续下挖，将会破坏这些早期遗迹的完整性。考古队与广州市鲁班建筑防水补强有限公司工程师们商议后，决定修改整取井圈和木简的施工方案。考虑到 J264 西侧为一段与渗井相通的土质沟槽，遗迹现象较简单，也较易复原。于是拟先以套箱整取该沟槽，在井西侧南北宽 2.2 米、东西长 2.8 米的范围内开挖工作基坑，在基坑范围内进行考古发掘，清理至距井口 4.4 米的深度。待成功整取井圈和木简后，回填工作基坑，把井口西侧的沟槽按照原位原标高复原回去。

12月22日，在J264西侧ⅠT6东南部和ⅠT7西南部划定整体提取木简的工作基坑范围，在这一范围内布设解剖沟进行考古发掘，以确定在此开挖工作基坑是否可行。清理解剖沟内的J41和J91。在J41内出土1块瓦片，其上有墨书"广东布政司使□□"。划出J264井口西侧沟槽的整取范围，用塑料薄膜覆盖沟槽壁和底部，以纯净的泥土将沟槽填实。清理沟槽外南北两侧地层，为整取沟槽做准备。

12月23日，J264西侧解剖沟内的J41清理到底，J264西侧沟槽外南北两侧地层清理至沟槽平面下0.5米的深度，在沟槽与井体连接处切出一条宽约4厘米的缝隙，使沟槽与井体分离。

12月24日，清理J264西边解剖沟内的J91。J264西侧沟槽外南北两侧地层清理深度至0.6米，已达到套箱整取的要求。在划定套箱整取沟槽的范围、测量记录沟槽套箱范围四角的三维坐标后，开始套箱整取。把量身定做的木箱边板套在沟槽的4个侧面，向沟槽表面浇注石膏浆加固，待石膏凝固后采用分段操作的方法将沟槽底部分离出来。分段掏挖沟槽底部的泥土，挖一小段，插入一块底板，在相应位置加盖顶板，用铁丝固定顶板和底板，底板下用砖块垫稳。如此反复5次，插入5块底板。

12月25日，重复昨日操作，在整取J264西侧沟槽的套箱下插入第6块底板，完成沟槽整体套取准备。测量套箱顶板四角坐标，作为日后复原沟槽的依据。用塑料薄膜包裹套箱，以防止水分蒸发导致沟槽断裂。然后将套箱就近搬运至ⅠT7东部的大棚下存放。继续清理J264西侧解剖沟内的地层和遗迹，清理至第⑨层，⑨层下为含大量碎木片的灰土面，这一情况与J264南边解剖沟东扩部分相同。

12月27日，清理J264西侧解剖沟内第⑨层下的灰土面和第⑩层，⑩层为灰色膏泥土，出土物以瓦片为主，有少量陶罐残片和蚌壳。

12月28日，J264西侧解剖沟内第⑩层下露出一片黄膏泥土面，其上分布有多个圆洞，直径12~18厘米，深3~15厘米，内填灰膏泥土，东北角处一个圆洞底部出土1块铁器残片。J264井壁外侧为一片黄黏土，其分布范围南北1.5、东西1.2米，质地纯净，无包含物。黄黏土下为一层黄膏泥土，黄黏土和黄膏泥土疑是J264井坑内的填土。至此，解剖沟发掘面的深度为距地表5.9米。

12月29日，清理J264西侧解剖沟范围内第⑩层下的黄膏泥土，其质地纯净，无包含物和遗迹现象，似为生土。清理深度为距离地表6.5米。

12月30日，J264西侧解剖沟向下清理了0.46米，其深度达距离地表6.96米，堆积由黄膏泥土变为红花土，质地纯净，无包含物和遗迹现象。

2005年1月2日，继续清理J264西侧解剖沟内的红花土，其质地纯净，无包含物和遗迹现象。向下清理了0.7米，距离地表7.66米。

1月3日，J264西侧解剖沟向下清理至距离地表8.4米时，确定解剖沟深度已超过井底深度1米，其内空间已够整取第六节井圈，决定停止下挖。解剖沟内未发现重要遗迹现象，可作为整取木简的工作基坑（图版七，1）。

为了解J264底部的结构，在基坑东壁距井口3米处挖开包裹第六节井圈的泥土，掏出一个探洞。通过探洞，观察到第六节井圈壁上有明显裂痕，测量得知井圈高 33 厘米。在井圈壁外侧与生土之间有一层厚约 0.15 米的黄褐色淤泥，在第六节井圈下 9 厘米处垫一层木板，木板厚约 8 厘米，木板距井口约 2.98 米。

　　1 月 4 日，为更全面了解 J264 底部的结构，向南、北两侧扩大昨日在基坑东壁开挖的探洞，使 J264 的底部完全暴露。观察得知，垫于第六节井圈下的木板南高北低，由 3 块东西向的木板组成，木板之间的空隙填含瓦片的褐色黏土。井圈北部与木板之间垫有一层厚约 6 厘米的褐色黏土，井圈南部直接叠压在木板上，井圈中部和木板之间垫有一块砌筑井壁所用的扇形井砖。木板下有一层厚 3~5 厘米的垫土，垫土下为一层沙土。

　　1 月 5 日，麦英豪先生、广州市鲁班建筑防水补强有限公司负责整体提取 J264 内木简项目的工程人员到考古发掘现场，考古队向他们介绍了 J264 的整体结构、发掘情况、整取木简的原则和要求，随后工程人员测量采集相关的施工数据。J264 西侧的解剖沟作为整体提取木简的工作基坑，次日将交由广州市鲁班建筑防水补强有限公司工程人员按原定整取方案施工。

　　1 月 6 日 ~10 日，广州市鲁班建筑防水补强有限公司（下简称"鲁班公司"）工程施工人员用钢筋混凝土对工作基坑四壁进行加固。东壁与第六节井圈对应的部分留空，四壁其余地方用钢筋网包裹。钢筋网外加装一层木板，随后在木板与基坑壁之间浇筑混凝土。基坑四壁的护壁施工完成。

　　1 月 11 日，鲁班公司工程施工人员在 J264 井口上方架一条钢横梁，其支承在井外，第一到第五节井圈壁上的圆孔内插入穿透井圈的钢筋，并把同一层井圈的 4 根钢筋焊接在一起，用挂钩和可调节螺杆把插入各节井圈孔内的钢筋与井口的钢横梁连接起来，以固定第六节井圈以上的井体，防止其在整取第六节井圈的过程中下沉移位（图版七，2）。

　　1 月 12 日，鲁班公司工程施工人员掏挖井底下面及第六节井圈周边的泥土，使第六节井圈能利用自身重量与第五节井圈分离。同时在井底下约 20 厘米处用千斤顶水平插入一块 16 毫米厚的大钢板。待第六节井圈与上面的井体完全分离后，用钢板来承托第六节井圈及以下的井体。下班前，钢板已插入一大半。

　　1 月 13 日，鲁班公司工程施工人员继续掏挖井底下面及第六节井圈周边的泥土，向里挖 0.8 米，井底的钢板顶进了 6 厘米。第六节井圈与第五节井圈之间出现一条长 15、宽 2 厘米的裂缝，表明第六节井圈已开始慢慢与上面的井体自然分离。

　　1 月 14 日，鲁班公司工程施工人员继续掏挖井底下面及第六节井圈周边的泥土，向里挖了 0.3 米。钢板完全插入井底后，在钢板下支垫钢墩。在插入钢板和支垫钢墩的过程中，第六节井圈和第五节井圈之间的裂缝增大，长 1.3 米，宽 2.5 厘米，第六节井圈以下的井体与上面井体已基本完全分离（图版七，3）。

　　1 月 15 日，鲁班公司工程施工人员把井底下面及第六节井圈周边的泥土全部掏空，在钢板东端的南、北两角各增加一个钢墩支垫。用木板和铁丝包裹第六节井圈外壁，以加固井圈保护其内埋藏的木简。

　　1 月 17 日，鲁班公司工程施工人员在钢板下插入两根槽钢，在槽钢下安装了若干条滚轴，利用滚轴把第六节井圈及以下的井体整体平移到基坑中（图版七，4）。然后把槽钢和钢板焊接在一起，在槽钢的两端各焊接两根与钢槽垂直的螺纹钢筋，把两根钢槽连接起来。

余保国揭开覆盖在第六节井圈内的海绵，检查暴露在发掘面上的 19 枚木简的保存状况。发现发掘面的泥土因上次清理停工后较长时间失水或各部位受力不均而局部开裂，导致已清理出的部分木简断裂，遂用喷壶往发掘面喷水，盖上饱水的海绵和木板，再在木板外覆盖塑料薄膜。

因吊车吨位小，未能吊起整取井体。决定次日更换大吨位吊车把整取井体搬运到地面。

1 月 18 日上午九点，鲁班公司工程施工人员将 4 根钢索固定在钢板下的钢槽两端，用 50 吨的起重吊车把整取的 J264 井体吊至地面，搬运到文物库房门口（图版七，5）。

在整取第六节井圈留下的空位从下往上观察，第五节井圈的底部清晰可见。井坑呈椭圆形，坑壁与井圈壁之间填黄色黏土，质地较黏，含少量绳纹瓦片。在考古工作人员采集了井坑的尺寸和影像信息后，鲁班公司施工人员用复制的陶井圈填充 J264 底部的空位，对井底、井圈周边以及工作基坑进行回填。当工作基坑回填到指定高度后，利用全站仪，将井口西侧之前移走的沟槽按原标高复原到原来位置。至此，由鲁班公司负责整取 J264 内木简项目的工作全部结束。施工过程中，麦英豪先生与南越王宫博物馆筹建处陈茹书记多次到施工现场，提醒工作人员注意人员和文物安全。

（三）提取与保护木简

因 J264 南越木简为广东地区首次发现，木简考古发掘工作备受关注。在麦英豪先生安排下，考古队专门邀请长沙走马楼吴简的发现清理者、长沙简牍博物馆宋少华馆长与 3 名文物保护技术人员汪力工、金平、胡冬成到南越国宫署遗址考古现场，向考古队成员传授木简的清理提取、清洗保护经验和技巧，以确保高质量地完成木简的清理和保护工作。

1. 提取木简

为了将来整理考古发掘材料时能准确复原木简的排列分布和叠压关系，为木简的缀合和编联提供科学的依据，考古队决定对木简进行分层清理，将每一层堆积内埋藏的木简全部清理出来，根据叠压关系按照逆时针方向编流水号，一简一号。编号标签与木简一一对应后，将编号标签放在木简旁，核对编号放置无误后进行拍照和绘图。然后根据先上后下的叠压关系逐根提取木简。提取木简时，对于没有叠压其他简的木简，先用竹签、油画刮刀等工具从不同方向去掉木简周边的泥土。清理至木简下的泥土时，用美工刀片插入木简下泥土横向切割，将木简从泥土中分离出来。在木简正反面都保留一些泥土，避免人手和工具直接碰触到木简表面，以保护木简和简上文字。用黑色油性笔在一块长度和宽度均比木简稍大的垫板上写上木简的阿拉伯数字编号，然后将垫板缓慢插到木简下，待垫板完全把木简承托住后，将垫板和木简一起提取出来。拍照记录木简出土状况后，将垫板与木简一同放入装有蒸馏水的医用搪瓷盘中浸泡。对于叠压着其他简的木简，先用上述方法将没有叠压其他简的部分清理出来，将垫板慢慢插入木简之下，待垫板插到木简互相叠压的部位时，仔细分析叠压情况，用吹球从不同方向向叠压部分吹气，待两简的粘连部分分离后，动作轻柔地将垫板完全插到位于上面的木简之下，把木简与垫板一起提取出来，放入装有蒸馏水的医用搪瓷盘中浸泡。对于局部破碎的木简，在按照上述方法清理提取时，需在破碎部位多保留些泥土，以保持碎片之间的摆放关系。木简历经千年浸泡，质地非常脆弱，多已腐朽断裂。

一些看上去保存基本完整的木简，实际上已断裂成两段甚至更多。整个提取过程，操作者须聚精会神，手法精准而轻柔。为防止表面暴露的木简和包裹木简的泥土失水，考古发掘人员每隔 2 小时给井圈喷一次水。已暴露在空气中的木简尽量当天提取，如不能当天清理提取完，则下班前在木简上覆盖保鲜膜，防止水分流失，用饱水的海绵覆盖井圈，再用塑料薄膜包裹严实。次日继续清理前，先动作轻柔地揭去保鲜膜，避免在揭开保鲜膜的过程中破坏木简。

1 月 18 日，J264 整体提取的井体搬运至文物库房后，开始提取发掘面上第⑧层堆积中的 19 枚木简。绘制发掘面上的木简分布图，对木简逐一编号。根据叠压关系逐枚清理提取木简，并以编号为单位逐一进行文字记录，用照片和录像记录每枚木简的提取过程。首先提取了 006 号简和 008 号简，在 006 号简的北侧又新清理出 1 块木简残片，编号 020 号。三枚木简表面均可见墨书文字。将木简放入装有蒸馏水的塑料盒，移交到文物库房保存。

1 月 19 日，继续提取 J264 第⑧层堆积中的木简，按照叠压关系逐枚提取，用文字、照片和录像记录每一枚木简的清理提取过程。清理提取木简 14 枚，按提取顺序列出编号如下：018、017、009、015、001（带 2 块碎片）、014、011、012（带 1 块碎片）、016、010、013、005、002 和004 号。

1 月 20 日，麦英豪先生亲临现场，与宋少华馆长等人一同商讨木简提取和保护方案。在已提取的木简中选出数枚，由金平进行清洗保护，以为 J264 出土的木简量身制定清洗保护方案。

1 月 21 日，在宋少华馆长提议下，取下一块原已裂开的陶井圈壁，清理井圈内的堆积，做出一个剖面，以了解井圈内堆积的层次和木简的埋藏情况（图版八，1）。从剖面可见，井圈内现存的堆积高约 0.25 米，层次分明，为黑色土和红褐色土相间的淤积层。在剖面中清理提取出 5 枚完残程度不一的木简，归为第⑨层遗物，编号为⑨∶1 至⑨∶5①。把发掘面上剩下的 4 枚木简提取出来，提取顺序编号为：003、007、021 和 019 号。其中 021 号简叠压在 007 号简下，位于 2004 年12 月 2 日出土的"横山"简片旁边。随后继续向下清理井圈内的堆积，层位按照第⑨层记录。

下午，在清理井圈内堆积的过程中，发现上午记录为第⑨层的堆积仍应归入第⑧层，并确定木简编号原则为从上到下统一流水编号，不再分层编号，将简 129 号之前的编号预留给了下层木简，前面从⑥、⑦和⑧层出土的 23 块木简残片编为 130－152 号。继续用竹签和油画刮刀清理第⑧层，又清理出 17 枚木简，分别编号为 020－2、022～037 号。其中 020－2 号简与 1 月 18 日提取的 020 号简在同一位置出土，怀疑与 020 号为同一枚木简，后来的整理缀合证实了我们的这一猜测。当日提取了 022～032 号。木简提取出来后，交由文物保护技术人员进行清洗、保护（图版八，2）。从木简上剥离下来的所有泥土按层位装袋收集，安排专人进行浮选。

1 月 22 日，把 J264 发掘面上的 034、035、036 和 037 号木简提取出来，又新清理出 4 枚木简，编号 038、039、040 和 041 号，至此第⑧层堆积清理完毕。开始清理第⑨层和第⑩层堆积，在第⑨层中清理出 8 枚木简，编号 042～049 号，第⑩层中清理出 16 枚木简，编号为 050～065 号。在第⑧、⑨、⑩层简片上和周围堆积里收集到少量保存完好的植物遗存，包括树叶、瓜子和果核等，

---

① 经整理确认，1 月 21 日清理堆积仍为井内⑧层，⑨∶1—⑨∶5 统一编流水号，改为 153 至 157。因提取自剖面，在⑧层木简分布图上未显示。

其中不少树叶完整无缺，清理出时仍翠绿依旧，叶脉清晰可见。清理出来的泥土全部收集，以备日后浮选。

当日提取木简合计 32 枚，其中第⑧层 8 枚，第⑨层 8 枚，第⑩层 16 枚。提取前由专人以层为单位绘制木简分布平面图、拍照、录像。提取时，用文字、照片和录像记录每枚木简的提取过程。木简提取出来后，随即交由长沙简牍博物馆的技术人员进行清洗、保护。考古队的谭文和章昀跟随长沙简牍博物馆技术人员学习清洗保护木简。

1 月 23 日，清理第⑪～⑭层堆积。第⑪层厚 3～5 厘米，为黑色淤积土，质地疏松，含大量瓜子和少量树叶，清理出 14 枚木简，编号为 066～079 号。第⑫层内清理出 14 枚木简，编号为 080～093 号。第⑬层中清理出 13 枚木简，编号为 094～106 号。第⑭层中清理出 13 枚木简，编号为 107～119 号。各层堆积中同时出土少量树叶、种子和果核等植物遗存，第⑭层中还出土一个基本完整的昆虫残骸，长 1.4、宽 0.6 厘米。木简提取出来后，随即由长沙简牍博物馆的技术人员和谭文、章昀进行清洗、保护。其中 073、077 号简保存较完整，清洗后木简上墨书文字字迹清晰，宋少华馆长对简上所书文字进行释读。

第⑧～⑭层为黑色和红褐色相间的淤积土，是清理时根据木简的埋藏堆积层次划分出来的，其中黑色淤积土内含较多果核、树叶和木简，红褐色淤积土较纯净，不出土木简。

1 月 24 日，清理 J264 内第⑮层和第⑯层堆积。⑮层呈红褐色，出土大量大小不一的木片和木块，其中只有一块木片形似木简残片，因其上未见墨书文字，暂编号⑮:6 号①。第⑯层堆积呈青灰色，东厚西薄，可分为两小层。上层为厚约 2 厘米的青灰色沙土，下层为厚 2～8 厘米的青灰色胶泥土。第⑯层质地纯净，没有出土文化遗物。考虑到日后遗址建成博物馆后展示的需要，保留第⑯层的半边不清理。第⑯层下为三块东西向并排放置的木板，木板上垫有 5 块砌筑井壁所用的扇形井砖，1 块位于井圈外侧，1 块位于井圈内侧，其余 3 块垫于井圈下。井圈外侧发现 3 块瓦片。木板、井圈和井砖之间填胶泥，木板与井底生土之间的填土中含较多绳纹瓦片。绘制第⑯层堆积下的平面图，至此 J264 内埋藏的木简已全部清理提取完毕，考古人员转入室内对 J264 出土的木简进行清洗保护。

2. 清洗木简

1 月 21 日至 24 日，谭文、章昀与长沙简牍博物馆文物保护技术人员一同对木简进行清洗和保护。经过专业培训，通过观摩和实践操作，谭文和章昀已可熟练完成木简的清洗和保护。长沙简牍博物馆宋少华馆长和馆内专业技术人员于 1 月 25 日离穗返回长沙。木简的清洗保护工作由韩维龙、谭文、章昀、莫慧旋负责，谭文和章昀负责木简的清洗和保护，韩维龙、莫慧旋负责用照片和文字记录木简在各个步骤之间状态的变化。

根据木简的保存状况，长沙简牍博物馆的文物保护技术人员结合以往清洗保护简牍的经验，为木简挑选了合适的清洗、保护工具和材料，定制了一套清洗保护流程：

（1）记录木简现状→蒸馏水粗洗→记录木简粗洗后状况→分析纯药水浸泡；

（2）记录木简现状→蒸馏水精洗→记录木简精洗后状况；

---

① 整理时将"简⑮:6"编入流水号，改为"简 158"。

（3）初步缀合→采集木简信息→用有机玻璃条和棉绳包装加固；

（4）蒸馏水浸泡→定期观察和更换蒸馏水。

通常情况下，木简的清洗分为粗洗和精洗两步。粗洗前先用文字和照片记录木简保存状况，工作人员往医用搪瓷盘中倒入刚好没过木简的蒸馏水，将木简与下面的垫板一起放入盘中，垫板一端枕在盘沿上，一端没入水中，使木简呈倾斜状，大半浸泡在蒸馏水中。工作人员一手拿4号油画刮刀，另一只手拿毛笔或较粗的水粉画笔，双手配合，由上而下地去掉木简上松动的大泥块，刮刀和笔都不能直接触碰木简。去除木简表面的泥壳后，清洗工具换成8号水粉画笔和毛笔。一手持毛笔、一手持水粉画笔由上至下轻柔地刷去木简表面的浮泥，一旦墨迹显露，即将8号水粉画笔改为1号水粉画笔。所有的清洗工具都不能直接接触木简有墨迹的地方。清洗完木简朝上一面的浮泥后，用一块有机玻璃垫板轻轻盖在木简上，上下两块垫板夹着木简同时翻转180度，将垫板和木简斜靠在盆沿上，使未清洗的一面朝上，移去木简上的垫板，继续按照上述的方法清洗木简表面的浮泥。待木简两面的浮泥清洗干净，再次用文字和照片记录木简的状况。若发现所清洗的"木简"形状不规则，长度、宽度和厚度均与木简差异较大，且不见墨书痕迹，可确定其为木块、木片或木棍等而非木简，即可止步于此。对于确定或疑似为木简或木简残片的，则用分析纯药水浸泡。浸泡若干小时，待紧密黏结在木简表面的污染物和泥块与木简分离后，再次把木简放入干净的蒸馏水中，用1号水粉画笔和毛笔进行精洗。精洗的方法和步骤与粗洗基本一致，只是动作和手法更为轻柔和细致。在精洗的过程中，若墨迹上仍粘有泥土或污染物，则用毛笔蘸蒸馏水反复冲洗，使之脱落，而不能直接用水粉画笔或毛笔刷洗。待木简精洗完毕，第三次对木简进行拍照和文字记录。而后根据木简的断口进行初步缀合、测量尺寸，并记录其保存状况、墨书文字数量和大致内容。准备一块长约3、宽约1.5厘米的紫色塑料牌，同时用小刀和黑色油性笔将木简的阿拉伯数字编号写在塑料牌上。然后用两块尺寸比木简稍大的有机玻璃板夹住木简，木简两侧各放置一根与有机玻璃板同长的白色塑料条，用白色棉绳将有机玻璃板两端绑紧，以防止木简滑出。捆绑时须把握好棉绳的松紧程度，绑得过紧木简会因有机玻璃的压迫而损伤，绑得松了木简会从有机玻璃间滑出。写有木简编号的塑料小牌用棉绳固定在有机玻璃板的一端。准备一个带盖的透明塑料盒，往盒中注入没过木简的蒸馏水，将包装固定好的木简放入盒中浸泡，定期观察木简保存状况、蒸馏水的性状和气味。当蒸馏水浑浊或有异味时，将木简取出，清洗塑料盒，注入干净的蒸馏水，将木简放入盒中浸泡。

1月25日，木简统一登记入库后，相关人员转入室内对木简进行清洗保护。至3月14日，木简的清洗和初步保护工作完成。在清洗木简的过程中，发现002、030、031、036、037、040、041、045、064、083、086、094、109、112、119等15个编号为木块、木片或木棍而非木简。多枚木简上发现记载南越国王室、宫苑建筑、职官制度、行政区划以及纪年等内容的墨书文字。026号简上的"蕃池"二字使人不禁联想到J264东边南越国宫苑内因池壁石板上刻有"蕃"字而得名"蕃池"的石砌蓄水池。017号简上的"泰子"、091号简上的"公主"和116号简上的"陛下"印证了赵佗称帝的历史文献记载。067号简上的"南海"、091号简上的"蕃禺"可印证史籍记载中的南越国行政区划。004号简上的"大鸡官"，024、089、095号简上的"居室"和099号简上的"左北郎"都是南越国职官制度的记录。081、091、096 号简上的"廿六年"，023 号简上的"二月廿六日"和 073、075 号简上的"四月辛丑"都为考证木简的年代提供了重要线索。

三　井的结构

（一）井口及周边

J264 井口呈圆形，井口距现地表 4.2、井深 3.08 米。

J264 井壁上部的东、西侧留有缺口，北侧井砖包砌一截椭圆形陶管。据观察，这些缺口和管道均与井壁同时砌筑。东侧缺口呈长方形，宽 0.26～0.29、高 0.2 米。西侧缺口上部残，宽 0.39 米，高度不详。北侧管道内径 21～25、外径 27～30、壁厚 2.8～3 厘米（图版九，1、2）。

J264 井口东侧有一片砖砌地面，该地面被一条东西向木质明渠分为南、北两片，地面和明渠东端被宫苑保护大棚侧的原为建信德广场而预修的混凝土防水墙打断。地面铺砖为青灰色素面条砖，残存 13 块，规格为 66 厘米×35.5 厘米×4.5 厘米和 63 厘米×35 厘米×4.5 厘米。铺砖地面由两侧向中间倾斜，北侧砖面北高南低，高差 19.2 厘米；南侧砖面南高北低，高差 8.4 厘米。整个砖铺地面比 J264 现存井口低约 10 厘米。明渠残长 2.95、宽 0.23、自深 0.16 米，已清理部分长 1.6 米。在渠壁和渠底都残留有板灰痕迹，据此判断明渠的渠壁和渠底原应铺设木板。明渠东端有一块高出渠底 20 厘米的石板，为灰白色砂岩，规格为 48 厘米×29 厘米×5 厘米，石板东高西低，高差 3 厘米。明渠西端与井壁上部东侧的缺口相连，其与渗井连接的部分为暗渠。发掘时暗渠顶部已塌落，但仍可看到顶部排列有序的 4 块扇形井砖。我们推测暗渠上可能建有井台，但由于晚期破坏，井台被毁，其形制已无从考究。暗渠部分东西长 0.63（含井壁）、南北宽 0.3、现深 0.08～0.12 米，原深度不详。暗渠顶部井砖规格为 30 厘米×12 厘米×5.5 厘米。明渠底部东高西低，高差为 4.8 厘米，东端底部和西端底部分别比 J264 井壁上部东缺口底部高出 5.9、1.1 厘米。从砖铺地面和明渠各部分的高差来看，水应是从地面汇集到明渠，然后通过明渠由东向西流入渗井内的（图五；图版一〇，1、2）。

J264 井口西侧有一条东西向的沟槽，沟槽与井壁上部的西缺口连通。沟槽保存状况较差，西端被明代水井 J91 打断。残长 2.24、宽 0.42、深 0.25 米。其东端底部局部残留有板灰痕迹，据此推测渠道内原应铺设有木板。渠道底部西高东低，高差为 2.6 厘米，可见渠道应是由西向东引水入渗井。沟槽周围未发现砖铺地面（图五；图版一一，1）。

J264 井口北侧有一段陶管道，与井壁上部北侧的陶管道连接。陶管道由三节管道套接而成，两节管道套接重叠处长 20 厘米。每节均一端大一端小，单节长 0.65～0.7 米，三节总长 1.68 米。第二节管道北端和第三节管道南端套接处被东汉沟渠 G34 打破。第一节管道南端伸入渗井井壁，第三节管道北端与木暗渠 G154 的南北向段连接。连接处第三节管道北端有一个南北长 13、高 13 厘米的缺口，缺口与 G154 的东西向渠道连接，缺口位置与 G154 的渠口南北错位 3 厘米。因管道口为圆形，G154 南北向段渠口为长方形，管道口大而渠口小，两者连接不能完全吻合。在第三节管道北端与 G154 南北向段的连接处，管道与木暗渠套接后，管道口仍有空隙，为此空隙处侧立放置一块小头朝上的扇形井砖，其侧面紧贴管道口上部的空隙，井砖大头高出管道顶部3.5厘米，小头紧贴G154的顶板。井砖小头长23、大头长30、宽12、厚5厘米。G154是一条平面呈曲尺形的木暗渠，由东西向和南北向两段组成，两段渠道通过第三节管道连接起来，其南北向段的北端与北边的东西向木暗渠G165连接。它们是南越国宫署内错综复杂的排水系统的重要组成部分。因南越国宫署遗址建成博物馆后的展示需要，陶管道保留未做内部清理，但从其被G34打破的位置看，管道内填满红褐色沙土，沙土质地细腻纯净。

陶管道南高北低，第三节北端顶部与第一节南端顶部高差17.9厘米，第三节北端缺口底部与第一节南端底部高差16厘米。从G154南北向段被六朝水井J282打破的缺口底部测量，其比第一节南端底部低19厘米（为展示考虑，管道内部未清理，第三节管道与G154连接处的内底标高不详）。这些数据表明，J264内的水应是通过井北侧的陶质管道和G154排出，向北流入北边的木暗渠G165（图五；图版一一，2）。

J264井壁上部东、西缺口与北侧的陶管道底部有高差，东侧缺口底部比北侧管道底部高16.6厘米，比西侧缺口底部高7.7厘米；西侧缺口底部比北侧管道底部高8.9厘米。可见东侧缺口底部最高，西侧缺口底部次之，北侧管道底部最低。据井壁上部缺口和管道底部高差，及井口东侧明渠、西侧沟槽和北侧管道高差分析，井东侧的明渠和西侧的沟槽应是向井内集水之用，而北侧的管道则用于向外排水。

（二）井壁结构

J264井壁分上、下两部分。上部用扇形砖砌筑，残存15层，平砌，各层间略有错缝，砖缝用泥土粘结；下部用6节圆形陶井圈叠砌（图五；图版一一，3）。

井壁砖砌部分残高0.85、内径0.82、外径1.16米。因晚期遗迹破坏和井壁包砌陶管道或留置缺口，各层井砖现存数量不一，从上向下每层依次为：第一层1块整砖加1块残砖，第二层6块整砖加1块残砖，第三层7块整砖加1块残砖，第四层6块整砖，第五层6块整砖加1块残砖，第六层6块整砖加2块残砖，第七层8块整砖加1块残砖，第八层7块整砖加1块残砖，第九层8块整砖加2块残砖，第十层11块整砖，第十一至十五层均为11块整砖加1块残砖。井砖合计121块整砖、15块残砖，其中少部分砖带绿釉。

井壁的井圈叠砌部分高2.06、内径0.92米。井圈近圆形，6节井圈层层叠砌，略有错位。各节井圈规格基本一致，高度从上向下分别为0.34、0.35、0.35、0.34、0.35、0.33米。井圈壁厚3.5~5厘米，壁上有4个基本对称分布的椭圆形穿孔，孔径为3.5~5厘米。

（三）井底结构

通过整体提取埋藏有木简的第六节井圈，了解到J264井底结构。井底铺3块木板，东西长1.15、南北宽1.3米，三块木板规格不一。木板均已腐朽断裂，上有多处凹槽、圆孔，这些与井的砌筑和使用无关的加工使用痕迹，表明其应为旧板再利用。木板有高差，南高北低。为取平，北侧木板位置较低，上面平放2块井砖支垫第六节井圈，中间的木板上用1块井砖承垫井圈，南侧木板直接承垫井圈。木板、井圈和井砖之间的空隙用胶泥填置。木板与井底生土之间用土铺垫，土中含较多绳纹瓦片。北侧木板上的井圈内外各散置 1 块井砖,中间木板上井圈底部外侧有 3 块绳纹瓦片(图六;图版一二,1)。

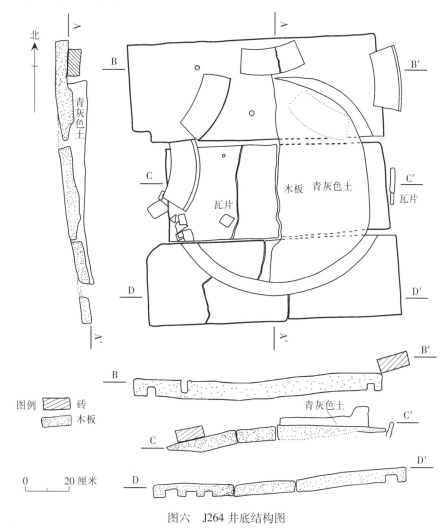

图六　J264 井底结构图

北侧木板,长 1.13、宽 0.44～0.48、厚 0.06～0.07 米。木板北部与第六节井圈底部之间垫有约 6 厘米厚的胶泥,东半部被井圈直接叠压,压出一道宽 5、深 1～2 厘米的凹槽。木板表面西端有两个未穿透的小圆孔,孔径分别为 2、2.3 厘米,深均为 4 厘米。木板底部距东端约 3 厘米处有一道南北向的凹槽,宽 3、深 2.5 厘米;距离西端 5 厘米处也有一道南北向的凹槽,宽 3、深 3 厘米。木板底部与生土之间的垫土厚 4～7 厘米。

中间木板,长 1、宽 0.44、厚约 0.015～0.06 米,两端薄中间厚。木板表面中部有一个穿透的圆孔,孔径为 1.8 厘米。

南侧木板,长 1.15、宽 0.35、厚 0.05～0.06 米。井圈直接压在木板上,压出一道宽 6、深 3.5 厘米的凹槽。木板底部距东端约 4 厘米处有一道南北向的凹槽,宽 3、深 2.5 厘米;距西端约 5 厘米处有三道平行的南北向凹槽,其间距约为 3 厘米,宽度自西向东分别为 6、5、4 厘米,深度分别为 3、2、2 厘米。木板下面的垫土厚 1～10 厘米。

J264 的开口平面未暴露井坑。利用整体提取第六节井圈后形成的剖面,从下向上对第五节井圈底部进行观察，发现井坑为椭圆形，南北径约 1.58、东西径约 1.5 米，井坑壁和井圈之间填塞约 15 厘米厚的黄色黏土，黏土内含少量绳纹瓦片。据此确定，井建造前应先开挖井坑，再砌筑井壁，并随着井壁的修筑逐步用土填实井坑壁与井壁之间的空隙。在相应位置，预留渠道和管道，然后在井口周围铺垫红黏土覆盖井坑，故井口处无法看见井坑（图版一二，2）。

四　井内堆积

渗井内堆积可分为 16 层。第①～⑤层为井废弃后的填埋堆积，出土遗物以绳纹瓦片为主。第⑥～⑮层为渗井使用过程中淤积的堆积，出土木简和各种动植物遗存，其中第⑧～⑭层是木简堆积最为集中的地层。第⑯层为渗井建成后、使用前堆积（图七）。

第①层：红色土，质地较密，含烧土颗粒，厚约 60 厘米。出土遗物以灰色、浅黄色板瓦和灰色筒瓦残片为主，亦有少量泥质灰陶罐残片和碎砖块。瓦片表面多饰绳纹或弦纹，里面多饰麻点纹，陶罐残片表面均饰小方格纹（表一，1）。

第②层：红烧土，土质较疏松，含较多木炭，厚约 30 厘米。出土遗物以灰色、浅黄色板瓦和筒瓦残片为主，偶见灰色夹砂筒瓦残片。瓦片表面多饰绳纹或弦纹，里面多饰麻点纹，其中灰色夹砂筒瓦片里外均为素面（表一，2）。在该层底部清理出一块平整的小石板。

第③层：红色土，土质较疏松，烧土颗粒明显减少，厚约 40 厘米。出土遗物以灰色、浅黄色板瓦和筒瓦及灰色夹砂筒瓦残片为主，偶见泥质红陶板瓦、筒瓦片和泥质灰陶罐残片及少量动物碎骨。瓦片表面饰绳纹或弦纹，里面饰麻点纹（表一，3）。

第④层：褐色土，土质疏松，含烧土块与木炭颗粒，厚约 50 厘米。出土遗物以灰色、浅黄色板瓦和灰色筒瓦碎片为主，偶见灰色夹砂筒瓦碎片，有零星木头残块。瓦片表面饰绳纹或弦纹，里面饰麻点纹（表一，4）。

第⑤层：灰褐色土，土质疏松，内含烧土块与木炭颗粒，厚约 33 厘米。出土遗物以灰色、浅黄色板瓦和灰色筒瓦残片为主，偶见灰色夹砂筒瓦片。瓦片表面多饰绳纹或弦纹，里面多饰麻点纹（表一，5）。

第⑥层：黑色淤泥，质地较致密，厚约 20 厘米。含大量果核、木片、竹片及少量绳纹瓦片、木炭颗粒、兽骨等，出土一块带墨书文字的木简残片。

第⑦层：红褐色淤泥土，质地较致密，厚约 5 厘米。含大量树叶、较多的果核和少量木简残片。在该层层面清理出一块规整的长方形木板。

第⑧～⑭层：黑色土和红褐色土相间的淤积层，是清理时根据木简的堆积层次划分出来的，厚分别约 8、3、4、2、2 厘米，2～3 和 1～2 厘米。其中黑色淤积土内含较多果核、树叶和木简，而红褐色淤积土则较纯净且不出木简。

第⑮层：红褐色淤积土，厚 2～4 厘米。出土大量碎木块。

第⑯层：青灰色土，厚约 8 厘米。东厚西薄，可分为两小层。上层为厚约 2 厘米的青灰色沙土，下层为厚 2～8 厘米的青灰色胶泥土，质地非常纯净（图版一二，3）。

J264 各层出土陶片的质地、器形、陶色和纹饰进行分类统计后，制成表一。从"J264 各层陶

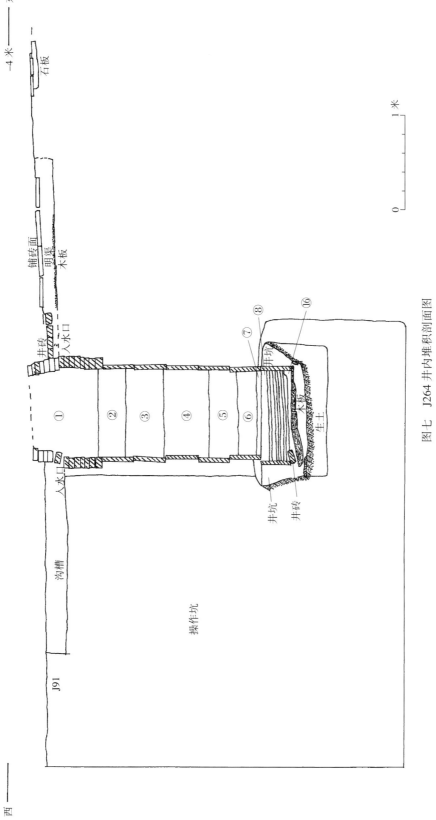

图七 J264 井内堆积剖面图

片质地统计表"看（表一，7），各层出土陶片虽可分为泥质陶和夹砂陶，但泥质陶在各层中均占绝大多数。第①、②、④、⑤层泥质陶片的占比均为 98% 以上，第③层和第六节井圈外泥质陶片的占比为 81% 以上。

从"J264 各层陶片器形统计表"（表一，8）可知，出土陶片有罐、筒瓦和板瓦三种器形，其中板瓦数量最多，筒瓦次之，罐最少。板瓦各层均有出土，在第①~⑤层出土陶片中板瓦占比均在 65% 以上，第④、⑤层占比接近 90%。筒瓦各层亦均有出土。罐仅在第①层中出土 3 片，第③、④层中各出土 1 片。

从"J264 各层陶片陶色统计表"（表一，9）可知，出土陶片的颜色大致可分为红黄色、浅黄色和灰色。其中浅黄色最多，灰色次之，红黄色最少。浅黄色陶片在第①~⑤层均有出土，第③、④层中占比均在 60% 以上。灰色陶片各层均有出土，第①、②、⑤层和第六节井圈外出土陶片以灰色居多，占比均在 45% 以上，其中第六节井圈外出土陶片全为灰色。而红黄色陶片只在第①、②、③层有少量出土。

从"J264 各层陶片纹饰统计表"（表一，10）可知，出土陶片的纹饰有小方格纹、弦纹、绳纹、弦纹加麻点纹、绳纹加麻点纹。绳纹加麻点纹陶片最多，各层均有出土，第①、②、③层以绳纹加麻点纹陶片居多，在第①、②层中其占比超过 75%。绳纹陶片的数量位居第二，除第①、②层外，其他各层均有出土，其中第六节井圈外以绳纹陶片居多。弦纹陶片的数量位居第三，各层均有出土，其中第④层以弦纹陶片居多。弦纹加麻点纹陶片数量位居第四，第①~⑤层均有出土，其中第⑤层以弦纹加麻点纹居多。素面陶片只在第②、③、④层有少量出土。小方格纹陶片数量最少，仅在第①层有出土。

叁 遗物

一 筑井建材

J264 的构筑建材有井砖、铺地砖、陶井圈、陶管道、石板、木板等，井底木板已见前述，其他介绍如下。

（一）砖

根据用途可分为井砖和铺地砖两种。

1. 井砖

主要用于砌筑井壁上半部分。扇形，青灰色或灰白色，有少量带绿釉。大致有以下三种规格。

J264：11，青灰色，大头一角残缺，大头残长 27、小头长 24、宽 12、厚 5.5～6 厘米，一个平面和侧面刷绿釉，侧面的绿釉部分脱落（图八，1；图版一三，1）。

J264：12，灰白色，小头一角残缺，大头长 29、小头长 22、宽 11.5、厚 5～5.5 厘米，一个平面略凹（图八，2；图版一三，2）。

J264：13，灰白色，基本完整，大头长 31、小头长 24、宽 12.3、厚 5.5～6 厘米（图八，3；图版一三，3）。

2. 铺地砖

残存 13 块。用于铺砌井口东侧地面。浅黄色，素面，规格为 66 厘米×35.5 厘米×4.5 厘米或 63 厘米×35 厘米×4.5 厘米。

（二）陶井圈

共 6 节。用于砌筑井壁的下半部分。近圆形，青灰色，表面饰绳纹，里面饰麻点纹，壁上有 4 个基本对称的椭圆形孔。每节内径约 92、壁高 33～35、厚 3～5 厘米，孔径 3～6 厘米。其中第六节井圈与木简一起被整取出来，编号 J264：14。

J264：14，破裂残缺。外径 102～103、内径 90～94、高 33、壁厚 3～5 厘米，井圈口下 14 厘米处布置 4 个基本对称的椭圆形孔，孔径约 5 厘米，相邻孔之间的直线距离为 58～62 厘米（图九；图版一四，1）。

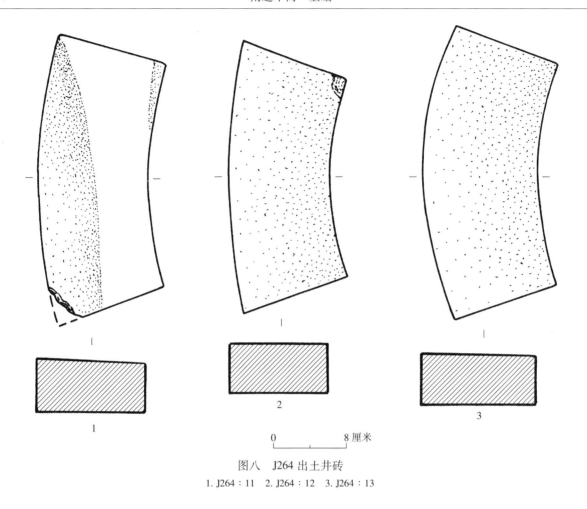

图八　J264 出土井砖
1. J264：11　2. J264：12　3. J264：13

（三）陶管道

共 3 节。用于砌筑井北侧的排水管道。浅黄色。表面饰绳纹，里面饰麻点纹（图一〇）。

南管道长 65 厘米，南端外径 30、内径 27 厘米，北端外径 24、壁厚 2.8～3 厘米。中管道长 70、南端外径 42、北端外径 31、壁厚 2～2.8 厘米。北管道长 70、南端外径 44、北端残外径 27～30、壁厚 2.6～2.8 厘米。因整体保留管道，南管道的北端内径和中管道、北管道两端内径均无法测量。

（四）石板

1 块。位于井东侧明渠东端。灰白色砂岩。规格为 48 厘米×29 厘米×5 厘米。

除第六节井圈和少量几块井砖外，井砖、铺地砖、井圈、陶管道和石板等渗井的组成部分，因遗址博物馆展示需要，原地保留未提取。

二　出土遗物

J264 出土遗物包括一百余枚木简，大量树叶、果核、瓜子等植物遗存，鱼类、鸟类和昆虫等动物遗存，筒瓦、板瓦等建筑材料，以及木板和少量陶器残片。其中木简的相关信息详见本书"上编：发掘篇"之"肆　木简"。

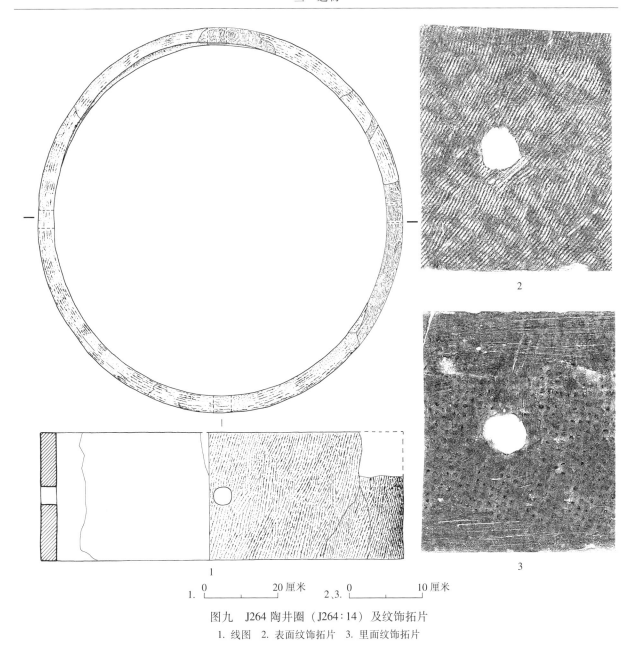

图九　J264 陶井圈（J264：14）及纹饰拓片
1. 线图　2. 表面纹饰拓片　3. 里面纹饰拓片

（一）瓦

多数夹细砂，均泥条盘筑。胎色灰白、青灰或浅黄。表面饰绳纹，绳纹多纵向，少数斜向，粗细不均，一端或两端在绳纹上压印凹弦纹，弦纹间距不均，瓦唇部分的绳纹经修整抹平，十分模糊；里面模印麻点纹。可分为筒瓦和板瓦两类。

1. 筒瓦

5 件。浅黄色，陶质。

J264：1，第④层出土。除瓦唇稍残、一处破裂外，修复后接近完整。通长 47、宽 17、厚 1 厘米，瓦唇长 4.5、宽 14.5（复原）、厚 1 厘米。表面饰绳纹，靠瓦唇一端压印 7 道凹弦纹，其中最近瓦唇的一道极浅；里面饰麻点纹，麻点直径约 0.8 厘米。表面中部戳印一"公"字陶文，字外侧有两重方形边框，内框较规整，边长 1.8 厘米，外框边长 2.2 厘米（图一一；图版一四，2）。

图一〇　J264 井口北侧第二节陶管道表面纹饰拓片

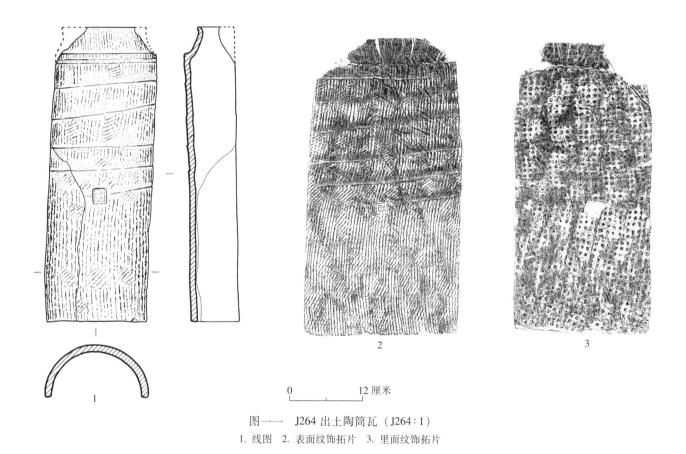

图一一　J264 出土陶筒瓦（J264：1）

1. 线图　2. 表面纹饰拓片　3. 里面纹饰拓片

　　J264：3，第④层出土。中部断裂，修复后基本完整。通长 39.7、宽 14.6、厚 1 厘米，瓦唇长 4、宽 11、厚 0.8 厘米。表面饰绳纹，靠瓦唇一端压印 5 道凹弦纹，尾部有两道手抹痕迹；里面饰麻点纹，麻点直径约 0.5 厘米（图一二；图版一四，3）。

　　J264：6，第③层出土。中部、尾部破裂残缺。残长 32.6、宽 16.3、厚 1 厘米，瓦唇长 3.9、

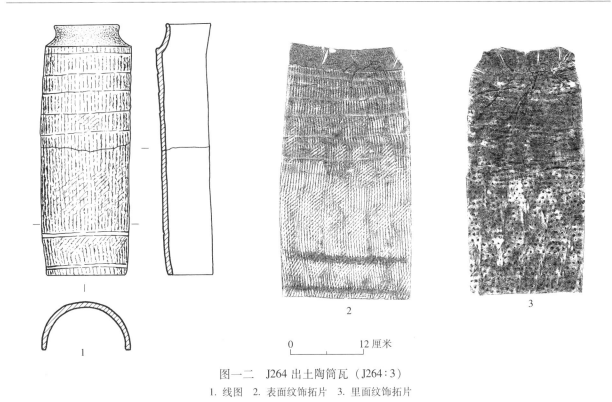

图一二 J264 出土陶筒瓦（J264:3）

1. 线图 2. 表面纹饰拓片 3. 里面纹饰拓片

宽14、厚0.7厘米。表面饰绳纹，靠瓦唇一端压印4道凹弦纹；里面饰麻点纹，麻点直径约0.3厘米（图一三；图版一五，1）。

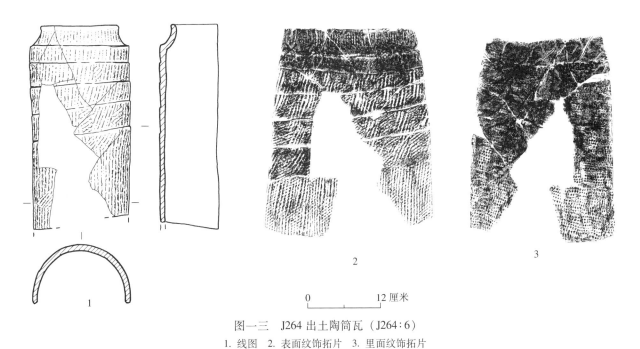

图一三 J264 出土陶筒瓦（J264:6）

1. 线图 2. 表面纹饰拓片 3. 里面纹饰拓片

J264:7，第④层出土。破裂，瓦唇和尾部均稍有残缺。通长39.6、宽14.3、厚1厘米，瓦唇长3、宽10.5（复原）、厚0.7厘米。表面饰绳纹，靠瓦唇一端压印6道凹弦纹，其中第一道和第六道十分浅，尾部有两道手抹痕迹；里面饰麻点纹，麻点直径约0.5厘米（图一四；图版一五，2）。

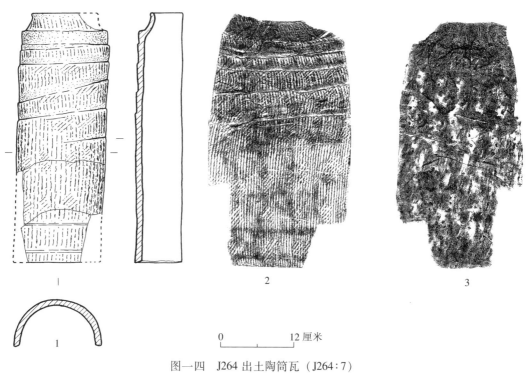

图一四　J264 出土陶筒瓦（J264：7）

1. 线图　2. 表面纹饰拓片　3. 里面纹饰拓片

J264：8，第⑤层出土。破裂，头、尾均部分残缺。通长 42、宽 14.5、厚 1.3 厘米，瓦唇长
3.2、宽 10.5（复原）、厚 0.8 厘米。表面饰绳纹，靠瓦唇一端压印 6 道凹弦纹，尾部压印 3 道凹
弦纹；里面饰麻点纹，麻点直径约 0.5 厘米（图一五；图版一五，3）。

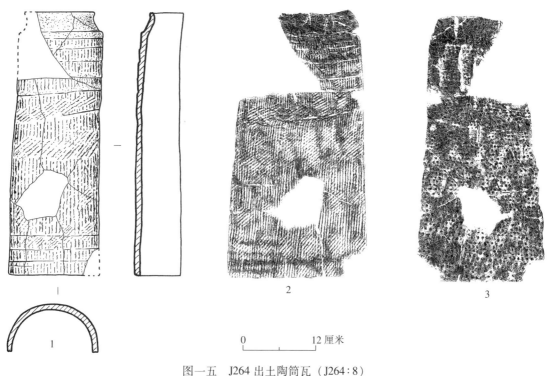

图一五　J264 出土陶筒瓦（J264：8）

1. 线图　2. 表面纹饰拓片　3. 里面纹饰拓片

2. 板瓦

1件。J264：9，第⑤层出土。瓦身破裂残缺。青灰色，陶质。残长42、残宽33～36、厚1.5厘米。表面饰绳纹；里面饰麻点纹，麻点直径约0.4厘米，麻点纹间戳印疏密、排列不规则的圆形几何纹：直径约2厘米的圆形边框被十字线等分成四格，每格填一圆点。小头端绳纹和麻点纹被抹去，表面压印21道凹弦纹，以增强摩擦力，使瓦与瓦之间相叠牢固（图一六；图版一六，1）。

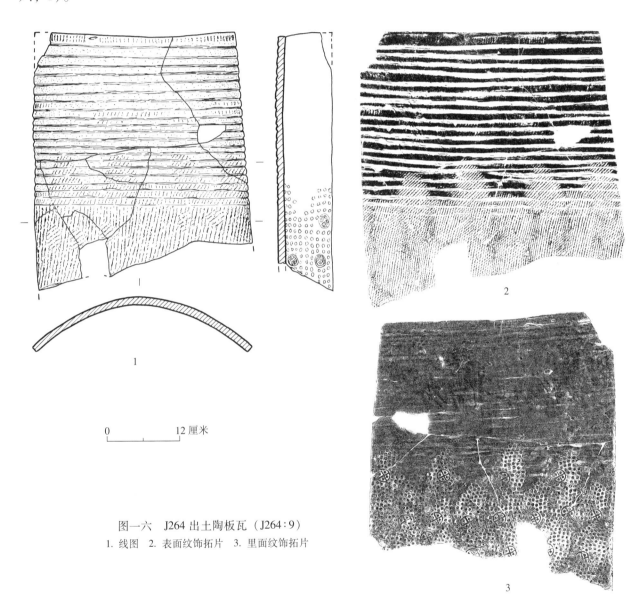

0　　　　　　12厘米

图一六　J264出土陶板瓦（J264：9）

1. 线图　2. 表面纹饰拓片　3. 里面纹饰拓片

3. "公"字瓦片

2件。南越国宫署遗址在发掘过程中出土大量砖瓦，其中不少有陶文。陶文或拍印，或戳印，或刻划，大多数施于筒瓦或板瓦上。拍印和戳印陶文的位置不固定，有的是在拍印各类纹饰后戳印，有的是在戳印后刻划弦纹。还有一种陶文，以字模块为单元连续、随意地拍印。造成一些文字相互重叠，不易识读。J264内也出土1件筒瓦和2块筒瓦片戳印"公"字，筒瓦已见前述，筒瓦片介绍如下：

J264:2，筒瓦片。第④层出土。残长 15.7、残宽 15、厚 0.8 厘米。表面饰绳纹并压印三道弦纹；里面饰麻点纹，麻点横向排列，较规整，直径约 0.3 厘米。表面戳印一"公"字，字外两重边框，字和边框的左半部残缺，内框长 1.9、残宽 1.7 厘米，外框长 2.2、残宽 2 厘米（图一七；图版一六，2）。

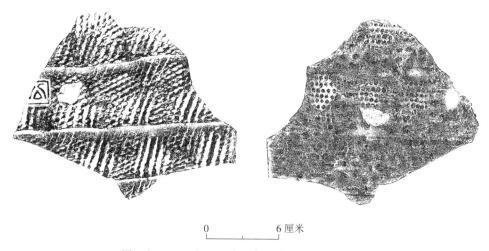

0   6厘米

图一七　J264 出土"公"字瓦片（J264:2）拓片

J264:10，筒瓦片。第②层出土。残长 7、残宽 5.5、厚 0.9 厘米。表面饰绳纹，里面饰麻点纹，麻点较模糊。表面中部戳印一"公"字，字外两重边框，内框方形边长 1.9 厘米，外框长 2.2、宽 2.3 厘米（图一八；图版一六，3）。

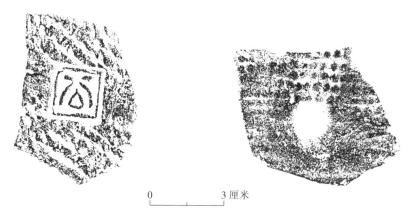

0   3厘米

图一八　J264 出土"公"字瓦片（J264:10）拓片

（二）陶器

J264 内出土少量器物残片，多数片幅较小，无法辨认器形。整理时把其中 2 块带纹饰的陶罐残片挑选出来作小件编号。均为褐色。

J264:15，陶罐残片。第①层出土。残长 10.5、残宽 5.5、厚 1.2 厘米。表面拍印几何图形：以斜向小方格纹为地纹，以压印的弦纹分栏，方格纹上戳印同心圆，两圈同心圆内由 7 个圆点组成花朵状纹饰。同心圆直径为 1.2～1.6 厘米（图一九，1；图版一六，4）。

J264:16，陶罐残片。第①层出土。残长 5.8、残宽 3.2、厚 0.7 厘米。表面拍印几何图形：以斜向小方格纹为地纹，上戳印大方格纹，大方格内以十字对角线等分为 4 格，每格填一空心三角形。大方格边长约 1.9 厘米（图一九，2；图版一六，5）。

（三）木板

J264：5，第⑦层出土。基本完整。长方形，规格为 57 厘米×43 厘米×2.4 厘米，其中一面有漆皮痕迹（图二〇）。经中国社会科学院考古研究所科技中心王树芝鉴定，木材为杉木。

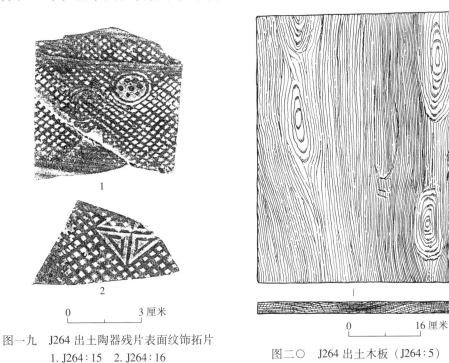

图一九　J264 出土陶器残片表面纹饰拓片
1. J264：15　2. J264：16

图二〇　J264 出土木板（J264：5）

（四）动物遗存

通过对 J264 内的填土进行浮选，收集到大量动物骨骼，经中国社会科学院考古研究所科技中心鉴定，所挑选的 718 块骨骼标本中哺乳类动物最多，鱼类次之，鸟类再次之，爬行类只有 2 块，贝类仅 1 块。关于这些动物骨骼的来源，鉴定报告认为是王室人员在宫苑游玩时食用后丢弃，被水带到 J264 中沉积埋藏下来（图版一七）。

广州市象岗山南越王墓曾出土大量动物骨骼，经鉴定，有家猪、山羊、黄牛、象等哺乳类动物，大黄鱼、广东鲂、鲤鱼等鱼类，家鸡、禾花雀等鸟类，龟、水鱼等爬行类，河蚬、螺、蛤等贝壳类。从出土的位置和状态可知，这些动物都是作为食物随葬或是向墓主献祭的牺牲。从南越王墓出土的动物骨骼可知南越国王室人员的日常食物包括哺乳类、鱼类、鸟类和爬行类动物。

从利用价值看，J264 内出土动物骨骼大多具有观赏和食用两种价值，其骨骼来源不能排除原是生活在御苑内的，或是饲养，或是野生，死后被水带到 J264 中埋藏沉积下来的可能性。J264 出土的木简简文中就有关于鸟、鸡、鹿、鼠等动物的记载。如简 009："……紫离鸟三……"简 073："野雄鸡七，其六雌一雄，以四月辛丑属中官租。纵。"简 084："诘□，地唐唐，守苑行之不谨，鹿死腐。" 简105："大奴虏，不得鼠，当笞五十。"表明南越宫苑中曾饲养多种动物。

（五）植物遗存

1. 种子

J264 作为南越国宫署宫苑曲流石渠旁边的渗水井，在收集和净化宫苑内排水的过程中，水中携带的物质沉淀井内，包含的植物遗存非常丰富（主要为各种植物的种子），数量巨大。它们应大多来自宫苑，具有很高的植物考古学研究价值，为复原宫苑的植被景观和南越王室的宫廷生活提供了珍贵的实物资料（图版一八，1、2；图版一九，1~3）。

中国社会科学院考古研究所科技中心赵志军选择了 J264 中植物遗存比较丰富的第⑥层、第⑧层、第⑫层、第⑮层、第⑯层等 5 份样品，进行实验室整理和鉴定，浮选收集到的植物种子分属 40 个不同的种类，其中 15 个种类可鉴定到种一级，6 个到属一级，4 个到科一级，另外还有 3 种常见的谷物，剩余的 12 个种类仍有待进一步鉴定。

植物遗存分析报告提出，利用价值和出土数量是判断 J264 内可鉴定植物遗存原产地的两个标准。J264 可鉴定的植物遗存按其主要利用价值分类，可分为观赏和食用两大类。根据出土数量分组统计，这些植物遗存可分为四个数量等级。宫苑是休闲游玩的场所，如果是宫苑内种植的植物种类就应该以观赏性为主。J264 与宫苑内的排水渠道连通，其中埋藏的植物遗存应主要来自宫苑，宫苑内种植的植物遗存出土数量应该比其他途径进入井内的要多。送鉴定的 5 份样品中悬钩子属植物种子出土 1 万 5 千多粒，石竹科植物种子多达 16 万多粒，数量属鉴定报告第一个等级。这两类植物都包含常见的灌木或草本庭院观赏性植物，悬钩子属有比较常见的观花类植物，石竹科有大家熟悉的石竹花、康乃馨和满天星。结合利用价值和出土数量这两个标准，可断定悬钩子属和石竹科的植物种子应是来源于宫苑内种植的植物。杨梅核、榕属和眼子菜属植物种子出土数量属于第二个等级，其中杨梅和榕属的一些品种是常见的观赏树木，眼子菜属植物可用作水面观叶类植物，也应是源自宫苑内种植的植物。1997 年发掘南越国宫苑曲流石渠时收集的 4 份样品中出土杨梅果核 64 粒[①]，J264 出土的杨梅果核是宫苑种植杨梅的又一个证据。第四个数量等级中的植物种类出土数量非常少，荔枝、柿、君迁子、枣、南酸枣、乌榄、方榄和苹果属等植物种子在 5 份样品中均只发现一或两颗，且大多属于食用性果品类植物。这些种子应是人为带入宫苑，在游玩的过程中食用后丢弃，经排水沟渠流入井内并被埋藏在沉积物中。宫苑曲流石渠遗迹中曾出土少量南酸枣、橄榄、桃、梅等果类植物种子[②]，也可作为上述推测的一个依据。第三个数量等级的植物种子，从利用价值和出土数量都不能判断其来源，故其产地暂时存疑。

J264 出土的植物种子可鉴定到种的包括甜瓜、冬瓜、杨梅、荔枝、柿、迁君子、罗浮柿、枣、南酸枣、乌榄、方榄、山鸡椒、紫苏、稻谷、大豆等。其中枣核在 5 份浮选样品中仅发现 1 颗，其数量属于鉴定报告的第四个等级，分析报告推测枣核应是作为果品被人为带入宫苑，食用后丢

---

① 南越王宫博物馆筹建处、广州市文物考古研究所：《南越宫苑遗址：1995、1997 年考古发掘报告》，第 203~204 页，文物出版社，2008 年。

② 南越王宫博物馆筹建处、广州市文物考古研究所：《南越宫苑遗址：1995、1997 年考古发掘报告》，第 203~205 页，文物出版社，2008 年。

弃，经排水沟渠流入井内被埋藏再沉积下来的。南越王墓西耳室的两个铜壶内出土大量红枣核[①]，J264 出土木简简文中有多处关于枣树种植管理的记载，如简 068："壶枣一木，第九十四，实九百八十六枚。"简 069："壶枣一木，第百，实三百一十五枚。"简 090："高平甘枣一木，第卅三，实八百廿八枚。"可见枣是南越王室喜爱并经常食用的果品，以至于南越王死后也要带到墓里陪葬。井中出土的这颗枣核与简文可相互印证。它们从出土文献和考古实物两个方面证实南越国种植枣树并产枣的猜测，南越王墓和渗井中出土的枣可能均产自南越国本地。

5 份浮选样品总计收集到甜瓜籽 6 万多颗，是可鉴定到种的植物中数量最多的一种，也是广东地区首次发现古代的甜瓜籽。分析报告从出土数量和利用价值两个角度进行分析论证，提出甜瓜应是作为食用性果品进入宫苑，食肉弃籽，甜瓜籽经排水沟渠流入井内被埋藏再沉积下来。5 份浮选样品共收集到 7 粒冬瓜籽，这是目前我国已知最早的冬瓜遗存。国内学术界普遍认为冬瓜最早是在我国栽培的，但缺乏考古实物证据，这一发现对今后探讨冬瓜的起源问题具有十分重要的意义。

2. 树叶

J264 内的第⑦层、第⑧层堆积中包含大量树叶，发掘人员在第⑦层中成功提取出一些保存较完好的树叶。挑选了其中两片比较完整的经中国社会科学院考古研究所科技中心王树芝进行鉴定，表明其树种为木兰科和榕属。该判断与井内出土植物种子所做鉴定结论吻合。据统计，送检的 5 份样品中榕属植物种子达几千粒。榕属植物包括榕树、菩提树、无花果树等，多为常绿树，树性强健，绿荫蔽天，遮阴效果好，为低维护性景观植物，具有较高的观赏价值，时至今日仍是广东地区常见的园林景观树种（图版一九，4）。

---

① 广州市文物管理委员会、中国社会科学院考古研究所、广东省博物馆：《西汉南越王墓》，第 77～78 页，文物出版社，1991 年。

肆　木简

一　木简

（一）分布情况

木简分布于 J264 内的第⑥～⑮层堆积中，集中于第⑧～⑭层，其中第⑥层、第⑦层出土的所有木简和第⑧层出土的部分木简为残简片，从第⑧层开始有较完整的木简出土。

经清洗整理统计，J264 出土木简和木简碎片共 136 枚。第⑥层出土 1 枚木简残片，第⑦层出土 2 枚木简残片，第⑧层出土 61 枚木简及木简残片，第⑨层出土 7 枚木简，第⑩层出土 16 枚木简，第⑪层出土 14 枚木简，第⑫层出土 12 枚木简，第⑬层出土 12 枚木简，第⑭层出土 10 枚木简，第⑮层出土 1 枚木简残片。各层木简散乱分布，第⑧～⑭层的木简埋藏分布状况参见各层的木简分布平面图。其中第⑧层堆积最厚，埋藏木简最多，多层木简叠压分布，该层木简分布平面图只绘出上面一层（图二一～二七）。

（二）木简保存状况和文字内容

简均木质，多有残断缺损，部分有沙眼或虫洞。约有 60 枚木简拼接后基本完整或接近完整。完整木简的长度在 25 厘米左右，宽度为 1.55～2.1 厘米，厚 0.1～0.2 厘米。总体来说，第⑫～⑭层出土木简的保存状况比第⑧～⑪层的要好。木简上文字均为墨书，字数不等，共约 1200 字。拼接后基本完整或接近完整的木简中，字数最多的 081 号简有 24 字，字数最少的 078 号简只有 3 个字，025 号简和 072 号简只有 4 字。90% 以上的木简字数为 10 到 24 个字，其中 12 个字的数量最多，超过四分之一。各枚木简尺寸、字数和保存状况等信息详见表三。简文均为单面书写，除 009 号简书两行半字外，余均为单行文书。因材质和保存情况不同，各枚木简上文字清晰度不一，大部分能用肉眼辨认。木简上的文字字体多为扁横、波磔明显的成熟隶书，少数文字含有宛转圆润、端庄凝重的篆书意味，隶书的总体书写风格与湖南长沙马王堆汉墓出土简帛文字和湖北江陵张家山汉简文字较为接近，与湖北云梦睡虎地秦简文字有一定区别，具有很高的书法艺术价值。

中国社会科学院考古研究所王树芝对无字木简残片、木简加工残片、碎片以及附着的木简碎片等 9 个样本进行了鉴定，确定木简材质为杉木和红锥木。杉木纹理直，质地轻软细密，具有干后不翘

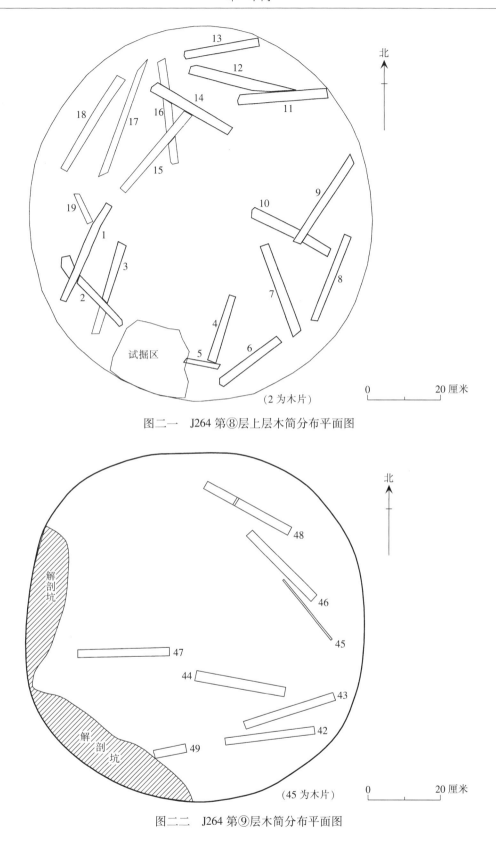

图二一　J264 第⑧层上层木简分布平面图

图二二　J264 第⑨层木简分布平面图

不裂、易加工、切削容易、耐腐蚀的特性。红锥木耐腐蚀，切削面光滑。两种木材都适于制作木简。木材的加工可能是用刀子沿径锯板面劈开（径锯板是指与年轮方向成 45°~90°的板面），再切成木简大小的小条，用柔软物磨光后在径锯板面上写字。

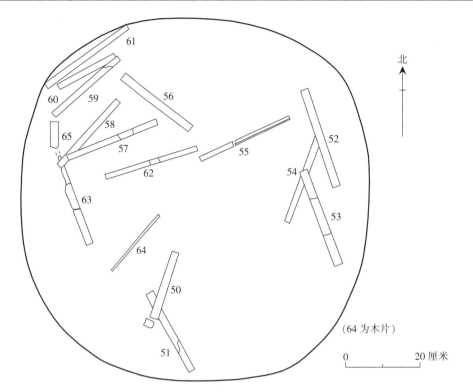

图二三   J264 第⑩层木简分布平面图

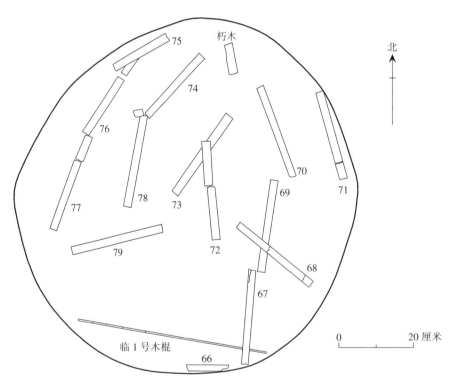

图二四   J264 第⑪层木简分布平面图

　　木简在井内散乱分布，提取清洗过程中未发现简上有编绳或编联的痕迹，简上也未见契口。通过对 J264 木简文字的释读，可知其体例多为一简一事，内容广泛，涉及官职、管理、刑法、赋税、养殖、饮食、从军等，大致可分为簿籍和法律两种文书。其中簿籍大致包括以下 3 类：

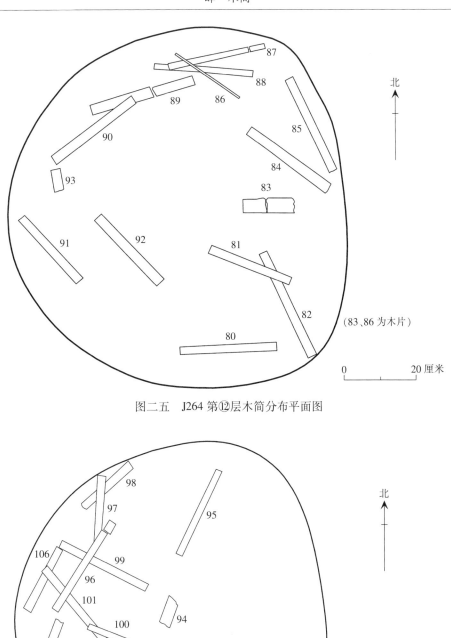

图二五　J264 第⑫层木简分布平面图

图二六　J264 第⑬层木简分布平面图

出入籍，如 099 号简；门籍，如 091 号简；物籍，如 068、069、090 号简。法律文书主要包括律令、爰书、奏谳书，如 105 号简。从第 009 号木简右侧文字仅存一半看，其性质可能为"葪"。也有多枚木简组成一篇文书的，如从第 067 号和 108 号简的内容和文字等分析，它们应是同一篇文书的单简。目前暂无法判断如 068、069、090 号等同性质的简是否编联。

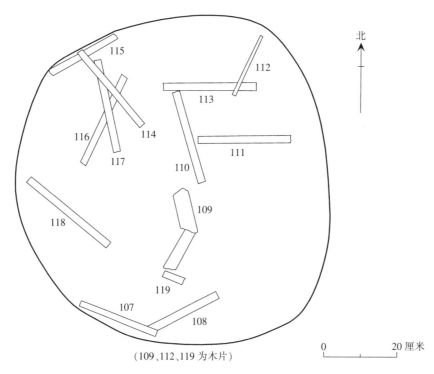

（109、112、119 为木片）

图二七　J264 第⑭层木简分布平面图

　　木简的内容从多个侧面反映出南越国的各项制度和南越国王宫生活，可大大补充南越国史的史料记载。如宫室管理，多枚木简上出现了"出入"二字，可能属宫内外人或物品的出入籍；职官制度，简文中出现"陛下""公主""舍人""左北郎"等官职，其中"左北郎"文献未载，而简文中的"陛下""公主"更是自南越王墓发现"文帝行玺"等重要文物后，又一次发现的可直接证明《史记·南越列传》《汉书·西南夷两粤朝鲜传》中关于南越王称帝内容的文物；地理沿革，简文中出现了"蕃禺""南海""横山"等地名，对于南越国政区地理、疆域沿革等的研究意义重大；法律制度，简文中有"当笞五十""不当笞"等内容，反映南越国施行的法律制度，一些爰书性质的木简则是迄今为止首次发现的南越国法律文书；社会风俗，简文中出现的"大鸡官"等内容为文献所不载，学者认为其可能与《汉书》等文献中越人善用鸡卜的记载相应；宫苑管理，简文出现如"宫门""守苑"等与宫室苑囿相关的内容，是对南越国宫室苑囿所在地性质确认的最重要物证。除上述内容外，很多简还直接或间接反映南越国时期的物产、禽鸟和树木种植等方面的内容。

二　木简释文

（一）凡例

　　1. 南越木简在整理过程中曾遵照麦英豪先生的意见，請中國社會科學院考古研究所黄展嶽研究員和河南省文物考古研究所（今河南省文物考古研究院）郝本性研究員分别對木簡進行釋文。本章簡文釋讀參考了黄、郝兩位先生釋文。

2. 釋文照原編號順序寫録，通行繁体字横排，不句讀。

3. 异體字、假借字、錯字，隨文注出正字和本字。存疑釋文加（？）標識。

4. 木簡殘斷，以⊠號表示。簡文殘泐，可據殘筆或文例釋者，釋文外加□。文字無法釋讀，以□表示，一字一□，殘缺較多的以……表示。

（二）釋文

簡 001 除大樹䶩□□□□□□不（圖版二〇）

保存狀況：簡爲七段拼綴，簡身多處缺損，其中第二段與第三段右側殘缺較甚。長 24.5、寬 1.9、厚 0.1 厘米。存字一行，僅前邊三字清晰，後邊數字漫漶不清。

除大樹：《廣雅·釋詁二》：“除，去也。”《書·泰誓下》：“樹德務滋，除惡務本。”除樹，就是將樹連根挖出。現在河南、山東、安徽等地仍稱挖樹爲除樹（出樹）。

簡 002 經清洗後確定爲木片，非木簡。

簡 003 尤往田歷居可二□叜聞第苑□□入（圖版二一）

保存狀況：簡爲三段拼綴，簡身右側多處殘缺。長 25、寬 1.8、厚 0.1 厘米。存字一行，前段數字清晰，後段漫漶不清。

尤：指行動遲疑緩慢。《説文·冘部》：“冘”，“淫淫，行皃。”段玉裁注：“冘是遲疑蹢躅之皃矣。”林義光《文源》卷六：“久陰謂之霒，行緩謂之淫淫。揚雄《羽獵賦》：‘淫淫與與’。”尤在此亦或爲人名。

田：《説文·田部》：“田，陳也，樹穀曰田。象四口，十，阡陌之制也。”《易·恒》：“田無禽。”孔穎達疏：“田者，田獵也。”《詩·鄭風·叔于田》：“叔于田，巷無居人。”《毛傳》：“田，取禽也。”《穀梁傳·桓公四年》：“四時之田，皆爲宗廟之事也。春曰田，夏曰苗，秋曰蒐，冬曰狩。”

歷：《説文·止部》：“曆，過也。”羅振玉《增訂殷虚書契考釋》：“歷字從止從秝，足行所至皆禾也，以象經歷之意。”《禮記·郊特性》：“簡其車賦，而歷其卒伍。”王引之《述聞》：“歷其卒伍，歷，謂閱視之也。”簡文爲視察之義。

居：停留。《易·繫辭下》：“變動不居，周流六虛。”《吕氏春秋·慎人》：“手足胼胝不居。”高誘注：“居，止也。”《書·説命中》：“惟厥攸居。”蔡沈《集傳》：“居，止而安之義。”

可：約計之辭。《韓非子·外儲説左上》：“御可數百步，以馬爲不進，盡釋車而走。”《助字辨略》卷三：“《漢書·天文志》：‘五殘星，其狀類辰，去地可六丈’。此‘可’字，約計之辭也。”

苑：秦漢時期蓄養禽獸的苑囿。《説文·艸部》：“苑，所以養禽獸也。”《漢書·景帝紀》：“取苑馬”，顔師古注：“養鳥獸者通名爲苑，故謂牧馬處爲苑。”

第：古時爲王侯功臣建造的大宅院，後通稱上等房舍爲第。簡意或許是形容禁苑巨大。

簡 004 大雞官奴堅當笞一百（圖版二二）

保存狀況：簡尾部殘缺，簡身有缺損。殘長 16.2、寬 1.9、厚 0.1 厘米。存字一行，下部無字。

大雞官：南越國職官名，不見載籍。越人尚雞卜，設官專司養雞，以供占卜之用。①

堅：人名，大雞官之奴。

笞：古代用鞭、杖或竹板拷打犯人的一種刑罰。《説文·竹部》："笞，擊也。"王筠《句讀》："箠者笞之器，以箠擊之謂之笞也。"《史記·淮南衡山列傳》："王疑太子使人傷之，笞太子。"②

簡 005　☒□□下□□（圖版二三）

保存狀況：簡上部殘斷。殘長 10.4、寬 1.8、厚 0.1 厘米。似存五字，墨淡難辨，僅識似 "下"字。

簡 006　☒歷……下……（圖版二四）

保存狀況：簡上部殘斷。殘長 17.5、寬 1.8、厚 0.1 厘米。存字一行，漫漶不清，僅識 "歷" 字和 "下" 字。

簡 007　□苴圖癰樹□☒有□月中勉巨（瓜）（圖版二五）

保存狀況：簡爲兩段，中間殘缺，簡身有缺損無法拼綴。殘長 23.5、寬 1.9、厚 0.1 厘米。存字一行，墨迹較淡。

苴：草名。《玉篇·艸部》："苴，苴草。"《集韵·曷韵》："苴，艸名，蕈也。"《説文·艸部》："蕈，桑葚。"《玉篇·艸部》："蕈，地菌也。"

癰：《五音集韻》："於容切，音邕。同癰。"《史記·穰侯傳》："如以千鈞之弩決潰癰也。"癰，《説文·疒部》："腫也。"段玉裁注："腫之本義謂癰，引伸之爲凡墳起之名。"

癰樹，可能指長有樹瘤的樹。

勉：《説文·力部》："勉，彊也。"段玉裁注："凡言勉者，皆相迫之意。自勉者，自迫也，勉人者，迫人也。"其意有努力、鼓勵、勉强等。

巨：此字與馬王堆漢墓遣策 "⊡"、《十問》"⊡" 相似，釋 "瓜" 字。

簡 008　☒其急道言情辟（辭）曰以□使笞智膾囨☒（圖版二六）

保存狀況：簡爲三段拼綴，首尾皆殘，簡身有缺損。殘長 23.2、寬 1.8、厚 0.1 厘米。存字一

---

① 黃展嶽先生認爲大雞官，史籍未見。南方少數民族流行雞骨占卜，南越土著人亦有此俗。《史記·封禪書》記武帝滅南越、閩越後，"乃令越巫立越祝祠，安臺無壇，亦祠天神上帝百鬼，而以雞卜"可證。趙佗 "和集百越"，設 "大雞官"專司雞卜事務。此簡可補南越百官之佚。
　　郝本性先生認爲大雞官奴爲專門飼養大雞的官奴。

② 黃展嶽先生考證，笞，錘擊也，與鞭、杖稍有不同。笞具古稱撲。《書·舜典》："撲作教刑。"傳："撲，榎楚也，不勤道業則撻之。"原不在五刑之列，唯學校典禮諸事用之，所謂教訓之刑。雲夢睡虎地出土秦律記笞刑不下數十條，徵調遲到、盜竊公物、損毀公器、逃亡自出，動輒用笞。私家用笞盛行，不受限制。這批木簡中笞刑凡九（見簡 004、008、051、076、089、105、107、110），説明南越笞刑亦盛。

行，墨迹較淡。

　　情：真實、實情。《左傳·哀公八年》：“叔孫輒對曰：‘魯有名而無情，伐之必得志焉。’”杜預注：“有大國名，無情實。”《史記·呂不韋列傳》：“於是秦王下吏治，具得情實。”

　　辝（辭）[1]：《説文·辛部》：“辭，訟也。”《周禮·秋官·鄉士》：“聽其獄訟，察其辭。”《説文通訓定聲·頤部》：“辭，分争辨訟謂之辭。”此簡爲辯解、答辯之義。

　　智：疑爲人名。

　　膾：《集韵·養韵》：“刾，皮傷也。或作膾。”

　　簡 009　□□□　□□　紫（紫）離（雄）鳥三　白鳧一（圖版二七）

　　保存狀況：簡基本完整。長 25、寬 2、厚 0.1 厘米。簡首存字三行，右行五字爲半字。

　　紫離鳥：鳥名。《説文·隹部》：“離，離黃，倉庚也。鳴則蠶生。”段玉裁注：“蓋今之黃雀也。”段注離黃即黃雀，其色應爲黃色。簡文爲“紫離鳥”，確指何鳥，有待考證。[2]

　　鳥：《説文解字》：“長尾禽總名也。”南越地處嶺南，鳥類衆多，鳥一直是向漢王朝進貢的重要物品。《漢書·西南夷兩粵朝鮮傳》：“謹北面因使者獻白璧一雙，翠鳥千，犀角十，……生翠四十雙，孔雀二雙。”

　　白鳧：《玉篇·鳥部》：“鳧，同鳧。”《廣韵·職韵》：“鳧，似鳧而小，亦作鳧。”長沙馬王堆漢墓《十問》、三號墓遣策及張家山漢簡《引書》釋“鳧”。《廣韵·虞韵》：“鳧，野鴨。”

　　簡 010　浦頾（頓）第十二木　實三百六十枚（圖版二八）

　　保存狀況：簡爲兩段拼綴。長 25、寬 1.8、厚 0.1 厘米。存字一行。

　　浦：《説文·水部》：“浦，瀕也。”《詩·大雅·常武》：“率彼淮浦，省此徐土。”毛傳：“浦，涯也。”

　　頾：同“靦”。《廣韵·至韵》：“頾，首子也。”《集韵·至韵》：“靦，犬初生子也。”

　　浦頾：從簡文看當爲樹名，何指待考。

　　木：即“株”。秦漢時，表示樹木單位的量詞。《禮記·檀弓上》：“公叔木”，注：“木，當爲朱。”睡虎地秦簡《封診式·封守》：“門桑十木。”注：“木，應爲朱字之誤。……桑十朱，即桑樹十株。”按：秦簡“十木”，越簡屢次出現的“一木”，都説明“木”本爲樹木的計量單位，祇是在後世逐漸爲“樹”替代。如《史記·貨殖列傳》：“安邑千樹棗，燕秦千樹栗”，木即失去其作爲樹木量詞的意義。

　　簡 011　☒及餘臣得至下狂及近人可六百☒（圖版二九）

　　保存狀況：簡首尾皆殘，簡身多處殘缺。殘長 20.9、寬 1.9、厚 0.1 厘米。顏色深暗。存字一

---

① 黃展嶽先生認爲此二字爲秦漢法律文書常用語，這批簡中屢見（見簡 008、052、057、062、074）。睡虎地、張家山等地出土的簡册，《爰書》《奏讞書》中亦屢見，二者性質近似。

② 胡平生先生提出，“紫”和“離”的釋讀值得商権。“紫”上部右旁似從“刀”，疑非“紫”。“離”字左旁不像是“离”。見胡平生：《南越國宫署出土簡牘釋文辨正》，《胡平生簡牘文物論稿》，第 172 頁，中西書局，2012 年。

行，個別字迹漫漶不清。

及：《説文·又部》：“及，逮也。”《廣雅·釋詁一》：“及，至也。”前一“及”字相當於“至於”，爲連詞，連接並列的兩部分。後一“及”字爲副詞，表示程度，相當於“極”，最。

得：獲得，相當於“得之於”。《説文·彳部》：“得，行有所得也。”《玉篇·彳部》：“得，獲也。”《詩·周南·關雎》：“求之不得，寤寐思服。”

至：相當於之。《玉篇·之部》：“之，至也。”

下狂：疑爲南越國地名，地點待考。

及近：極近，最近。《漢書·杜周傳》：“……及近者武安侯之見退，三事之迹，相去各數百歲。”

人可六百：“人”爲“人行”的省略，即人徒步行走，或言陸路。六百，應是到下狂的距離。“可”爲約記詞。

簡012　乃智（知）之菌（遲）等上□者卅七人循北崖東行一月（圖版三〇）

保存狀況：簡兩段加一小片拼綴，連接處左側殘缺。長25.2、寬2.1、厚0.1厘米。存字一行，唯第七字缺左半字。

乃：發語詞。《説文·乃部》：“乃，曳詞之難也。”《書·大禹謨》：“乃聖乃神，乃武乃文。”

智：爲知。《説文·白部》：“智，識詞也。”段玉裁注：“此與矢部知音義皆同。故二字多通用。”《大戴禮記·易本命》：“食穀者智惠而巧。”王聘珍《解詁》引《釋名》云：“智，知也，無所不知也。”張家山漢墓竹簡與睡虎地秦簡“智”均作“知”字。

上：即往。通常指由南向北稱北上，由北向南爲南下。水路逆流爲上，順流爲下。

菌①：爲人名。

循：順著，沿著。《説文·彳部》：“循，行順也。”《爾雅·釋詁》：“循、由、從，自也。”《字彙·彳部》：“循，順也，沿也。”《左傳·昭公七年》：“循牆而走。”《吕氏春秋·察今》：“澭水暴益，荆人弗知，循表而夜涉，溺死者千有餘人。”

崖：《説文·屵部》：“崖，高邊也。”《廣韵·佳韵》：“崖，高崖也。”《慧琳音義》卷十八“崖岸”注引《説文》：“崖，山高邊也。”徐鍇《説文繫傳·屵部》：“崖，水邊地有垠埒也。”

據簡義，崖爲山邊的可能性大些。聯繫簡015，説明此次巡行與軍情有關，倘若地望近水，乘船東下更爲快捷，但没有乘船，説明此崖不是水邊而是山邊。前面有一“上”字，應爲北行，從都城北行而後東巡。疑爲南越國北部偏東的邊境出現軍情，可能是與閩越發生了軍事衝突。菌等人沿著北部山界向東巡行。②

簡013　☒□三……虎……☒（圖版三一）

保存狀況：簡爲兩段殘簡拼綴，簡身有缺損。殘長22.9、寬1.7、厚0.1厘米。存字一行，字

---

① 黃展嶽先生考證，“菌”通“遲”。參《睡虎地秦簡文字編》第152頁。
② 郝本性先生認爲此簡内容疑此爲樓船之士從江河上航行。秦國的戰船，一舫可載五十人，裝三月之食，順水而下，日行三百里（見《戰國策·楚策一》）。

迹漫漶不清。

虐：同虐。《字彙補·虍部》："虐，即虐字。"

簡 014　☐不敢盗苟不信顯以問☐（圖版三二）

保存狀况：簡上部殘斷，現存部分爲兩段拼綴，簡身有缺損。殘長 16.4、寬 2、厚 0.1 厘米。存字一行，清晰。

敢《説文·受部》："敢，進取也。"睡虎地秦簡《封診式·有鞫》："敢告某縣主"，譯爲"謹告"。此簡爲辯解之辭，爲一般意義的"不敢偷盗"。

顯、☐：均爲人名[1]。

簡 015　☐問菌（遲）邑人從軍五月餘乃當到戌（戍?）東行者萬餘（圖版三三）

保存狀况：簡爲兩段拼綴，簡首殘。殘長 25.3、寬 1.9、厚 0.1 厘米。存字一行，清晰。

問：詢問。《論語·泰伯》："以能問於不能，以多問於寡。"《史記·項羽本紀》："項王至陰陵，迷失道，問一田父。"

邑：《説文·邑部》："邑，國也。"《爾雅·釋地》："邑外謂之郊。"郭璞注："邑，國都也。"《詩·商頌·殷武》："商邑翼翼，四方之極。"毛傳："商邑，京師也。"邑人，即都城中人。

從軍：古代稱參加軍隊爲從軍。《睡·秦律·軍爵律》："從軍當以勞論及賜。"《史記·李將軍列傳》："孝文帝十四年，匈奴大入蕭關，而廣以良家子從軍擊胡，用善騎射，殺首虜多，爲漢中郎。"

按：簡文爲"戌"字，《説文·戈部》："戌，兵也。"其意向有：兵器，兵車，兵士，軍旅，征伐等。"戍"：《説文·戈部》："戍，守邊也。"其意向爲：防守邊疆，守邊之事，守邊的兵士，駐守的防地。"戌"應爲"戍"字之誤。

菌：與 012 簡中的菌可能是一個人。兩簡都是向東巡行或增兵，可能是與閩越發生的邊界戰争。[2]

簡 016　☐……一故☑（圖版三四）

保存狀况：簡爲三段加一碎片，不可拼接，簡尾和簡身有缺損。合計殘長 24.4、寬 2.1、厚 0.1 厘米。存字一行，漫漶不清，僅有兩字依稀可辨。

簡 017　王所財（賜）泰子今案菌十一歲高六尺一寸身☒毋狠傷（圖版三五）

保存狀况：簡爲兩段拼綴，簡身有缺損。長 24.8、寬 1.7、厚 0.1 厘米。存字一行，前數字漫漶，餘字清晰。

財：與馬王堆帛書《老子（甲）》的"財"字相似。疑爲"賜"字之誤。

---

[1]　郝本性先生認爲此簡爲被告的辯解辭。

[2]　郝本性先生認爲戌應爲地名。菌爲人名，問菌即詢問菌。從 012 簡"菌等"可知其爲秦的一名軍官。邑人從軍有五個月之久，到達戌地，而且往東去的有一萬多人。這一條内容涉及從軍、行軍。而且動輒萬人，值得重視。但戌地不明，今廣西有戌圩等，爲後置。

泰子："泰"與"太"爲古今字①。《詩·魯頌·閟宮》："泰山巖巖。"李富孫《异文釋》："太、泰古今字。"《莊子·天地》："泰初有無。"成玄英疏："泰，太。""泰子"即是"太子"。南越王墓出土"泰子"金印和玉印各一枚。"泰子"似指南越王趙佗之嗣子（未卒之時）。

案：《説文·木部》："案，几屬，从木。"《正字通·木部》："案，考也。"《後漢書·鍾離意傳》："府下記案考之。"李賢注："案，察之也。"《後漢書·黨錮傳·賈彪》："驅車北行，案驗其罪。"簡文爲查驗之義。

齒：一般指牲畜的年齡。睡虎地秦簡《封診式·争牛》："即令令史某齒牛，牛六歲矣。"注："牛、馬可依所生牙齒數目確定年歲。"《居延漢簡甲編》一九三七："……左剽，齒五歲，高五尺九寸。"據簡意推測，似指馬。②

六尺一寸：漢尺約爲今二十三厘米。

毋狠傷：狠，《説文·豕部》："狠，豕鬬也。从豕，艮聲。"段玉裁注："豕字今補。人之鬬曰鬮，字見鬮部，豕之鬬曰狠。"《集韵·混韵》："狠，豕鬬物也。"簡文義爲：没有（被野獸）咬的傷痕。

簡 018　☐皆不智其所言己☐大己守師（圖版三六）

保存狀況：簡爲四段拼綴，簡首殘，簡身有缺損，長 25.2、寬 1.9、厚 0.1 厘米。簡色較暗，存字一行，可辨。

智（知）：《淮南子·説山》："不可不審。"高誘注："審，知也。"《玉篇·采部》："審，信也。"《吕氏春秋·先己》："審此言也。"高誘注："審，實也。"簡文"不知其所言"，謂所言不實。疑爲審訊俘虜，其言不實。

己☐：爲干支紀日。

守師：守爲駐守，師爲軍旅。《左傳·隱公十年》："克之，取三師焉。"杜預注："師者，軍旅之通稱。"

簡 019　殘簡，未释文（圖版三七）

保存狀況：殘長 13、殘寬 1.6、厚 0.1 厘米。七段可拼接，簡身大半殘缺，僅存一字筆畫。

簡 020　☐及疆☐至如曰☐未（圖版三八）

保存狀況：簡上部殘斷，現存部分爲六段拼綴，簡身有缺損，因擠壓彎曲變形，殘長 16.6、寬 1.8、厚 0.1 厘米。存字一行，連接處字迹模糊難辨。

---

① 黃展嶽先生認爲，"泰""太"互通；"泰子"即"太子"。漢初，諸侯之嗣王亦稱太子，如吳王濞之子賢稱吳太子。隨後册立嗣位之皇子才能稱太子。趙佗僭號武帝，推測其嗣位之子亦稱太子。簡文"泰子"，可能指未及嗣位而亡的趙佗之子。在周秦時期，太子早卒，嗣位之皇孫可稱太子。南越王墓出土的"泰子"可證。這批木簡屬漢初物，簡文"泰子"與南越王墓墓主無關。
② 郝本性先生認爲秦漢人云"齒若干歲"，皆指牲畜，形容牲畜高若干，對人則云"年若干"，長幾尺。這一規律，幾無例外。《居延漢簡》"用馬一匹，騂牡，齒十歲，高六尺。"（53·15）"當陽里唐關，年十九，長七尺三寸。"王所下一字从貝，字殘，疑爲賜字。馬有專者，此馬爲王之愛馬，故賜給"泰子"。南越王墓曾出土印文"泰子"，確指太子。

簡 021-1　　□徧更（圖版三八）

保存狀況：簡上部殘斷，殘存簡尾。殘長 4.4、寬 1.7、厚 0.1 厘米。存字一行，爲 "徧更" 二字。

徧：《說文·彳部》："徧，幣也。"朱駿聲《說文通訓定聲》："徧，字亦作遍。"《玉篇·彳部》："徧，周幣也。"《淮南子·主術》："則天下徧爲儒墨矣。"高誘注："徧，猶盡也。"徧更：古時輪换服更役，或言已輪换完一遍之意。

簡 021-2　　□廣於故船四分（圖版三九）

保存狀況：簡上部殘斷，簡身有缺損。殘長 16.2、寬 1.55、厚 0.2 厘米。存字一行，清晰。

廣：指物體的寬度。《墨子·備城門》："沈機長二丈，廣八尺。"

故船：舊船。

四分：分即成數。《管子·乘馬數》："人君之守高下，歲藏三分，十年必有三年之餘。"一分即是一成，通常指十分之一。

簡 022　　黨可合今人視之在即入楯（植）延與左室（圖版四〇）

保存狀況：簡身三處缺損，現存三段四塊可拼綴。長 25.2、寬 1.8、厚 0.1 厘米。字迹可辨。

黨可：二字連用，即倘若可以之意。《漢書·伍被傳》："如此，則民怨，諸侯懼，即使辯士隨而說之，黨可以徼幸。"顏師古注："黨讀曰儻"。可，表示許可、肯定。《廣韵·哿韵》："可，許可也。"[1]

合：《說文·人部》："合，合口也。"《助字辯略》："合，應也，當也。"《史記·司馬相如列傳》："然則受命之符，合在於此矣。"《史記·樂書》："合生氣之和。"張守節《正義》："合，應也。"

楯：檻杆。《說文·木部》："楯，闌檻也。"段玉裁注："闌，門遮也，檻，櫳也。此云闌檻者，謂凡遮闌之檻，今之闌干是也。"

延與：《說文·延部》："延，長行也。"《爾雅·釋詁下》："延，進也。"《儀禮·特牲饋食禮》："屍至於階，祝延屍。"鄭玄注："延，進。"《呂氏春秋·重言》："乃令賓者延之而上。"高誘注："延，引。"與，《說文·舁部》："與，黨與也。"《經詞衍釋》卷一："與，猶於也，於也。"《詩·小雅·車舝》："雖無德與女，式歌且舞。"楊樹達《詞詮》："與，用同於。"延與，延於，爲引進之義。[2]

簡 023　　可等四人留二月廿六日少半（圖版四一）

保存狀況：簡尾一角殘缺。長 25、寬 1.8、厚 0.1 厘米。存字一行，簡色較暗，字迹可辨。

少半：《睡虎地秦墓竹簡·秦律十八種·倉律》："種稻、麻畝用二斗大半斗。"注："大半斗，

---

[1]　郝本性先生考證 "黨可" 常連用。《史記·淮南王傳》："如此則民怨，諸侯懼，即使辯武隨而說之，儻可徼幸，什得一乎？"《漢書·董仲舒傳》："試迹之古，返之於天，黨可得見乎？"楊樹達《詞詮》以爲此爲表態副詞，爲 "或也"。

[2]　郝本性先生認爲，頗疑 "延" 爲人名，"與" 爲介詞，相當現代語 "和"。

三分之二斗。”“食餯因，日少半斗。”注：“少半斗，三分之一斗。”一日的少半，即未到午時，大約爲巳時前後。①

簡024　　江及官及受禾穜居室☐（圖版四二）

保存狀況：簡下部殘缺，簡身有缺損，兩段無法拼綴。殘長15.6、寬1.9、厚0.2厘米。存字一行，墨迹較淡。字迹漫漶。

江、官：疑爲人名。

禾穜：《説文・禾部》：“禾，嘉穀也。”即穀類糧食。《睡虎地秦墓竹簡・秦律十八種》之《倉律》：“入禾倉。”注：把穀物納入糧倉。《説文・禾部》：“穜，先穜後孰也。从禾，童聲。”《周禮・天官・内宰》：“而生穜稑之種。”鄭玄注引鄭司農云：“先種後熟謂之穜，後種先熟謂之稑。”②

居室：官署名，拘禁犯人的地方。《漢書・百官公卿表》：居室屬少府。師古曰：“《百官公卿表》云少府屬官有居室，武帝太初元年更名保宮。”《史記・魏其武安候列傳附灌夫傳》：“劾灌夫罵坐不敬，繫居室。”

簡025　　☐它如前（圖版四三）

保存狀況：簡爲四段拼綴，簡身有缺損。長24.9、寬1.9、厚0.1厘米。前段存四字“言它如前”，後段無字。

字數太少，内容不詳，當屬訊問一類。

簡026　　☐☐距上莫蕃翟蒿蒿蕃池☐離離吾都卑（圖版四四）

保存狀況：簡首殘斷，現在部分爲二段、四塊碎片拼綴，簡身有缺損。殘長24.2、寬1.7、厚0.1厘米。存字一行，上端前二字漫漶不清，殘斷處字難識。

蕃：《説文・艸部》：“蕃，艸茂也。”《易・坤・文言》：“天地變化，草木蕃。”

蕃池：1995年在廣州城隍廟西側南越國宮署遺址發現一約4000平方米的南越國石砌蓄水池。在水池南壁發現帶“蕃”字刻石，並在南壁下發現一條木質導水暗槽，向南與宮苑遺址的曲流石渠相通。該水池可能就是簡文中的“蕃池”。③

翟：《説文・羽部》：“翟山雉尾長者。”《詩・衛風・碩人》：“四牡有驕，朱幩鑣鑣，翟茀以朝。”毛傳：“翟，翟車也。夫人以翟羽飾車。”

蒿：《説文・艸部》：“蒿，菣也。从艸，高聲。”《詩・小雅・鹿鳴》：“呦呦鹿鳴，食野之蒿。”蒿又通“歊”。朱駿聲《説文通訓定聲・小部》：“蒿，叚借爲歊。”《禮記・祭義》：“其氣

---

①　郝本性先生認爲簡023、071、113三簡均爲行與留有關，但所行何事不知，有然等與可等人名，詳情不知。

②　郝本性先生認爲穜即種，《包山楚墓竹簡》103簡、《睡虎地秦墓竹簡》1238簡可證。禾種爲糧食子種。《漢書・溝洫志》“種不得下”注“種，五穀之子。”

③　黃展嶽認爲蕃即蕃禺。南越王墓出土銅器銘刻中多有此例。傳世有“蕃丞之印”封泥（見孫慰祖主編：《古今封泥集成》，第246頁，上海書店出版社，1994年），南越宮苑蓄水石池南壁一石板上有陰刻篆體“蕃”字（見廣州市文化局：《廣州秦漢考古三大發現》，第67頁，圖八上，廣州出版社，1999年）。蕃池，當指此蓄水池。

發揚於上爲昭明，焄蒿悽愴。”鄭玄注：“蒿，謂氣烝出貌也。”

離離：茂盛貌。《詩·小雅·湛露》：“其實離離。”王先謙《詩三家義集疏》引韓説曰：“離離，長貌。”《文選·左思〈蜀都賦〉》：“結朱實離離。”吕向注：“離離，茂盛貌。”

卑：謙下之辭。

簡027　　□□祝酒□□□□□□□（圖版四五）

保存狀況：本簡首尾皆殘，簡身有缺損，兩段無法拼綴。殘長13.7、寬1.7、厚0.1厘米。存字一行，似有九字，漫漶難辨。

簡028　　□歲不蘩不能如□（圖版四六）

保存狀況：本簡首尾皆殘，簡身有缺損，由三段、二塊碎片拼綴。殘長13.9、寬1.8、厚0.1厘米。存字一行，清晰。

歲不蘩：即年景不好。歲指一年的農事收成，年景。《左傳·哀公十六年》：“國人望君，如望歲焉。”杜預注：“歲，年穀也。”《孟子·梁惠王上》：“非我也，歲也。”朱熹注：“歲，謂歲之豐凶也。”蘩，本爲白蒿。此借爲“繁”，衆多，茂盛之意。

大意爲：年收成不好，不能像……

簡029-1　　□極者以治其監舍气已以（圖版四七）

保存狀況：簡上部殘斷。殘長16.1、寬1.7、厚0.2厘米。存字一行，清晰。

極：樑。《説文·木部》：“極，棟也。从木，亟聲。”段玉裁注：“俗語皆呼棟爲樑也。”

治：修治。《国語·齊語》：“教不善則政不治。”韋昭注：“治，理也。”《玉篇·水部》：“治，修治也。”簡義爲修理、維修。

監舍：《説文·卧部》：“監，臨下也。”《汉書·宣帝紀》：“而邴吉爲廷尉監。”顏師古注：“監者，廷尉之官属。”監舍就是囚禁犯人的獄舍。

气：人名。簡103“常使气下鳥高平”，兩簡或指同一人名。

簡029-2　　□是丙嬰曰不□□（圖版四八）

保存狀況：簡上下部殘斷。殘長11.1、寬1.9、厚0.1厘米。存字一行，字迹清晰。

丙：爲人名。“是丙”爲訊問之辭，相當於“是丙嗎？”

“不”字後邊缺字較多，是嬰的答辯之辭。

簡030　　經清洗後確定爲木片，非木簡。

簡031　　經清洗後確定爲木片，非木簡。

簡032　　殘簡（圖版三七）

保存狀況：爲木簡殘片，殘存一段、一碎片。殘長 6.9、殘寬 0.8、厚 0.1 厘米。未見墨書痕迹。

簡 033　☑令爲牛芻取水朸五中☑（圖版四九）

保存狀況：簡首尾皆殘，簡身有缺損，四段拼綴。殘長 16.5、寬 1.8、厚 0.1 厘米。存字一行。

芻：即"芻"。《玉篇·艸部》："芻，俗作芻。"《説文·艸部》："芻，刈艸也。象包束艸之形。"《詩·大雅·板》："詢於芻蕘"，孔穎達疏："芻者，飼牛馬之草也。"睡虎地秦簡《秦律十八種·田律》："入頃芻稾"，注："芻，飼草。"

朸：疑爲"朸"字，"朸"即"城"。《説文·土部》："城，以盛民也。"段玉裁注："言盛者，如黍稷之在器中也。"徐鍇《繫傳》引《古今注》曰："城，盛也，所以盛受人物也。"

中：《禮記·投壺》："主人奉矢，司射奉中，使人執壺。"孔穎達疏："中，謂受算之器。"簡文"中"前爲數詞，中應爲盛水的容器。[1]

簡 034　殘簡。

保存狀況：爲木簡殘片，兩段拼綴。殘長 6.6、殘寬 1.4、厚 0.1 厘米。未見墨書痕迹。

簡 035　殘簡。

保存狀況：爲木簡殘片，一段。殘長 5.7、殘寬 1、殘厚 0.05 厘米，未見墨書痕迹。

簡 036　經清洗後確定爲木片，非木簡。

簡 037　經清洗後確定爲木片，非木簡。

簡 038　☑日囦林使（圖版五〇）

保存狀況：簡首殘缺，簡身有缺損，一段二碎片拼綴。殘長 19.3、寬 1.7、厚 0.1 厘米。存字一行，漫漶不清。

簡 039　☑歐畏不☐怒已即操魚歸☐☐食之（圖版五一）

保存狀況：簡爲七段，簡尾不可拼接，簡首殘，各段均有殘缺。殘長 22.3、寬 1.8、厚 0.1 厘米。存字一行，個別字因簡身殘難辨。

敢：《説文·殳部》："𣪏，進取也。"段玉裁注："今字作敢。"《書·益稷》："誰敢不讓。"表示有膽量做某種事情。《儀禮·士虞禮》："敢用潔牲剛鬣。"鄭玄注："敢，昧冒之辭。"賈公彦疏："敢，昧冒之辭者，凡言敢者，皆是以卑觸尊不自明之意。"睡虎地秦簡《秦律十八種·田

---

① 郝本性先生認爲"一中"爲"一桶"。

律》："春二月，毋敢伐材木山林。"譯文"毋敢"作"不准"。《封診式·有鞫》："敢告某縣主。"譯作"謹告"。簡文作"敢於"解。

　　畏：《說文·甶部》："畏，惡也。从甶，虎省。鬼頭而虎爪，可畏也。"《老子》："民不畏死，奈何以死懼之?"《大戴禮記·衞將軍文子》："不畏强禦。"王聘珍《廣雅·解詁二》："畏，懼也。"

　　操：握持，拿著。《說文·手部》："操，把持也。"段玉裁注："把者，握也。"《左傳·襄公三十一年》："今吾子愛人以政，猶未能操刀而使割也。"《論衡·感虛》："武王左操黃鉞，右執白旄。"

簡 040　經清洗後確定爲木片，非木簡。

簡 041　經清洗後確定爲木片，非木簡。

簡 042　二日平旦時龍容踐更代▨叟（圖版五二）

　　保存狀況：簡爲三段拼綴，簡身有缺損。長25.1、寬2、厚0.1厘米。存字一行，個別字模糊不清。

　　平旦時：指太陽升起前的黎明時分。睡虎地秦簡《日書》簡156，"▨▨寅，日出卯"，與《論衡·譋時》"平旦寅，日出卯也"相合。陳夢家《漢簡綴述》："平旦，據漢簡（羅布20），旦在日出前；據敦煌漢簡（馬氏47），日出時在晨時後，則旦當在晨時後，日出前。"①

　　龍容：龍爲姓，容爲人名。

　　踐更：秦漢時輪流更替的徭役。《張家山漢墓竹簡〔二四七號墓〕·奏讞書》有"踐更咸陽"。如淳在注《漢書·昭帝紀》時說更有卒更、踐更、過更三品，其踐更爲"貧者欲得顧更錢者，次直者出錢顧之，月二千，是謂踐更也。"張金光在《秦制研究》中認爲親自服更卒之徭役，爲之踐更。據簡文"平旦時踐更"，似非一般意義的服役，而應有"當值"的意思。

　　代：《說文·亻部》："代，更也。"

簡 043　譙爲牛可者□誠▨□言勞（圖版五三）

　　保存狀況：簡長24.8、寬1.9、厚0.1厘米。簡身基本完整，虫蛀水漬嚴重，存字一行，模糊不清。

　　譙：《說文·言部》："譙，嬈譊也。从言，焦聲。讀若嚼。誚，古文譙，从肖。《周書》曰

---

① 郝本性先生認爲平旦爲一日中一個時段，又見於《天水放馬灘秦簡日書》。平旦與簡079"夜食"後綴以時字，以爲時稱的標誌。在南越簡中還有日中、日夕、日少半與朝。據曾憲通先生《秦漢時制芻議》的結論："秦漢間確實存在十二時段與十六時段，它們彼此之間有著密切的關係。"（曾憲通：《曾憲通學術文集》，第249頁，汕頭大學出版社，2002年）陳夢家先生《漢簡綴述》根據居延漢簡所見時分，按其時間先後排定18時段。薛英群以爲西漢王朝始終爲一晝夜18時段（薛英群：《居延漢簡通論》，第493頁，甘肅教育出版社，1991年）。以上兩種一晝夜16時段與18時段說，我同意前說。因爲南越木簡未見全部時段名稱，無法研究一晝夜有多少時段，但從日夕、日少半、朝，未見於其他秦漢資料，應是自有一套適合南越國的記時方法。

‘亦未敢誚公’。”段玉裁注：“娆，擾戲弄也。……漢人作誚，壁中作誚，實一字也。”誚爲牛，即譏誚爲牛之意。

可者：即可之者，認同他的人。《説文・可部》：“可，丙也。”《廣韵・哿韵》：“可，許可也。”《史記・李斯列傳》：“始皇可其議，收去《詩》《書》百家之語以愚百姓，使天下無以古非今。”

誠：真正，確實。《説文・言部》：“誠，信也。”《增韵・清韵》：“誠，無僞也，真也，實也。”《史記・春申君列傳》：“相國誠善楚太子乎？”

諫：該字《説文》未見。

勞：勞为豪傑之豪的本字，《説文・力部》：“勞，健也，从力敖聲。讀若豪。”段玉裁注：“此豪傑真字也，自叚豪爲之，而勞廢矣。”

簡 044　書不意其掾垣去亡死畮（圖版五四）

保存狀況：簡为一段，簡身有缺損。長25、寬2、厚0.1厘米。存字一行，後二字模糊難辨。

不意：没有料到。意，料想。《莊子・胠篋》：“夫妄意室中之藏，聖也。”郭慶蕃《集釋》：“意，度也。”《漢書・西南夷兩粵朝鮮傳》：“竊聞夜郎所有精兵可得十萬，浮船牂柯，出不意，此制粵一奇也。”

掾：《説文・手部》：“掾，緣也。从手，彖聲。”段玉裁注：“掾者，緣其邊際而陳掾也。”《集韵・倦韵》：“掾，陳掾，馳逐也。”《史記・貨殖列傳》：“故楊，平陽陳掾其間，得所欲。”司馬貞《索隱》：“陳掾，猶經營馳逐也。”

垣：《説文・土部》：“垣，牆也。从土，亘聲。”《慧琳音義》卷十二“墒垣”注：“外小牆也，外郭也。”簡義爲：沿著外郭牆垣離去（逃去）了。[①]

畮：《玉篇・具部》：“畮，貨也。”

簡 045　經清洗後確定爲木片，非木簡。

簡 046　☑□女問是門即人求我兩人言我兩人在内中（圖版五五）

保存狀況：簡爲五段、三碎片拼綴，首尾皆殘，簡身有缺損。殘長25、寬1.7、厚0.1厘米。存字一行，個別字漫漶不清。

人女問：即如果有人詢問。女，《大戴禮記・本命》：“女者，如也。”

求：尋覓。《禮記・檀弓上》：“瞿瞿如有求而弗得。”孔穎達疏：“求，猶覓也。”《吕氏春秋・察今》：“舟已行矣，而劍不行，求劍若此，不亦惑乎。”

内中：《説文・入部》：“内，入也，从口，自外而入也。”《古今韵會舉要・隊韵》：“天子宫禁謂之内。”《禮記・檀弓上》：“不晝夜居於内。”鄭玄注：“内，正寝之中。”《讀書雜誌・漢書

[①]　郝本性先生認爲掾是官佐。掾垣，應是主修築城的官吏。

第十一·入視之》："古者謂室爲'内'，故謂入室爲'入内'。《淮南傳》云：'閉大子'使與妃同内。《晁錯傳》云：'家有一堂二内'。皆是也。"《漢書·武帝紀》："甘泉宫内中產芝。"顏師古注："内中謂後庭之室也。"簡文"内中"相對宫門而言，當爲後庭。

簡 047　問最曰伯亦有紞無有最曰我□未嘗用紞□（圖版五六）

保存狀況：簡爲一段，長 24.9、寬 1.8、厚 0.1 厘米。存字一行，最後一字模糊難識。

問：《說文·口部》："問，訊也。從口，門聲。"《左傳·僖公四年》："昭王南征而不復，寡人是問。"是責問之義。《漢書·翟方進傳》："上使五二千石雜問丞相、御史。"晉灼曰："大臣獄重，故以秩二千石五人詰責之。"這裡是審問之義。問作爲動詞，還有慰問、過問、追究等義。簡文義爲審問。

最：爲人名。

紞：《說文·糸部》："紞，冕冠塞耳者。從糸，尤聲。"段玉裁按："紞所以縣瑱，瑱所以塞耳。紞非塞耳者也。"《國語·魯語》："王后親織玄紞。"韋昭曰："紞所以縣瑱當耳者。齊風充耳以素乎而，充耳以青乎而，充耳以黃乎而。箋云：素、青、黃，謂所以縣瑱者，或名爲紞。織之，人君五色，臣則三色而已。"[1]

紞爲懸瑱當耳的絲帶。古人用紞是身份和權位的象徵，有非常嚴格的規定，不該用而用紞者，就是僭越，被作爲犯罪論處。

嘗：經歷，曾經。《廣韻·陽韻》："嘗，曾也。"段玉裁《說文解字注·旨部》："嘗，引申凡經過者爲嘗，未經過曰未嘗。"《史記·陳涉世家》："陳涉少時，嘗與人傭耕。"《史記·秦始皇本紀》："廷尉斯等皆曰：'今陛下興義兵，誅殘賊，平定天下，海内爲郡縣，法令由一統，自上古以來未嘗有，五帝所不及。'"

"有×無有""當×不當"爲發問辭，是秦漢時的一種常用句式。如《睡虎地秦墓竹簡·法律答問》常有："當治（笞）不當""當論及收不當"等。

簡 048　☑……以我受之（圖版五七）

保存狀況：本簡爲四段、二碎片拼綴，簡首殘缺，簡身有缺損。殘長 24、寬 1.8、厚 0.1 厘米。簡色較暗，存字一行。上半部漫漶不清，下半部存"以我受之"，四字依稀可辨。

簡 049　□□千四百☑（圖版五八）

保存狀況：簡殘存上部，簡身有缺損。殘長 8.6、寬 1.8、厚 0.1 厘米。頂端字模糊難識。

---

[1] 郝本性先生考證紞字見於《左傳·桓公二年》"衡紞紘綖"。楊伯峻注："紞，音膽，懸瑱之繩，織線爲之，垂於冠之兩旁，當兩耳，下懸以瑱。"廣西貴縣羅泊灣一號漢墓出土木牘《從器志》（廣西壯族自治區博物館編《廣西貴縣羅泊灣漢墓》，文物出版社，1988 年，第 79、81 頁，圖版四一）"有州二小紞一：笥繒緣"，有州爲有孔，第三欄還有"大紞二＿一笥繒緣"。這種小紞或大紞，均爲冠飾，又稱充耳。紞下懸瑱。瑱，《詩·鄘風·君子偕老》："玉之瑱也。"瑱又或稱珥。《說文·玉部》："珥，瑱也。"《周禮·夏官·弁師》言諸侯"玉瑱"，可見紞玉所懸之瑱，是十分貴重的，也不是一般人所能使用的。羅泊灣墓主所處年代在漢文帝時，爲南越王國時期郡尉，他們重視冠紞。

簡 050　次訊言語有不智詰窮之☐（圖版五九）

保存狀況：簡爲二段、三碎片拼綴，下部殘缺，簡身有缺損。殘長 16.9、寬 1.8、厚 0.1 厘米。存字一行，清晰。

次訊：再次審問，即復審。

言語：供辭。

智：即知，睡虎地秦墓竹簡凡“智”皆注爲“知”。

詰：《廣雅·釋詁一》：“詰，責也。”《穆天子傳》卷五：“以詰其成。”郭璞注：“詰，猶責也。”《書·周官》：“司寇掌邦禁，詰姦慝，刑暴亂。”詰，《周書·大司馬》注：“猶窮治也。”《禮記·月令》：“孟秋之月……詰誅暴慢，以明好惡。”鄭玄注：“詰，謂問其罪，窮治之也。”詰窮之，就是追問到底。

簡 051　☐日☐與☐時☐☐笞之笞時（圖版六○）

保存狀況：簡爲三段、十碎片拼綴，長 24.6、寬 1.9、厚 0.1 厘米，簡身 3 處缺損較多。存字一行，漫漶不清。

簡 052　訊嬰䛐（辭）曰徐徐舍有酒可少半華（圖版六一）

保存狀況：簡基本完整，長 25、寬 1.9、厚 0.1 厘米。存字一行，清晰①。

訊：秦漢習語。審訊、審問。《說文·言部》：“訊，問也。”《左傳·昭公二十一年》：“使子皮承宜僚以劍而訊之。宜僚盡以告。”《莊子·列御寇》：“宵人之離外刑者，金木訊之。”

嬰：人名。秦漢習見，如秦王子嬰、趙嬰、陳嬰、灌嬰、晏嬰等。簡 029－2、052、055、057 皆有“嬰”或“訊嬰”，四簡或有關聯。

徐徐：《說文·彳部》：“徐，安行也。”徐鍇《繫傳》：“徐者，舒緩之名也。”《楚辭·遠遊》：“徐弭節而高厲。”王逸注：“徐，從容也。”簡義：緩慢。

少半：秦漢習語。《史記·項羽本紀》《集解》引韋昭曰：“凡數三分有二爲太半，一爲少半。”《漢書·高帝紀》顔師古注引韋昭、《漢書·膠西王劉端傳》、顔師古注引張晏與此近。《睡虎地秦墓竹簡·秦律十八種·倉律》：“種：稻、麻畝用二斗大半斗。”注：“大半斗，三分之二斗。”“食飯囚，日少半斗”注：“少半斗，三分之一斗。”

簡 053　食之內中迺者少肥戊等朝發內户置蒭日中（圖版六二）

保存狀況：簡爲四段拼綴，簡身有缺損。長 24.9、寬 1.9、厚 0.1 厘米。存字一行，清晰。

食：飼，餵養。《左傳·文公十八年》：“功以食民。”杜預注：“食，養也。”《漢書·韓信傳》：“解衣衣我，推食食我。”《新序·刺奢》：“鄒穆公有令：食鳧雁必以粃，無得以粟。”

迺者：迺爲指示代詞，就是這些。《晏子春秋·外篇》：“吾聞之，五子不滿隅，一子可滿朝，

① 胡平生先生認爲“徐徐”後一字應釋讀爲“言”（胡平生：《南越國宮署出土簡牘釋文辨正》，《胡平生簡牘文物論稿》，第 177 頁，中西書局，2012 年）。這個字，頂上是一點一長撇，字形與簡 091“舍人”之“舍”比較，它們的寫法還是不同的。秦漢時寫“言”字，當中兩短橫常加一豎道。

非迺子耶？”王引之《經傳釋詞》卷六：“迺子，是子也。”者，意指牛馬等牲畜。

少肥：意爲瘦弱。

戊：爲人名。

内户：即納户，供應牧苑牛馬飼草的農户。《史記·秦始皇本紀》：“百姓内粟千石，拜爵一級。”①

日中：時稱。《史記·周本紀》：“文王……篤仁，敬老，慈少。禮下賢者，日中不暇食以待士，士以此多歸之。”《史記·項羽本紀》：“項王……晨擊漢軍而東，至彭城，日中，大破漢軍。”陳夢家《漢簡綴述》：“日中爲正午一段時間。”

簡 054　田八版匜給常書内高木宮四版樂復取廿六（圖版六三）

保存狀況：本簡簡身邊緣略有缺損。長 24.8、寬 2、厚 0.1 厘米。存字一行，前二字模糊難辨，其他清晰。

版：《説文·片部》：“版，判也。”段玉裁注：“凡施於宫室器用者皆曰版，今字作板。”《墨子·備穴》：“連版，以穴高下廣狹爲度，令穴者與版俱前……穴則遇，以版當之”。《史記·田單列傳》：“田單知士卒之可用，乃身操版插。”②

簡 055　訊嬰□嬰☒所爲姦啟門出入徐徐（圖版六四）

保存狀況：本簡爲兩段，中間有缺無法拼綴。第一段左下殘缺，殘長 7.4、寬 1.9、厚 0.1 厘米。第二段長 16.5、寬 1.9、厚 0.1 厘米。存字一行，字迹清晰。

簡 056　☒昰故曰居是苦而常關曰封不得固（圖版六五）

保存狀況：簡爲三段、三碎片拼綴，簡首殘缺，簡身有缺損。殘長 24.1、寬 1.8、厚 0.1 厘米。存字一行，除前兩字不清外，其餘字迹基本清晰。前兩字疑爲“是故”。

居：《吕氏春秋·圜道》：“人之竅九，一有所居則八虛。”高誘注：“居，猶壅閉也。”朱駿聲《説文通訓定聲·豫部》：“居叚借爲錮。”簡文或謂封閉之義。

苦：《説文·艸部》：“苦，大苦，苓也。从艸，古聲。”《爾雅·釋詁下》：“苦，息也。”清王引之《經義述聞·毛詩下·王事靡監》：“苦讀與‘靡監’之‘監’同。”“監者，息也，王事靡監者，王事靡有止息也。”簡文“苦”或爲停止使用之義。

關：《説文·門部》：“關，關下牡也。从門，龠聲。”段玉裁注：“關者，横物，即今之門檻。關下牡者，謂以直木上貫關，下插地，是與關有牝牡之别。”

---

① 郝本性先生認爲南越社會中，户爲社會生活的基本單位，是國家賦税、徭役、軍隊的基本來源，因此國家在法律上對於户籍的管理作了種種規定。内户相對於外户，一定是離都城不遠，所以戊等内户送芻草，早晨發出命令，要求内户置辦芻料，日中即中午的一個時段，便要辦妥。

② 郝本性先生認爲，版與牘通，出版也。版牘之未甚刮削者即未寫字的簡。雲夢睡虎地秦簡《秦律十八种·司空律》：“令縣及都官取柳及木楘（柔）可用書者，方之以書；毋（无）方者乃用版。”（見睡虎地秦墓竹簡整理小組：《睡虎地秦墓竹簡》，第 140 頁，文物出版社，1978 年）可爲佐証。黄展嶽先生認爲高木宮疑南越國的一處（座）宫室名，史籍失載。麥英豪、黎金先生認爲南越國宫署遺址中已發現的長樂、未央、華音等宫都以吉祥語爲宫名，此簡之高木宮，不應理解爲宫名。胡平生先生認爲“常書”可能爲人名，“版”應爲“版築”之器具，“内高木宮四版”可能是説内墙比“木宮”高出四塊版（胡平生：《南越國宫署出土簡牘釋文辨正》，《胡平生簡牘文物論稿》，第 173 頁，中西書局，2012 年）。

“是苦而常闓曰封”，大意爲：（居室）若是停止使用而經常貫插闓（直木），就是封。

按：古時關門，若是經常開啓之門，爲了方便，關閉時祇插横木，若長時間不使用，或如庫房，爲了安全，不但要插好横木，還要把闓（直木）貫插好，便是封的含義。該簡前後内容未盡，整體含義尚難盡解。①

簡 057　訊嫛辪（辭）何人🔲書（？）嫛辪（辭）曰無有（圖版六六）

保存狀況：簡爲三段拼綴，簡身有缺損。長 25.2、寬 1.9、厚 0.1 厘米。存字一行，因墨迹太淡，字迹漫漶。

簡 029–2、052、055、057 都是審問嫛的案情記録，但由於簡文缺失較多，案情無法了然。057 與 029–2 兩簡，似有聯繫，“何人訊書（？）”的何人可能爲“是丙”。

簡 058　訊夫董等凡所以置門關以時🔲（圖版六七）

保存狀況：簡爲三段拼綴，簡尾殘缺，簡身有缺損。殘長 23.9 厘米，寬 1.7 厘米，厚 0.1 厘米。存字一行，字迹清晰。

訊：《詩·小雅·雨無正》：“凡百君子，莫肯用訊。”鄭玄箋：“訊，告也。”《文選·陸機（贈馮文羆）》：“良訊代兼金。”張銑注：“訊，猶戒也。”簡文作訓戒、告誡解。

按：此簡當在處理完關於嫛的案件後，以董等代替嫛爲把守宮門的官吏，而告誡之。

簡 059–1　🔲今（令）吏以笞諒（掠）問嘉已劇情（圖版六八）

保存狀況：簡爲三段、三碎片拼綴，上部殘斷，簡身有缺損。殘長 21.7、寬 1.9、厚 0.1 厘米。存字一行，字迹清晰。

以：《說文·巳部》：“以，用也。”《莊子·人間世》：“以水救火。”成玄英疏：“以，用也。”《莊子·天道》“以此修身。”

笞諒：即笞掠。《睡虎地秦墓竹簡·封診式·治獄》：“毋治（笞）諒（掠）而得人請（情）爲上。”注：“笞掠，拷打。”《淮南子·時則訓》：“毋笞掠。”

劇情：《說文新附·刀部》：“劇，尤甚也。從刀，康聲。”《太玄·劇》“劇”司馬光《集注》：“劇，極也。過差之極。”《爾雅·釋宫》：“七達謂之劇驂。”郝懿行《義疏》：“劇，甚也。”《漢書·楊雄傳》：“口吃不能劇談。”顏師古注引鄭氏曰：“劇，甚也。”情：真情。《周禮·小宰》注：“情，爭訟之辭。疏：情，謂情實。”劇情，盡道實情。②

---

① 郝本性先生認爲此簡爲名詞訓釋，解釋何謂居，何謂封。“常”後一字，從門從侖爲門栓。《方言》五，户闓，關東謂之鍵，關西謂之闓。《月令》“慎管籥”。《睡虎地秦墓竹簡》之《法律答問》簡 30 有抉籥，就是打開門栓。常用門栓關閉就叫封。封在他處又有别的義訓，如《睡虎地秦墓竹簡》解釋就與此不同，“可（何）如爲封？”封即田阡陌（第 108 頁），土地阡陌爲封，便是封建的封。

② 郝本性先生考證“今”應是“令”的筆誤。《漢舊儀》曰“更令吏曰令史，丞吏曰丞史，尉吏爲尉史，捕盜賊得捕格（據孫星衍輯本）。”漢武帝時已有尉史，《史記·匈奴傳》曰：“是時（武帝）雁門尉史行徼。”漢簡叙次尉史位在令史之下，漢律叙次，尉史在士史之上。《睡虎地秦墓竹簡·封診式》：“訊獄，凡訊獄，必先盡聽其言而書之，各展其辭，雖智（知）其訑，勿庸輒詰。”（第 148 頁）《封診式》又說：“治（笞）諒（掠）之必書曰：爰書，以某數更言，毋（無）解辭，治（笞）訊某。”詰問犯人時，犯人若多次欺瞞説謊，甚至改變原先口供，拒不服罪，依法律規定應當用刑拷打。

簡 059-2　朱勞鳥一☐（圖版五八）

保存狀況：簡殘存上部，簡身有缺損。殘長 8.2、寬 1.8、厚 0.1 厘米。存字一行，字迹清晰。

朱勞鳥：郝本性先生疑爲朱雀，暫從之。

簡 060　☐實六十九枚☐（圖版六九）

保存狀況：簡爲二段、二碎片拼綴，碎片不可拼接，上、下部均殘斷。殘長 14.3、寬 1.8、厚 0.1 厘米。存字一行，因簡色深暗，字迹模糊難辨。

簡 061　櫽官不求其陠版丙戌失不以牏版予其官令（圖版七〇）

保存狀況：本簡爲三段拼綴，簡身有缺損。長 25、寬 1.8、厚 0.1 厘米。存字一行，墨迹較淡，個別字模糊不清。

櫽官：疑爲南越職官名，負責宮中箱櫃管理。不見載籍。《廣韵·鑒韵》：“櫽，大櫃。”

陠版：疑爲櫃子的部件。

牏版：即隔板。《龍龕手鑑·片部》：“牏，音革。”《字彙補·片部》：“牏，義與隔同。”

予其：《説文·予部》：“予，推予也。”《爾雅·釋詁上》：“予，賜也。”邢昺疏：“予者，授與也。”《史記·周本紀》：“稱爾戈，比爾干，立爾矛，予其誓。”

官令：命令，指令。《説文·卩部》：“令，發號也。”《詩·齊風·東方未明》：“倒之顛之，自公令之。”毛傳：“令，告也。”《漢書·儒林傳》：“霸爲博士，堪譯官令。”

簡 062　問故轉辟（辭）從實從實無豫使人爲此（圖版七一）

保存狀況：本簡爲六段拼綴，下部右側殘缺，此外簡身另有多處缺損。長 24.8、寬 1.7、厚 0.1 厘米。存字一行，字迹清晰，唯最後三字因右邊殘缺而爲半字。

轉辭：傳送文書或口詞。《漢書·高帝紀》：“轉送其家。”顏師古注：“轉，傳送也。”《史記·田敬仲完世家》：“今者臣立於門，客有言曰魏王謂韓馮、張儀曰：‘煮棗將拔，齊兵又進，子來救寡人則可矣；不救寡人，寡人弗能拔。’此特轉辭也。”

故：疑爲人名。

豫：疑爲緰字。《説文·糸部》：“緰，隨從也。从系臾聲。”段玉裁注：“緰《説文》作緰。隨從也。”“緰，隨從也。”

爲此：爲，做，幹。此，這個。與“彼”相對。《史記·廉頗藺相如列傳》：相如曰：“吾所以爲此者，以先國家之急而後私讎也。”

簡 063　☐☐爲御府丞驪妻誕即使大（圖版七二）

保存狀況：本簡爲兩段拼綴，第一段上部右側殘缺，簡身另有多處殘缺。殘長 22.2、寬 1.6、厚 0.1 厘米。存字一行，字迹清晰，“爲御府”三字爲半字，尚可辨識。

御府丞：《續漢書·百官志》載御府“作中衣服及補浣之屬”。漢時隸少府，設令、丞。管理宮廷金錢、衣服及刀劍玉器珍玩的庫藏、出納，亦稱中御府。御府丞爲御府次官，秩三百石，任用宦者。

　　驅、誕：爲人名，二人爲夫妻。

簡064　經清洗後確定爲木片，非木簡。

簡065　☐當歸不（圖版七三）

保存狀況：簡殘存尾段。殘長6.3、寬1.8、厚0.1厘米。下部存字一行，字迹清晰。

簡066　☐……不……☐（圖版七三）

保存狀況：簡爲四殘段，中有殘缺，不可拼接。殘長12.2、寬1.6、厚0.1厘米。存字一行，漫漶不清，僅識“不”字。

簡067　☐還我等戠（繫）盈已戠（繫）乃歸南海☐☐（圖版七四）

保存狀況：簡一段、一碎片拼綴，首尾皆殘，簡身有缺損。殘長24.7、寬1.9、厚0.1厘米。存字一行，字迹清晰，唯最後一字因殘缺而爲半字。

　　戠：疑爲繫字。《説文·系部》：“繫，繫縲也。”《易·坎》：“繫用微縲。”鄭玄注：“繫，拘也。”《廣韻·霽韻》：“繫，縛繫。”麥英豪、黎金先生認爲前一“戠”字通“繫”，作拘捕、囚禁解，參見《睡虎地秦墓竹簡·法律答問》：“隸臣妾戠（繫）城旦舂”。在此批簡中“戠”通“繫”的見有11例。后一“戠”字爲本擊字，即殺也。參見《儀禮·少牢饋食禮》：司馬刲羊，司土擊豕。”鄭玄注：刲皆謂擊殺之。”[1]

　　盈：人名。秦漢習見，如漢惠帝名盈。[2]

　　南海：郡名，秦置。《漢書·西南夷兩粵朝鮮傳》：“秦并天下，略定揚粵，置桂林、南海、象郡，以適徙民與粵雜處。”《漢書·地理志》：“南海郡，秦置。”南越國統治期間延置南海郡，武帝滅南越後續置南海郡。《漢書·武帝紀》：“遂定越地，以爲南海、蒼梧、鬱林、合浦、交阯、九真、日南、珠厓、儋耳郡。”

簡068　壺棗一木第九十四　實九百八十六枚（圖版七五）

保存狀況：簡爲四段、五碎片拼綴，簡尾殘。殘長25.1、寬1.9、厚0.1厘米。存字一行，字迹清晰。

　　壺棗：棗的品種名。《方言》卷十一：“蠭，其大而蜜者謂之壺蠭（蜂）。”錢繹箋疏：“壺，古字與胡通。凡言壺者，皆大之意也。”《爾雅·釋木》：“棗，壺棗；邊，要棗；櫅，白棗……”郭璞注：“今江東呼棗大而鋭上者爲壺，壺，猶瓠也。”《説文解字》：“壺，昆吾圜器也，象形。”

---

[1]　麥英豪、黎金：《南越木簡發現的聯想》，《廣州文博（壹）》，第5頁，文物出版社，2007年。

[2]　何有祖先生認爲“盈”似爲南越國對漢王朝的代稱。以某人名代稱某勢力，似爲秦漢習語。而“擊盈，已擊，乃歸南海”即《史記·南越列傳》所載“於是佗乃自尊號爲南越武帝，發兵攻長沙邊邑，敗數縣而去焉。”總之，簡067疑反映趙佗叛漢自立時的情形（何有祖：《廣州南越國宫署遺址出土西漢木簡考釋》，《考古》2010年第1期，第80頁）。

秦漢宮苑多植棗樹。《史記·司馬相如列傳》：“於是乎盧橘夏孰，黃甘橙榛，枇杷橪柿，亭奈厚朴，樗棗楊梅，……列乎北園。”《漢書·武五子傳》：“胥宮園中棗樹生十餘莖，莖正赤，葉白如素。”

一木：即一樹，漢代文獻用語。《史記·劉敬叔孫通列傳》：“太史公曰：語曰‘千金之裘，非一狐之腋也；臺榭之榱，非一木之枝也；三代之際，非一士之智也。’”

實：果實，結果實。《漢書·惠帝紀》：“五年冬十月……桃李華，棗實。”

簡 069　壷棗一木第百　實三百一十五枚（圖版七六）

保存狀況：簡爲三段拼綴。長 25.1、寬 2、厚 0.1 厘米。存字一行，墨迹稍淡，字迹可辨。

簡 070　□□□□□持北□□而□□（圖版七七）

保存狀況：簡爲三段拼綴，簡身有缺損。長 24.8、寬 1.7、厚 0.1 厘米。簡色深暗，字迹漫漶不清，僅中間“持北”和“而”字可識。

簡 071　☑□縱☑□曰不行後曰有何故（圖版七八）

保存狀況：簡爲兩段，不可拼接，簡首殘缺，簡身有缺損。殘長 21.3、寬 1.8、厚 0.1 厘米。存字一行，因漬蝕嚴重，字迹漫漶不清。

簡 072　野雄雞六（圖版七九）

保存狀況：本簡爲八段拼綴。長 25、寬 1.8、厚 0.1 厘米。上部存一行四字，字迹清晰。

野雄雞：雞名，不見於文獻記載。野雄，麥英豪、黎金先生認爲應是地名，南越國時出產良種雞的地方。有如今之海南“文昌雞”、廣東之“清遠雞”等品牌[1]。

“野”之含義較多，如爲郊外，《爾雅·釋地》：“邑外謂之郊，郊外謂之牧，牧外謂之野，野外謂之林。”爲民間，從郊外之意而來，《孟子·萬章》：“在國曰市井之臣，在野曰草莽之臣。”爲粗魯，《論語》：“質勝文則野，文勝質則史。”爲未經人工馴化或家養的動物，《禮記·內則》：“野豕爲軒。”此簡的“野”以爲作未馴化或郊外的含義均可講通。從簡 073 中“六雌一雄”來看，“野雄雞”中的“雄”字並不代表性別而是作爲雞名稱中的固定用字出現。即，不管“野雄雞”性別是雌是雄，均可稱爲“雄雞”。秦漢時期交趾地區有以“雄”为名的嗜好，命名中的“雄”字为吉词，与表性别无关。此簡中的“野雄雞”很可能就與交趾地區有直接的關係，簡中的“雄雞”有可能來自交趾，屬於交趾向趙佗進貢的土特產[2]。

簡 073　野雄雞七其六雌一雄以四月辛丑屬中官租　縱（圖版八〇）

保存狀況：本簡爲四段拼綴，第一、二段接口處左側殘缺。長 24.9、寬 1.7、厚 0.1 厘米。存

---

[1]　麥英豪、黎金：《南越木簡發現的聯想》，《廣州文博（壹）》，第 5 頁，文物出版社，2007 年。
[2]　劉瑞：《“雄王”、“雒王”之“雄”、“雒”考辨——從南越“雄雞”木簡談起》，《民族研究》2006 年第 5 期。

字一行，字迹清晰。

屬：《説文·尾部》："屬，連也。"睡虎地秦簡《日書甲·詰》："殺蟲豸，斷而能屬者。"注：屬，連接。簡意爲綴輯，即登録册籍。《史記·屈原賈生列傳》："懷王使屈原造爲憲令，屈平屬草稾未定。"《漢書·賈誼傳》："以能誦詩書屬文稱於郡中。"顔師古注："屬謂綴輯之也，言其能爲文也。"①

中官：即内官。《國語·晉語四》："掌其中官。"韋昭注："中官，内官。"《漢舊儀》："中官私官尚食，用白銀釦器。"《漢官舊儀》："漢置中官，領尚書事。中書謁者令一人。成帝建始四年罷中書官，以中書爲中謁者令。"秦封泥有"中官""中官丞印"。余華青先生考釋"中官丞印"封泥時指出："中官，作爲宦官的一種泛稱，屢見於有關史籍。如《後漢書·宦者列傳》：'中官用權，自（鄭）衆始焉。'又如《後漢書·何進傳》：'中官統領禁省，自古及今，漢家故事，不可廢也。'但是，此處之'中官丞印'中的'中官'，則顯然並非宦官的泛稱，而是一個宦官機構的名稱。作爲宦官機構的中官，未見文獻史籍記載。"② 傳世文獻未見南越國設"中官"。

租：《説文解字》："田賦也。"《史記·六國年表》："初租禾。"《漢書·食貨志》："有賦有稅。稅謂公田什一及工商衡虞之入也。賦共車馬甲兵士徒之役，充實府庫賜予之用。稅給郊社宗廟百神之祀，天子奉養百官禄食庶事之費。"《説文解字》："稅，租也。"衡虞是"古代掌管山林、水澤的官員。此處指從事山林水澤采捕生産的人民"③。"野雄雞"疑爲租中"衡虞之入"。④

中官租：似爲一種租賦之名，可能指由中官來徵收租賦。南越國專以實物供奉王宫的特殊租賦。

縱：人名，似爲徵收中官租者或簡文書寫者。縱在此處單獨出現，有可能是該簡的書手名。湖南里耶出土秦簡牘中多在一簡之下書有該簡書寫者之名，如"敬手""儋手"等，但此處無"手"字。⑤

簡 074　故善道言之辟（辭）曰秋等所以來（圖版八一）

保存狀況：簡爲三段拼綴，簡身有缺損。長 25、寬 1.9、厚 0.1 厘米。存字一行。

故：爲連詞，表示因果關係，相當於"因此""所以"。《論語·先進》："求也退，故進之；由也兼人，故退之。"

---

① 胡平生先生認爲"屬"爲付予。《史記·高祖本紀》"乃以秦王屬吏"，正義："屬，付也。""屬中官"就是交給中官（胡平生：《南越國宫署出土簡牘釋文辨正》，《胡平生簡牘文物論稿》，第 173 頁，中西書局，2012 年）。
② 余華青：《新發現的封泥資料與秦漢宦官制度研究》，《西北大學學報（哲學社會科學版）》1997 年第 1 期。
③ 王雷鳴：《歷代食貨志注釋》（第一册），農業出版社，1984 年。
④ 胡平生先生指出，在《龍崗秦簡》中，有"諸叚（假）兩雲夢池魚（簟）及有到雲夢禁中者"（簡 1）等百姓租借皇家禁苑池簟、田地及繳納租稅的法律條文，《漢書·宣帝紀》《元帝紀》有"池簟未幸者，假與貧民""罷嚴簟池田，假與貧民"等詔令。關於宫苑土地出租或允許百姓進入宫苑從事某些經濟活動，可參見《龍崗秦簡》。根據我們的理解，簡文應在"中官"下讀斷。"租"，應指繳納物品的性質爲"租"，即所繳納的野雄雞應是租用宫苑土地或進入宫苑從事採摘、漁獵、伐木、割草等經濟活動繳納的"租"（胡平生：《南越國宫署出土簡牘釋文辨正》，《胡平生簡牘文物論稿》，第 173 ~ 174 頁，中西書局，2012 年。）。
⑤ 郝本性先生認爲"縱"字，應讀爲賨，是南越國對於民族地區越人租稅的特殊措施。"賨者，總率其所有而已，不切責之也。"《説文·貝部》"賨，南蠻賦也"。張家山漢簡《奏讞書》（一）引律："蠻夷男子歲出賨錢，以當繇（徭）賦。"簡文内容是以貢納野雞以當繇賦。《漢書·食貨志》説"減兩粤，番禺以西至蜀南者置初郡十七，且以其故俗治，無賦稅。"從簡文看，是以實物代替租錢。

善：疑爲人名。

道：《禮記·月令》“（孟春之月）以教道民，必躬親之。”陸德明《釋文》：“道，音導。”義爲開導。善道言之，即是委婉地辯解。

簡 075　……☐四月辛丑屬中官租　縱（圖版八二）

保存狀況：簡共三段，第二、三兩段可以拼綴。第一段殘長 7、寬 1.8、厚 0.1 厘米。中間有缺，與第二、三段無法拼綴，且無字迹。第二、三段殘長 16.8、寬 1.8、厚 0.1 厘米。簡色較暗，存字一行，可辨。

簡 076　☐□烏□一以四月辛卯死已坐笞☐（圖版八三）

保存狀況：簡爲二段拼綴，首尾皆殘，簡身有缺損。殘長 18.5、寬 1.8、厚 0.1 厘米。存字一行，因簡色較暗，第一段字迹模糊難辨。

以：於，介詞，表示行動的時間。《論衡·偶會》：“夫物以春生夏長，秋而熟老。”

坐：坐罪，定罪。玄應《一切經音義》卷二：“坐，罪也。謂相緣罪也。”《韓非子·定法》：“公孫鞅之治秦也，設告相坐而責其實。”睡虎地秦簡《秦律十八種·金布律》：“縣、都官坐效、計以負賞（償）者。”注：“坐，承擔罪責。”

笞：笞打，笞刑。

簡 077　蓬復之使脯得風此夜以故縣（懸）之於棧上後☐（圖版八四）

保存狀況：簡爲三段拼綴，尾部殘缺，簡身有缺損。殘長 24.4、寬 2、厚 0.1 厘米。存字一行，清晰。

脯：《説文·肉部》：“脯，乾肉也。”睡虎地秦簡《秦律十八種·廄苑律》：“賜田嗇夫壺西（酒）束脯。”注：“脯，乾肉。”《漢書·東方朔傳》：“朔曰：‘生肉爲膾，乾肉爲脯。’”

棧：《説文·木部》：“棧，棚也。”段玉裁注：“棧者，上下四旁皆稱焉。……《周禮·喪祝》：注作‘奄其上而棧其下’，‘棧其下’謂以竹木布於地也。”

簡 078　牡鹿一（圖版八五）

保存狀況：簡爲三段拼綴，簡身有缺損。長 24.7、寬 1.8、厚 0.1 厘米。簡色較暗，僅上部存一行三字，可辨。

牡鹿：雄鹿。《説文·牛部》：“牡，畜父也。”即雄性獸類。

簡 079　愿食官脯侍以夜食時往愿脯其時名已先（圖版八六）

保存狀況：簡身局部缺損。長 24.8、寬 2.1、厚 0.1 厘米。簡色下半部較暗。存字一行，字迹清晰。

愿：從郝本性先生，爲“願”的异體字。《説文·心部》：“願，謹也。”《書·皋陶謨》：“願而恭。”孔穎達疏引鄭注：“願，謂容貌恭正。”《左傳·襄公三十一年》：“願，吾愛之。”杜預注：

"願，謹善也。"

官脯：秦漢時，對於課考優异或有特殊功績的官員，賞賜肉脯，對於食脯之人是一種榮譽，都顯得謹善、恭正。睡虎地秦簡《秦律十八種·廄苑律》："卒歲，以正月大課之，最，賜田嗇夫壺西（酒）束脯。"《漢書·東方朔傳》："伏日，詔賜從官肉。"南越國仿秦制，官府有脯可供官員食用。[1]

侍：與"待"通，即等待。《儀禮·士昏禮》："媵侍於户外，呼則聞。"鄭玄注："今文侍作待。"睡虎地秦簡《封診式·封守》："即以甲封付某等，與里人更守之，侍（待）令。"

夜食時：時稱，大約在戌時與亥時之間。陳夢家《漢簡綴述》："夜食，據居延漢簡（173·1），夜食在夜昏時後。"

名已先：名或爲名帖，漢時爲謁。《説文·言部》："謁，白也。"段玉裁注："謁者，若後人書刺，自列爵裡姓名，並列所白事。"《史記·高祖本紀》：高祖"乃給爲謁。"顏師古注："謂以札書姓名，若今之通刺。"名已先，指先把名謁呈報上去，以便事先做好安排。

簡080 甲寅常使没使掌故　出人（圖版八七）

保存狀況：簡爲三段拼綴，簡身有缺損。長25.1、寬1.9、厚0.1厘米。存字一行，因漬蝕嚴重，字漫漶不清。

出入：物質出納登記的文簿。《史記·梁孝王世家》："梁之侍中、郎謁者著籍引出入天子殿門，與漢宦官無異。"《正義》："籍謂名簿也，若今通引出入門也。"

簡081 近（趀）弩令緹故游衛特將則卒廿六年七月屬　五百積引未引□（圖版八八）

保存狀況：簡爲三段拼綴，簡身有缺損，長24.7、寬2、厚0.1厘米。簡色較暗，存字一行，字迹可辨。

近（趀）弩令：南越國職官名，史籍無考，疑爲掌管弩矢的職官。[2]

游衛：南越國職官名，史籍無考，疑爲游徼。秦漢時有游徼，《漢書·百官公卿表》和《後漢書·百官志》均載鄉置游徼，掌徼巡，禁司姦盜。游衛特將，疑爲巡察和輯捕寇盜，負責都城保衛的職官。

特將：《史記·高祖功臣侯者年表》：陳豨"以特將將卒五百人，前元年從起宛、胸，至霸上，爲侯。"《漢書·灌嬰傳》："卒斬敵及特將五人。"顏師古注："所將之卒也。"敵與特將五人爲並列，關係並非隸屬關係。此簡"游衛特將則"，説明特將爲職官，並非統率之意。顏注有誤。

---

[1] 黃展嶽先生認爲應"食官"連讀。戰國秦漢銅器上常見"食官"銘刻。《漢書·百官公卿表》奉常、詹事屬下都有食官。奉常"掌宗廟禮儀"，詹事"掌皇后太子家"。本簡"食官"似指南越國詹事屬下之食官（黃展嶽：《南越木簡選釋》，《南越國考古學研究》，第236頁，中國社會科學出版社，2015年）。

[2] 黃展嶽先生認爲第一字爲"近"，近弩疑爲趀弩，用腳踏張的强弩，亦作趀張。《漢書·申屠嘉傳》注："弩，以手張者曰擘張，以足踏者曰蹶張。"戰國西漢璽印封泥屢見"發弩"，與之近似。趀弩令，引發强弩的職官。《漢書·地理志》記南郡有"發弩官"，注"主教放弩也"。趀弩令職司近似（黃展嶽：《南越木簡選釋》，《南越國考古學研究》第236頁，中國社會科學出版社，2015年）。郝本性先生釋爲"近弩令"，爲官名，"近"爲"進"的假借字。《釋名·釋言語》謂"進，引也，引而前也。"其實，引除牽引之意外，還有一意爲開弓。《吕氏春秋·壅塞》："其嘗所用不過三石，以示左右，左右皆試引之，中關而止。"這就是弩機的開弓。

緹、則：均爲人名。

穨：同 "頽"，崩壞、倒塌。《說文·禿部》："从禿貴聲。" 段玉裁注："《周南》曰：'我馬虺穨。'《釋詁》及《毛傳》曰：'虺穨、病也'，禿者病之狀也，此與自部之隤迥別，今《毛诗》作 '隤' 誤字也。""此从貴聲，今俗字作頽，失其聲矣"。

引：《說文·弓部》："引，開弓也。"《莊子·田子方》："列御寇爲伯昏無人射，引之盈貫。"《孟子·盡心上》："君子引而不發，躍如也。" 朱熹集注："引，引弓也。"

廿六年：南越王趙佗的紀年。秦始皇二十六年即秦統一六國之年（公元前 221 年），百越地區尚不屬秦統轄，簡 "廿六年" 不是秦始皇年號。南越享國九十三年，歷經西漢五帝一后（即高、惠、文、景、武五帝和吕后），除漢武帝外均不足二十六年。武帝改用年號紀年，年號大年或四年一換，漢朝皇帝年號不可能有二十六年。南越當國九十三年，趙佗享國六十七年，其他四主均不足二十六年。[①]

簡 082　丁未御工令贏上笥宮門　出入（圖版八九）

保存狀況：簡爲兩段拼綴，簡尾一角殘缺，簡身有缺損。長 25、寬 1.9、厚 0.1 厘米。存字一行，墨迹較淡。

丁未：干支紀日。

御工令：南越國職官名，史籍未載，可能是專司王宮手工業製作的官吏。

贏：爲人名。

上：進呈，呈獻。《說文·上部》："上，高也。"《釋名·釋書契》："下言於上曰表……又曰上，示之於上也。"《莊子·說劍》："宰人上食。"

笥：古代用竹、葦編製的盛衣物、食物或其他物品的箱子。《說文·竹部》："笥，飯及衣之器也。"《史記·趙世家》簡子語大夫曰："帝甚喜，賜我二笥。"

宮門：南越王宮的大門。《史記·晉世家》："介子推從者憐之，乃懸書宮門。"《史記·吕太后本紀》："朱虛侯請卒，太尉予卒千餘人，入未央宮門。" 此簡與簡 054 的 "高木宮" 等共同證明這批木簡是南越王宮的籍簿文書。[②]

簡 083　經清洗後確定爲木片，非木簡。

簡 084　詰庶（斥）地唐地唐守苑行之不謹鹿死腐（圖版九○）

保存狀況：簡爲三段拼綴。長 24.7、寬 1.7、厚 0.1 厘米。存字一行，字迹清晰。

詰：爲責問，追究之義（見簡 050）。

---

① 黄展嶽先生考證指其爲南越王即位的紀年而不是漢朝皇帝的紀年。南越國五主共傳九十三年（公元前 203～前 111 年），在位超過二十六年的衹有趙佗一人。趙佗曾兩次稱王，一次稱帝。據《史記·南越列傳》，第一次是漢高祖四年（公元前 203 年）自稱 "南越武王"，廿六年應是漢文帝前元二年（公元前 178 年）；第二次 "漢十一年（公元前 196 年）遺陸賈，因立佗爲南越王"，廿六年應是漢文帝前元九年（公元前 171 年）；第三次是吕后五年（公元前 183 年）"佗乃自尊號爲南越武帝"，廿六年應是漢文帝後元六年（公元前 158 年）。簡文 "廿六年"，以第一次稱王紀年的可能性較大，即漢文帝前元二年（公元前 178 年）（黄展嶽：《南越木簡選釋》，《南越國考古學研究》第 236 頁，中國社會科學出版社，2015 年）。
② 黄展嶽先生認爲這批木簡有四枚簡（簡 082、簡 095、簡 099、簡 103）文末另寫 "出入" 二字，應同屬南越宮署進出賬目的籍簿。

庰：同"斥"。《説文·广部》："庰，郤屋也。从广，屰聲。"《正字通·广部》："庰，斥本字。"庰在此应釋爲責備。

地、唐：爲人名。[①]

守苑：《左傳·昭公二十年》："山林之木，衡鹿守之。"孔穎達疏："此置衡鹿之官，守山林之木。"

謹：慎重，恭敬，嚴禁，簡意爲嚴禁、嚴守。《詩·大雅·民勞》："毋縱詭隨，以謹無良。"不謹，意爲行爲不當。秦漢習語。《史記·陳丞相世家》："負誠其孫曰：'毋以貧故，事人不謹。事兄伯如事父，事嫂如母。'"

鹿：秦漢苑囿常養鹿。《漢書·封禪書》："天子苑有白鹿，以其皮爲幣。"

死腐：死且腐爛。《漢書·賈捐之傳》："太倉之粟紅腐而不可食。"《漢書·西南夷兩粵朝鮮傳》載趙佗上書漢文帝書："老夫死骨不腐。"[②]

簡 085　陽□氾見人迹可□三百人之（圖版九一）

保存狀況：簡爲兩段、兩碎片拼綴。長 24.9、寬 2、厚 0.1 厘米。存字一行，上部字迹漫漶不清。

陽□：第二字漫漶不清。疑爲地名或者河名。

人迹：即人的行迹、行綜。《説文·辵部》："迹，步處也。"《楚辭·九章·悲回風》："求介子之所存兮！見伯夷之放迹。"王逸注："迹，行也。"《吕氏春秋·必己》："追而殺之，以滅其迹。"高誘注："迹，踪也。"

可：爲約計詞，意爲大約。

簡 086　經清洗後確定爲木片，非木簡。

簡 087　縣子二百食□爲□辥（辭）□匕子（圖版九二）

保存狀況：簡爲五段拼綴，簡身右半部殘缺。長 24.7、殘寬 1.1、厚 0.1 厘米。此簡劈裂爲兩半片，此爲左邊半片，存字一行，多爲半字。

辥（辭）：《説文·辛部》："辭，訟也。"《玉篇·辛部》："辭，……理獄争訟之辭也。"

簡 088　不入行此營中鹿弗行至二日　完（圖版九三）

---

① 麥英豪、黎金先生認爲地唐是兩個人的名字，"唐"下之重文號，乃"地唐"二字之重文（麥英豪、黎金：《南越木簡發現的聯想》，《廣州文博（壹）》，第 6 頁，文物出版社，2007 年）。

② 胡平生先生認爲，"庰"爲地名，"唐"爲人名，意爲庰地的唐，其身份可能是一位守禁苑的小吏。"不謹"應釋讀爲"不勤"。《龍崗秦簡》（簡 39）："禁苑嗇夫、吏數循行，垣有壞決獸道出，及見獸在外，亟告縣。"（中國文物研究所、湖北省文物考古研究所編：《龍崗秦簡》，第 89 頁，中華書局，2001 年）秦律規定，守禁苑的官吏要頻繁地在禁苑中巡查，發現禁苑墻垣圮壞垮塌，野獸從缺口跑出，以及看到野獸跑到禁苑外，立即報告所在縣道官府。《左傳·僖公二十八年》"令尹其不勤民"，杜注云："盡心盡力無所愛惜爲勤。"禁苑的官吏本應經常在苑内巡查，而庰地的這位唐却並未這樣做，鹿死在苑内都腐壞了纔被發現，因此要追究其法律責任，向他問罪（胡平生：《南越國宫署出土簡牘釋文辨正》，《胡平生簡牘文物論稿》，第 174 頁，中西書局，2012 年）。

保存狀況：簡爲五段拼綴，簡身有缺損。長 25、寬 1.8、厚 0.1 厘米。存字一行，字迹清晰。

行：前"行"爲行列。《詩·大雅·常武》："王謂尹氏，命程伯休父，左右陳行，戒我師旅。"陸德明《釋文》："行，列也。"《吕氏春秋·辯士》："正其行，通其風。"高誘注："行，行列也。"《樂府詩集·雞鳴辭》："鴛鴦七十二，羅列自成行。"後"行"爲行走。《説文·行部》："行，人之步趨也。"《墨子·公輸》："行十日十夜，而至於郢。"弗行：即不行。

菅：草本植物名稱。《詩經·小雅·白華》："白華菅兮，白茅束兮。"也作茅草的統稱。《左傳·成公九年》："雖有絲、麻，無弃菅、蒯。"

完：完全。《説文·宀部》："完，全也。"《漢書·高帝紀》："即室家完。"顏師古注："完，全也。"

簡 089　使謹揄居室食畜笞地五十（圖版九四）

保存狀況：簡爲三段拼綴。長 24.9、寬 1.8、厚 0.1 厘米。存字一行，墨迹較淡，字迹漫漶難辨。

揄：摇動，揮動。《説文·手部》："揄，引也。从手，俞聲。"《韓非子·内儲説下》："御者因揄刀而劓美人。"《淮南子·氾論》："（曹沫）揄三尺之刃，造桓公之胸。"《素問·骨空論》："折使揄臂齊肘正，灸脊中。"王冰注："揄，讀爲摇。摇謂摇動也。"

居室：拘禁和審訊犯人的處所（見簡 024 注）。

簡 090　高平甘棗一木第卅三　實囗百廿八枚（圖版九五）

保存狀況：簡爲兩段拼綴，簡身輕微缺損。長 25.2、寬 2、厚 0.15 厘米。存字一行，字迹清晰。

高平：地名，戰國、秦、漢均有地名爲高平。《史記·趙世家》："秦廢帝請服，反高平、根柔於魏，反巠分、先俞於趙。"《集解》引徐廣曰："《紀年》云魏哀王四年改陽曰河雍，向曰高平。"《正義》引《括地志》云："高平故城在懷州河陽縣西四十里。《紀年》云魏哀王改向曰高平也。"《史記·范雎列傳》："東伐韓少曲、高平，拔之。"《正義》引《括地志》云："南韓王故城在懷州河陽縣西北四十里。俗謂之韓王城，非也。春秋時周桓王以與鄭。《紀年》云：'鄭侯使辰歸晉陽向，更名高平，拔之。'"《漢書·地理志》臨淮郡有高平侯國，安定郡首縣爲高平。高平，僅見於《史記》的就有晉陽高平、懷州高平、澤州高平、安定高平、臨淮高平等處。"最近南越境的有高平苑，相傳是閩越時東越王校獵之所，位置即今福建將樂縣南。"[1]

甘棗：高平本爲地名，盛產棗，大而甜，物以地名，稱"高平甘棗"[2]。

簡 091　囗張成故公主誕舍人廿六年七月屬　將常使囗囗囗蕃禺人（圖版九六）

保存狀況：簡爲四段、四碎片拼綴，簡首殘缺，簡身有缺損。殘長 22.9、寬 1.9、厚 0.1 厘

① 麥英豪、黎金：《南越木簡發現的聯想》，《廣州文博（壹）》，第 7 頁，文物出版社，2007 年。

② 黄展嶽先生認爲簡 068、簡 069 記"壺棗"與本簡記"高平甘棗"，都是在本地培植的嶺北良棗。這三枚簡原來應是編寫在一起的編聯簡。木：郝本性先生認爲以量詞"木"表示樹木單位，不見於先秦，習見於雲夢秦簡，可能爲戰國末楚人的習慣稱呼。

米。存字一行，第三段因殘缺，字迹難辨。

張成："成"爲秦漢習見人名，如宜春侯成、杏山侯成。

公主：皇帝之女的封號。蔡邕《獨斷》："帝之女曰公主，儀比諸侯。帝之姊妹曰長公主，儀比諸侯王。"《初學記》第十卷："至周中葉天子嫁女於諸侯，天子至尊，不自主婚，必使諸侯同姓者主之，始謂之公主。秦代因之，亦曰公主。《史記》云'李斯男皆尚秦公主是也'。漢制：帝女爲公主，帝姊妹爲長公主，帝姑爲大長公主。後漢制：皇女皆封縣公主，儀服同藩王。其尊崇者，加號長公主。諸王女皆封鄉亭公主，儀服同鄉亭侯。"《張家山漢墓竹簡·二年律令·置吏律》："諸侯王女毋得稱公主。"①《史記》和《漢書》均未載南越國設置公主。

誕：公主之名。"誕"爲秦漢習見人名，如袁誕。

舍人：官名或身份的名稱。《周禮》記舍人爲地官之屬，掌管宮内糧食和財物。戰國至秦時，爲貴戚官僚屬員，類似賓客。《史記·秦始皇本紀》："李斯爲舍人。"《集解》引文穎曰："主廄内小吏官名。或曰侍從賓客謂之舍人也。"舍人是當時晉升良階。《史記·李斯列傳》："至秦，會莊襄王卒，李斯乃求爲秦相文信侯呂不韋舍人；不韋賢之，任以爲郎。"漢設置舍人，爲職官。《漢書·百官公卿表》："太子太傅、少傅，古官。屬官有太子門大夫、庶子、先馬、舍人。"當時諸侯、官吏亦自有舍人。《漢書·高帝紀》："南陽守欲自剄，其舍人陳恢曰……"注："文穎曰：'主廄内小吏，官名也'。蘇林曰：'藺相如爲宦者令舍人。韓信爲侯，亦有舍人。'師古曰：'舍人，親近左右之通稱也，後遂以爲私屬官號。'"《漢書·蕭何曹參傳》："蕭何薨，參聞之，告舍人趣治行。"顏師古注："舍人猶家人也，一説私屬官主家事者也。"傳世文獻未載南越國設舍人。南越木簡證實了不僅公主府設舍人，侯爵府亦設舍人（見簡096），就連禁苑也有舍人（見簡101）。

將常使：文獻無載。"常使"即常侍。常侍爲西漢加官名，常常侍從皇帝左右。漢朝所封王國亦有常侍。《廣韻·釋詁一》："侍，使也。"西漢的常侍，南越國變通承用曰"常使"。見簡095、簡103。"將"，率領。《左傳·僖公三十三年》："寡君聞吾子將步師出於敝邑，敢犒從者。"

蕃禺：南海郡治，秦、南越國、漢均延置，南越國時期爲國都。《漢書·地理志》："番禺，尉佗都。"在秦漢時期，番禺爲嶺南最重要的城市。《漢書·地理志》："處近海，多犀、象、毒冒、珠璣、銀、銅、果、布之湊，中國往商賈者多取富焉。番禺，其一都會也。"《漢書·叙傳》："西南外夷，種別域殊。南越尉佗，自王番禺，攸攸外寓，閩越束甌。"

1983年發掘的南越王墓出土的銅壺（G46）和銅鼎（G54、G64）均有"蕃禺"的銘文。1995年在城隍廟西側發掘的南越國宮苑水池南壁上發現"蕃"字刻石。黃展嶽先生考證"蕃""番"互通，"蕃禺"即"番禺"，今廣州。南越王墓出土銅器銘刻②和廣州1097號南越墓出土漆盒烙印都寫作"蕃禺"③，但廣州和九龍東漢墓墓磚已寫作"番禺"，今本《淮南子》《史記》《漢書》亦作"番禺"。

① 張家山二四七號漢墓竹簡整理小組：《張家山漢墓竹簡（二四七號墓）》，第163頁，文物出版社，2001年。

② 廣州市文物管理委員會等：《西漢南越王墓》上册，第313頁，文物出版社，1991年。

③ 廣州市文物管理委員會、廣州市博物館：《廣州漢墓》上册，第175頁，文物出版社，1981年。

簡 092　乾魚三斤十二兩　給處都卒義犬　食（圖版九七）

保存狀況：簡爲兩段拼綴，簡身有缺。長 22.8、寬 1.5、厚 0.1 厘米。存字一行，字迹清晰。

斤：《漢書·律曆志》：“十六兩爲斤。”

簡 093　残簡，未释文。

保存狀況：簡爲木簡殘片，三段不可拼綴。殘長合計 11.9 厘米，殘寬分別爲 1.5、1.9、2.9 厘米，厚 0.1 厘米。

簡 094　經清洗後確定爲木片而非木簡。

簡 095　戊戌常使將下死雞居室　出入（圖版九八）

保存狀況：簡爲三段拼綴。長 25、寬 1.8、厚 0.1 厘米。存字一行，墨色較淡，字迹依稀可辨。

將：爲人名。

下：取出，去除。《詩·豳風·七月》：“上入執宫功。”毛傳：“入爲上，出爲下。”《周禮·秋官·司民》：“司民掌登萬民之數……歲登下其死生。”鄭玄注：“下，猶去也。”

簡 096　近（赾）弩拱都嚴故潭侯舍人廿六年八月屬　五百積引未引▢（圖版九九）

保存狀況：本簡爲四段拼綴，簡身漬蝕較甚。長 24.9、寬 2、厚 0.1 厘米。簡色較暗，存字一行，漫漶不清，依稀可辨。

嚴：爲舍人之名。

潭侯：南越國所封侯爵。

簡 097　弗得至日夕時望見典憲驅其所牧▤（圖版一〇〇）

保存狀況：簡爲三段拼綴，简尾殘缺，簡身有缺損。長 24.9、寬 1.9、厚 0.15 厘米。存字一行，字迹清晰。

弗得：秦漢習語。《史記·秦始皇本紀》：“欲出周鼎泗水，使千人没水求之，弗得。”《史記·吕太后本紀》：“迺入未央宫，欲爲亂，殿門弗得入。”《睡虎地秦墓竹簡·秦律雜抄》：“令、尉、士吏弗得，貲一甲。”“縣司空、司空佐史、士吏將者弗得，貲一甲。”“吏部弗得，及令丞各貲一甲。”“虎欲犯，徒出射之，弗得，貲一甲。”《漢書·衛青霍去病列傳》：“漢輕騎校尉郭成等追數百里，弗得。”尋之不見，捕之無獲，射之不中等，均用“弗得”。其基本意思爲“没有獲得”。簡義爲“没有尋找到”。

日夕時：一日之夕時，指傍晚時分。《史記·扁鵲倉公列傳》：“臣意復診之，曰：‘當旦日日夕死’。”《索隱》案：“旦日，明日也。言明日之夕死也。”《史記·孝文本紀》：“皇帝即日夕入未央宫，乃夜拜宋昌爲衛將軍。”《史記·司馬穰苴列傳》：“約束既定，夕時，莊賈乃至。”《漢書·東方朔傳》：“上乃起，入省中，夕時召讓朔。”陳夢家先生依據出土漢簡總結出的十八時分序列中，未見日夕。

典憲：典，里典；憲，里典之名。戰國時秦設里典，爲一里之長，簡稱典。《睡虎地秦墓竹簡·秦律雜抄》："匿敖童，及占癃不審，典，老贖耐？"注："典，即里典。"《漢書·百官公卿表》有典客、典屬國。《張家山漢墓竹簡·奏讞書》有"典嬴"，嬴爲人名，與"典憲"同。

簡 098　殘簡（圖版一〇一）

保存狀況：簡首尾皆殘，簡身有缺損，爲兩段、兩碎片拼綴。殘長 17.4、寬 1.8、厚 0.1 厘米，未見文字。

簡 099　丙午左北郎豕等下死靈泰官　出入（圖版一〇二）

保存狀況：簡爲三段拼綴，簡身有缺損。長 24.9、寬 2.1、厚 0.15 厘米。存字一行，字迹清晰。

左北郎：疑爲南越國職官名，屬郎官，史籍未載。郎爲官名，戰國始置，秦漢時直宿衛，有中郎、郎中、外郎之分，稱爲"三郎"，屬郎中令。

豕：人名。

死靈：即屍靈，盛屍體的靈櫬。睡虎地秦簡《封診式·賊死》："男子死（屍）在某室南首。"注：死通屍。《漢書·陳湯傳》："求谷吉等死。"注："屍也。"羅振玉《恒農磚錄》記載洛陽出土東漢刑徒磚有"鄭少死（屍）""朱次死（屍）""趙伯死（屍）"等。

泰官：同"太官""大官"。文獻多作"太官"。《通典·職官·光禄卿》："太官署令丞，於周官爲膳夫、庖人、外饔，中士、下士蓋其任也。秦爲太官令丞，屬少府，兩漢因之。"[1] 簡文"泰官"與南越王墓出土"泰官"封泥寫法一致。

出入：秦漢習語。《史記·孝景本紀》："復置津關，用傳出入。"

簡 100　☑□有不智傗等所居故（圖版一〇三）

保存狀況：簡上半部殘斷。殘長 14.3、寬 1.7、厚 0.16 厘米。存字一行，字迹清晰。

有：通又。朱駿聲《說文通訓定聲·頤部》："有，假借爲又。"《詩·邶風·終風》："終風且曀，不日有曀。"鄭玄箋："有，又也。"《荀子·成相》："不知戒，後必有。"

智：通知。《墨子·耕柱》："豈能智數百歲之後哉！"睡虎地秦簡"智"作"知"。

---

[1] 黃展嶽先生認爲泰官，即太官、大官。古籍中，泰、太、大三字互通。《漢書·百官公卿表》"少府"屬下有太官令丞，顔師古曰："太官主膳食。"《漢官儀》上卷："太官令，兩梁冠，秩千石，丞四人。"《續漢書·百官志三》：少府屬下"太官令一人，六百石"。本注曰："掌御飲食。"《漢舊儀（補遺）》："太官令一人，秩六百石，掌鼎俎饌具。"可證太官是掌管皇帝飲食的職官，其衙署稱"太官署"，其長官稱"太官令"。南越王墓曾出土"泰官"封泥 15 枚（廣州市文物管理委員會、中國社會科學院考古研究所、廣東省博物館：《西漢南越王墓》上册，第 309 頁，文物出版社，1991 年），可證南越國亦有"泰官"設置（黃展嶽：《南越木簡選釋》，《南越國考古學研究》，第 237 頁，中國社會科學出版社，2015 年）。

倗：疑爲人名。

居：居處，住所。《書·盤庚上》：“盤庚遷於殷，民不適有居。”孔傳：“適，之也，不欲之殷，有邑居。”

簡 101　□麋處近人田舍人類已取其木以爲（圖版一〇四）

保存狀況：簡爲三段和四碎片拼綴，簡首殘缺，簡身有缺損。長 25、寬 1.7、厚 0.1 厘米。存字一行，字迹清晰。

麋處：飼養麋鹿的處所，即鹿圈。

類：疑爲人名。

簡 102　殘簡，未釋文（圖版一〇五）

保存狀況：本簡爲一段、一碎片拼綴，首尾皆殘，未見文字。殘長 14.6、寬 2、厚 0.1 厘米。

簡 103　癸丑常使气下鳥高平　出入（圖版一〇六）

保存狀況：簡爲四段拼綴，簡身多處缺損。長 24.7、寬 1.9、厚 0.1 厘米。存字一行，字迹清晰。

气：人名。

下鳥：取鳥。

高平：地名。見於《史記》《漢書》者有涼州高平、澤州高平、安定高平、臨淮高平等地。據簡義，高平應爲南越國地名，且距都城不會太遠。

簡 104　……不（圖版一〇七）

保存狀況：簡爲三段拼綴，簡尾殘缺，簡身有缺損。長 25、寬 1.9、厚 0.1 厘米。簡色深暗，似存字一行，但漫漶不清，僅識一“不”字。

簡 105　大奴虜　不得鼠　當笞五十（圖版一〇八）

保存狀況：簡身略有缺損。長 24.9、寬 2、厚 0.1 厘米。存字一行。字迹清晰。

大奴：奴僕的一種。或爲長大健壯者，或爲專司某項職事者。《漢書·武五子傳》：“過弘農，使大奴善以衣車載女子。”顏師古注：“凡言大奴者，謂奴之尤長大者也。”《漢書·張湯列傳》：“又以縣官事怨樂府游徼莽，而使大奴駿等四十餘人群黨盛兵弩，白晝入樂府攻射官寺。”

虜：人名。

得：《説文·彳部》：“行有所得也。”《玉篇·彳部》：“得，獲也。”不得：秦漢習語。《史記·殷本紀》：“帝乙長子曰微子啟，啟母賤，不得嗣。”《史記·平準書》：“天子從官不得食，隴西守自殺。”

笞：用竹木板責打背部，漢景帝定箠令改爲打臀部。《漢書·刑法志》：“景帝元年，下詔曰：

'加笞與重罪無異，幸而不死，不可爲人。其定律：笞五百曰三百，笞三百曰二百。'猶尚不全。至中六年，又下詔曰：'加笞者，或至死而笞未畢，朕甚憐之。其減笞三百曰二百，笞二百曰一百。'又曰：'笞者，所以教之也，其定箠令。'丞相劉舍、御史大夫衛綰請：'笞者，箠長五尺，其本大一寸，其竹也，末薄半寸，皆平其節。當笞者笞臀。毋得更人，畢一罪乃更人。'自是笞者得全，然酷吏猶以爲威。死刑既重，而生刑又輕，民易犯之。"顏師古注："箠，策也，所以擊者也。如淳注：然則先時笞背也。"

簡 106　☐居前慶都人☐抵皆樂（圖版一○九）

保存狀況：簡上部殘斷，爲兩段、兩碎片拼綴。殘長17、寬1.9、厚0.1厘米。墨迹較淡，個別字漫漶難辨。

抵：《說文·手部》："抵，擠也。"《說文·牛部》："牴，觸也。"段玉裁注："亦作抵、觝。"《漢書·武帝紀》："三年春，作角抵戲，三百里内皆來觀。"

簡 107　☐則等十二人　得鼠中員　不當笞（圖版一一○）

保存狀況：簡爲兩段、三碎片拼綴，簡首殘缺，簡身有缺損。殘長24.5厘米，寬2.1厘米，厚0.1厘米。存字一行。

中員：符合規定之數。中，正好，符合。《廣韵·送韵》："中，當也。"《左傳·定公元年》："未嘗不中吾志也。"《戰國策·西周策》："去柳葉者百步而射之，百發百中。"員，物數。《說文·員部》："員，物數也。"段玉裁注："數木曰枚……數物曰員。"《漢書·尹翁歸傳》："責以員程，不得取代。"顏師古注："員，數也。"

則：爲人名，與簡081同。

簡 108　軍時得入朝盈及時就酒食盈（圖版一一一）

保存狀況：簡爲兩段拼綴，簡身有缺損。長25、寬2.1、厚0.1厘米。存字一行。

時：當時。《後漢書·竇武傳》："時見理出"，李賢注："時，謂即時也。"

朝：《禮記·曲禮下》："在朝言朝。"鄭玄注："朝，謂君臣謀政事之處也。"

時：古代祭祀天地五帝的處所，先秦已設置四時，漢初設"北時"。①

就：《說文解字》："就，就高也。"

酒食：秦漢習語，兼有酒菜的飯食。《史記·游俠列傳》："解執恭敬，不敢乘車入其縣廷。之旁郡國，爲人請求事，事可出，出之；不可者，各厭其意，然後乃敢嘗酒食。"《漢書·陳湯傳》："上立出吏士，令縣道具酒食以過軍。"《漢書·疏廣傳》："廣既歸鄉里，日令家共具設酒食，請族人故舊賓客，與相娛樂。"

---

① "時"字的釋讀參考何有祖先生的《廣州南越國宮署遺址出土西漢木簡考釋》（《考古》2010年第1期）。何先生認爲"時"字的左部墨迹雖有部分脱失，以至於看起來似乎从"日"，但細審之下此字下筆頗勁，筆力所及之痕迹仍尤爲明顯，左部似可看作从"田"。另外由於左部"田"相較"日"而言筆畫多一些，這就必然會多占用木簡一些位置，與之對稱的"寺"的大小與所處位置也相應地有所不同。"軍時"與"及時"對文，分別描述戰爭與祭祀兩種情形。在文意以及字數對應方面也是比較整齊的。

簡 109　經清洗後確定爲木片而非木簡。

簡 110　☑陵　　得鼠三　　當筲廿（圖版一一二）
保存狀況：簡爲四段拼綴，首尾皆殘。殘長 23.7、寬 2、厚 0.1 厘米。存字一行。

簡 111　即操其書來予景巷令有左問不邪不邪已以對（圖版一一三）
保存狀況：本簡爲三段拼綴，簡身有缺損。長 24.8、寬 1.9、厚 0.1 厘米。存字一行。
操：《説文・手部》：“操，把持也。”段玉裁注：“把者，握也。”《楚辭・九歌・國殤》：“操吳戈兮被犀甲。”王逸注：“操，持也。”簡義爲握持，拿著。
書：爲文書或爰書。
景巷令：即永巷令，職官名，西漢屬少府，掌后妃宮女及宮中獄事。景作永。《爾雅・釋天》：“四時和爲通正，謂之景風。”郝懿行《義疏》：“尸子作永風。”《漢書・百官公卿表》有“永巷令”。西漢南越王墓出土有“景巷丞印”封泥。[①]
有左：《經傳釋詞》卷三：“有，猶爲也。爲，有一聲之轉，故爲可訓爲有，有亦可訓爲爲。”《詩・鄭風・東門之墠》“有踐家室”陳奐《傳疏》：“有者，乃狀其踐之之詞。”左，爲佐證。《拾雅・釋訓中》：“左，證左也。”《漢書・楊敞傳附楊惲》：“廷尉定國考問，左驗明白。”顏師古注：“左，證左也。”有左：就是經過查驗。
不邪：疑爲人名。

簡 112　經清洗後確定爲木片，非木簡。

簡 113　侍尚後行七日到其時然等已（圖版一一四）
保存狀況：簡身輕微缺損。長 24.7 厘米，寬 2.1 厘米，厚 0.1 厘米。存字一行，字迹清晰。
尚：尚且。《説文・八部》：“尚，曾也，庶幾也。”《老子》第二十三章：“天地尚不能久，而況人乎？”《史記・貨殖列傳》：“夫千乘之王，萬家之侯，百室之君，尚猶患貧，而況匹夫編户之民乎？”《文選・枚乘〈七發〉》：“尚何及哉。”李善注引賈逵《國語注》：“尚且也。”
然：人名。

簡 114　……（圖版一一五）
保存狀況：簡身有缺損。長 24.7、寬 2.1、厚 0.1 厘米。似有墨迹一行，漫漶不清。

---

① 黃展嶽先生考證，景巷令即永巷令，傳世有“永巷丞印”封泥、“齊永巷丞”封泥（孫慰祖主編：《古今封泥集成》，第 22、64 頁，上海書店，1994 年）。漢長安城出土秦封泥有“永巷丞印”封泥（見中國社會科學院考古研究所漢長安城工作隊：《西安相家巷遺址秦封泥的發掘》，《考古學報》2001 年第 4 期，第 526 頁）。南越王墓前室發現身佩“景巷令印”殉人一具（見廣州市文物管理委員會、中國社會科學院考古研究所、廣東省博物館：《西漢南越王墓》上册，第 28、308 頁，文物出版社，1991 年），年代在漢武帝時。《漢書・百官公卿表》記少府、詹事屬官皆有永巷令，皆以宮中宦官充任。南越國似亦如是。

簡 115　未畢蓐乃輋遣六人往求□☑（圖版一一六）

保存狀況：簡爲五段拼綴，簡尾殘斷，簡身有缺損。殘長 22.6、寬 2、厚 0.1 厘米。存字一行，最後一字殘爲半字。

蓐：《説文·艸部》：“陳草復生也。”徐鍇《繫傳》：“蓐，陳根復生繁縟也。”《方言》卷十二、《廣雅·釋詁三》：“蓐，厚也。”

輋：《説文·車部》：“輋，若軍發車百兩爲一輋。”《玉篇·車部》：“輋，類也。”《正字通·車部》：“輋，蟲鳥類亦曰輋。”簡義爲“蟲鳥類”，即禽獸。①

求：搜捕。《大戴禮記·曾子制言上》：“則有司之所求也。”孔廣森補注：“求，拘罪人也。”《史記·高祖本紀》：“一爲求盜，掌逐捕盜賊。”

簡 116　受不能🈁痛迺往二日中陛下（圖版一一七）

保存狀況：簡爲兩段拼綴，簡身有缺損。長 25.1、寬 2、厚 0.1 厘米。存字一行，僅第四字因簡面脱塊而爲半字。

迺：《爾雅·釋詁下》：“迺，乃也。”《玉篇·辵部》：“迺，與乃同。”乃爲副詞，表示順承關係，相當於於是，就。《經傳釋詞》卷六：“乃，猶於是也。”

二日中：二日日中之略。有二意：第二天正午時分；初二日正午時分。

陛下：臣下對皇帝的尊稱。蔡邕《獨斷》卷上：“謂之‘陛下’者，群臣與天子言，不敢指斥，故呼在陛下者而告之，因卑達尊之意也。”“漢天子正號曰皇帝，自稱朕，臣民稱之曰陛下。”《史記·秦始皇本紀》：“今陛下興義兵，誅殘賊，平定天下。”《史記·高祖本紀》：“然陛下使人攻城略地，所降下者，因以予之，與天下同利也。”②

簡 117　不夷雞🈁管宫麻一曰姑🈁載（圖版一一八）

保存狀況：簡身有缺損，長 24.6、寬 1.9、厚 0.1 厘米。存字一行，因簡色較暗，墨迹較淡。

夷：《説文·大部》：“夷，平也。”《廣雅·釋詁四》：“夷，滅也。”《漢書·酷吏傳序》：“吕氏已敗，遂夷侯封之家。”顔師古注：“（夷）誅除。”《小爾雅·廣言》：“夷，傷也。”《文選·班固〈西都賦〉》：“禽獸殄夷”，李善注引杜預《左氏傳注》曰：“夷，殺也。”不夷雞，即不殺雞。

麻：即大麻，一年生草本植物，莖皮纖維長而堅韌，可供紡織，子可食。《説文·麻部》：“麻，與林同。人所治，在屋下。”《大戴禮記·子張問入官》：“是故夫工女必自擇絲麻。”王聘珍《解詁》：“麻，謂麻草可緝績者。”《詩·王風·丘中有麻》：“丘中有麻”。朱熹《集傳》：“麻，穀名，子可食，皮可績爲布者。”

---

① 郝本性先生認爲“乃”爲第二人稱代詞，“輋”表示多數人，“乃輋”也就是你們。

② 麥英豪、黎金先生指出此簡中的“陛下”爲陛階之意，而非對皇帝的稱呼。見麥英豪、黎金：《南越木簡發現的聯想》，《廣州文博（壹）》，第 8～9 頁，文物出版社，2007 年。

　　胡平生先生指出“不能”下一字，有可能是“免”（見胡平生：《南越國宫署出土簡牘釋文辨正》，《胡平生簡牘文物論稿》，第 181 頁，中西書局，2012 年）。那麼，“受”大概是人名，他不能免除疼痛，就去了某地。

滿：爲人名。

姑：姑且。《小爾雅·廣言》："姑，且也。"《左傳·隱公元年》："多行不義必自斃，子姑待之。"杜預注："姑，且也。"

載：爲量詞，指一車的容量爲一載。《説文·車部》："載，乘也。"《穆天子傳》卷二："食馬九百，羊牛三千，穈麥百載，天子使祭父受之。"

簡 118　適令穿兕頸皮置卷鬮其皮史福有可（何）（圖版一一九）

保存狀況：簡爲三段拼綴，簡身有缺損。長 24.8、寬 1.9、厚 0.1 厘米。存字一行。

適令：《説文解字》："適，之也。……適，宋魯語。"適通讁，適令意爲責令。《説文通訓定聲·解部》："適，叚借爲讁。"《説文·言部》："讁，罰也。"《史記·平準書》："於是除千夫五大夫爲吏，不欲者出馬；故吏皆適令伐棘上林，作昆明池。"《集解》引韋昭曰："欲令出馬，無馬者令伐棘。"《索隱》："故吏皆適伐棘。謂故吏先免者，皆適令伐棘上林，不謂無馬者。韋説非也。"《漢書·食貨志》同，顔師古注曰："適，讀曰讁。讁，責罰也，以其久爲奸利。"李均明先生指出："漢簡所見適是一種對官吏所犯行政過失的處罰，所犯過失通常未達到犯罪的程度，但它也影響官吏政績的好壞。"①

穿：《説文·穴部》："穿，通也。"《字彙·穴部》："穿，貫也。"《詩·召南·行露》："誰謂鼠無牙，何以穿我墉？"

兕：獸名。一説即雌犀。《説文·罘部》段玉裁注："罘，如野牛，青色，其皮堅厚，可製鎧。"《爾雅·釋獸》："兕，似牛。"郭璞注："一角，青色，重千斤。"《集韵·旨韵》："兕，一説雌犀也。"

皮：第一個"皮"字爲動詞，即剥皮。《説文·皮部》："皮，剥取獸革者謂之皮。"《釋言》："皮，剥也。"《戰國策·韓策二》："因自皮面抉眼，自屠出腸，遂以死。"鮑彪注："去面之皮。"

置卷，鬮皮，均爲皮革加工過程中鞣皮子的工序，其操作方法不詳。

福：人名。當爲製鎧甲的工匠。"福"作人名，秦漢習見，如秦有徐福，漢有戴侯福、共侯福等。

可：許可，表示肯定，釋爲能夠。《廣韵·哿韵》："可，許可也。"韋昭注《國語》曰："可，肯也。"《詩·秦風·黄鳥》："如可贖兮，人百其身。"《論衡·率性》："人之性，善可變爲惡，惡可變爲善。"

簡 119　經清洗後確定爲木片，非木簡。

簡 130　☐服耳☐（圖版一二○）

保存狀況：木簡殘片，四碎片拼綴。殘長 4.6、寬 1.9、厚 0.1 厘米。僅存"服耳"二字。

---

① 李均明：《居延漢簡"適"解》，《初學録》，第 389 頁，蘭台出版社，1999 年。

簡 131 ⍁善更⍁（圖版一二〇）

保存狀況：簡爲兩段拼綴，爲木簡殘片。殘長4.1、寬1.8、厚0.1厘米。僅存“善更”二字。

簡 132 ⍁眴□⍁（圖版一二〇）

保存狀況：簡爲兩段拼綴，爲木簡殘片。殘長4、寬1.6、厚0.1厘米。存“眴□”二字。眴，通珂。《玉篇·玉部》：“珂，螺屬，生海中。”

簡 133 閩□□等事⍁（圖版一二一）

保存狀況：簡首殘片，下部殘斷。殘長7.8、寬1.6、厚0.1厘米。存“閩□□等事”五字。

簡 134 ⍁横山⍁（圖版一二一）

保存狀況：木簡殘片。殘長4.1、寬1.8、厚0.1厘米。僅存“横山”二字。①

簡 135 ⍁□至⍁（圖版一二二）

保存狀況：木簡殘片。殘長3.8、寬1.7、厚0.1厘米。僅存“□至”。

簡 136 船□⍁（圖版一二二）

保存狀況：簡首殘片。殘長2.2、寬1.5、厚0.1厘米。存“船□”二字，字迹漫漶難辨。

簡 137 ⍁□[罪]（圖版一二二）

保存狀況：簡尾殘片。殘長3、寬2、厚0.1厘米。僅存“□[罪]”二字。

簡 138 ⍁南□[讙]□⍁（圖版一二三）

保存狀況：簡存一段，三碎片拼綴，爲木簡殘片。殘長8、寬1.9、厚0.1厘米。存“南□[讙]□”四字，最後一字殘半。字迹模糊難辨。

簡 139 殘簡，未釋文（圖版一二三）

保存狀況：木簡殘片，二段拼綴。殘長4.4、殘寬1.2、厚0.1厘米。簡身漬蝕嚴重，字迹漫漶不清。

---

① 黄展嶽先生考證，横山爲南越國境内的地名，史籍未載。據今地圖找尋，中國和越南有“横山”地名共二十處，位於嶺南的有三處，分别在中國廣東廉江縣、廣西忻城縣和越南社會主義共和國河靜省。其中廉江横山、河靜横山值得注意。廉江横山位於北部灣安埔港，隔海與合浦相望，地位重要。越南横山位於今河靜省東南海邊，約當漢日南郡東北海隅。漢武帝元鼎六年（公元前111年）平南越，置十郡，其中的日南郡“轄境約當今越南中部北起横山南抵大嶺地區”（《辭海》縮印本，第1369頁，中華書局，1980年）。從所處地理位置看，横山應是漢日南郡的一處海上通商港口。上引的這兩處横山，均位於漢代海上通道上，故疑本簡殘存的“横山”地名，似與其中之一處“横山”有關。

簡 140　▨▨一▨（圖版一二四）

保存狀況：木簡殘片。殘長 4.5、殘寬 1.5、厚 0.1 厘米。似存二字。

簡 141　▨▨囝▨（圖版一二四）

保存狀況：木簡殘片。殘長 2.5、殘寬 1.2、厚 0.1 厘米。似存"▨囝"二字。

簡 142　▨穜▨▨（圖版一二四）

保存狀況：木簡殘片。殘長 1.9、殘寬 1.5、厚 0.1 厘米。似存二字，字漫漶不清。

簡 143　▨▨吏▨（圖版一二五）

保存狀況：木簡殘片。殘長 3.2、殘寬 1.2、厚 0.1 厘米。存二字，均爲半字，前字不識，後字疑爲"吏"或"使"字。

簡 144　殘簡，未釋文（圖版一二五）

保存狀況：木簡殘片。殘長 3、寬 1.8、厚 0.1 厘米。未見墨書痕迹。

簡 145　▨事▨（圖版一二五）

保存狀況：木簡殘片。殘長 1.7、殘寬 1.2、厚 0.1 厘米。似存一"事"字。

簡 146　▨▨▨（圖版一二六）

保存狀況：木簡殘片。殘長 1.2、殘寬 1.5、厚 0.1 厘米。似存一字，字迹模糊難辨。

簡 147　▨洎▨▨（圖版一二六）

保存狀況：木簡殘片。殘長 3、殘寬 1.1、厚 0.1 厘米。存二字，前一字疑爲"洎"字，後字爲半字，無法辨識。

簡 148　▨吏（？）▨▨（圖版一二六）

保存狀況：木簡殘片。殘長 3、殘寬 1.2、厚 0.1 厘米。存二字，前一字模糊難辨，疑"吏"字，後字爲半字。

簡 149　▨▨死▨（圖版一二七）

保存狀況：木簡殘片。殘長 3.8、寬 1.8、厚 0.1 厘米。僅存二字，字迹模糊。

簡 150　▨▨▨▨（圖版一二七）

保存狀況：木簡殘片。殘長 1.7、殘寬 1.2、厚 0.1 厘米。存二字，各餘一橫畫。

簡 151　　▨□▨（圖版一二七）

保存狀況：木簡殘片。殘長 0.8、寬 1.9、厚 0.1 厘米。僅存半字。

簡 152　　▨□▨（圖版一二八）

保存狀況：木簡殘片，右側殘缺。殘長 2.3、殘寬 1.2、厚 0.1 厘米。似存一字。

簡 153　　承書訊野等辤（辭）曰縣卒故▨（圖版一二九）

保存狀況：簡爲三段拼綴，簡尾殘缺，簡身有缺損。殘長 20.7、寬 1.8、厚 0.1 厘米。存字一行，字迹清晰。

承書：《説文·手部》：“承，奉也，受也。”《左傳·成公十六年》：“承寡君之命以請。”杜預注：“承，奉也。”《詩·周頌·清廟》：“不顯不承。”朱熹《集傳》：“承，尊奉也。”

簡 154　　死罪此曰▨（圖版一二八）

保存狀況：簡首殘片。殘長 5.7、寬 1.8、厚 0.1 厘米。存四字，字迹清晰。

死罪此曰：即判定成了死罪。“此曰”之後，可能是定成死罪的原因。此殘簡爲向上級報送的爰書。

簡 155　　▨等毋▨（圖版一二八）

保存狀況：木簡殘片。殘長 5、寬 1.7、厚 0.1 厘米。存“等毋”二字。

毋：毋與無爲古今字。《説文·毋部》段玉裁注：“毋，古通用無，《詩》《書》皆用無。《士昏禮》：夙夜毋違命。注曰：古文毋爲無。是古文《禮》作無，今文《禮》作毋也。”

簡 156　　▨楊楳其□▨如惠▨▨（圖版一三〇）

保存狀況：簡上、下部均殘斷，爲兩段，不可拼接。上段殘長 6.7、寬 1.9、厚 0.1 厘米，下段殘長 5.1、殘寬 1.6、厚 0.1 厘米。存七字。

楳：同梅。《説文·木部》：“梅，柟也，可食。从木每聲。楳（梅）或从某。”楊楳即楊梅。

簡 157　　▨御▨（圖版七二）

保存狀況：木簡殘片。殘長 2.2、殘寬 1、厚 0.1 厘米。僅存一字。

爲簡 063“御”字的右半邊。

簡 158　　□百□六十人▨（圖版一三一）

保存狀況：簡首殘片。殘長 5.6、寬 1.8、厚 0.1 厘米。存五字，前兩字漫漶不識，後三字爲“六十人”。

伍　结语

一　J264 的时代与性质

（一）J264 的时代

J264 井口的西半部被晚期遗迹打破，东半部叠压在第⑬层红土下，井内第①层和第②层堆积的土质土色及包含物分别与井外第⑬层和第⑭层相同，这两层均为南越国时期的文化堆积。北边紧邻南越国宫殿内的大型砖石走道，东边为南越国御苑，其井壁上扇形砖的质地、规格与宫殿遗址内的其他南越国时期水井相似，该井应是南越国宫殿区内设施。根据 J264 开口层位、出土物及其与周围遗迹关系可判断其为南越国时期遗迹。

（二）J264 的性质

J264 内使用过程中形成的堆积，即第⑥层至第⑮层均为质地较致密的淤泥土，出土物包含大量树叶、果核、瓜子等植物遗存和兽骨、鱼骨等动物遗存，且陶片稀少，未见陶罐、绳索、辘轳等汲水工具。

J264 井壁上部东侧、西侧和北侧都有与井连通的渠道、沟槽或管道，东侧、西侧的明渠沟槽均向井内倾斜，为进水渠道。J264 位于南越宫苑遗址的西北部，东侧进水明渠原应和宫苑内的排水有关。井壁上部北侧的陶质管道向井外倾斜，与北边木暗渠连通，为排水渠道。

J264 的构造、井内堆积和包含物、井周围建筑遗迹的分布表明，J264 不是食用水井而是王宫御苑排水系统中的一口渗水井。其主要功能是将东、西两侧来水收集到井中，在沉淀后通过北侧管道向北输送。辽宁绥中县石碑地秦宫室建筑遗址第Ⅰ区 B 组 F2 内的渗井和第Ⅱ区 D 组一单元建筑中院 3 内的渗井结构与 J264 类似，均是用若干节陶质井圈竖向接成井壁，在井圈的第二节或第三节开洞，向外与排水管连接①。

J264 作为一口渗水用井，其功能类似于现代的沉沙井。沉沙井是分布于排水管道线路中的井状构造，顺水而来进入排水管的沙、淤泥、垃圾等沉淀其中，作用是保持排水管道的畅通并方便清理。

---

① 辽宁省文物考古研究所姜女石工作站：《辽宁绥中县石碑地遗址 1996 年度的发掘》，《考古》2001 年第 8 期。

J264 是南越王宫内排水系统中的重要节点，其功能是收集和净化宫殿和御苑排出的积水和污水。水流携带的动植物遗存、木简、沙土等物质沉淀在渗井中，随着岁月的推移逐步形成多层淤积。

二　木简的时代

J264 内出木简上墨书文字的结构和风格，介于云梦秦简和马王堆帛书《老子》乙本之间，为略带篆意的西汉早期隶书[1]。这批木简中有 5 枚木简的简文可作为断代的依据。简 081、简 091 的简文中有"廿六年七月"，简 096 有"廿六年八月"的纪年，简 073 和简 075 有干支纪月"四月辛丑"。根据文献记载，南越自汉高祖四年（前 203 年）立国到武帝元鼎六年（前 111 年）灭亡，享国九十三年，传四世五主。五主中除赵佗在位超过 67 年外，其他四主在位最长的也只有 16 年，仅赵佗会有"廿六年"的纪年。从汉王朝看，在南越立国期间所经历的汉高祖、惠帝、吕后、文帝、景帝、武帝中，仅武帝在位超过 26 年，然武帝采用年号纪年，年号六年或四年一换，其在位二十六年为元鼎二年（前 115 年），因而汉王朝不会出现二十六年纪年，简文"廿六年"为南越国赵佗纪年。

然而因未发现完整的纪年纪月干支，"廿六年"对应的公元纪年尚无法确定。如以赵佗据岭南自立的高祖四年（前 203 年）起计，"廿六年"应为文帝前元二年（前 178 年）；如从赵佗于汉高祖十一年（前 196 年）接受汉王朝册封起计，"廿六年"则应为汉文帝前元九年（前 171 年）。简 073 和简 075 有干支纪月"四月辛丑"。查张培瑜《中国先秦史历表》，文帝前元二年的实朔干支和颛顼历干支均为四月辛丑朔[2]，据出土简牍复原出的汉初历法，该年均为四月壬寅朔，无辛丑日；而文帝前元九年在各种历法中均有四月辛丑日。因此，即使"四月辛丑"的年份与简 091 同为"廿六年"，也依然无法确定该年是文帝前元二年还是前元九年。

简 017："王所财（赐）泰子。今案，齿十一岁高六尺一寸，身□毋很伤。"麦英豪、黎金先生指出简文中"王"字表明所记时间在赵佗称帝（前 183 年）之前，据此木简时代上限在赵佗二十一年或稍前，下限在赵佗二十六年或稍后数年[3]。

从 J264 周边南越国时期遗迹的清理和解剖看，J264 属南越国最早一期遗迹，与木简属于南越国早期阶段的认识相符。

三　南越国木简的价值和意义

此前岭南地区也曾两次发现南越国时期的木简，第一次是 1976 年在广西贵县罗泊湾一号汉墓内出土自名《从器志》和《东阳田器志》等 5 枚木牍和 9 枚木简（图一三二，1、2）。一号汉墓的时代是西汉初年，上限到秦末，下限不晚于文景时期，即岭南地区的南越国时期[4]。第二次是

①　麦穗丰：《从广州南越国木简看岭南秦汉时期书法——兼谈广州考古发现的秦汉金石》，《广州文博（贰）》，第 115 页，文物出版社，2008 年。
②　张培瑜：《中国先秦史历表》，第 230 页，齐鲁书社，1987 年。
③　麦英豪、黎金：《南越木简发现的联想》，《广州文博（壹）》，第 10 页，文物出版社，2007 年。
④　广西壮族自治区博物馆编：《广西贵县罗泊湾汉墓》，第 89 页，文物出版社，1988 年。

1983 年在广州象岗山第二代南越王赵眜陵墓西耳室内出土 5 件竹签牌，其中一块墨书"金滕一□"字（图一三二，3）。J264 南越木简的出土，填补了广东地区简牍发现的空白，是南越国考古的重要突破。它的发现扩大了南越国史的研究范围，从很多方面弥补了南越国史料的不足，具有非常重要的学术价值。

第一，这批出土于渗井中的木简，为废弃后被水冲到井内，是原址原地书写的原始资料，与简 084 简文中的"守苑"、简 082 中的"宫门"相印证，确认了南越国宫苑所在。简文中明确的纪年，彰显出南越国遗址的历史真实性和完整性，为南越国考古分期树立了标尺，有力推进了南越国宫署遗址保护、发掘、研究和利用。

第二，《史记·南越列传》是目前所见的最早记载南越国历史的文献，共 2408 字。J264 出土木简文字数逾千，不仅早于《史记》八十余年，且是第一手南越国文献档案，弥补了南越史料不足，扩展了南越国史研究范畴。

第三，简 017 中的"泰子"、简 091 中的"公主"、简 116 中的"陛下"，是继南越王墓发现"文帝行玺"等文物之后，又一证明《史记》《汉书》中有关南越王称帝的重要物证。

第四，南越木简从多方面填补了南越国考古和历史资料的空白。不同性质和形式的简牍填补了南越国簿籍文书发现的空白。简中出现的公主、舍人、左北郎、典等职官不见于《史记》《汉书》和以往南越国考古发现，是今后南越国职官制度研究的重要资料。木简中出现的地名"番禺""南海"，印证了南越国采用郡县制的观点，是南越国地理研究的重要发现。004、008、051 等简记载的"笞"刑，简 052、084 记载的"讯""诘"等内容，是研究南越国法律制度的珍贵资料。

第五，南越木简丰富了秦汉制度研究内容。以往根据史籍记载和出土简帛认为秦汉时期租的收缴主管部门一般是县（道）、乡的地方机构。但据简 073，租直接缴纳于王宫内的"中官"，似表明南越王宫官吏直接参与了租的征收等经济活动。此外，过去秦汉简牍上见到的租的形态一般都是禾粟和刍蒿等农产品的实物，像此简中"野雄鸡"被作为"租"缴纳、征收的情况过去很少见，它们可能属《汉书·食货志》"有赋有税。税谓公田什一及工商衡虞之入也"中的"衡虞之入"。该简在经济方面为我们揭示出很多过去难以见到的信息。尽管"中官租"究竟是固定租名还是中官临时征收尚需进一步探讨，甚至"租"还可能有别解，但毋庸置疑，这枚简的内容将促进秦汉及南越国经济史的研究。

第六，据近百年来的简牍发现，胡平生先生提出"文书简册以事之轻重为册之大小"，"秦汉以后一尺长的简册最常用，无论是书籍还是公私文书，通用一尺长的简册与木牍"①。秦汉一尺为今 23 厘米左右。从这批南越木简看，当时南越国的简册制度显然与此有别。南越木简中不管是各种簿籍还是法律文书，均长 25 厘米左右，相当于秦汉制的一尺一寸，即南越木简要比秦汉普通简长。在汉制里，尺一的规格一般用来写诏令等内容。《后汉书·光武帝纪》注引《汉制度》："三公以罪免亦赐策，而以隶书，用尺一木，两行。"《后汉书·李云传》："尺一拜用不经御省。"《后汉书·陈蕃传》："尺一选举，委尚书三公。"注："尺一谓板长尺一，以写诏书也。"南越国不仅用尺一规格书写法律文书，还用来写一般的簿籍，表明尺一的长度似是南越简册的普通尺度，那

---

① 胡平生：《简牍制度新探》，《文物》2000 年第 3 期。

么其文书制度与汉制就存在明显的不同。从简的宽度看，南越木简一般宽 1.7~2.4 厘米，为秦汉简一般宽度（0.8 厘米）的两至三倍以上，达到了汉"两行"简的宽度，也与汉制有别。从现在了解的情况看，在发现的百余枚木简中，除一枚简写有两行半文字外，余各简均只有一行文字，表明南越木简的宽度和文字行数之比与以往秦汉简亦不相同。南越木简上的字数虽多少不等，但可编连成册的简上文字一般在 12 字左右，字大而疏朗，与以往秦汉简中同长的单简容字一般在二三十字甚至更多的情况完全不同。这些情况表明，南越木简明显比普通秦汉简长且宽，但容字反而要少，这应是秦汉简牍制度研究的新发现。

　　第七，木简文字疏朗秀美，多为扁横、波磔明显的成熟隶书，亦有宛转圆润、端庄凝重的篆书，其中的隶书总体风格与湖南长沙马王堆汉墓出土简、帛书文字接近，篆体字则与湖北云梦睡虎地秦简文字相似，具有很高的书法艺术价值，是研究秦汉文字的新资料。

表一　　　　　　　　　J264 各层出土陶片质地、器形、陶色、纹饰统计表

1. J264①层出土陶片统计表

	泥质陶			夹砂陶	合计
	板瓦	筒瓦	罐	筒瓦	
灰	25	34	3	1	63
浅黄	46				46
红黄	4				4
合计	75	34	3	1	113

2. J264②层出土陶片统计表

	泥质陶			夹砂陶	合计
	板瓦	筒瓦	罐	筒瓦	
灰	19	12		1	32
浅黄	21	4			25
红黄	9				9
合计	49	16		1	66

3. J264③层出土陶片统计表

	泥质陶			夹砂陶	合计
	板瓦	筒瓦	罐	筒瓦	
灰	11	2	1	17	31
浅黄	51	6			57
红黄	2	1			3
合计	64	9	1	17	91

4. J264④层出土陶片统计表

	泥质陶			夹砂陶		合计
	板瓦	筒瓦	罐	筒瓦	陶片	
灰	52	20		1	1	74
浅黄	146	4				150
红黄						
合计	198	24		1	1	224

5. J264⑤层出土陶片统计表

	泥质陶			夹砂陶	合计
	板瓦	筒瓦	罐	筒瓦	
灰	107	28		1	136
浅黄	109				109
红黄					
合计	216	28		1	245

6. J264 第六节井圈外出土陶片统计表

	泥质陶			夹砂陶	合计
	板瓦	筒瓦	罐	筒瓦	
灰	21	18		9	48
浅黄					
红黄					
合计	21	18		9	48

7. J264 各层陶片质地统计表

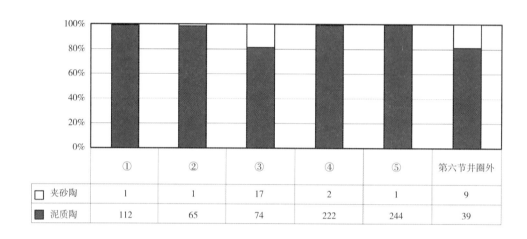

	①	②	③	④	⑤	第六节井圈外
夹砂陶	1	1	17	2	1	9
泥质陶	112	65	74	222	244	39

8. J264 各层陶片器形统计表

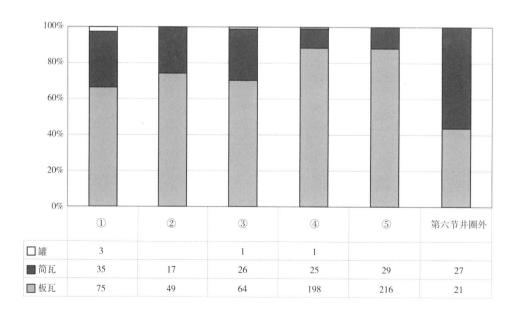

	①	②	③	④	⑤	第六节井圈外
罐	3		1	1		
筒瓦	35	17	26	25	29	27
板瓦	75	49	64	198	216	21

9. J264 各层陶片陶色统计表

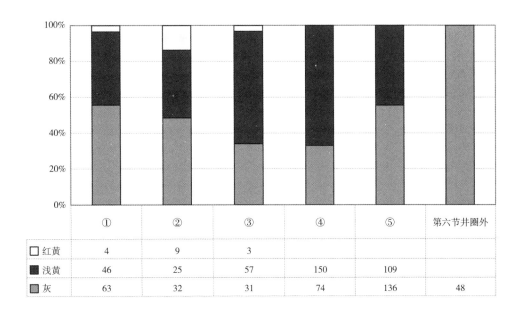

	①	②	③	④	⑤	第六节井圈外
□ 红黄	4	9	3			
■ 浅黄	46	25	57	150	109	
□ 灰	63	32	31	74	136	48

10. J264 各层陶片纹饰统计表

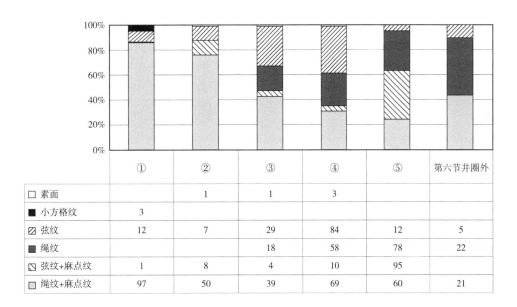

	①	②	③	④	⑤	第六节井圈外
□ 素面		1	1	3		
■ 小方格纹	3					
▨ 弦纹	12	7	29	84	12	5
■ 绳纹			18	58	78	22
▨ 弦纹+麻点纹	1	8	4	10	95	
□ 绳纹+麻点纹	97	50	39	69	60	21

表二　　　　　　　　　　　　J264 筑井建材及出土遗物登记表

编号	质地	名称	出土层位	数量	出土状况
J264：1	陶	"公"字绳纹筒瓦	④	1	瓦唇残
J264：2	陶	"公"字绳纹筒瓦片	④	1	残片
J264：3	陶	绳纹筒瓦	④	1	断裂为两半
J264：4	木	木简	⑥~⑮	136	残
J264：5	木	木板	⑦	1	基本完整
J264：6	陶	绳纹筒瓦	③	1	残
J264：7	陶	绳纹筒瓦	④	1	瓦唇和尾部残
J264：8	陶	绳纹筒瓦	⑤	1	头、尾残
J264：9	陶	绳纹板瓦	⑤	1	破裂残缺
J264：10	陶	"公"字绳纹筒瓦片	②	1	残片
J264：11	陶	扇形井砖	井壁	1	大头残
J264：12	陶	扇形井砖	井壁	1	小头残
J264：13	陶	扇形井砖	井壁	1	基本完整
J264：14	陶	绳纹井圈	井壁	1	破裂残缺
J264：15	陶	方格纹陶片	①	1	残片
J264：16	陶	方格纹陶片	①	1	残片

表三　　　　　　　　　　　　　J264 出土木简登记表

木简编号	出土层位	长×宽＋厚/厘米	字数	保存状况
001	⑧	24.5×1.9＋0.1	11	7 段，可拼接，简身多处缺损。墨迹淡，字迹模糊
003	⑧	25×1.8＋0.1	15	3 段，可拼接，简身多处缺损。上半段文字清晰，下半段漫漶不清
004	⑧	16.2（残长）×1.9＋0.1	9	1 段，尾部残缺，简身有缺损。字迹清晰可辨
005	⑧	10.4（残长）×1.8＋0.1	5	2 段另 1 碎片，可拼接，简身大半残缺，仅存下半段。字迹模糊难辨
006	⑧	17.5（残长）×1.8＋0.1	约 12	1 段，简上部残缺。墨迹淡，字迹模糊难辨
007	⑧	23.5（残长）×1.9＋0.1	12	2 段，中有缺失，不可拼接，简身有缺损。墨迹较淡，字迹可辨
008	⑧	23.2（残长）×1.8＋0.1	14	3 段另有碎片，可拼接，首尾皆残，简身有缺损。墨迹淡，字迹可辨
009	⑧	25×2＋0.1	12	1 段，基本完整。字在简首，分二行半书写，字迹清晰可辨
010	⑧	25×1.8＋0.1	12	2 段，可拼接，简身有缺损。简色稍深，字迹可辨
011	⑧	20.9（残长）×1.9＋0.1	13	1 段，简首尾皆残，简身多处缺损。简色较深，字迹可辨
012	⑧	25.2×2.1＋0.1	18	2 段另 1 小片，可拼接，2 段连接处左侧残缺。简色深，字迹可辨
013	⑧	22.9（残长）×1.7＋0.1	不明	2 段，可拼接，简身有缺损。简色深，字迹模糊难辨
014	⑧	16.4（残长）×2＋0.1	10	2 段，可拼接，简上部残断，简身有缺损。墨迹较淡，字迹可辨
015	⑧	25.3（残长）×1.9＋0.1	18	2 段，可拼接，简首残。墨迹较淡，字迹可辨
016	⑧	24.4（残长）×2.1＋0.1	不明	3 段另 1 碎片，不可拼接，简尾和简身缺损。简色深，墨迹淡，字迹漫漶不清
017	⑧	24.8×1.7＋0.1	21	2 段，可拼接，简身有缺损。墨迹较淡，字迹可辨
018	⑧	25.2×1.9＋0.1	12	4 段，可拼接，简首残，简身有缺损。简色较深，墨迹较淡，字迹可辨
019	⑧	13（残长）×1.6（残宽）＋0.1	不明	7 段，可拼接，简身大半残缺，仅存 1 字笔画
020	⑧	16.6（残长）×1.8＋0.1	8	6 段，可拼接，上部残断，残存部分因挤压弯曲变形，简身有缺损。墨迹较淡，字迹可辨
021－1	⑧	4.4（残长）×1.7＋0.1	2	1 段，残存尾段。字迹清晰可辨，原编号 021
021－2	⑧	16.2（残长）×1.55＋0.2	6	1 段另 1 碎片，上部残断，简身有缺损。墨迹较淡，字迹可辨
022	⑧	25.2×1.8＋0.1	15	3 段另 4 碎片，可拼接，简身 3 处影响释读的缺损。墨迹较淡，字迹可辨
023	⑧	25×1.8＋0.1	12	1 段，简尾一角残缺。简色深，字迹可辨
024	⑧	15.6（残长）×1.9＋0.2	9	1 段，简身有缺损，下半段残缺。墨迹较淡，字迹可辨
025	⑧	24.9×1.9＋0.1	4	4 段，可拼接，简身有缺损。字迹较清晰
026	⑧	24.2（残长）×1.7＋0.1	16	2 段另有 4 块碎片，可拼接，简身有缺损。字迹较清晰

木简编号	出土层位	长×宽+厚/厘米	字数	保存状况
027	⑧	13.7（残长）×1.7+0.1	9	2 段，不可拼接，首尾皆残，简身有缺损。简色深，墨迹淡，字迹漫漶难辨
028	⑧	13.9（残长）×1.8+0.1	6	3 段另 2 碎片，可拼接，首尾皆残，简身有缺损。简色深，字迹清晰可辨
029-1	⑧	16.1（残长）×1.7+0.2	10	1 段，上部残缺。字迹清晰可辨。原编号029
029-2	⑧	11.1（残长）×1.9+0.1	6	1 段，首尾皆残。字迹较清晰
032	⑧	6.9（残长）×0.8（残宽）+0.1	不明	1 段另 1 碎片，木简残片，未见墨书
033	⑧	16.5（残长）×1.8+0.1	9	4 段，可拼接，首尾皆残，简身有缺损。简色深，墨迹较淡，字迹可辨
034	⑧	6.6（残长）×1.4（残宽）+0.1	不明	2 段，可拼接，木简残片，未见墨书
035	⑧	5.7（残长）×1（残宽）+0.05（残厚）	不明	1 段，木简残片，未见墨书
038	⑧	19.3（残长）×1.7+0.1	4	1 段另 2 碎片，可拼接，简首残缺，简身有缺损。简色深，字迹模糊
039	⑧	22.3（残长）×1.8+0.1	14	7 段，简尾不可拼接，简首残，各段均有残缺。简色深，字迹清晰可辨
042	⑨	25.1×2+0.1	12	3 段，可拼接，简身有缺损。字迹较清晰
043	⑨	24.8×1.9+0.1	11	1 段，表面虫蛀严重。字迹模糊
044	⑨	25×2+0.1	10	1 段，简身有缺损。字迹可辨
046	⑨	25（残长）×1.7+0.1	18	5 段另 3 碎片，可拼接，首尾皆残，简身有缺损。字迹可辨
047	⑨	24.9×1.8+0.1	18	1 段，基本完整。字迹较清晰
048	⑨	24（残长）×1.8+0.1	约 10	4 段另 2 碎片，可拼接，简首残缺，简身有缺损。简色深，墨迹淡，字迹模糊难辨
049	⑨	8.6（残长）×1.8+0.1	5	1 段，残存上部。墨迹淡，字迹可辨
050	⑩	16.9（残长）×1.8+0.1	10	2 段另 3 碎片，可拼接，下部残缺，简身有缺损。字迹清晰可辨
051	⑩	24.6×1.9+0.1	12	3 段另 10 碎片，可拼接，简身有缺损。简色深，墨迹淡，字迹模糊
052	⑩	25×1.9+0.1	13	1 段，简身边缘有缺损。简色深，字迹可辨
053	⑩	24.9×1.9+0.1	18	4 段，可拼接，简身有缺损。字迹较清晰
054	⑩	24.8×2+0.1	18	1 段，简身边缘略有缺损。字迹清晰可辨
055	⑩	(7.4+16.5)（残长）×1.9+0.1	13	2 段，不可拼接，简身有缺损。字迹清晰可辨
056	⑩	24.1（残长）×1.8+0.1	14	3 段另 3 片，可拼接，简首残缺，简身有缺损。简色深，字迹可辨
057	⑩	25.2×1.9+0.1	12	3 段，可拼接，简身有缺损。墨迹很淡，字迹难辨
058	⑩	23.9（残长）×1.7+0.1	12	3 段，可拼接，简尾残缺，简身有缺损。字迹清晰可辨

木简编号	出土层位	长×宽＋厚/厘米	字数	保存状况
059－1	⑩	21.7（残长）×1.9＋0.1	10	3段另3碎片，可拼接，上部残缺，简身有缺损。字迹清晰可辨，原编号059
059－2	⑩	8.2（残长）×1.8＋0.1	4	1段，残存上部，简身有缺损。字迹清晰可辨
060	⑩	14.3（残长）×1.8＋0.1	5	2段另2碎片，不可拼接，上、下部均残断。简色深暗，字迹模糊
061	⑩	25×1.8＋0.1	18	3段，可拼接，简身有缺损。字迹较清晰
062	⑩	24.8×1.7＋0.1	14	6段，可拼接，下部右侧残缺。字迹清晰
063	⑩	22.2（残长）×1.6＋0.1	11	2段，可拼接，第1段上部右侧残缺，简身有损缺。字迹清晰可辨
065	⑩	6.3（残长）×1.8＋0.1	3	1段，残存尾段。简色深，字迹清晰可辨
066	⑪	12.2（残长）×1.6＋0.1	约5	4段，不可拼接，第1段弯曲变形，简身有缺损。简色深，字迹漫漶不清
067	⑪	24.7（残长）×1.9＋0.1	12	1段另1碎片，首尾皆残，简身有缺损。字迹清晰可辨
068	⑪	25.1×1.9＋0.1	15	4段另5碎片，可拼接，尾部残缺。字迹清晰可辨
069	⑪	25.1×2＋0.1	13	3段，可拼接。墨迹较淡，字迹可辨
070	⑪	24.8×1.7＋0.1	12	3段，可拼接，简身有缺损。简色深暗，字迹漫漶不清
071	⑪	21.3（残长）×1.8＋0.1	11	2段，不可拼接，简首残缺，简身有缺损，虫蛀严重。简色深暗，字迹模糊难辨
072	⑪	25×1.8＋0.1	4	8段，可拼接，简身有缺损。字迹清晰可辨
073	⑪	24.9×1.7＋0.1	19	4段，可拼接，简身有缺损。字迹清晰可辨
074	⑪	25×1.9＋0.1	12	3段，可拼接，简身有缺损。墨迹较淡，字迹可辨
075	⑪	（7＋16.8）（残长）×1.8＋0.1	9	3段，不可拼接，简身有缺损。简色深，第1段字迹模糊难辨，余字清晰可辨
076	⑪	18.5（残长）×1.8＋0.1	13	2段，可拼接，首尾皆残，简身有缺损。第1段字迹模糊难辨，第2段字迹可辨
077	⑪	24.4（残长）×2＋0.1	17	3段，可拼接，尾部残缺，简身有缺损。字迹清晰可辨
078	⑪	24.7×1.8＋0.1	3	3段，可拼接，简身有缺损。简色深暗，字迹可辨
079	⑪	24.8×2.1＋0.1	17	1段，简身局部缺损。简色深，字迹清晰可辨
080	⑫	25.1×1.9＋0.1	10	3段，可拼接，简身有缺损，渍蚀严重。简首2字迹漫漶不清，余字可辨
081	⑫	24.7×2＋0.1	24	3段，可拼接，简身有缺损。简色深暗，字迹可辨
082	⑫	25×1.9＋0.1	12	2段，可拼接，简身缺损。墨迹淡，字迹可辨
084	⑫	24.7×1.7＋0.1	15	3段，可拼接，简身缺损。字迹清晰可辨
085	⑫	24.9×2＋0.1	12	2段另2碎片，可拼接，简身有缺损。墨迹淡，字迹可辨
087	⑫	24.7×1.1（残宽）＋0.1	12	5段，可拼接，简身右半部残缺。墨书均为半字
088	⑫	25×1.8＋0.1	13	5段，可拼接，简身有缺损。字迹清晰可辨
089	⑫	24.9×1.8＋0.1	11	3段，可拼接，简身缺损。墨迹较淡，字迹可辨

木简编号	出土层位	长×宽+厚/厘米	字数	保存状况
090	⑫	25.2×2+0.15	15	2 段，可拼接，简身轻微缺损。字迹清晰可辨
091	⑫	22.9（残长）×1.9+0.1	23	4 段另 4 碎片，可拼接，简首残缺，简身有缺损。字迹清晰可辨
092	⑫	22.8×1.5+0.1	14	2 段，可拼接，简身缺损。字迹清晰可辨
093	⑫	11.9（残长）×1.5、1.9、2.9+0.1	不明	3 段，不可拼接，木简残片
095	⑬	25×1.8+0.1	12	3 段，可拼接，简身缺损。墨迹较淡，字迹可辨。
096	⑬	24.9×2+0.1	23	4 段，可拼接，简身缺损，渍蚀较甚。字迹尚可辨认
097	⑬	24.9×1.9+0.15	15	3 段，可拼接，简尾残缺，简身有缺损。字迹清晰可辨
098	⑬	17.4（残长）×1.8+0.1	不明	2 段另 2 碎片，可拼接，首尾皆残，简身有缺损。简色深，未见墨书
099	⑬	24.9×2.1+0.15	14	3 段，可拼接，简身缺损。墨迹略淡，字迹可辨
100	⑬	14.3（残长）×1.7+0.16	9	1 段，上半段残缺。简色深，墨迹略淡，字迹可辨
101	⑬	25×1.7+0.1	15	3 段另 4 碎片，可拼接，简首残缺，简身有缺损。字迹清晰可辨
102	⑬	14.6（残长）×2+0.1	不明	1 段另 1 碎片，首尾皆残。简色深暗，未见墨书
103	⑬	24.7×1.9+0.1	11	4 段，可拼接，简身有缺损。字迹清晰可辨
104	⑬	25×1.9+0.1	约 11	3 段，可拼接，简尾残缺，简身有缺损。简色深，字迹模糊难辨
105	⑬	24.9×2+0.1	10	1 段，简身有缺损。字迹清晰可辨
106	⑬	17（残长）×1.9+0.1	9	2 段另 2 碎片，可拼接，上部残断，简身有缺损。墨迹淡，字迹可辨
107	⑭	24.5（残长）×2.1+0.1	12	2 段另 3 碎片，可拼接，简首残缺，简身有缺损。字迹清晰可辨
108	⑭	25×2.1+0.1	12	2 段，可拼接，简身轻微缺损。字迹清晰
110	⑭	23.7（残长）×2+0.1	7	4 段，可拼接，首尾皆残。字迹可辨
111	⑭	24.8×1.9+0.1	19	3 段，可拼接，简身有缺损。字迹清晰可辨
113	⑭	24.7×2.1+0.1	12	1 段，简身轻微缺损。字迹清晰可辨
114	⑭	24.7×2.1+0.1	不明	1 段，简身有缺损。墨迹隐约可见，字迹漫漶不清
115	⑭	22.6（残长）×2+0.1	11	5 段，可拼接，简尾残缺，简身有缺损。字迹清晰可辨
116	⑭	25.1×2+0.1	12	2 段，可拼接，简身有缺损。字迹清晰可辨
117	⑭	24.6×1.9+0.1	12	1 段，简身有缺损。简色深，墨迹淡，字迹可辨
118	⑭	24.8×1.9+0.1	15	3 段，可拼接，简身有缺损。字迹清晰可辨
130	⑥	4.6（残长）×1.9+0.1	2	4 碎片，可拼接，木简残片。字迹可辨
131	⑦	4.1（残长）×1.8+0.1	2	2 段，可拼接，木简残片。字迹清晰
132	⑦	4（残长）×1.6+0.1	2	2 段，可拼接，木简残片。字迹模糊
133	⑧	7.8（残长）×1.6+0.1	5	1 段，简首残片。简色深，墨迹较淡，字迹可辨
134	⑧	4.1（残长）×1.8+0.1	2	1 段，木简残片。字迹可辨

木简编号	出土层位	长×宽+厚/厘米	字数	保存状况
135	⑧	3.8（残长）×1.7+0.1	2	1段，木简残片。字迹清晰可辨
136	⑧	2.2（残长）×1.5+0.1	2	1片，简首残片。墨迹淡，字迹模糊难辨
137	⑧	3（残长）×2+0.1	2	1片，简尾残片。墨迹淡，字迹模糊难辨
138	⑧	8（残长）×1.9+0.1	4	1段另3碎片，木简残片。墨迹淡，字迹模糊难辨
139	⑧	4.4（残长）×1.2（残宽）+0.1	不明	2段，可拼接，木简残片，渍蚀严重。字迹漫漶不清
140	⑧	4.5（残长）×1.5（残宽）+0.1	2	1段，木简残片。墨迹淡，字迹模糊难辨
141	⑧	2.5（残长）×1.2（残宽）+0.1	2	1段，木简残片。字迹模糊
142	⑧	1.9（残长）×1.5（残宽）+0.1	2	1段，木简残片。字迹模糊难辨
143	⑧	3.2（残长）×1.2（残宽）+0.1	2	1段，木简残片。墨书笔画缺损
144	⑧	3（残长）×1.8+0.1	不明	1段，木简残片，未见墨书
145	⑧	1.7（残长）×1.2（残宽）+0.1	1	1段，木简残片。字迹模糊
146	⑧	1.2（残长）×1.5（残宽）+0.1	1	1段，木简残片。字迹模糊
147	⑧	3（残长）×1.1（残宽）+0.1	2	1段，木简残片。字迹模糊
148	⑧	3（残长）×1.2（残宽）+0.1	2	1段，木简残片。字迹模糊
149	⑧	3.8（残长）×1.8+0.1	2	1段，木简残片。字迹模糊
150	⑧	1.7（残长）×1.2（残宽）+0.1	2	1段，木简残片。字迹模糊
151	⑧	0.8（残长）×1.9+0.1	1	1段，木简残片。字迹模糊
152	⑧	2.3（残长）×1.2（残宽）+0.1	1	1段，木简残片。字迹模糊
153	⑧	20.7（残长）×1.8+0.1	10	3段，可拼接，简尾残缺，简身有缺损。字迹较清晰。原编号⑨:1
154	⑧	5.7（残长）×1.8+0.1	4	1段，简首残片。字迹清晰可辨。原编号⑨:2
155	⑧	5（残长）×1.7+0.1	2	1段，木简残片。字迹清晰可辨。原编号⑨:3
156	⑧	6.7（残长）×1.9+0.1，5.1（残长）×1.6（残宽）+0.1	7	2段，不可拼接，简身残缺。字迹可辨。原编号⑨:4
157	⑧	2.2（残长）×1.0（残宽）+0.1	1	1片，木简残片，为简063"御"字的右半边。原编号⑨:5
158	⑮	5.6（残长）×1.8+0.1	6	1段，简首残片。字迹不甚清晰。原编号⑨:6

中编：研究篇

壹 南越木简研究

刘 瑞

（中国社会科学院考古研究所）

数十年来，广东、广西等地先后发掘了一大批等级丰富、规格不等的含南越在内的汉代墓葬，但在 2004 年广州南越国宫署遗址 J264 出土木简之前，仅 1976 年广西贵县（今贵港市）罗泊湾汉墓和 1983 年广东广州象岗南越文王墓出土过两批南越简牍。为后文叙述便，先征引如下：

（一）贵县罗泊湾汉墓简牍

1976 年，广西贵县化肥厂在扩建厂房时发现一座大型墓葬，后定名为罗泊湾一号汉墓。广西壮族自治区博物馆随即派员发掘，墓中除出土大量精美文物外，还清理发现木牍 5 件、木简 9 件、封泥匣 5 块：

木牍，均杉木，出土时漂浮于水面或淹没于淤泥内，原位置已无法考知。2 件完整，3 件残损，保存墨书文字的 3 件：

M1：161，完整，长 38、宽 5.7、中部厚 0.7、两端厚 0.2 厘米，自题《从器志》。正、背两面均有字，正面书写前先用刀横划出 5 栏，每栏内自右至左书写 8~11 行文字，每行字数 2~14 个。背面 3 栏，无刀削横划痕迹，相当于正面第 3、第 5 栏无字，第 1、第 4 栏各 8 行，第 2 栏仅 4 行。侧面书写一 "及" 字及一竖画，表示正、背面内容的衔接。全牍共 372 字、19 个符号。字均隶书，内容包括衣、食、用、玩、兵器等项，品类七十余种。从书写看，事先似按用途、质料有所分类，但划分得并不严格，常有错乱，但也可能与随葬品放置先后和位置有关。

M1：162，残右上角，长 25.2、宽 4.8、厚 0.15 厘米。正、背两面均有字，正面 4 行存 13 字，背面 4 行存 16 字。从残存记载的整个器物名称看，均为农具名称与数量，当是随葬农具的清单。

M1：163，残缺下段，残长 9、宽 4.9、厚 0.2 厘米。正面有字，知原为 "东阳田器志"。

M1：164、M1：165，均无字，未介绍规格尺寸。

木简，杉木，均残断，宽 1~1.5、厚 0.3 厘米左右，散见于椁室和殉葬坑，可释读者十件。

此外还出土封泥匣多件，存墨书文字者 2 件，文字均书写于上端正面，自右至左横书。封泥不存①。

（二）广州象岗南越文王墓"竹签"

1983 年，广东省广州市在市区西北象岗进行广东省政府公寓楼建设开挖基础的过程中，发现一座大型石构墓葬。后经广州市文物管理委员会、中国社会科学院考古研究所、广东省博物馆联合发掘，确认墓主为南越国第二代南越王，墓内出土了数量众多的各类随葬品。在西耳室出土 5 件"竹签牌"②，均墨书，但文字漫漶不清。仅在铜提筒（C61）内出土的 1 枚"竹签"（长 7.2、宽 1.1、厚 0.15 厘米）上书"金縢一□□"五字③，"一端齐平，一端如圭形"，"是此墓中唯一保存下来的墨书文字"。另外 4 件均"长方条形，顶端齐平，末端两侧切出缺口，是系绳的位置"。发掘者指出，该竹签原应是系挂于某器物之上，后因绳断脱落提筒下。从"金縢"文字出发，认为可引申为包裹图书的囊袋，判断"南越王墓当有简书随葬，惜皆腐朽不存。幸存之'金縢一□'竹签，很可能是系挂在盛装简书的縢袋上的"④。

对于有着 93 年历史延续的南越国言，对于同湖南湖北等同因地下水高而"适宜"简牍埋藏后保存下来的两广地区而言，南越所在岭南地区罕有简牍出土的情况，长期让人充满遗憾与困惑，而且因南越简牍的匮乏和传世文献记述的简略，使得南越研究一直难以加快，特别是就南越简牍制度的研究更一直几乎空白。

广州南越国宫署遗址 J264 内木简的出土及整理，使我们可结合前述两批简牍发现，从 J264 出土木简出发，约略讨论南越简牍及相关问题。

当然，即使是综合 3 批南越简牍，加起来的数量也仅百有余枚，不仅无法与湖北云梦、湖南里耶等地大量出土及北京大学、岳麓书院等高校大量收藏秦简相比，也无法与百余年来各地积累下的数万枚汉简相比，文中所及可能只是"一叶障目"，更多准确的认识有赖于今后日益增多简牍的出土和识者校正。

一　南越简牍

（一）分类

南越简牍目前所见有简、牍、楬三类，同时出土一定数量的封泥匣。

1. 简、牍

东汉许慎《说文解字》云："简，牒也。"⑤ 段玉裁注："按，简，竹为之；牍，木为之。牒、

① 广西壮族自治区博物馆：《广西贵县罗泊湾汉墓》，文物出版社，1988 年。本文所引罗泊湾汉墓资料，除特别注明者外均采自本报告，不再出注。
② 报告正文介绍用"竹签牌"，后文"出土文字汇考"称"竹签"，为一物。
③ 报告正文介绍用"金縢一□□"，言"末二字模糊不辨"，后文"出土文字汇考"用"金縢一□"。
④ 广州市文物管理委员会、中国社会科学院考古研究所、广东省博物馆：《西汉南越王墓》，文物出版社，1991 年。本文所引象岗南越王墓资料，除特别注明者外均采自本报告，不再出注。
⑤ ［宋］范晔：《后汉书·蔡邕列传》注引《说文》："牍，书板也，长一尺。"第 1992 页，中华书局，2006 年。

札，其通语也。"① 注 "牍，书版也" 云："牍，专谓用于书者。然则《周礼》之'版'，《礼经》之'方'，皆牍也。……《木部》云'椠，牍朴也'，然则粗者为椠，精者为牍。颜师古曰：形若今之木笏，但不挫其角耳。"② 注 "牒，札也" 云："司马贞曰：牒，小木札也。按厚者为牍，薄者为牒。牒之言叶也。"③《汉书·武五子传》颜师古注："牍，木简也。"④

从文献看，古人区分简牍主要是从材质出发，故竹质者为简，字从"竹"；木质者为"牍"，故字从"片"（《说文》："片，判木也"，段玉裁注："谓一分为二之木"⑤）。简、牍除材质外，用途有别。《论衡·量知》："夫竹生于山，木长于林，未知所入。截竹为筒，破以为牒，牒，小简也。加笔墨之迹，乃成文字，大者为经，小者为传记。断木为椠，析之为板，力加刮削，乃成奏牍。"⑥ 即，"简" 主写 "经"、"传记" 之类，"牍" 主写 "奏牍"。

据东汉蔡邕《独断》："群臣上书［通］于天子者有四名：一曰章、二曰奏、三曰表、四曰驳议。"⑦《文选》卷三十七 "表" 注："表者……三王以前谓之敷奏……至秦并天下，改为表，总有四品……三曰奏，骇验政事曰奏……六国及秦汉兼谓之上书，行此五事。"⑧《太平御览·文》卷五百九十四引《文心雕龙》曰："降及七国未变古式，言事于主皆称上书。秦初定制，改书曰奏。汉初定制，则有四品……二曰奏……奏以案骇。"⑨ 可见，奏是重要的一类政事往来的文书。

文献中记公文往来和机构吏员办事时所用之物多为"牍"。如《史记·赵世家》《集解》引《韩诗外传》："周舍立于门下三日三夜，简子使问之曰：'子欲见寡人何事？'对曰：'愿为鄂鄂之臣，墨笔操牍，从君之过，而日有所记，月有所成，岁有所效也。'"⑩《史记·滑稽列传》："朔初入长安，至公车上书，凡用三千奏牍。"⑪《汉书·武五子传》："冠惠文冠，佩玉环，簪笔持牍趋谒。"⑫《论衡·朝奇》："其高第若谷子云、唐子高者，说书于牍奏之上，不能连结篇章。"⑬ 此外，来往信件、案件也多用"牍"。《后汉书·襄楷传》注："《春秋后传》曰：'使者郑客入函谷，至平舒，见素车白马，曰：吾华山君，愿以一牍致滈池君。子之咸阳，过滈池见一大梓树，有文石取以扣树，当有应者，以书与之。'"⑭

从文献记载和出土简牍实物看，简一般用来书写经书、法律、个人著作等长篇文字内容，牍则一般广泛运用于国家机关间文件往来、个人信件、墓葬遣策等方面，虽这样的区别在当时未必执行得非常严格，但二者间区别还是比较明显。即，秦汉时政治生活中公文来往时 "牍" 的使用要较 "简" 普遍。简、牍功能上的区别是判断出土者名 "简" 还是 "牍" 的重要依据。如是则南

---

① ［清］段玉裁：《说文解字注》，第190页，中州古籍出版社，2006年。
② ［清］段玉裁：《说文解字注》，第318页，中州古籍出版社，2006年。
③ ［清］段玉裁：《说文解字注》，第318页，中州古籍出版社，2006年。
④ ［汉］班固：《汉书·武五子传》，第2679页，中华书局，2006年。
⑤ ［清］段玉裁：《说文解字注》，第318页，中州古籍出版社，2006年。
⑥ ［汉］王充：《论衡》，第194页，上海人民出版社，1974年。
⑦ ［汉］蔡邕：《独断》，作者整理待刊本，下同。
⑧ ［梁］萧统编，［唐］李善注：《文选》，第1667页，上海古籍出版社，1996年。
⑨ ［宋］李昉：《太平御览》，第2674页，中华书局，2016年。
⑩ ［汉］司马迁：《史记·赵世家》，第2148页，中华书局，2013年。
⑪ ［汉］司马迁：《史记·滑稽列传》，第3865页，中华书局，2013年。
⑫ ［汉］班固：《汉书·武五子传》，第2767页，中华书局，2006年。
⑬ ［汉］王充：《论衡》，第212页，上海人民出版社，1974年。
⑭ ［宋］范晔：《后汉书·襄楷传》，第1078页，中华书局，2006年。

越国出土两批简牍中的大部分，据文献名"牍"比名"简"更合适一些。

从考古发现看，"简"上文字多一行，也有写两行者，但总体字数有限①，一般"简"不能单独成文，需多枚简缀连成册；而"牍"上则文字、行数较多，可写比单"简"长得多的文字，且"牍"多可单独成篇。《仪礼·既夕礼》："书赗于方，若九，若七，若五。"注："方，板也。书赗，奠赙赠之人名与其物于板，每板若九行、若七行、若五行。"疏："所送有多少，故行数不同。"②《论衡·效力》："书五行之牍，奏十言之记。"③《后汉书·循吏列传》："其以手迹赐方国者，皆一札十行，细书成文。勤约之风，行于上下。"④ 这些记载均表明"牍"上可以写较多行数文字。即，简、牍间之所以形成这些区别的原因，应同其各自用途的不同有关。

当然，"简"因可多枚缀连成册，故一般用来书写内容较长的文书，而"牍"因多不需缀联，故其所书内容多是一些较短文书，这也即《仪礼·聘礼》："百名以上书于策，不满百文书于方"，郑玄注："名，书文也。今谓之字。策，简也。方，板也"⑤ 的原因。

因此，从这个角度看，南越国出土两批简牍中的大部分，可能名"牍"比名"简"更合适一些。但从 J264 出南越木简看，一些简牍上所写的文字内容高度相关且不能单独成文，显示其相互间原应有编联，故其名为"简"应可成立。而这些可编联内容"简"的形制，又与其他内容可单独成立的从文献记载看或当名"牍"的形制保持一致，显示二者名称不应有别。这种情况不仅说明文献所言"简"、"牍"的分别当有不少例外，且 J264 所出物应统一以"简"名之可能更为合适。

从考古发现看，学界一直遵循将木质的行数较多、单支记述较多文字者称为"牍"，如青川木牍、江陵凤凰山木牍等，而行数少、单支文字相对要少的竹质者称为"简"，如睡虎地秦简、张家山汉简等。林剑鸣在《简牍概述》"前言"中曾讨论过出土简牍定名的原则："这并不是说，凡写在木板上的书就必须称'牍'，或者说'木简'这个词就不能用。实际上，在汉代许慎就已经将简、牍二字混用了。因此在具体称谓上，还应照顾习惯。如在居延出土的汉代简牍，实际上多为木质，但我们仍称为'居延汉简'，而不称'居延汉牍'。这样，更方便一些。"⑥ 正是基于这样的考虑，在 J264 出土木简后，我们名之为"木简"而非"木牍"。即，无论从材质还是从规格看，罗泊湾一号汉墓出土木牍与文献记载和多年学界传统称谓，当为南越之"牍"。

南越国木简，发现于广西贵县罗泊湾一号汉墓、广东广州象岗南越文王墓和南越国宫署遗址（详下）。

2. 楬

共 5 枚，出土于广东广州象岗南越文王墓，均墨书。除南越王墓 C61－2 可见"金縢一□□"墨书外，其余 4 枚文字漫漶不清。据文献记载及形制、文字，其当名"楬"。

---

① 在郑有国、薛英群等学者关于简牍学的著述中均有不少关于简牍上字数多少的论述，见郑有国：《中国简牍学综论》，华东师范大学出版社，1989 年；薛英群：《居延汉简通论》，第 134 页，甘肃教育出版社，1991 年。
② ［汉］郑玄注，［唐］贾公彦疏：《仪礼注疏》，第 462 页，上海古籍出版社，1990 年。
③ ［汉］王充：《论衡》，第 203 页，上海人民出版社，1974 年。
④ ［宋］范晔：《后汉书·循吏列传》，第 2457 页，中华书局，2006 年。
⑤ ［汉］郑玄注，［唐］贾公彦疏：《仪礼注疏》，第 282 页，上海古籍出版社，1990 年。
⑥ 林剑鸣编译：《简牍概述》，第 2 页，陕西人民出版社，1984 年。

南越王墓西耳室铜提筒（C61）下出土 1 枚"竹签"，长 7.2、宽 1.1、厚 0.15 厘米，上书"金滕一□"四字，同时还出土 4 枚文字不辨的"竹签牌签"。报告指出，"在随葬器物的缄封口上系挂书写器物名称的竹签或木签，时常发现于长沙、云梦、江陵、扬州等地汉墓中"。从文献记载看，其当名"楬"。

该类器物的大批发现，是 1972 年发掘的长沙马王堆汉墓。据报告，该墓出土 49 枚"木牌"，"其中出土时仍系在竹笥上的十七枚……木牌的形状，顶部做半圆形，下部为长方形。顶部用墨涂黑，并有两个系绳的小孔。……长 7.1～12 厘米，宽 3.8～5.7 厘米，厚 0.2～0.4 厘米。木牌的下半部有墨书文字，标明竹笥所盛物品的名称，如'衣笥''梨笥'等。"发掘者即据前引《周礼·秋官》"职金"及郑注，认为木牌"所述与竹笥的缄封情形大体相符，木牌应即所谓'楬'"①。

在保存完好的马王堆汉墓中，在上述 49 件"木牌"外，墓中出土印纹硬陶罐的颈部还有麻绳系的竹牌。陶罐"出土时，全部盛有食品，其中十六件的口部仍有完好的草泥塞，以及缄封的'轪侯家丞'封泥"，其中"六件的颈部有麻绳系的竹牌，七件的竹牌掉落在边箱里。……现存的十三件竹牌中，有一片字迹模糊无法辨认"，竹牌内容为"鸡羹""牛白羹""盱（？）酒"等食品名称②，报告未指出该类竹牌的名称。南越文王墓所出的"竹签"，即与其甚为相似。

墓中该类竹木牌的最早出土，大体是 1951 年长沙杨家湾西汉后期墓葬 M401 所出"被绛函"木牌，长 11.8、宽 3.1、厚 0.3～0.5 厘米。发掘报告称其为"木札"，"推测这一木札系在凹缺处缚绳，并悬挂在箱函之上"③。史树青认为其"应该叫作'方'，就是包裹绛色寝衣的函套标签"④。后在长沙望城坡渔阳墓发掘中，不仅出有"长方形，上圆下方，首部涂黑，有二系用来系悬"的木牌（简报称其为"木楬"），且还出土有与马王堆汉墓陶罐所挂竹牌一样的"长方形，下端两侧各有一缺口，用来系绳"的木牌，称"签牌"⑤。

据许慎《说文》，"楬，桀也。从木曷声。《春秋传》曰：楬而书之。"⑥ 该字在《周礼》等文献中多见，为《周礼》做注的汉唐学者多有解释。如《周礼·天官》"职币，掌式法以敛官府都鄙，与凡用邦财者之币，振掌事者之余财，皆辨其物而奠其录，以书楬之。"郑司农指出："楬之，若今时为书以著其币。"疏："'以书楬之'者，谓府别各为一牌，书知善恶价数多少，谓之楬。"⑦《周礼·地官》泉府"掌以市之征布，敛市之不售货之滞于民用者，以其贾买之，物楬而书之。"郑司农指出："物楬而书之，物物为揖书，书其贾，楬著其物也。"⑧ 此外，《周礼·秋官》职金"掌凡金玉锡石丹青之戒令。受其入征者。辨其物之媺恶与其数量，楬而玺之。"郑司农注：

> 受其入征者，谓主受采金玉锡石丹青者之租税也。楬而玺之者，楬书其数量，以著其物也。玺者，印也。既楬书揖其数量，又以印封之。今时之书有所表识，谓之楬橥。

① 湖南省博物馆、中国科学院考古研究所：《长沙马王堆一号汉墓》，第 114 页，文物出版社，1973 年。
② 湖南省博物馆、中国科学院考古研究所：《长沙马王堆一号汉墓》，第 126 页，文物出版社，1973 年。
③ 中国科学院考古研究所：《长沙发掘报告》，第 124 页，科学出版社，1957 年。
④ 史树青：《长沙仰天湖出土楚简研究》，群联出版社，1955 年。
⑤ 长沙市文物考古研究所、长沙简牍博物馆：《湖南长沙望城坡西汉渔阳墓发掘简报》，《文物》2010 年第 4 期，第 32 页。
⑥ ［清］段玉裁：《说文解字注》，第 270 页，中州古籍出版社，2006 年。
⑦ ［汉］郑玄注，［唐］贾公彦疏：《周礼注疏》，第 106 页，上海古籍出版社，1990 年。
⑧ ［汉］郑玄注，［唐］贾公彦疏：《周礼注疏》，第 227 页，上海古籍出版社，1990 年。

疏：

> 云"既楬书揥其数量"者，楬，即今之板书。揥，即今录记文书。谓以版记录量数多少并善恶，为后易分别故也。①

而蜡氏"掌除骴……若有死于道路者，则令埋而置楬焉，书其日月焉，县其衣服任器于有地之官，以待其人"。注云："楬，欲令其识取之，今时揭橥是也。"② 此外《周礼》典妇功有"物书而楬之"，典丝"掌丝入而辨其物，以其贾楬之"，典枲"掌布缌缕纻之麻草之物，以待时颁功而授赍。及献功受苦功，以其贾楬而藏之"，司厉"掌盗贼之任器货贿。辨其物。皆有数量。贾而楬之"。均显示出"楬"不仅常见且用途甚广。

"楬"的用途，唐封演《封氏闻见记·碑碣》也有记载：

> 《周礼》："凡金玉锡石，楬而玺之。"注云："楬，如今题署物。"《汉书》云："瘗寺前，楬著其姓名。"注："楬，杙也。揭杙于瘗处而书死者之姓名，楬音揭。"然则物有标榜，皆谓之揭③。

其所引的《汉书》大体为今本《汉书·酷吏列传》"便舆出，瘗寺门桓东，楬著其姓名，百日后，乃令死者家各自发取其尸"。颜师古注："楬，杙也。椓杙于瘗处而书死者名也。"④

此外，《墨子》有"城希裾门而直桀"。孙诒让《墨子闲诂》指出"王引之云：桀与楬同，言城上之人望裾门而置楬也，《备蛾傅》篇作'城上希裾门而置楬'，是其证。……案：王说是也。望裾门而置楬者，所以为识别，以便出击敌也。"⑤ 因此，从《周礼》、汉唐人注疏显示的"楬"使用情况看，很长时间里"楬"都是一种广谱的标识"题署"物，有时会与封缄物同用——"楬而玺之"，有时也会出于墓中时用来标识墓主身份——"埋而置楬"。

从考古发现中，马王堆汉墓出土的长方形、上圆下方木牌悬挂于封缄的竹笥之上，符合"楬而玺之"，为楬无疑；而带长方形、下有缺口竹木牌的陶罐同样被封缄，亦为"楬而玺之"，故报告未定名的竹牌应与竹笥上木牌一样定名为"楬"——虽然形制有别。即，无论"被绛函"、"木札"、马王堆汉墓出土"竹牌"，还是望城坡渔阳墓出土的"签牌"，其统一的名称都应为"楬"。渔阳墓简报所称"签牌"虽为现代名，不过依然揭示出其为"楬"的古代性质。因此，南越王墓出土的"竹签"或"竹签牌"，无论从出土位置、器物形制还是从其上的文字看，均与前述墓葬所出的长条形的"楬"相似，其名为"楬"。

当然，从概念看，不管器物外悬挂的用于标识的器物形状如何，只要是附属于器物上来"题署"，都应为"楬"——完全可有不同的外形和材质。即，"楬"无定型、定质。据《周礼》《汉书》等文献，过去在秦始皇陵修陵人墓中发现的刻铭瓦文、在洛阳刑徒墓地发现的刻铭砖等也均

---

① ［汉］郑玄注，［唐］贾公彦疏：《周礼注疏》，第 541 页，上海古籍出版社，1990 年。
② ［汉］郑玄注，［唐］贾公彦疏：《周礼注疏》，第 548 页，上海古籍出版社，1990 年。
③ ［唐］封演撰，赵贞信校注：《封氏闻见记校注》，第 57 页，中华书局，2005 年。
④ ［汉］班固：《汉书·酷吏传》，第 3673 页，中华书局，2006 年。
⑤ ［清］孙诒让：《墨子闲诂》，第 544 页，中华书局，2019 年。

应为"楬"。

南越王墓出土 5 件"竹签牌"——楬的规格不等,能辨识文字的 1 枚长 7.2、宽 1.1、厚 0.15 厘米,不能辨识文字的有 4 件,其中 2 件长 9、宽 1、厚 0.1 厘米,残为数断,短的 2 件完好,长 6、宽 1.1、厚 0.2 厘米。从规格看,长沙 M401∶01 长 11.8、宽 3.1、厚 0.3~0.5 厘米,马王堆一号墓所出十余枚长条形"竹牌"的规格未见介绍,望城坡渔阳墓出土"签牌"中报道了规格的一长 5.9、宽 2、厚 0.3 厘米,一长 10.4、宽 2.4、厚 0.25 厘米。可见南越国签牌,一方面与长沙地区墓葬所见或木质或竹质的情况不同,仅见竹质,一方面规格也位于长沙地区出土签牌的规格范围之内,且明显偏窄。不过由于南越王墓出土签牌仅 5 枚,历年来的南越国墓葬中再未发现签牌,因此虽其代表性有所不足,不过依然可以显示出岭南南越国与岭北长沙国地区在签牌制度上的一定异同。

3. 封泥匣

罗泊湾一号汉墓出土封泥匣多件,2 件上有文字,都写于上端的正面,自右至左横书,封泥不存,未介绍规格。其 M1∶372 上书"画卑碟六十"。发掘者指出,卑碟即漆盘,"六十"二字为合文。M1∶482 上书"笋菹",发掘者指出笋菹是指用竹笋腌制的酢菜。

西汉南越王墓西耳室出土封泥匣 5 件,其上均未发现有字:

C72-2:出于 C72 铁镰旁。凹字形,两侧已断裂,木质松软。长 5、宽 2.7、高 1.6 厘米。

C130-2:出于 C130 墨丸旁。凹字形,一边侧栏已失,木质尚好。干后稍变形。匣中尚存封泥绳印迹。长 5.1、宽 2.9、高 2 厘米。

C253-12,2 件。凹字形,一侧底有竹笥痕。另一件只存一底板,中断为二,粘有麻绳。长 4、宽 2.5、高 0.8、槽深 0.6 厘米。

C251-51:出车马器中。无封泥,凹字形,两端较宽,当中下凹,腐朽,残存半块。长 5.7、槽宽 2.4、残宽约 1 厘米。

与罗泊湾汉墓所出封泥匣类似之物,1961 年在湖南长沙南门外砂子塘西汉墓发掘中曾出土 43 件带墨书隶书者,其上文字有的如罗泊湾汉墓所出一样写于封泥匣上端,少数则写在下端,也有的上下均有文字。"除七件记载的是工具、货币、财物等之外,其余三十六件均记载各种制作不同的食品、蔬菜和果实,与《礼记·内则》所载……大致相合。"也据《周礼·秋官》"职金",认为这种"封泥匣可能即是'楬而玺之'的'楬'"①。

书写有文字的封泥匣,1951 年在湖南长沙发掘的西汉晚期墓 M203 中即有发现——出土 10 件"平面做长方形,侧面自中腰处起向一端倾斜。背面平齐,有墨书痕迹……长 5.8、宽 2.05、厚 1.25 厘米;凹缺长 2.5、深 0.95 厘米"的封泥匣,"出土时,封泥匣的位置靠近 10 个带有木盖的印纹陶罐的附近,推测当时系悬在缚盖的绳上,绳结嵌在凹缺内,并有封泥附着。匣上所书文字,当系表明罐内所盛之物"②。前述 1961 年湖南长沙南门外砂子塘西汉墓发掘出土的封泥匣,"匣的大小不一,最大的长 6.5、宽 3.2、厚 1.7 厘米,最小的长 3.3、宽 2.5、厚 1.2 厘米,为长方形凹

---

① 湖南省博物馆:《长沙砂子塘西汉墓》,《文物》1963 年第 2 期,第 19 页。
② 中国科学院考古研究所:《长沙发掘报告》,第 124 页,科学出版社,1957 年。

字形。在凹槽内有篆书'家吏'的封泥"①。而马王堆一号汉墓出土的封泥匣"大小不一，纵断面作'凹'字形。长 4.2 ~ 7 厘米，宽 2.6 ~ 2.8 厘米，厚 1.1 ~ 1.4 厘米，凹槽厚 0.5 厘米左右，所用木材为杉木"②。

从现有资料看，长沙马王堆一号墓、长沙砂子塘西汉墓与南越文王墓所出封泥匣形制相同，均作凹字形。长沙国地区凹字形封泥匣的大小差异较大，砂子塘出土的长 3.3、宽 2.5、厚 1.2 厘米者最小，马王堆一号墓所出长 7、宽 2.8、厚 1.4 厘米的最大，目前所见南越国封泥匣的规格介于二者之间。长沙 M401 出土封泥匣，形制与前述有异，应是时代较晚、形制变化后所致。

目前看来，作为简牍封缄用的封泥匣在岭南岭北地区保持了较高一致性，与下文所述简牍规格中南越简明显偏大的差异显著不同，是一个值得注意的现象。

J264 中未出土封泥，与简牍相关的封泥在此不行涉及。

（二）材质

目前发现的南越简牍均木质，多数为杉木，少数为红锥所制。除南越王墓出土 1 枚竹签外，未见竹质简。

从简牍发现看，学者一般从材质出发，将简分竹、木两种。过去北方地区特别是甘肃等地简牍中木简所占的比例偏大，而南方地区特别是湖北、湖南的发现中竹质简比例很高。因此曾有学者分析认为，造成这种情况的原因是与北方竹少木多而南方竹多易取并易加工有关。不过从湖南里耶出土数万枚秦代木简的情况后，除其中占极少比例的楚简用竹外，秦简牍均为木质，与过去认为在南方简材质多竹不同。

罗泊湾汉墓、J264 出土南越简的数量仅百余枚，材质均为木，与里耶秦简的情况一致。从南越简的性质看，其涵盖了记录墓葬随葬品、宫中物品的多种籍簿，以及法律文书等较宽范围。因此南越简不仅再现里耶秦简显示的全木质情况，且内容复杂，预示着今后出土南越简中的木简比例依然还会很高。

从南越简的发现，结合里耶秦简等简，该时期、该地区简用材的取舍，可能应有一定的制度规定。

据睡虎地秦简《秦律十八种》："令县及都官取柳及木楘（柔）可用书者，方之以书；毋（无）方者乃用版。……司空"，显示在秦统一之前已有明文规定，作为储备的书写材料的材质是木而非竹，这是秦统一前对文书书写材料的制度性规范。

里耶秦简的发现，不仅证实了睡虎地秦简所记上述规定的确实存在，且在统一之后的秦统治区内该规定不仅未废止且继续延续（当时有无竹在简中使用的法律规范，是否有对书写材质是竹还是用木的使用范围的要求，尚待探索）。

考虑到南越本是由秦始皇统一岭南后派遣而来的将领赵佗所建，因此南越延续使用秦制就自在情理之中。即，南越简用木的规定，源于秦而为南越采用并延续。

① 湖南省博物馆：《长沙砂子塘西汉墓》，《文物》1963 年第 2 期，第 17 页。
② 湖南省博物馆、中国科学院考古研究所：《长沙马王堆一号汉墓》，第 112 页，文物出版社，1973 年。

当然，南越文王墓出土竹签牌的材质情况表明，南越国内同样存在用木亦或用竹的区别化规定，不过其具体形式或内容还需今后更多发现后再加梳理。

（三）修治

据中国社会科学院考古研究所王树芝先生鉴定，J264 所出木简材质为杉木和红锥。从木材看，杉木纹理直而轻软细密，稳定性好且易加工，而红锥耐腐性强，切削面光滑。从显微镜观察看，木简的写字面相当于现代木材工业中的径锯板，第 32 号、33 号和 34 号杉木木简写字面与年轮成 45°角，144 号简是红锥木简，写字一面与年轮成 90°角，这样做"一是较容易劈成约 0.1 厘米的薄片；二是可以减低木材的干缩和湿胀"。指出，木简用木材的加工可能是用刀子沿径锯板面劈开，再按照需要切出小条备用。鉴定还发现，J264 内出土的第 64 号样品为竹，非简且无字，但有加工痕迹，推测当时存在用竹制简的情况，这与南越王墓出土竹签牌所显示的情况一致。

南越木简简短平齐，未见契口等痕迹。

（四）规格

南越简的规格，罗泊湾汉墓所出宽 1～1.5、厚 0.3 厘米，均残断而长度不详。J264 出土木简数量不多，从完整木简的统计看，长在 24.6～25.3 厘米，仅第 91 号、第 92 简稍短为 22.9、22.8 厘米，多数简宽 1.7～2.1 厘米，个别简宽 1.5 厘米，厚多为 0.1 厘米，仅 3 例为 0.15 厘米，第 24 号简厚 0.2 厘米。整体上木简长约 25、宽 1.55～2.1、厚 0.1～0.2 厘米左右。考虑到罗泊湾木简出自墓葬和 J264 木简出自南越王宫的性质差异，及两地木简所记内容的不同，南越国应存在记录墓葬陪葬品木简规格小，而宫中记事木简规格较大的规定。即，南越木简规格暂分两类，墓葬简较窄，遗址简较宽。亦即，南越国存在据用途不同而采用不同规格的用简制度。

南越牍仅见于罗泊湾一号墓，共 5 件，其中 2 件完好，3 件残损，保存文字的有 3 件。其中 M1∶171，完整，长 38、宽 5.7、中部厚 0.7、两端厚 0.2 厘米，自题"从器志"，正、背均有字；M1∶162，残右上角，长 25.2、宽 4.8、厚 0.15 厘米，正、背均有字；M1∶163，残缺下段，残长 9、宽 4.9、厚 0.2 厘米，正面有字，书"东阳田器志"等。另外两件 M1∶164、165 均无字，未介绍规格。

《西汉南越王墓》曾梳理南越国度量衡制度，指出罗泊湾一号汉墓出土木尺 2 件、竹尺 1 件，其中木尺（1∶323）杉木制，长条形，表面光滑平整，正面刻出十等分，每刻长 2.3、全长 23 厘米。另 2 件虽残，但均可确定每一刻均长 2.3 厘米，显示全尺长 23 厘米。此长度与长沙出土战国楚尺相等，与商鞅量尺（1 尺≈23.1 厘米）接近，与满城汉墓出土可有铭文的 4 件铜灯（1 尺约合今 22.5～23 厘米）相差无几，表明南越一尺当今 23 厘米[①]。

从百余年来简牍发现看，胡平生提出"文书简册以事之轻重为册之大小"，"秦汉以后一尺长的简册最常用，无论是书籍还是公私文书，通用一尺长的简册与木牍"[②]。南越简的发现显示出一

①　广州市文物管理委员会、中国社会科学院考古研究所、广东省博物馆：《西汉南越王墓》，第 350 页，文物出版社，1991 年。
②　胡平生：《简牍制度新探》，《文物》2000 年第 3 期。

定差异。

据程鹏万整理，秦及西汉时期简牍的长度情况甚为复杂。在其分类的古书类简牍中，睡虎地M11 出土秦简《日书》甲种长 25 厘米约一尺一寸，但《日书》乙种长 23 厘米、《编年纪》长23.2 厘米都为一尺，《法律答问》《封诊式》长 25.5 厘米约为一尺一寸，而在岳麓秦简中《为狱等状四种》的第一类长 27.4～27.5 厘米为一尺二寸，第二类长 25 厘米为一尺一寸；在文书类简牍中，一尺一寸简牍甚少，仅破城子出土 1 枚长 25.7 厘米的牍和 1 枚长 24.2 厘米的觚；在丧葬类文书中，除南越国罗泊湾一号墓 1 枚木牍长 25.2 厘米外，仅见马王堆 M3 出土的 1 件木牍长 25厘米[1]。

从上述数据看，南越国简长 25 厘米左右的规格，虽见于前述睡虎地秦简、岳麓秦简及破城子汉简，虽之前睡虎地《日书》甲种属古书类，睡虎地《法律答问》《封诊式》和岳麓书院藏第二类《为狱等状四种》属律令文书，罗泊湾一号墓、马王堆 M3 出土木牍属丧葬类文书，显示该规格有较"普遍"的使用，但无论是睡虎地秦简、岳麓秦简，还是马王堆汉简以及其他汉简中的规格差异均较为明显，远非南越简牍规格之间的一致性更强。

从 J264 出土南越木简看，不管是籍簿还是法律文书等不同性质文书，木简长均较一致，为 25厘米左右，相当于一尺一寸，比秦汉简略长。虽据东汉制度，尺一规格一般用来书写诏策等内容。如《后汉书·光武帝纪》注引《汉制度》："策书者，编简也，其制长二尺，端着半之。……三公以罪免亦赐策，而以隶书，用尺一木两行。"[2] 《后汉书·李云传》："尺一拜用，不经御省"，注"尺一之版，谓诏策也，见《汉官仪》也。"[3] 《后汉书·陈蕃传》："尺一选举，委尚书三公"，注："尺一谓板长尺一，以写诏书也。"[4] 但从南越简尺一规格的情况看，它不仅书写法律文书，且还用来书写一般的籍簿类文书，表明 25 厘米左右的尺一长度，大体应是南越简的普通尺度，这是南越用简制度与秦汉王朝用简制度的明显不同。

岳麓秦简中有对简牍规格和容字的明文规定：

> 用牍者，一牍毋过五行。五行者，牍广一寸九分寸八；四行者，牍广一寸泰半寸；三行者，牍广一寸半寸。皆谨调护好浮书之，尺二寸牍一行毋过廿六字。尺牍一行毋过廿二字。……不从令及牍广不中过十分寸一，皆赀二甲。[5]

> 请，自今以来，诸县官上对、请书者，牍厚毋下十分寸一，二行牍厚毋下十五分寸一，厚过程者，毋得各过其厚半之。为程，牍牒各一。不从令者，赀一甲。御史上议：御牍尺二寸，官券牒尺六寸。制曰：更尺一寸牒。 卒令丙四[6]

清楚记录了秦对简牍规格与容字数量的制度要求。而其记录的"御牍"的"制曰，更尺一寸牒"的"尺一"要求，不仅与上引后世文献中天子诏策用"尺一"制一致，也说明该制源之于秦，且

① 程鹏万：《简牍帛书格式研究》，第 89～108 页诸表，上海古籍出版社，2017 年。
② ［宋］范晔：《后汉书·光武帝纪》，第 24 页，中华书局，2006 年。
③ ［宋］范晔：《后汉书·李云传》，第 1852～1853 页，中华书局，2006 年。
④ ［宋］范晔：《后汉书·陈蕃传》，第 2162 页，中华书局，2006 年。
⑤ 陈松长主编：《岳麓书院藏秦简（伍）》，第 106～107 页，上海辞书出版社，2017 年。
⑥ 陈松长主编：《岳麓书院藏秦简（伍）》，第 107～108 页，上海辞书出版社，2017 年。

长期稳定。那么南越国木简的长度就显得甚为"突兀"。

此外，从南越国简的宽度看，不仅 J264 木简一般宽 1.7～2.1 厘米，远达秦汉简一般宽 0.8 厘米左右规格的两至三倍以上，且即使是罗泊湾汉墓出土简也宽 1～1.5 厘米，同样明显宽于秦汉时期一般简牍。徐苹芳先生 2005 年 3 月底抵穗考察时指出，南越简的宽度达到汉"两行"之宽，与汉制不同。J264 出土百余枚木简中，除 1 枚简写两行半文字外，各简均 1 行文字，说明南越简的宽度与文字行数之比，也与以往秦汉简存有不同。

南越国木牍长度完整者两件，分别长 38 厘米和 25.2 厘米，宽度完整有数据介绍的 3 件，分别宽 5.7、4.8、4.9 厘米。考虑到制作误差、埋藏多年后的形制改变，4.8 厘米和 4.9 厘米可视为同一规格。如是，出土南越木牍可分两类，长 38 厘米者宽 5.7 厘米，长 25.2 厘米者宽 4.9 厘米左右。换算成南越尺度，木牍长 1 尺 6 寸者宽 2.4 寸，长 1 尺者宽 2.1 寸。两类木牍的规格长度变化明显要大于宽度变化。

从程鹏万整理简牍长度的数据看，南越木牍长 38 厘米和 25.2 厘米两种规格，在先秦、秦汉的古书类简牍、文书长度、丧葬文书长度中，也甚为罕见。这种情况也表明南越木牍与木简一样，与秦汉简牍的"常制"不同，显示南越"自有制度"，大于秦汉。

据《汉书·匈奴传》："汉遗单于书，以尺一牍，辞曰'皇帝敬问匈奴大单于无恙'……中行说令单于以尺二寸牍，及印封皆令广长大，倨傲其辞，曰'天地所生日月所置匈奴大单于敬问汉皇帝无恙'。"[①] 南越简牍、玺印之大，与文献所载匈奴制度南北呼应，其原因或较为接近。

（五）容字

程鹏万转引孔颖达言，"简之所容，一行字耳"。从出土简看，宽 1 厘米左右的简，一般是书写一行，历谱简、一些标题简和籍簿简除外。从程鹏万统计简牍容字看，"楚简上的楚文字，字修长，字与字之间的距离大，一般 10 厘米容字 7～10 字，30 厘米左右的简容字 20～25 字，50 厘米左右的简则容字 40 字左右。……秦简一般 10 厘米书写 11 至 15 字，每 10 厘米最多书写 22 字，西汉早期的简如银雀山汉简、张家山汉简 M247 汉简与之相近，西汉晚期和东汉时期，一般 10 厘米书写 10 至 20 字不等。秦汉简一般单简容字在 13 到 15 字，比楚简单位距离容字要多。"[②] 前引岳麓秦简中亦有"尺二寸牍一行勿过廿六字，尺一牍一行毋过廿二字"的容字规定。

完整南越简上的字数虽多少不等，拼接后基本完整或接近完整的木简中，第 81 号简 24 字为最多，第 78 号简 3 字为最少，第 25 号、第 92 号简仅 4 字次之，其他多数木简上文字在 12 到 18 字之间，其中 12 个字者约占四分之一左右。整体而言，南越木简上的字明显较少但字大疏朗，与以往秦汉同长单简的容字情况明显不同。也就是说，南越简规格较普通秦汉简长且宽，容字反而要少，差异明显。

从南越木简的发现，还可略为分析南越玺印规格"偏大"问题。象岗南越王墓发掘后，出土的"文帝行玺"边长达 3.1 厘米，远超秦汉封泥玺印中所见"玺"类印章的规格。如传世的秦"皇帝信玺"封泥印面边长 2.6 厘米[③]，陕西咸阳汉高祖长陵附近采集的"皇后之玺"玉印边长

①　[汉] 班固：《汉书·匈奴列传》，第 3760 页，中华书局，2006 年。

②　程鹏万：《简牍帛书格式研究》，第 231、238～239 页，上海古籍出版社，2017 年。

③　东京国立博物馆：《中国的封泥》，第 191 页，二玄社，1998 年。

2.8 厘米①，均小于"文帝行玺"金印。从历年出土南越国玺印或陶文反映的南越印章规格看，也往往大于其他地区的秦汉印规格，其原因一直耐解。

现从南越简发现看，既然木简规格较其他地区简既长且宽，似暗示南越国用于封缄简的玺印要比其他地方的玺印偏大。也就是说，南越国用简制度的"广大"，使南越玺印需放大与其"相称"——"印封皆令广长大"。当然，这里也同样存在首先是南越国玺印制度化的"广大"后，南越用简同步"放大"以与玺印"相称"的可能性。但究竟为何南越简及玺印要比秦汉"广大"的问题，需更多新材料丰富后再行讨论。

（六）编联

J264 出土木简在清洗过程中未见编联痕迹。

岳麓秦简 112、113 号："诸上对、请、奏者，其事不同者，勿令同编及勿连属，事别编之。有请，必物一牒，各徹至，令易知。其已事而过百牒者，别之，毋过百牒而为一编。必皆散取其辞，令约具别白易知也"②，是秦人对简牍编联的制度性规定。

据南越王墓出土封泥匣，C130-2 封泥匣中"尚存封泥绳痕迹"，C253-12 中的 1 件虽残存底板中断为二，但依然"粘有麻绳"。南越王墓出土封泥匣的原封缄物，虽然无法确定为简，但如前所述从残存竹签牌上"金滕一□□"内容看，整理者已指出金滕可"引申为包裹图书的囊袋"，因此竹签牌"很可能是系挂在盛装简书的滕袋上的"。因此考虑到无论从阅读方便，还是管理角度，多枚单简编联成册的情况在南越当应存在。

J264 中出南越木简虽未见编联痕迹，但从木简内容看，有的木简可能独立存在③，但也有不少简牍不能单独成文，显示出其原有编联。推究编联未见的原因，当与 J264 性质是排水系统中用于沉淀淤泥等的沙井有关——其内长期存在的"污水"浸泡当然不利于木简保存。即，木简在 J264 内被"污水"长期浸泡后，不仅编绳腐朽，且木简本身也出现朽坏（保存情况甚差），编联痕迹自然无法"如意"的保存下来。

从木简上文字书写情况看，推测很多木简应为两道编绳。如第 105 号、第 107 号、第 110 号简的内容均与"鼠"有关，文字书写明显分为三段。若进行编联，编绳当在三段之间，形成用两道编绳编联成册的样子。此外，在第 89 号简上"室"与"食"之间、"地"与"五十"合文间，第 73 号简"以"和"四"、"租"和"纵"等字间的空间均略大于其他文字间字距，显示这里可能原为编绳所在。类似的情况，还见于第 10 号、第 69 号、第 68 号、第 81 号、第 90 号、第 92 号等简牍，从字距看也很可能都是两道编绳④。而即使是字数仅 12 字木简，如第 115 号，在"乃"与"辈"、"人"与"往"间的字距也明显大于其他字间，原很可能亦为两道编绳。因此据该枚木简，推测即使是 12 字简的编联也可能都是两编。

① 秦波：《西汉皇后玉玺和汉甘露二年铜方炉的发现》，《文物》1973 年第 5 期，第 26 页。
② 陈松长主编：《岳麓书院藏秦简（伍）》，第 105 页，上海辞书出版社，2017 年。
③ 黄展岳指出："简 81、简 91、简 96 都有'廿六年'，内容应是性质近似的一事一简。"见黄展岳：《南越木简选释》，《南越国考古学研究》，第 236 页，中国社会科学出版社，2015 年。
④ 黄展岳从内容释读出发，指出第 68 号、69 号、90 号"记'壶枣'、'日（白）枣'，应是内容性质近似的编联简"。见黄展岳：《南越木简选释》，《南越国考古学研究》，第 235 页，中国社会科学出版社，2015 年。

第 88 号简上端的"入"与"行"字之间，简下端的"日"与"完"字之间的字距较大，似在此处进行编联的可能性较大。如是，则类似简至少为两编，如果在木简中间加一编的话，则为三编。当然，从保存完整简端的木简看，简最上一字往往贴近简端，如第 81 号、第 62 号、第 90 号、第 113 号、第 116 号、第 117 号等，在简端置编绳进行编联的可能性基本可以排除。

（七）书写

J264 出土南越木简不仅数量有限且内容零散、保存不佳。就整理所见，文字的书写应为一次而成，未见明显削改、涂改、添写等痕迹。在简背未见有文字，也未见标题、目录、编号等内容。简上文字，除第 9 号简书存两行半外，均单行书写①。

第 26 号简"蒿""离"字下有勾画，第 52 号和第 55 号简"徐"字下、第 62 号简"实"字下、第 84 号简"唐"字下、第 111 号简"邪"字下有重文符。

第 69 号简"一十"二字、第 105 号简"五十"二字连成一体，成"合文"。

从简牍看，由于内容的差异和简上容字的不同，木简上文字的书写风格存在一定差异。如第 81 号、第 91 号、第 96 号简上文字紧凑，文字书写与第 107 号、第 105 号、第 110 号有较明显不同。从本书《文字编》收字看，木简中的一些文字，如"不""死""当"等都有多种写法。不过整体而言，J264 木简文字多疏朗，笔画清晰者隶意甚浓，个别字蕴篆味。与目前发现的几批秦及汉代早中期的简牍比较，J264 木简文字书写与长沙马王堆汉墓简帛文字、湖北江陵张家山汉简文字的书写风格较近，与时代偏早的湖北云梦睡虎地秦简文字的差别较为明显②。

二　木简时代

罗泊湾一号墓的时代，发掘者通过器物分析指出，"保留了一些战国晚期的作风，随葬品中也有不少是属战国晚期、秦和西汉前期的器物，没有发现西汉中期以后的东西"，"这座墓的时代是西汉初期，上限到秦末，下限不会晚于文景时期，大体与江陵凤凰山汉墓和长沙马王堆汉墓时代相近，或者比它们稍早"③。虽报告称其是"赵佗称王的南越国时期"，但从文献记载南越王赵佗去世于武帝时代情况看，该墓当在南越王赵佗统治的前期或略晚，墓中出土木牍、封泥匣的时代当以此为定。

广州象岗南越王墓出土较多文字资料，基本可与文献记载印证，发掘者判断墓主为第二代南越王赵胡（出土印章作"赵眜"），其认识可从，"他大约死于元朔末元狩初，估定在公元前 122 年左右，入葬年代亦以死年或稍后一二年为宜"④。因此从墓中出土竹签牌、封泥匣为原在随葬品

---

① 黄展岳指出，第 9 号简"文字二行半，甚罕见。右行五字，似写在两片并排的木简夹缝处，分上下两段书写，本片仅存左偏旁，原文难定，含义不明。中行左行分别写两种鸟数"。见黄展岳：《南越木简选释》，《南越国考古学研究》，第 234 页，中国社会科学出版社，2015 年。

② 参加木简发掘的麦穗丰对木简书法有过专门的讨论。见麦穗丰：《从广州南越国木简看岭南秦汉时期书法——兼谈广州考古发现的秦汉金石》，《广州文博（贰）》，第 113~124 页，文物出版社，2008 年。

③ 广西壮族自治区博物馆：《广西贵县罗泊湾汉墓》，第 89 页，文物出版社，1988 年。

④ 广州市文物管理委员会、中国社会科学院考古研究所、广东省博物馆：《西汉南越王墓》，第 325 页，文物出版社，1991 年。

上使用的情况看，它们的形成时间当与墓主去世时间相当或接近。即，南越王墓出土竹签牌和封泥匣的时间应在汉武帝早期偏晚阶段。

从发掘情况看，J264 被晚期遗迹唐代水渠 G103 打破井口，东半部被第 13 层叠压，井口东、西两侧的进水沟渠和地面铺砖叠压于第 13 层或 14 层下，埋藏在井内的木简为南越国时期木简①。

J264 出土多枚木简有纪年，第 81 号、第 91 号简书写"廿六年七月"，第 96 号简上书写"廿六年八月"。"廿六年"之前无年号。

据文献，南越国赵佗自汉高祖四年（公元前 203 年）立国，到婴齐在武帝元鼎六年（公元前 111 年）被灭，前后享国 93 年，传四世五主。五主中，赵佗在位时间超 26 年，另四位南越王在位最长也仅 16 年，木简的纪年属赵佗时代。

在南越立国的 93 年间，与南越国同时的汉王朝先后有汉高祖、汉惠帝、吕后、汉文帝、汉景帝、汉武帝等五帝六主，武帝在位超 26 年。汉武帝于建元元年（公元前 140 年）即位，在位的第 26 年为元鼎二年（公元前 115 年）。虽从长安城未央宫出土骨签看，汉武帝使用的最早年号为太初（公元前 104～公元前 101 年），之前的年号均为追溯②，但据文献记载，此前虽无年号但以六为纪，武帝不会有 26 年纪③，故木简中的"廿六年"当为南越国赵佗纪年。

由于 3 枚"廿六年"木简无干支，因此虽能定其为赵佗纪年，但不能遽定对应的公元纪年。从文献记载看，赵佗 26 年的始年有多种可能：

1. 以赵佗据岭南自立"即击并桂林、象郡，自立为南越武王"的高祖四年（公元前 203 年）为初年，"廿六年"为汉文帝前元二年（公元前 178 年）；

2. 以赵佗在汉高祖十一年"陆贾因立赵佗为南越王，与剖符通使，和集百越"为初年，"廿六年"为汉文帝前元九年（公元前 171 年），与前相差 7 年左右。

3. 以赵佗在吕后五年（公元前 183 年）因"有司禁南越关市铁器……乃自尊号为南越武帝"为初年，木简"廿六年"当为汉文帝后元六年（公元前 158 年），与第一种差 20 年。

但无论如何计算，J264 出土木简的时间均在汉文帝时期，即西汉前期。从文献记载看，赵佗去世于汉武帝建元四年（公元前 137 年），在位长达 67 年左右，故不管"廿六年"始年为何，

---

① 胡平生从第 67 号简可能为汉军文书出发，怀疑第 11 号、第 12 号"二简所记，会不会就是汉军进入苍梧之类的史事呢？……假如这一推测能够成立，则 J264 之下限可至汉武帝元鼎时。从写简文字的书风书体来分析，与过去出土的西汉早期至中期的简帛资料比较应当也是相吻合的。这一推测或可提醒整理者，在整理研究南越宫苑出土简牍时也要考虑到其为汉朝文物的可能性"。见胡平生：《南越宫署出土简牍释文辨正》，《胡平生简牍文物论稿》，第 178 页，中西书局，2012 年。

② 刘庆柱、李毓芳、刘瑞：《汉长安城未央宫骨签》（90 册），中华书局，2018 年。

③ 胡平生认为"武帝是完全有可能出现二十六年纪年的"，"汉武帝二十六年，大抵正是南越王婴齐死、兴即位的时候"。见胡平生：《南越宫署出土简牍释文辨正》，《胡平生简牍文物论稿》，第 179～180 页，中西书局，2012 年。就考古资料言，诸侯国内自有纪年。如中山靖王刘胜墓出土铜鋗："中山内府，铜一，容三斗，重七斤十三两，第五十九，卅四年四月，郎中定市河东。"又如周世荣在《湖南战国秦汉魏晋铜器铭文补记》中公布的铜钫铭："□庙塗钫一容四斗，重十八斤十二两，长沙元年造"（《古文字研究》第十九辑，第 200 页，中华书局，1992 年）此外江苏盱眙汉江都王陵出土器物有诸侯王纪年（南京博物院、盱眙县文化广电和旅游局：《大云山——西汉江都王陵 1 号墓发掘报告》，文物出版社，2020 年），如银沐盘铭"江都宦者。沐盘，容一石八斗，重廿八斤。十七年，受邸"（第 409 页），漆卮有铭"十一袭卮。廿二年，南工官监臣延年、啬夫臣不识、工臣绵造"（第 497 页）。钱彦惠指出，江都王陵同墓所出器物铭文最早纪年为江都王刘非二十一年，即武帝元光二年（公元前 133 年），最晚纪年为"二十七年"，即元朔二年（公元前 127 年）（见钱彦惠：《铭文所见西汉诸侯王器物的生产机构——兼论西汉工官的设置与管理》，《东南文化》2016 年第 3 期，第 44 页）。迄今为止，未发现汉武帝时期中央制造的太初纪年之前的长纪年器铭，究竟是连续纪年，还是其他，有待更多考古发现。而在新发现出现之前，武帝有二十六年纪年的意见仅为"可能"，本文以南越国自有纪年为论（如"文帝九年"所示）。

"廿六年"均应在南越赵佗统治的中期偏早。

J264 出土木简中另有 3 枚仅有月数的纪日干支，即第 73 号、第 75 号简"四月辛丑"，第 76 号简"四月辛卯"。从四月纪日看，从高祖始年（公元前 203 年）开始，"四月辛丑"和"四月辛卯"频频出现，如公元前 202 年、公元前 196 年、公元前 195 年、公元前 194 年、公元前 191 年、公元前 185 年、公元前 184 年等大量的 4 月均有"辛卯""辛丑"，公元前 198 年、公元前 197 年、公元前 188 年、公元前 187 年等大量的 4 月仅有"辛卯"，公元前 193 年、公元前 192 年等大量的 4 月仅有"辛丑"[①]。出现频率甚高，难以据此开展木简具体年代判断。

从上述分析看，J264 出土木简的时代与罗泊湾一号墓出土简牍时代基本相近，均早于南越王墓出土竹签牌和封泥匣时代。

麦英豪、黎金指出，"廿六年"之前无其他文字，与南越王墓出土"文帝九年"铜勾鑃显示的纪年方式有别，"因'廿六年'之前也没有冠上年号，可以断定，'廿六年'当为南越立国的纪年，即赵佗元年之后的第廿六年"，为公元前 178 年（汉文帝前元二年）。按"文帝九年"显示出的纪年格式，木简当写为"武帝廿六年"或"武王廿六年"，但从木简既无"武帝"也无"武王"情况看，"廿六年"前是否写上帝或王的名号可能应不重要。

从文献记载看，无论以何年计算赵佗始年，廿六年都在赵佗称"南越武帝"的吕后五年（公元前 183 年）之后，此时距赵佗"自立为南越武王"的高祖四年（公元前 203 年）有 20 年左右。即，以高祖始年（公元前 203 年）算廿六年在公元前 178 年，时在赵佗自立武帝后六年，为汉文帝前元二年。从记载看，"文帝元年，初镇抚天下，使告诸侯四夷从代来即位意"，后文帝派陆贾二使南越，赵佗"改号不敢为帝"。文献未载陆贾第二次南行的准确时间，但考虑到长安至番禺的路程波折，时间可能恰在赵佗廿六年的文帝前元二年左右。不过同样从文献看，之后赵佗"其居国，窃如故号。其使天子，称王朝命如诸侯"[②]，而"文帝九年"显示的也恰是南越国"窃如故号"的情况。从这个角度考虑，赵佗纪年应不会随称帝而改。若是，则"廿六年"始年为高祖始年并进而确定"廿六年"为公元前 178 年的认识或可成立[③]。

麦英豪、黎金注意到 J264 出土第 17 号简"王所财（赐）泰子。今案，齿十一岁高六尺一寸，身□无痕伤"中的"王"字，提出此简记事时间应在赵佗称帝（公元前 183 年）前，指出 J264 出土木简上限在赵佗 21 年或稍前若干年，下限在赵佗 26 年或稍后数年，判断木简持续的跨度不少于 6 年[④]。此说尚待更多资料验证。

三　木简分类

广东、广西出土的南越简牍均属简牍文书，尚未见简牍典籍。结合 J264 出土木简内容，南越

---

① 王双怀编著：《中华通历·秦汉》，陕西师范大学出版社，2018 年。

② ［汉］班固：《汉书·西南夷两粤朝鲜传》，第 3851～3853 页，中华书局，2006 年。

③ 黄展岳认为"简文'廿六年'，以第一次称王纪年的可能性较大，即汉文帝前元二年（公元前 178 年）。"见黄展岳：《南越木简选释》，《南越国考古学研究》，第 236 页，中国社会科学出版社，2015 年。

④ 麦英豪、黎金：《南越木简发现的联想》，《广州文博（壹）》，第 10 页，文物出版社，2007 年。

木简大体可簿籍、文书等 2 类①。

（一）籍簿

籍簿在不同地点出土简牍文书中所占的比例不等。《说文解字》："籍，簿书也。"② 簿常以人或钱物的数量值为主项，籍大多以人或物自身为主项③。薛英群指出：

> 所谓"名籍"或"署名籍"指书（署）名于册也。初，仅职官署籍，曰名籍，《史记·郑当时传》云"诏尽拜名籍者为大夫"，这是官吏任免、迁升的依据。战国以后渐为泛用，遂推及军、政基层单位。

> "史覆偃等名籍如牒书"，"史覆偃"，人名，"牒书"，在前节已有较详的考述，这种书式多用于与人事有关的人和事。"名牒"有时也连用，意为以牒署名，同于名籍，《后汉书·百官志》曰："郡国岁因计，上宗室名籍"，名籍若书于牒，亦称名牒。④

李均明也指出：

> 与通用文体相应，局限于较小的领域和部门使用的文书，今人称作专用文书。秦文书客观上亦可划出专用文种——如簿籍、券约、司法文书等。

> 簿籍，是各种记帐、名册，包括今人所指的统计与会计文书，定期或不定期，应用极广泛。簿籍，《商君书》中多单称簿，《秦简》中多单称籍。簿籍的名目很多，刘彦和云："是以总领黎庶，则有谱籍簿录。"……

> 史籍所见尚有"官籍"，《史记·蒙恬列传》："（赵）高有大罪，秦王令蒙毅法治之。毅不敢阿法，当高罪死，除去官籍。"官籍是官吏的名册。

> 秦簿籍大多是定期制定、上报的，……亦有不定期、临时制定的……⑤

据秦简指出，秦有廥籍、恒籍、食者籍、弟子籍、久书等。南越木简中的籍簿大体可初步分为以下数种⑥。

1. 出入籍

共 5 枚：

第 80 号简：甲寅，屳使没使睪故　　出入

第 82 号简：丁未，御工令赢上笥宫门　　出入

第 95 号简：戊戌，常使将下死鸡居室　　出入

---

① 部分残简根据简上文字进行了尝试性归类；对木简的文字释读、句读，参考各家所言，酌以己见，或与报告前文略异。
② ［汉］许慎：《说文解字》，第 90 页，中华书局，2013 年。
③ 李均明、刘国忠、刘光胜等：《当代中国简帛学研究（1949—2019）》，第 390 页，中国社会科学出版社，2019 年。
④ 薛英群：《居延汉简通论》，第 456 页，甘肃教育出版社，1991 年。
⑤ 李均明：《秦文书刍议——从出土简牍谈起》，《出土文献研究续集》，第 184～185 页，文物出版社，1989 年。
⑥ 由于籍簿本身的内容相类，从许慎《说文》看二者的区别不大。如李天虹指出的："假如簿按人名立项，从内容到形式上有时就难以与名籍区分。……若没有汉简本身的定名，就很难确定何者为名籍，何者为簿。"在南越国木简出土甚少且无自题的情况下，此处的名籍名簿基本仅是"顺口"而为，有待更多发现。见李天虹：《居延汉简簿籍分类研究》"前言"，第Ⅷ页，科学出版社，2003 年。

第 99 号简：丙午，左外郎豕等下死灵泰官　出入①

第 103 号简：癸丑，常使气下鸟高平　出入

《汉官解诂》："凡居宫中，皆施籍于门，案其姓名。若有医巫僦人当入者，本官长吏为之封启传，审其印信，然后内之。人未定，又有籍，皆复有符。符用木，长二寸，以当所属两字为铁印，亦太卿炙符，当出入者，案籍毕，复齿符，乃引内之也。其有官位得出入者，令执御者官，传呼前后以相通。"② 而据《说文解字》："符，信也，汉制以竹，长六寸，分而相合。"③ 居延汉简有"始元七年闰月甲辰，居延与金关为出入六寸符，券齿百，从第一至千，左居官，右移金关，符合以从事第八"④，与《说文》合。《汉书·魏相丙吉传》"光夫人显及诸女皆通籍长信宫，或夜诏门出入"，颜师古注："通籍，谓禁门之中皆有名籍，恣出入也。"⑤ 《后汉书·郑范陈贾张列传》："建武中，皇太子及山阳王荆，因虎贲中郎将梁松以缣帛聘请义，引籍出入殿中。"⑥

5 枚南越木简出土于宫中，当与"皆施籍于掖门"中之"籍"有关⑦，与《说文解字》及西北汉简所见的出入津关的符传等不同⑧。其作用应如文献所言，或即是放在宫中登记进出人员情况的记录，与另外的出入符对应。

5 枚木简既不纪年亦不纪月，简上仅有"甲寅""丁未""戊戌""丙午""癸丑"纪日。之下记录的内容，是某职官为何去哪里，如第 82 号简记御工令"嬴"因"上笥"而出入"宫门"，第 95 号简记常使"将"下死鸡去"居室"，第 103 号简记常使"气"下鸟到"高平"。

之前各地出土的出入符传等均出自边地，内容多是人员物品出入关隘，与前引文献记载出入宫禁的情况有所区别。南越木简中的 5 枚出入籍，虽同样出自汉之边疆，但因赵佗"其居国，窃如故号"称帝，而木简出土于南越国宫中，因此它们可能就是当时置宫中的出入籍或是出入而留下的记录。

从文献及西北出土汉简看，汉代出入符长六寸，分为左右，均有刻齿⑨。从 5 枚南越木简看，均长达尺一，左右无刻齿，差异明显。推究原因，一方面是南越简牍本就普遍广大，另一方面可能与其置于宫中而或宫中籍或另有制度，当然也可能是文献及西北出土简牍的时代晚于南越木简，二者间差异乃因时代不同而致。

2. 门籍⑩

共 4 枚：

---

① "外"，从胡平生：《南越宫署出土简牍释文辨正》，《胡平生简牍文物论稿》，第 180 页，中西书局，2012 年。胡平生还认为简中"死"字应为"列"字误写，"'列灵泰官'应是负责供奉祭祀众神灵的机构与官吏。'出入'，可能指'进出'这些机构。"

② ［汉］王隆：《汉官解诂》，［清］孙诒让等辑，周天游点校：《汉官六种》，第 14 页，中华书局，2012 年。

③ ［清］段玉裁：《说文解字注》，第 191 页，中州古籍出版社，2006 年。

④ 李天虹：《居延汉简簿籍分类研究》，第 159 页，科学出版社，2003 年。

⑤ ［汉］班固：《汉书·魏相丙吉传》，第 3135 页，中华书局，2006 年。

⑥ ［宋］范晔：《后汉书·郑范陈贾张列传》，第 1224 页，中华书局，2006 年。

⑦ 黄展岳指出："出入，这批木简多枚简文末了书写'出入'二字，似同属籍簿文书。"见黄展岳：《南越木简选释》，《南越国考古学研究》，第 237 页，中国社会科学出版社，2015 年。

⑧ 胡平生认为"有'出入'二字不一定就是'出入籍'，……简 091 由于木简文字残阙，上下两段文字的关系不明，其性质并不是很清楚。"见胡平生：《南越宫署出土简牍释文辨正》，《胡平生简牍文物论稿》，第 181 页，中西书局，2012 年。

⑨ 李天虹：《居延汉简簿籍分类研究》，第 159 页，科学出版社，2003 年。

⑩ 曹旅宁亦认为其为"门籍"。见曹旅宁：《南越国宫署遗址所出法律简牍初探》，《中国古都研究》第 23 辑，第 135 页，三秦出版社，2008 年。胡平生认为"'门籍'都靠不住"。见胡平生：《南越宫署出土简牍释文辨正》，《胡平生简牍文物论稿》，第 181 页，中西书局，2012 年。

第 38 号简：☑☑林使……

第 81 号简：赿弩令缇，故游衙（徼）特将则卒①，廿六年七月属　　　五百穨，引未引☑②

第 91 号简：☑张成，故公主诞舍人，廿六年七月属　　　将常使☑㘚㚄蕃禺人③

第 96 号简：赿弩拱都严，故潭侯舍人，廿六年八月属　　　五百穨，引未引☑

除第 38 号简外，其余 3 简的格式均为：身份＋人名＋之前身份＋时间＋其他。"缇""则""张成""诞""严"为人名，"赿弩令""游徼特将""舍人""常使"为职官名④，"公主""潭侯"为封号，"蕃禺"为地名。

属，《说文解字》"连也"，在此指"下属"或"属下"意⑤。此意文献常见，如《尚书·周官》"六卿分职，各率其属，以倡九牧，阜成兆民"，注"六卿各率其属官"⑥，《史记·陈涉世家》有"徒属皆曰：敬受命"⑦。以第 81 号简为例，其意大致为，赿弩令名"缇"，之前（"故"）是"游徼特将则"之"卒"，于"廿六年七月"后改属"赿弩"后为"令"。

第 81 号、第 96 号二简内容相似，81 号简"弩"下为"令"，96 号简"弩"下一字模糊，推测亦当为官名。两简上言"赿弩令"，下有"引"。就"弩"言，"引"意当近周勃"材官引强"之"引"。服虔注"能赢强弓官也"，孟康曰"如今挽强司马也"⑧。又《论衡·效力篇》有"干将之刃，人不推顿，苬瓠不能伤；筱簵之箭，机不动发，鲁缟不能穿。非无干将、筱簵之才也，无推顿发动之主。苬瓠、鲁缟不穿伤，焉望斩旗穿革之功乎？故引弓之力，不能引强弩。弩力五石引以三石，筋绝骨折，不能举也，故力不任强引，则有变恶折脊之祸。"⑨"引强"即拉开强弩意。"穨"，倾、倒塌、废坏之意。《论衡·累害》"论者既不知被累害者行贤洁也，以涂搏泥，以黑点缯，孰有知之？清受尘，白取垢，青蝇所污，常在练素。处颠者危，势丰者亏，颓坠之类，常在悬垂。屈平洁白，邑犬群吠，吠所怪也；非俊疑杰，固庸能也。"⑩"五百穨，引未引☑"，两简末字均残泐，以字面看，推测与弩官之"弩"废坏而当引未引有关。

3. 马籍

共 1 枚：

第 17 号简：王所赐泰子，今案齿十一岁，高六尺一寸，身☑毋狠伤。

西北汉简中有较多马名籍。如"传马名籍"（203.09）；如"☑官☑驿马一匹，骊驳，牡，左剽，齿十四岁，高五尺八寸中"（231.20）；如"甲沟庶士候长苏长，马一匹，骓，牝，齿七岁，

① 赿、衙，从黄展岳：《南越木简选释》，《南越国考古学研究》，第 236 页，中国社会科学出版社，2015 年。
② "穨"，承复旦大学郭永秉先生赐识。
③ "㘚㚄"，承复旦大学郭永秉先生赐识。
④ 《史记·滑稽列传》有"郭舍人"，"舍人"为人名。［汉］司马迁：《史记·滑稽列传》，第 3864 页，中华书局，2013 年。
⑤ 麦英豪、黎金：《南越木简发现的联想》，《广州文博（壹）》，第 7 页，文物出版社，2007 年。判断"属，通嘱。……有嘱托、交带、交办等意思"，在这里"应是把某年某月或某月某日交办的事情记下来的意思"。
⑥ ［清］阮元：《尚书注疏》，第 1069～1070 页，浙江大学出版社，2014 年。
⑦ ［汉］司马迁：《史记·陈涉世家》，第 2354 页，中华书局，2013 年。
⑧ ［汉］班固：《汉书·周勃传》，第 2050 页，中华书局，2006 年。
⑨ ［汉］王充：《论衡》，第 204 页，上海人民出版社，1974 年。
⑩ ［汉］王充：《论衡》，第 6 页，上海人民出版社，1974 年。

高五尺八寸"（EPT65：45），等等①。

据《史记》载，吕后五年"有司请禁南越关市金铁"②，《汉书·西南夷两粤朝鲜传》赵佗致汉文帝书中言，"高后自临用事，近细士，信谗臣，别异蛮夷，出令曰'毋予蛮夷外粤金铁田器；马牛羊即予，予牡，毋予牝'。老夫辟处，马牛羊齿已长，自以祭祀不修……"③，将高后时期禁令进行了"誊抄"。此即《南越五主传》"以有司请禁南越关市金铁、田器，及马、牛、羊、畜毋得以牝，著令于边"④的来源。从景帝中元四年（公元前146年）"禁马高五尺九寸以上，齿未平，不得出关"⑤情况看，高后时对南越输入马匹的控制当与此类似。据湖北江陵张家山汉简《津关令》：

> ☐议：禁民毋得私买马以出扜关、郧关、函谷关、武关及诸河塞津关。其买骑、轻车马、吏乘、置传马者，县各以所买名匹数告买所内史、郡守，内史、郡守各以马所补名为久久马，为致告津关，津关仅以籍、久案阅，出。诸乘私马入而复以出，若出而当复入者，出，它如律令。御史以闻，请许，及诸乘私马出，马当复入而死亡，自言在县官，县官诊及狱讯审死亡，皆津关，制曰：可。⑥

而即使是诸侯国买马也需通过审批程序，如：

> 十六、相国上长沙丞相书言，长沙地卑湿，不宜马，置缺不备一驷，未有传马，请得买马十，给置传，以为恒。相国、御史以闻，请许给买马。·制曰：可。⑦

从西北汉简中常见马匹登记看，在关隘当马匹出入时需要登记的数量、颜色、牝牡、身高等内容，起码从《津关律》时代已经开始，当然相关制度的出现应该还会更早。如此管理，陈直先生指出，"上齿未平，不得出关者，以精壮之马，不能流至诸侯王国即侯国也"⑧。这应与马作为重要的军事资源有关。

前引景帝中元四年限制马匹出关的规定中，以0.23米为一尺，五尺六寸合1.29米左右。"齿未平"的要求略显笼统，服虔注谓"马十岁，齿下平"，意为十岁之上马匹可以出关。据《齐民要术》载"十二岁，下中央两齿平；十三岁，下中央四齿平；十四岁，下中央六齿平"，"十八岁，上中央两齿平；十九岁，上中央四齿平；二十岁，上下中央六齿平"⑨，马的牙齿从十二岁开始下中央两齿平至二十岁全平是一个过程，服虔注言未必精确。

第17号简的内容，记载马的来源是"王"所赐下，登记马的主人为"泰子"，即南越王赐于泰子之马。简未记载马有无专名或通名，这种情况虽与西北汉简中时言"驿马"的情况不同，但也与西北汉简中在马属个人时不记名称的情况一致。

---

① 李天虹：《居延汉简簿籍分类研究》，第151页，科学出版社，2003年。

② ［汉］司马迁：《史记·南越列传》，第3571页，中华书局，2013年。

③ ［汉］班固：《汉书·西南夷两粤朝鲜传》，第3851页，中华书局，2006年。

④ ［清］梁廷楠：《南越五主传》，第7页，广东人民出版社，1982年。

⑤ ［汉］班固：《汉书·景帝纪》，第147页，中华书局，2006年。

⑥ 张家山二四七号汉墓竹简整理小组：《张家山汉墓竹简（二四七号墓）》，第208页，文物出版社，2001年。

⑦ 张家山二四七号汉墓竹简整理小组：《张家山汉墓竹简（二四七号墓）》，第209页，文物出版社，2001年。

⑧ 陈直：《汉书新证》，第24页，天津人民出版社，1979年。

⑨ ［北魏］贾思勰著，石声汉校释：《齐民要术今释》，第508页，中华书局，2013年。

从该枚木简登记马匹情况看，马高六尺一寸，相当于今 1.4 米，超过前引景帝时规定不能出关的马匹高度；马齿 11 岁，以《齐民要术》的 12 岁齿始平计，也低于景帝时规定不能出关马匹的要求。因此，在景帝中元四年之后，若该马尚在汉王朝的话，应不能出关。

当然，作为南越王赐给泰子之马，自然属良马，其"身完毋很伤"的记述，体现出南越王国泰子属下对该马的精心养护①。

据出土简牍，位于南越国北侧的长沙国内不宜养马，即"长沙地卑湿，不宜马"，地处长沙更南的南越国国都番禺内养育马匹就必更加困难。从考古资料看，我国境内从旧石器时代至商末周初马骨的出土集中于北方黄河流域，除云南、四川有少量发现外，在庞大的淮河以南直至大海的空间范围内未见马骨分布②。这种情况到秦汉时期也未有根本改变，至明代尚有"南人乘舟北人驾马"语流传③，清代此说依然如故④。因此该枚木简的内容，当是南方地区养马历史的重要发现。

"泰子"，文献中多作"太子"，木简所见与文献及之前出土资料合。据《史记·南越列传》南越国有"太子兴"，《太平御览》卷三百四十八有南越国"太子始"。象岗南越王墓出土"泰子"金印、玉印各 1 枚，发掘者据此推断其可能即为太子"赵始之物"。据《史记·南越列传》"佗孙胡为南越王"下《集解》徐广曰："皇甫谧曰越王赵佗以建元十年卒，尔时汉兴七十年，佗盖百岁矣"⑤。从其以孙即位的情况看，其子在赵佗去世前当已去世，之后赵胡接任太子⑥。从木简称"王"看，当在南越国早期，若是，木简中"泰子"为赵佗子的可能性为大（如据前引文献，有可能为"赵始"）。

4. 禽鸟动物籍

共 6 枚：

第 9 号简：□□□

　　　　絮雄鸟三⑦

　　　　白鼻一

第 59 - 2 号简：朱劳鸟一☑

第 72 号简：野雄鸡六

第 73 号简：野雄鸡七，其六雌一雄，以四月辛丑属中官租　　纵⑧

第 75 号简：☑……四月辛丑属中官租　　纵

---

① 温敬伟判断此简所记为泰子"年龄身高等外貌形象"，此"泰子""既非赵始，亦非佗孙赵胡，……当属于赵佗儿子之一，南越文王赵胡的父亲或叔伯辈"。见温敬伟：《南越木简中所书"泰子"身份初探》，《神州民俗》2010 年第 144 期，第 53～54 页。

② 袁靖：《中国家马的研究》，《科技考古文集》，第 72 页，文物出版社，2009 年。

③ ［明］陈仁锡撰：《无梦园初集》"车集"三，明崇祯六年刻本。

④ ［清］黄图珌撰：《看山阁集》"技艺部"，清乾隆刻本，"辨风土"中言"南人乘舟北人乘马"。

⑤ ［汉］司马迁：《史记·南越列传》，第 3573 页，中华书局，2013 年。

⑥ 刘瑞、冯雷：《广州象岗南越王墓的墓主》，《考古与文物增刊》2002 年《汉唐考古》，第 183～190 页。

⑦ "絮雄"，从黄展岳：《南越木简选释》，《南越国考古学研究》，第 234 页，中国社会科学出版社，2015 年。黄展岳指出"此简可能是这批木简中物籍的首简"。

⑧ 胡平生读作"野雉鸡"。见胡平生：《南越宫署出土简牍释文辨正》，《胡平生简牍文物论稿》，第 173 页，中西书局，2012 年。黄展岳读为"野雄鸡"，认为"野鸡，汉人避吕后讳，故称雄为野鸡"。见黄展岳：《南越木简选释》，《南越国考古学研究》，第 236 页，中国社会科学出版社，2015 年。

第 78 号简：牡鹿一

6 枚木简中，除去文字不清者外，登记了 4 种禽鸟（紫离鸟、白鸮、朱劳鸟、野雄鸡）和 1 种哺乳动物（鹿）。除第 9 号简写两行半字且木简较宽外，其余 5 枚木简文字均单行，简牍规格相似，出土位置接近，有较大可能原编联成册。

从木简看，南越国对禽鸟动物的登记，包括了名称、数量和性别，有时还会详细登记来源和去向（第 73 号、第 75 号简）①。

从简中显示的鸟名看，南越国鸟的命名应是以颜色为重要区分。从文献记载看，在陆贾第二次到南越带来汉文帝书信后，赵佗"改号不敢为帝矣"，"谨北面因使者献白璧一双，翠鸟千、犀角十、紫贝五百、桂蠹一器，生翠四十双，孔雀二双"②，向文帝"上贡"了大量翠鸟和生翠、孔雀，不仅显示南越国鸟类资源的丰富，而且可能之前都经过人工豢养，木简的发现进一步丰富了此点认识。从木简看，南越国不仅存在人工养殖的禽鸟与鹿，且还为此指定专人管理，木简即是管理登记的产物。

鹿的养殖和食用，过去常见于北方。战国时期的秦人文化中，鹿充当了重要角色。如从建筑材料看，不管是雍城还是栎阳，都发现了较大数量和比例的鹿纹瓦当。到秦都咸阳之后，秦人养鹿的情况一直延续，于是才有了秦二世时"指鹿为马"的出现，才有了"秦失其鹿，天下共逐之"的话语（《史记·淮阴侯列传》），并引申出"逐鹿中原"的典故。而"逐鹿中原"中的"鹿"，裴骃《史记集解》引张晏曰："以鹿喻帝位也"，鹿的地位可见一斑。之前南方地区的考古发现中，很少发现鹿骨，与北方各地战国秦汉遗址中鹿骨发现较多的情况不同。这一方面与南方红壤地区酸性土壤不易保存骨头的原因有关，一方面也是南方地区养殖鹿较少的间接反映。南越木简显示的南越养殖鹿的记载，是南方地区最早的鹿养殖文献③。南越王墓出土的大量动物遗骸经鉴定后未见鹿骨，与马王堆一号汉墓出土动物遗骸中有梅花鹿且数量仅次于家鸡的情况不同。不过如王子今注意到的，马王堆一号汉墓出土 317 号竹笥承装物品为"兽骨及鸡骨"，而上系木质签牌分别注明是鹿和鸡；343 号竹笥内为"酱状物"，"鉴定者也没有作出其中为鹿肉的判断，然而木质签牌写明为'鹿脯笥'"④；因此，南越王墓只能说未见鹿骨遗骸，并不能排除当初埋藏鹿肉等的可能。而从木简显示苑中养鹿，如王子今指出的秦汉时人食鹿肉的情况一样，南越王墓中埋藏鹿肉的可能性应该不小。当然，从文献记载看，宫中养鹿的情况直到东汉还在延续。如《汉官典职仪式选用》载："宫中苑，聚土为山，十里九坂，种奇树，育麋鹿麐麂，鸟兽百种。"⑤"麋鹿麐麂"指的是不同的鹿。

第 72 号、第 73 号简中均记"野雄鸡"，第 73 号简还言"野雄鸡七，其六雌一雄"。从简文看

①　曹旅宁指其"可能都是禁苑所交猎获物的物籍"。见曹旅宁：《南越国宫署遗址所出法律简牍初探》，《中国古都研究》第 23 辑，第 137 页，三秦出版社，2008 年。

②　[汉] 班固：《汉书·西南夷两粤朝鲜传》，第 3852 页，中华书局，2006 年。

③　战国秦汉养鹿、用鹿的情况，参见王子今：《马王堆一号汉墓出土梅花鹿标本的生态史意义》，《古代文明》第 2 卷，文物出版社，2003 年；《走马楼简的"入皮"记录》，《吴简研究》第 1 辑，崇文书局，2004 年。二文均收入王子今：《长沙简牍研究》，中国社会科学出版社，2017 年。

④　王子今：《马王堆一号汉墓出土梅花鹿标本的生态史意义》，《长沙简牍研究》，第 18 页，中国社会科学出版社，2017 年。

⑤　[汉] 蔡质撰，[清] 孙星衍校集，周天游点校：《汉官六种》，第 211 页，中华书局，2012 年。

"野雄鸡"包括"六雌一雄",那"野雄鸡"中的"雄"字并不代表性别而是作为鸡专名中的固定用字。即,不管"野雄鸡"的性别是雌或雄均称"雄鸡"①。南越"雄鸡"简体现的用"雄"命名的传统,与文献和传说中交趾地区"厥气惟雄"的命名原则一致。简中"雄鸡"可能来自交趾地区,属交趾向赵佗进贡的土特产②,即简言之"中官租"。

属。《史记·高祖本纪》:"乃以秦王属吏,遂西入咸阳",《正义》:"属,付也"③。《汉书·高祖本纪》:"乃以属吏",颜师古注"属,委也"④。《汉书·高后纪》:"不可属天下",颜师古曰:"属,委也"⑤。

"纵"在简的下部单独出现,不与上文相连。我曾从里耶秦简中"敬手"等出发判断其可能为书手名,但也指出其无"手"字,推断未必可靠⑥。据《说文解字》:"纵,缓也,一曰舍也",有"释放"之意。睡虎地秦墓竹简《法律答问》有"将上不仁邑里而纵之,可(何)论?当击(系)作如其所纵,以须有得;有爵,作官府。"整理小组注:"纵,放走。"⑦"可(何)谓纵囚?……当论而端弗论,及伤其狱,端令不致,论出之,是谓'纵囚'。"整理小组注:"纵囚,放走罪犯。"⑧《田律》"到七月而纵之",整理小组注:"纵,开禁。《逸周书·大聚》:'春三月,山林不登斧,以成草木之张;夏三月,川泽不入网罟,以成鱼鳖之长',与简文'到七月而纵之'相合。"⑨《汉书·西南夷两粤朝鲜传》有"纵火烧城""纵令相招"等记载⑩,"纵"均为"放"意。

也就是说,"纵"显示的,可能是"野雄鸡"通过中官到达某地后,"纵"——放开饲养。从相关木简与其他禽鸟简一起出现的情况看,"纵"为"放"意的可能性更大⑪。若是,南越木简在登记时,会视情况登记包括禽鸟来源和处理方式等内容。《西京杂记》载"闽越王献高帝石蜜五斛,蜜烛二百枚,白鹇、黑鹇各一双。高帝大悦厚报遣其使。"⑫ 现在从木简看,南越当与闽越一样,在王宫中亦豢养不少禽鸟,因此南越才能向汉皇帝贡献大量禽鸟。

5. 食籍
共 1 枚:

---

① 胡平生将"雄鸡"释读为"雉鸡",谓"'雄(?),整理者释为'雄'","按,此鸡之名'雄'与下文'六雌一雄'之'雄'写法不同,疑不应释为'雄'","怀疑此所谓'雄'字可能是'雉'。'雉'即野鸡,此称'野雉鸡',则雉鸡或已有人工豢养者。"见胡平生:《南越宫署出土简牍释文辨正》,《胡平生简牍文物论稿》,第 173 页,中西书局,2012 年。经细审第 72 号、第 73 号木简,各"雄"字一致无不同,当释"雄"非"雉"。
② 刘瑞:《"雄王"、"雒王"之"雄"、"雒"考辨》,《民族研究》2006 年第 5 期,第 74 ~ 78 页。于向东、刘俊涛认为当以"雒"为正说,见于向东、刘俊涛:《"雄王"、"雒王"称谓之辨管见》,《东南亚研究》2009 年第 5 期,第 78 ~ 84 页。汤志彪、周群认为,"野雄鸡"之"雄"当为"雒","与'露'通",见汤志彪、周群:《广州南越国宫署遗址所出西汉木简释读二题》,《社会科学战线》2009 年第 5 期,第 243 ~ 244 页。
③ [汉]司马迁:《史记·高祖本纪》,第 455 ~ 456 页,中华书局,2013 年。
④ [汉]班固:《汉书·高帝纪》,第 23 ~ 24 页,中华书局,2006 年。
⑤ [汉]班固:《汉书·高后纪》,第 98 页,中华书局,2006 年。
⑥ 黄展岳认为"纵,人名,似为征收中官租者或简文书写者"。见黄展岳:《南越木简选释》,《南越国考古学研究》,第 236 页,中国社会科学出版社,2015 年。
⑦ 睡虎地秦简整理小组:《睡虎地秦墓竹简》,第 108 页,文物出版社,2001 年。
⑧ 睡虎地秦简整理小组:《睡虎地秦墓竹简》,第 115 页,文物出版社,2001 年。
⑨ 睡虎地秦简整理小组:《睡虎地秦墓竹简》,第 20 页,文物出版社,2001 年。
⑩ [汉]班固:《汉书·西南夷两粤朝鲜传》,第 3858 页,中华书局,2006 年。
⑪ 胡平生指出,纵就是释放,是将从百姓那里以租的形式收来的野雄鸡放入宫苑中,供皇帝狩猎或观赏。见胡平生:《南越宫署出土简牍释文辨正》,《胡平生简牍文物论稿》,第 173 页,中西书局,2012 年。
⑫ [晋]葛洪撰,周天游校注:《西京杂记》,第 172 页,三秦出版社,2006 年。

第 92 号简：干鱼二斤十二两　给处都卒义犬　食

西北汉简中有"吏卒廪名籍"（EPT52：424），有申请廪食的名籍，也有发放廪食的名籍①。廪，指官府供给食物。《管子·国蓄》言"一人廪食，十人得余；十人廪食，百人得余；百人廪食，千人得余。"②《汉书·贡禹传》"廪食太官"，颜师古谓"太官给其食"；"又诸官奴婢十万余人戏游亡事，税良民以给之，岁费五六巨万，宜免为庶人，廪食"，颜师古注"廪食"谓"给以食"③。但从内容看，此枚木简与多数西北廪名汉籍不同，所记乃是颁发食物的内容和对象。

干鱼，史汉文献常见，为秦汉时重要的食物和祭品。如《史记·封禅书》"武夷君用干鱼"，《索隐》"今案，其祀用干鱼，不飨牲牢"④。

按《汉书·律历志》："权者，铢、两、斤、钧、石也，所以称物平施，知轻重也。本起于黄钟之重，一龠容千二百黍，重十二铢。两之为两，二十四铢为两，十六两为斤，三十斤为钧，四钧为石。"⑤ 南越衡权之制，据南越王墓出土 7 件记重器测量，1 斤＝229.634 克；以罗泊湾一号墓出土 4 件记重器测量，1 斤＝264.23 克；西汉前期 1 斤一般以 240 克为准，从数字看南越斤制与西汉前期重量标准稍有偏差⑥。木简言"二斤十二两"，以南越王墓出土记重器测量得出数值计，"二斤十二两"合今 631.493 克。

本简所记，为"给"干鱼于"义犬"。

据传世文献，《史记》《汉书》等汉代文献不见"义犬"词，晋人干宝《搜神记》中始有"义犬"⑦。从秦汉印章封泥发现看，秦汉时有"牛犬""求犬""王犬""田犬""尹犬"等人名，还有与"犬"相近的名"狗"之人，如"王狗""熊狗""左狗""张狗""张厌狗"等⑧，清华简也有"赵狗"⑨。木简中的"义犬"可能指的是名"义犬"之人，非动物之"犬"，身份为"处都卒"。"处都"，所指不详。

6. 树籍

共 5 枚：

第 10 号简：☑浦圙第十二木，实三百六十枚。

第 60 号简：☑实六十九枚。

第 68 号简：壶枣一木，第九十四，实九百八十六枚。

第 69 号简：壶枣一木，第百，实三百一十五枚。

第 90 号简：高平甘枣一木，第卅三，实八百廿八枚。

① 李天虹：《居延汉简簿籍分类研究》，第 52～60 页，科学出版社，2003 年。

② 戴旺：《管子校正》，第 361 页，上海书店，1991 年。

③ ［汉］班固：《汉书·贡禹传》，第 3072、3076 页，中华书局，2006 年。

④ ［汉］司马迁：《史记·封禅书》，第 1659 页，中华书局，2013 年。

⑤ ［汉］班固：《汉书·律历志》，第 969 页，中华书局，2006 年。

⑥ 广州市文物管理委员会、中国社会科学院考古研究所、广东省博物馆：《西汉南越王墓》，第 351 页，文物出版社，1991 年。

⑦ ［晋］干宝、陶潜撰，曹光甫、王根林校点：《搜神记　搜神后记》，第 157 页，上海古籍出版社，2021 年。

⑧ 罗福颐：《汉印文字征》，第 388 页，文物出版社，2010 年；赵平安、李婧、石小力：《秦汉印章封泥文字编》，第 890 页，中西书局，2019 年。

⑨ 陈美兰：《战国竹简东周人名用字现象研究——以郭店简、上博简、清华简为范围》，第 116 页，艺文印书馆，2014 年。

此 5 枚木简所记均与树木有关①。"木"，为树木的计量单位。"一木"，见《史记·刘敬叔孙通列传》"千金之裘，非一狐之腋也；台榭之榱，非一木之枝也；三代之际，非一士之智也。"②睡虎地秦简《封诊式》"一宇二内，各有户，内室皆瓦盖，木大具，门桑十木"，整理者注"木，应为朱字之误"③。从南越木简看，与睡虎地秦简用词一样，"木"为量词，不一定为"朱"之误。"实"，指果实或结果实，《汉书·惠帝纪》"五年冬十月……桃李花，枣实"④。第 10 号、60 号简残，所记何种树木难定。

第 68 号、第 69 号、第 90 号简均登记枣树，其中第 68 号、第 69 号登记"壶枣"，第 90 号登记"高平甘枣"。枣是秦汉时期重要的果树品种。《尔雅·释木》篇："枣，壶枣；边，要枣；櫅，白枣；樲，酸枣；杨彻，齐枣；遵，羊枣；洗，大枣；煮，填枣；蹶泄，苦枣；皙，无实枣；还味，稔枣。"⑤《史记·司马相如列传》就记载在长安城南郊的上林苑中："于是乎卢橘夏孰，黄甘橙楱，枇杷橪柿，樗柰厚朴，樗枣杨梅，樱桃蒲陶，隐夫郁棣，……罗乎后宫，列乎北园。"⑥ 在《西京杂记》中也记载上林苑中栽培的七种枣树："初修上林苑。群臣远方，各献名果异树。……枣七：弱枝枣、玉门枣、棠枣、青华枣、樗枣、心枣、西王枣。"⑦ 诸侯王也在苑囿栽培枣树，如《汉书·武五子传》："胥宫园中枣树生十余茎，茎正赤，叶白如素。"⑧ 在官员百姓家中也栽培枣树，如《汉书·王吉列传》："东家有大枣树垂吉庭中，吉妇取枣以啖吉。吉后知之，乃去妇。东家闻而欲伐其树，邻里共止之，因固请吉令还妇。里中为之语曰：'东家有树，王阳妇去；东家枣完，去妇复还。'其厉志如此。"⑨ 并因植枣而富，《史记·苏秦列传》："说燕文侯曰：燕……南有碣石、雁门之饶，北有枣栗之利，民虽不佃作而足于枣栗矣。此所谓天府者也。"⑩ 南方地区，曾在长沙马王堆汉墓出土枣⑪，广州南越王墓已有枣的出土。

壶枣，郭璞《尔雅》注："今江东呼枣大而锐上者为壶；壶，犹瓠也。"缪启愉指出："壶枣：下大上锐，形如壶，即形如葫芦的大型枣。"⑫ 汉扬雄《方言》卷十一："其大而蜜者谓之壶蜂"，钱绎笺疏指出："凡言壶者，皆大之义也。"⑬ 壶枣，即大枣。岭南有壶橘，《太平御览》引晋顾微之《广州记》："荔枝、壶橘，南珍之上，菱莲椑柿为其次。"⑭

① 曹旅宁指出这些简"可能是仿照秦禁园令加以实施的反映"。见曹旅宁：《南越国宫署遗址所出法律简牍初探》，《中国古都研究》第 23 辑，第 138 页，三秦出版社，2008 年。
② ［汉］司马迁：《史记·刘敬叔孙通列传》，第 3283 页，中华书局，2013 年。
③ 睡虎地秦简整理小组：《睡虎地秦墓竹简》，第 149 页，文物出版社，2001 年。
④ ［汉］班固：《汉书·惠帝纪》，第 90 页，中华书局，2006 年。
⑤ 《尔雅》，第 82 页，中华书局，2016 年。
⑥ ［汉］司马迁：《史记·司马相如列传》，第 2647 页，中华书局，2013 年。
⑦ ［晋］葛洪撰，周天游校注：《西京杂记》，第 52 页，三秦出版社，2006 年。
⑧ ［汉］班固：《汉书·武五子传》，第 2672 页，中华书局，1992 年。
⑨ ［汉］班固：《汉书·王吉传》，第 3066 页，中华书局，1992 年。
⑩ ［汉］司马迁：《史记·苏秦列传》，第 2243 页，中华书局，2013 年。
⑪ 《长沙马王堆一号汉墓出土动植物标本的研究》，第 10～12 页，文物出版社，1978 年。
⑫ ［后魏］贾思勰著，缪启愉校释：《齐民要术校释》，第 261 页，中国农业出版社，1998 年。
⑬ ［清］钱绎：《方言笺疏》，第 634 页，上海古籍出版社，1984 年。
⑭ 骆伟、骆廷：《岭南古代方志辑佚》，第 100 页，广东人民出版社，2002 年。

高平甘枣①，高平，地名。甘枣，《史记·五帝本纪》"舜耕历山"，《正义》引《括地志》谓"亦名甘枣山"②。此外，由于字形相近，"甘"或可释为"白"，为文献所载"白枣"③；或亦可读"日"，为"日枣"，今有"小日月枣"④。

从5枚木简看，南越国对枣树等果树进行了编号并加以登记，如第68号简"壶枣"编号"第九十四"，第69号简"壶枣"编号"第百"，第90号简的"高平甘枣"编号"第卅三"。同时南越国对每棵枣树等果树上结出的果实进行详细清点并加以记录，如第68号简"实九百八十六枚"，第69号简"实三百一十五枚"，第90号简"实八百廿六枚"。从木简中的果木编号未见重复情况看，推测南越宫苑种植的果木大体是各种树木一起种植一起连续编号，统一管理。当时在南越宫苑中，在将枣树等果树进行编号、果实清点后，应还会进行一定的档案管理，此5枚木简应即因此产生的树籍⑤。若进一步推陈的话，从木简反映当时对树木"细致入微"的管理情况看，南越可能已设置职官负责此事，如秦汉"橘官"一样。

《岭表录异》："广州地热，种麦则苗而不实，北人将蔓子就彼种者，出土即变为芥。"⑥岭南气候，其实并不适合"壶枣"等生长，如《岭南异物志》载，"五岭春夏，率皆淫水，晴日既少，涉秋入冬方止。"⑦从树木生长看，枣虽对气候、土壤适应能力很强，但最佳生长环境在海拔500～1000米左右的温带地区。"在低纬度地区，枣分布的海拔较高，而高纬度地区分布较低。"⑧出土木简的南越国宫署海拔仅十余米，属亚热带气候，并不适合原生于北方的枣树的生长。从枣树上果实不足千颗、明显偏少情况看，或是南越国种植的这些枣树尚小而挂果甚少，或即是因气候不宜生长而结果不多⑨。

7. 船籍

共2枚：

第21-2号简：☑广于故船四分。

第136号简：船□☑

船，《释名》"船，循也，循水而行也。又曰舟，言周流也。"⑩为河流湖泊地区普遍使用的交通工具。《史记·南越列传》"得越船粟"⑪。汉有大型战船，如《汉书·武帝纪》"楼船将军杨朴

---

① 因"曰""甘"相近而愚曾释"曰枣"。见广州市文物考古研究所、中国社会科学院考古研究所、南越王宫博物馆筹建处：《广州市南越国宫署遗址西汉木简发掘简报》，《考古》2006年第3期，第9页。二字字形相似除见《文字编》外，亦可参见陈松长：《马王堆简帛文字编》，第192～193页，文物出版社，2001年；骈宇骞：《银雀山汉简文字编》，第167页，文物出版社，2001年。若从笔画脱落考虑，释"白"为"白枣"的可能性应存在。今释"甘枣"从胡平生、郝本性、麦英豪、黎金等。见胡平生：《南越宫署出土简牍释文辨正》，《胡平生简牍文物论稿》，第68页，中西书局，2012年；麦英豪、黎金：《南越木简发现的联想》，《广州文博（壹）》，第6页，文物出版社，2007年。

② ［汉］司马迁：《史记·五帝本纪》，第39页，中华书局，2013年。

③ 黄展岳释读为"高平曰（白）枣"，谓"曰枣，疑为白枣之误。……高平白枣，似指从高平移植到岭南一种名叫白枣的枣树"。见黄展岳：《南越木简选释》，《南越国考古学研究》，第235页，中国社会科学出版社，2015年。

④ 曲泽洲、王永蕙：《中国果树志·枣卷》，第442页，中国林业出版社，1993年。

⑤ 林剑鸣：《简牍概述》，第136～144页，陕西人民出版社，1984年；李均明：《古代简牍》，第179页，文物出版社，2003年。

⑥ 骆伟、骆廷：《岭南古代方志辑佚》，第206页，广东人民出版社，2002年。

⑦ 骆伟、骆廷：《岭南古代方志辑佚》，第244页，广东人民出版社，2002年。

⑧ 曲泽洲、王永蕙：《中国果树志·枣卷》，第13页，中国林业出版社，1993年。

⑨ 刘瑞：《南越国枣的栽培与利用初探》，《城市考古与文物保护研讨会论文集》，第138～158页，广东人民出版社，2008年。

⑩ 任继昉：《释名汇校》，第429页，齐鲁书社，2006年。

⑪ ［汉］司马迁：《史记·南越列传》，第3578页，中华书局，2013年。

出豫章,下浈水;归义越侯严为弋船将军,出零陵,下离水"①。湖北张家山汉简《二年律令》有《贼律》,言"船人渡人而流杀人,耐之,船啬夫、吏主者……"② 分,度量单位。《汉书·律历志》:"度者,分、寸、尺、丈、引也,所以度长短也","一为一分,十分为寸"③。

两简均残,第21 - 2 号简文格式与前述禽鸟动物籍相类,推测当为南越船籍。第136 号简仅存残块,暂归此类。

8. 笞簿

共6 枚:

第4 号简:大鸡官奴坚④,当笞一百。

第76 号简:☒□鸟□一,以四月辛卯死,已坐笞。

第89 号简:☒囷,谨揄居室食畜⑤,笞地五十。

第105 号简:大奴虏,不得鼠,当笞五十。

第107 号简:☒则等十二人,得鼠中员,不当笞。

第110 号简:☒陵,得鼠三,当笞廿。

此6 枚木简均与"笞"刑有关。六简中,"大鸡官""居室"为职官,"奴""大奴"为身份,"坚""则""地""虏""陵"为人名。这6 枚与笞刑有关的木简单简成文,相互间关系虽不好遽定,但从编号相近情况推断,其通过编联加以管理的可能性较大。

不得,秦汉习语。《史记·殷本纪》:"帝乙长子曰微子启,启母贱,不得嗣。"⑥《史记·平准书》:"天子从官不得食,陇西守自杀。"⑦

鼠,《说文解字》:"穴虫之总名也。"⑧ 中,从西北汉简用词,其为上、中、下三等之一⑨。员,《汉书·文帝纪》:"以户口率置三老孝悌力田常员",颜师古注:"计户口之数以率上,增置其员,广教化也"⑩。《说文解字》:"员,物数也。"⑪

笞,为用竹木板责打背部,汉景帝时定菙令改为笞臀。《汉书·刑法志》:"景帝元年,下诏曰:加笞与重罪无异,幸而不死,不可为人。其定律:笞五百曰三百,笞三百曰二百。犹尚不全。至中六年,又下诏曰:加笞者,或至死而笞未毕,朕甚怜之。其减笞三百曰二百,笞二百曰一百。又曰:笞者,所以教之也,其定箠令。丞相刘舍、御史大夫卫绾请:笞者,箠长五尺,其本大一寸,其竹也,末薄半寸,皆平其节。当笞者笞臀。毋得更人,毕一罪乃更人。自是笞者得全,然酷吏犹以为威。死刑既重,而生刑又轻,民易犯之。"师古曰:"箠,策也,所以击者也。"如淳

---

① [汉] 班固:《汉书·武帝纪》,第186 ~ 187 页,中华书局,2006 年。
② 张家山二四七号汉墓竹简整理小组:《张家山汉墓竹简(二四七号墓)》,第134 页,文物出版社,2001 年。
③ [汉] 班固:《汉书·律历志》,第965 ~ 966 页,中华书局,2006 年。
④ "坚",从黄展岳:《南越木简选释》,《南越国考古学研究》,第234 页,中国社会科学出版社,2015 年。
⑤ "畜",承复旦大学郭永秉先生赐识。
⑥ [汉] 司马迁:《史记·殷本纪》,第135 页,中华书局,2013 年。
⑦ [汉] 司马迁:《史记·平准书》,第1725 页,中华书局,2013 年。
⑧ [汉] 许慎:《说文解字》,第206 页,中华书局,2001 年。
⑨ 沈刚:《居延汉简词语汇释》,第32 页,科学出版社,2008 年。
⑩ [汉] 班固:《汉书·文帝纪》,第124 页,中华书局,2006 年。
⑪ 黄展岳指出:"中员,达到所要求的定数。此处指符合规定的捕鼠数。"见黄展岳:《南越木简选释》,《南越国考古学研究》,第238 页,中国社会科学出版社,2015 年。

曰："然则先时笞背也。"①

第 4 号简记录大鸡官奴坚受"笞一百"，未记具体原因。第 76 号简残，从"四月辛卯死"看，死者应是前文"□鸟□一"，故"坐笞"。第 105 号、第 107 号、第 110 号简内容是据得"鼠"的多寡来确定"笞"刑与否或"笞"数②。如从第 110 号简"陵"得鼠 3 的数量不足而被笞二十，第 105 号简"虏"不得鼠而被笞五十看，得鼠数直接决定被笞数③。第 105 号简虽上端已残，不过"则等十二人"清晰，表明含"则"在内的 12 人一起参加了捕鼠活动并获得了符合规定的鼠数④。从木简发现的情况看，当时的鼠患或许较重——当然我们完全不排除捕鼠以供食用的可能性⑤，需要很多人进行集中的捕鼠，并为此制定了具体的数额"员"⑥。因此，《汉书·武五子传》记载"有鼠昼立舞王后庭中"⑦ 的宫中多鼠的情况并非"孤例"。

（二）文书

J264 木简散乱埋没在井内淤积层中，清洗中未发现编联痕迹，给基于单简编联形成文书的研究造成巨大困难，致使原始编联情况不详。

从对木简文字的释读看，除前述籍簿外大体均应为文书。不过从木简文字的书写看，不仅字体大小不一，而且字距也有明显差异，因此在无编联等原有痕迹可供参考的情况下，我们尝试性的依据木简上文字大小、字距及书写风格等线索，对 J264 出土的文书木简开展一些分册的探讨。即，可初步根据简上文字书写风格、字距和单简字数差异，对 J264 木简进行分卷或册尝试。

据单简容字的不同，暂将木简分 12 字、13 字、15 字、18 字等 4 种，分述并略作标点如下⑧：

1. 12 字简

共 31 枚：

第 18 号简：皆不智（知）⑨ 其所，言己□大，己守师

第 23 号简：可等四人留二月廿六日少半

第 24 号简：㶛及官以受禾种居室☐

第 28 号简：☐岁不繁不能如☐

① ［汉］班固：《汉书·刑法志》，第 1100 页，中华书局，2006 年。
② 黄展岳指出："南越国统治者对每个国人可能都规定了捕鼠数，规定的捕鼠数是五只，少捕一只应笞十。"见黄展岳：《南越木简选释》，《南越国考古学研究》，第 237 页，中国社会科学出版社，2015 年。
③ 胡平生认为"或说此'鼠'可能是一名鼠的逃犯，责任者未能捉到，'当笞五十'。也是一种见解。"见胡平生：《南越官署出土简牍释文辨正》，《胡平生简牍文物论稿》，第 176 页，中西书局，2012 年。从 3 枚木简内容看，虽"鼠"秦汉时确可为人名，不过简中所记当以动物的"鼠"为是。曹旅宁认为简文中的鼠"当为猎物之一种，而非今天爱国卫生运动中的'四害'之一"。见曹旅宁：《南越宫署遗址所出法律简牍初探》，《中国古都研究》第 23 辑，第 137 页，三秦出版社，2008 年。
④ 黄展岳指出："这批木简中笞刑凡七见，说明南越国笞刑亦甚盛行。"见黄展岳：《南越木简选释》，《南越国考古学研究》，第 234 页，中国社会科学出版社，2015 年。
⑤ 张琦、侯旭东：《汉景帝不吃老鼠吗？——我们如何看待过去》，《史学月刊》2019 年第 10 期，第 47～55 页。
⑥ 黄展岳指出："南越都城番禺地处珠江三角洲河网地带，气候闷热潮湿，老鼠的两大危害，随时都有可能发生。这三只木简，折射出当时南越国政权对鼠害的高度重视。"见黄展岳：《南越木简选释》，《南越国考古学研究》，第 237 页，中国社会科学出版社，2015 年。
⑦ ［汉］班固：《汉书》，第 2672 页，中华书局，1992 年。
⑧ 参考文字字距和书写风格，对部分残简开展了分类尝试。
⑨ 睡虎地等出土秦简中，"知"多作"智"，与此同。

第 29－2 号简：☑是，丙婴曰：不□☑

第 33 号简：☑令为牛荔取水郕（城）之中☑

第 42 号简：二日平旦时，龙容践更，代音臾①

第 43 号简：□为牛可畨□□□□言□勢

第 48 号简：☑……以𢁢受之

第 50 号简：次讯言语有不智（知），诘穷之☑

第 51 号简：□□日与□时□□笞之，笞时

第 52 号简：讯婴，辞曰：徐徐，舍有酒，可少半華②

第 55 号简：讯婴，□婴所为奸启门出入，徐徐

第 57 号简：讯婴，□何人□书。婴辞曰，无有

第 58 号简：讯夫董等，凡所以置门关，以时☑

第 59－1 号简：☑令吏以笞掠问嘉，已劇情

第 62 号简：问故转辞从实，实无豰，使人𢓊此

第 63＋157 号简：☑□𢓊御府丞骊妻诞，即使大

第 67 号简：☑还我等，毄（繫）盈，已毄（繫），乃归南海逼③

第 70 号简：□□□□□持□□□丙□□

第 71 号简：☑纵□曰不行，后曰有何故

第 74 号简：故善道言之，辞曰：秋等所以来

第 85 号简：阳□□见人跡，可□三百人，之

第 87 号简：圂子二百，飤□为□辞□□□

第 106 号简：☑居前庆部人□抵皆乐④

第 108 号简：军时得入朝盈，及畤⑤就酒食，盈⑥

第 113 号简：侍尚后行七日到，其时然等已

第 115 号简：未毕葛乃輩遣六人，往求☑

第 116 号简：受不能𠅔痛，迺往，二日中陛下⑦

第 117 号简：不夷鸡□掌宫麻一日姑送载

第 153＋21－1 号简：承书讯野等，辞曰，县卒故徧更

---

① "龙""音"，承复旦大学郭永秉先生赐识。

② "華"，承复旦大学郭永秉先生赐识。胡平生读"舍"曰"言"，见胡平生：《南越宫署出土简牍释文辨正》，《胡平生简牍文物论稿》，第 177 页，中西书局，2012 年。黄展岳隶"華"为"莘"，见黄展岳：《南越木简选释》，《南越国考古学研究》，第 235 页，中国社会科学出版社，2015 年。

③ 句读，从何有祖：《广州市南越国宫署遗址西汉木简考释》，《新出秦汉简帛丛考》，第 120 页，科学出版社，2021 年。"还"，从胡平生：《南越宫署出土简牍释文辨正》，《胡平生简牍文物论稿》，第 178 页，中西书局，2012 年。胡平生认为毄当为"繫"，"'繫'，是拘繫"；"'我等'应是南越统军的将领"。

④ "庆部""圂"，承复旦大学郭永秉先生赐识。

⑤ "畤"，从何有祖：《广州市南越国宫署遗址西汉木简考释》，《新出秦汉简帛丛考》，第 120 页，科学出版社，2021 年。

⑥ 句读，从胡平生：《南越宫署出土简牍释文辨正》，《胡平生简牍文物论稿》，第 177 页，中西书局，2012 年。

⑦ "免"，从胡平生：《南越宫署出土简牍释文辨正》，《胡平生简牍文物论稿》，第 181 页，中西书局，2012 年。认为"'受'大概是人名"。

从木简上文字大小、字距和书写风格，并结合书写内容，12 字简可大体分为 4 类：

12A：有第 23 号、第 29 - 2 号、第 52 号、第 55 号、第 57 号、第 70 号、第 71 号、第 85 号、第 87 枚木简等 9 枚木简。其共同特点是木简上最后一字与简下端的距离较大，文字整体字距较为接近，编绳位置不易判断，推测当属同 1 件文书：

第 23 号简：可等四人留二月廿六日少半

第 29 - 2 号简：☑是，丙婴曰：不☐☑

第 52 号简：讯婴，辞曰：徐徐，舍有酒，可少半莘

第 55 号简：讯婴，☐婴所为奸启门出入，徐徐

第 57 号简：讯婴，☐何人☐书。婴辞曰，无有

第 70 号简：☐☐☐☐☐持☐☐☐丙☐☐

第 71 号简：☑纵☐☐不行后，曰有何故

第 85 号简：阳☐☐见人迹，可☐三百人，之

第 87 号简：昆子二百，食☐为☐辞☐☐☐

此外，从第 138 号、第 155 号木简的文字书写和字距看，其或可暂归此类。

12B：有第 18 号、第 24 号、第 33 号、第 50 号等 4 枚。其共同特点是木简上第 4 字、第 8 字后字距较大，编绳位置明显，推测当属同 1 件文书：

第 18 号简：皆不智（知）其所，言己☐大，已守师

第 24 号简：江及官以受禾种居室☑

第 33 号简：☑令为牛蒭取水轼（城）之中☑

第 50 号简：次讯言语有不智（知），诘穷之☑

此外，从第 16 号、第 104 号、第 154 号木简的文字书写和字距等看，其或可暂归此类。

12C：有第 153 + 20 - 1 号、第 28 号、第 42 号、第 58 号、第 59 号、第 62 号、第 63 + 157 号、第 67 号、第 74 号、第 108 号、第 113 号、第 115 号、第 116 号、第 117 号等 14 枚木简。其共同特点是木简上文字明显偏大，笔画粗。从字距看，第 153 + 20 - 1 号、第 58 号、第 67 号、第 74 号字距相近，编绳位置不明显；其余 10 枚木简在第 4 字、第 8 字之后均有较大留空，为编绳位置。据此可进一步分为 2 类，推测分属 2 件文书：

12C - 1：

第 153 + 20 - 1 号简：承书讯野等，辞曰，县卒故偏更

第 58 号简：讯夫董等，凡所以置门关，以时☑

第 67 号简：☑还我等，毄（繋）盈，已毄（繋），乃归南海逷

第 74 号简：故善道言之，辞曰：秋等所以来

12C - 2：

第 42 号简：二日平旦时，龙容践更，代音吏

第 28 号简：☒岁不繁不能如☒

第 59 号简：☒令吏以答掠问嘉已劇情

第 62 号简：问故转辞从实，从实无豫，使人 为 此

第 63 + 157 号简：☒为御府丞騹妻诞，即使大

第 108 号简：军时得入朝盈，及時就酒食，盈

第 113 号简：侍尚后行七日到，其时然等已

第 115 号简：未毕蓐乃辈遣六人，往求☒

第 116 号简：受不能 兔 痛，廼往，二日中陛下

第 117 号简：不夷鸡□掌宫麻一日姑 送 载

此外，从第 65 号木简的文字书写和字距看，其或可暂归此类。

12D：有第 48 号、第 51 号、第 106 号等 3 枚木简。其共同特点是木简上文字较小，字距相近，推测当属同 1 件文书：

第 48 号简：☒……以 我 受之

第 51 号简：□□日与□时□□答之，答时

第 106 号简：☒居前庆部人□抵皆乐

此外，从第 130 号、131 号、第 134 号、第 135 号文字书写和字距看，其或可暂归此类。

如是，12 字木简当大体包括 5 件左右文书。

2. 13 字简

共 6 枚：

第 1 号简：除大树非□□□□□□□为不

第 7 号简：□草腫癱树□□□有□月中勉巨①

第 8 号简：其急道言情②，辞曰，以□使答智（知）□☒

第 25 号简：言它如前

第 84 号简：诘斥地唐唐，守苑行之不谨，鹿死腐③

第 88 号简：不入。行此营中，鹿弗行，至二日完

从木简上文字大小、字距和书写风格，并结合书写内容，13 字简可大体分为 3 类：

13A：第 1 号、第 7 号简均与"树"有关，推测当属同 1 件文书：

第 1 号简：除大树□□□□□□□□为不

第 7 号简：□草腫癱树□□□有□月中勉巨

---

① "草腫癱"，承复旦大学郭永秉先生赐识。

② "其"，从黄展岳：《南越木简选释》，《南越国考古学研究》，第 234 页，中国社会科学出版社，2015 年。

③ 胡平生认为，第二字为地名，唐为人名，"其身份可能是一位守禁苑的小吏"。见胡平生：《南越宫署出土简牍释文辨正》，《胡平生简牍文物论稿》，第 174 页，中西书局，2012 年。

13B：第 84 号、第 88 号简均与"苑"有关，推测当属同 1 件文书：

　　第 84 号简：诘斥地唐唐，守苑行之不谨，鹿死腐
　　第 88 号简：不入。行此营中，鹿弗行，至二日完

13C：第 8 号、第 25 号，推测可能属同 1 件文书：

　　第 8 号简：⿴急道言情，辞曰，以□使答智（知）□
　　第 25 号简：⿴它如前。

如是，13 字木简推测当属 3 件以上文书。

3. 15 字简

共 13 件：

第 3 号简：冗往田歷居可二□受闻□苑□□入

第 11 号简：☑及餘，臣得至下狂及近人可六百☑

第 14 号简：☑不取盗苟不信显以问□

第 20 号简：☑疆□至如曰□未

第 22 号简：党可，合分人视之，在即入稽延与左□

第 26 号简：☑□距上莫蕃翟蒿└，蕃池□离└，吾都粤①

第 29 - 1 号简：☑極者，以治其监舍，气已以

第 39 号简：☑□畏不□怒，已即操鱼归，□□食之

第 44 号简：书不意其掾垣去亡死□

第 56 号简：☑⿴⿴曰居是苦而常闔户封不得固

第 97 号简：弗得。至日夕时，望见典宪驱其所牧⿴②

第 101 号简：☑麋处近人田，⿴人类已取其木，以为

第 118 号简：适令穿皃颈皮，置卷，鬭其皮，史福有可（何）

从木简上文字大小、字距和书写风格，部分残简可合并入 15 字文书，大体可分为 4 类：

15A：有第 3 号、第 14 号、第 20 号、第 22 号、第 26 号、第 29 - 1 号、第 56 号等 7 枚木简。其共同特点是自上而下第 5 字、第 10 字后留出较大字距，两编痕迹明显，同时木简上的文字略小。该类中，第 14 号、第 29 号木简的文字书写均中线略偏右，第 3 号、第 22 号、第 26号、第 56 号文字书写在基本居中的同时，木简上中间 5 字略偏右。若以此言，则 15A 当至少有2 件文书：

---

① "粤"，承复旦大学郭永秉先生赐识。

② "望"，从麦英豪、黎金、何有祖等释。麦英豪、黎金：《南越木简发现的联想》，《广州文博（壹）》，第 8 页，文物出版社，2007年。何有祖：《广州市南越国宫署遗址西汉木简考释》，《新出秦汉简帛丛考》，第 118～119 页，科学出版社，2021 年。胡平生认为"典"后之字为"塞"，见胡平生：《南越宫署出土简牍释文辨正》，《胡平生简牍文物论稿》，第 177 页，中西书局，2012 年。汤志彪、周群认为"当是'圣（聖）字'"，见汤志彪、周群：《广州南越国宫署遗址所出西汉木简释读二题》，《社会科学战线》2009 年第 5 期，第 245 页。

15A－1：

第 14 号简：☑不取盗苟不信显以问☐

第 20 号简：☑疆☐至如日☐未

第 29－1 号简：☑極者，以治其监舍，气已以

15A－2：

第 3 号简：冗往田歷居可二☐受闻☐苑☐☐入

第 22 号简：党可，合今人视之，在即入稽延与左☐

第 26 号简：☑距上莫蕃翟蒿乚，蕃池☐离乚，吾都粤

第 56 号简：☑昰盢曰居是苦而常闔户封不得固

此外，第 149 号简的文字书写和字距与 15A 相似，可暂归其类。

15B：有第 44 号、第 118 号 2 枚木简。其共同特点是第 5 字、第 10 字后留出较大字距，两编痕迹明显，木简上文字偏大，推测当属同 1 件文书：

第 44 号简：书不意其掾垣去亡死☐

第 118 号简：適令穿㓷颈皮，置卷，鬪其皮，史福有可（何）

15C：有第 97 号、第 100 号、第 101 号 3 枚木简。其共同特点是第 5 字、第 10 字后两编痕迹不突出，木简上文字略大。若以此言，推测当属同 1 件文书：

第 97 号简：弗得。至日夕时，望见典宪驱其所牧三

第 100 号简：☑有不智（知）僑等所居，故

第 101 号简：☑麋处近人田，舍人类已取其木，以为

15D：有第 11 号、第 39 号 2 枚木简。两简均残，据字距暂归此类。其文字略大，在书写基本居中的同时，中间数字明显偏右，推测当属同 1 件文书：

第 11 号简：及餘，臣得至下狂及近人可六百

第 39 号简：☑☐畏不☐怒，已即操鱼归，☐☐食之

此外，第 6 号简的文字书写和木简用材与 15D 相似，可暂归其类。

如是，15 字木简大体包括 5 件左右文书。

4. 18 字简

共 10 件：

第 12 号简：乃智之菌等，上□者卅七人循行崖东，行一月

第 15 号简：☑问菌，邑人从军五月余，乃当到戎东，行者万余

第 46 号简：☑女问是门即人求我两人，言我两人在内中

第 47 号简：问最曰：伯亦有统无有？最曰，我□，未当用统。□

第 53 号简：食之内中。廼者少肥戊等，朝发内户，置蒻。日中

第 54 号简：⊞八版。秌给常书①，内高木宫四版，乐复取。廿六②

第 61 号简：櫫官不求其隌版。丙戌，失不以隔版予其官，令

第 77 号简：蓬复之，使脯得风，此夜以故县（悬）之于栈上，后☑

第 79 号简：☑德食官脯③，侍以夜食时往，德脯其时名已先

第 111 号简：即操其书来予景巷令，有左问不邪，不邪已以封

从木简上文字大小、字距和书写风格，部分残简可合并入 18 字简，大体分为 4 类：

18A：有第 12 号、第 15 号 2 枚木简。木简文字的书写间距不等，中间略紧而上下特别是下侧的字距略宽，木简上均有"菌"且言"东行"，推测当属同 1 件文书：

第 12 号简：乃智之菌等，上□者卅七人循行崖东，行一月

第 15 号简：☑问菌，邑人从军五月余，乃当到戎东，行者万余

18B：有第 46 号、第 47 号、第 53 号 3 枚木简。木简文字的书写间距不等，木简中部的文字书写明显偏右或偏左。第 46 号、第 53 号均言"内中"，推测当属同 1 件文书：

第 46 号简：☑女问是门即人求我两人，言我两人在内中

第 47 号简：问最曰：伯亦有统无有？最曰，我□，未当用统。□

第 53 号简：食之内中。廼者少肥戊等，朝发内户，置蒻。日中

此外，从第 27 号、第 133 号、第 140 号、第 158 号简的文字书写看，或可暂归此类。

18C：有第 54 号、第 61 号 2 枚木简。木简文字的书写间距相近且基本居中，内容中均提到"版"，推测当属同 1 件文书：

第 54 号简：⊞八版。秌给常书，内高木宫四版，乐复取。廿六

第 61 号简：櫫官不求其隌版。丙戌，失不以隔版予其官，令

此外，从第 49 号、第 132 号的文字书写看，其或可暂归此类。

18D：有第 77 号、第 79 号、第 111 号等 3 枚木简。木简文字的书写间距不等且基本居中。从内容看，第 77 号、第 79 号均有"脯"，推测当属同 1 件文书：

---

① "书"，据何有祖：《广州市南越国宫署遗址西汉木简考释》，《新出秦汉简帛丛考》，第 119 页，科学出版社，2021 年。

② 曹旅宁认为其"为南越王宫中领取文具等用品的登记物籍"，见曹旅宁：《南越国宫署遗址所出法律简牍初探》，《中国古都研究》第 23 辑，第 136 页，三秦出版社，2008 年。"版"，从胡平生：《南越宫署出土简牍释文辨正》，《胡平生简牍文物论稿》，第 173 页，中西书局，2012 年。他认为"'版'，应为'版筑'之器具"。

③ "德"，承复旦大学郭永秉先生赐识。

第 77 号简：蓬复之，使脯得风，此夜以故县之于栈上，后☑

第 79 号简：☑僶食官脯，侍以夜食时往，僶脯其时名已先

第 111 号简：即操其书来予景巷令，有左问不邪，不邪已以封

此外，从第 154 号木简的文字书写和字距等看，其或可暂归此类。

如是，18 字木简大体包括 4 件左右文书。

5. 残简

第 6 号简：☑历☑☑☑☑下……

第 13 + 141 号简：☑三……阓卖……

第 16 号简：……一故☑

第 27 号简：☑祝酉（酒）官☑☑☑☑

第 38 号简：☑☑林使……

第 49 号简：☑☑千四百☑

第 65 号简：☑当归不

第 66 号简：☑……不……☑

第 100 号简：☑☑有不智（知）偖等所居，故

第 104 号简：……不☑

第 114 号简：……

第 130 号简：☑服耳☑

第 131 号简：☑善更☑

第 132 号简：☑䀹☑☑

第 133 号简：闻☑☑等事☑

第 134 号简：☑横山☑

第 135 号简：☑至☑

第 137 号简：☑罪☑

第 138 号简：☑南☑谨☑☑

第 139 号简：☑……☑

第 140 号简：☑☑一☑

第 142 号简：☑种☑

第 144 号简：☑

第 145 号简：☑事☑

第 149 号简：☑死☑

第 150 号简：☑

第 151 号简：☑

第 152 号简：☑

第 154 号简：死罪，此曰☑

第 155 号简：☑等毋☑

第 156 号简：☑杨楳（梅）其□如惠☑

第 158 简：□□六十人☑

6. 文书性质

从木简上文字大小、字距、书写风格及内容角度开展上述的分类后，J264 出土木简中的文书大体有 17 件左右。由于木简仅百余枚，在除去 29 枚各类籍簿、大量残简碎块后的数量甚为有限，以前文分类看，分属 17 册的木简多则 10 枚，少则 2 枚，暂无法成篇。

从木简的释读看，虽简上字数不等，但其中多见"讯""诘""问""辞""答掠"等字，据《说文解字》"诘，问也"①；"讯，问也"②；"问，讯也"③，三字含义相近。因此，虽未见"告""劾""鞫"等用语，但大体可判断其中的一些内容当与法律事件有关。即，木简可大体归为与诉讼相关文书④。

四　简中南越

从 J264 出土木简出发，我们可对南越国的一些问题有所讨论：

（一）称王号帝

《史记》《汉书》都高度一致地记载，秦二世时南海尉任器在去世前，"闻陈胜等作乱，秦为无道，天下苦之……南海僻远，吾恐盗兵侵地至此，吾欲兴兵绝新道，自备，待诸侯变，会病甚"，之后"即被佗书，行南海尉事"。而获得管理权的赵佗"稍以法诸秦所置长吏，以其党为假守。秦已破灭，佗即击并桂林、象郡，自立为南越武王"⑤。而后刘邦十一年"遣陆贾因立佗为南越王，与剖符通使，和集百越"⑥。之后吕后执政，赵佗因汉"有司请禁南越关市铁器"而"自尊号曰南越武帝"，"乃乘黄屋左纛，与中国侔"。汉文帝从代王即帝位后，派遣陆贾二下岭南，赵佗"去帝制黄屋左纛"，但"南越其居国，窃如故号名，其使天子，称王朝命如诸侯"⑦。

1983 年广州象岗南越文王墓发掘出土"文帝行玺""帝印"玺印及"文帝九年"铭文等器物，第一次证实了《史记》《汉书》中南越王称帝的记载，清晰地表明"南越其居国，窃如故号名"的记载无误。但由于南越王墓本身不利于有机质文物保存等各种原因的制约，墓中除木楬外未再发现其他简牍类文字资料，因此对南越王称帝的更多细节也就无法进一步展开讨论。J264 木

① ［清］段玉裁：《说文解字注》，第 100 页，中州古籍出版社，2006 年。

② ［清］段玉裁：《说文解字注》，第 92 页，中州古籍出版社，2006 年。

③ ［清］段玉裁：《说文解字注》，第 57 页，中州古籍出版社，2006 年。

④ 曹旅宁指其第 84 号简"显然是处罚禁苑守卫管理失职的案卷"。见曹旅宁：《南越国宫署遗址所出法律简牍初探》，《中国古都研究》第 23 辑，第 137 页，三秦出版社，2008 年。胡平生认为，第 67 号简"也可能是攻入南越的汉军的文书"。见胡平生：《南越宫署出土简牍释文辨正》，《胡平生简牍文物论稿》，第 178 页，中西书局，2012 年。

⑤ ［汉］司马迁：《史记·南越列传》，第 3569 页，中华书局，2013 年。

⑥ ［汉］司马迁：《史记·南越列传》，第 3570 页，中华书局，2013 年。

⑦ ［汉］司马迁：《史记·南越列传》，第 3573 页，中华书局，2013 年。

简的出土使这一问题的研究得以继续下去。

1. 王

第 17 号简"王所赐泰子，今案齿十一岁，高六尺一寸，身完毋狠伤"中既有"泰子"、也有"王"的情况表明，泰子应为南越王之泰子。史载南越赵佗称帝的时间在高后之时，而后即使是在陆贾二下南越，赵佗"去帝制"后依然"窃如故号名"。因此文献中"佗孙胡为南越王"的南越文王，在象岗南越王墓中明确为"文帝"，表明史载"窃如故号名"无误。因此南越称"王"的时间，也就只有在高后主事之前。

而据文献，南越称王有两个阶段：1，赵佗"自立为南越武王"，上限在"项羽、刘季、陈胜、吴广等州郡各兴军聚众，虎争天下"秦亡之前，即不晚于刘邦入关后秦王子婴素车白马"系颈以组"的秦二世三年（公元前 207 年）；2，赵佗被汉王朝立为"南越王"，上限在汉十一年（即公元前 196 年）。高祖在位十二年，于十二年（公元前 195 年）四月去世。后惠帝即位，在位七年（公元前 188 年），去世后吕后专权。据《汉书·高后纪》，赵佗北略长沙国时在高后七年（公元前 179 年）秋九月①。因此第一阶段"南越武王"前后持续约 11 年，第二阶段"南越王"前后持续约 15 年。

因第 17 号简虽然简端仅有"王"，无法确定其上枚简上是自立的"南越武"还是汉封的"南越"，但从文献中南越国攻略长沙国后即"自尊号曰南越武帝"的记载看，此简下限当大体不会晚于高后七年（公元前 179 年）秋九月之后太久——是目前可大体确定时间的最早一枚南越木简。

从该枚木简的发现，结合南越王墓出土的"文帝行玺""帝印""文帝九年"等文字资料，文献中南越称王、称帝的记载应当无误。

2. 陛下

据东汉蔡邕《独断》载："汉天子正号曰皇帝，自称曰朕，臣民称之曰陛下。""陛下者，陛，阶也，所由升堂也。天子必有近臣执兵陈于陛侧，以戒不虞。谓之陛下者，群臣与［至尊］（天子）言，不敢指斥天子，故呼在陛下者而告之，因卑达尊之意也。上书亦如之。"② 东汉许慎《说文解字》谓："陛，升高阶也。"段玉裁注："自高而可以登高者谓之陛。"陛下是秦汉时期臣民称呼天子的专用称谓，文献中习见。如《史记·秦始皇本纪》："今陛下兴义兵"等。

据《汉书·南越列传》，文帝即位后派陆贾二下南越，与赵佗书谓"皇帝谨问南粤王"，而赵佗随后上文帝书："蛮夷大长老老夫臣佗昧死再拜上书皇帝陛下"，表明赵佗"遵守"着臣民之礼，称天子为"陛下"。但从 J264 出土木简看，第 116 号简上写"受不能囷痛，廼往，二日中陛下"，称南越王为"陛下"，即亦是"南越其居国，窃如故号名"的明确反映③。

3. 常使

第 80 号、第 91 号、第 95 号、第 103 号简有"常使"。

第 91 号简有"将常使□𥃩𤔔蕃禺人"，第 95 号简有"常使将下死鸡居室"。

---

① ［汉］班固：《汉书·高后纪》，第 100 页，中华书局，2006 年。
② 刘瑞：《独断校注》，待刊本。下同，不再出注。
③ 麦英豪、黎金：《南越木简发现的联想》，《广州文博（壹）》，文物出版社，2007 年。第 8 页指出简中"文意与臣民对皇帝的称呼无关"，"简文中的'陛下'一词是指陛阶无疑"。

常使，以第95号籍之体例，"常使"为官名，"将"为人名。常使为官，不见于文献。近似者，仅见《史记·外戚世家》："是时平阳主寡居，当用列侯尚主。主与左右议长安中列侯可为夫者，皆言大将军可。主笑曰，'此出吾家常使，令骑从我出入尔，奈何用为夫乎？'"①"常使"二字今点校本下读，若从木简为官名，上读亦可通。又《外戚世家》："长公主怒，而日谗栗姬短于景帝曰：'栗姬与诸贵夫人幸姬會，常使、侍者祝唾其背，挟邪媚道。'景帝以故望之"②，今点校本"常使"与"使者"连读，若从木简为官名，分读亦可通。

若是，常使，或即文献中之常侍③。《汉书·百官公卿表》奉车都尉下有"中常侍"④，《汉书·李广列传》："广以良家子从军击胡，用善射，杀首虏多，为郎骑常侍"，师古曰："官为郎而常骑以侍天子，故曰骑常侍"⑤。《汉书·东方朔传》载"上以朔为常侍郎，遂得爱幸"⑥。《汉书·杨敞传》："以忠任为郎，补常侍骑"，师古曰："为骑郎而常侍，故谓之常侍骑也"⑦。

又文献有"长御"，而南越陶文有"常御"，从陈直指出"常"通于"长"的情况看⑧，"常侍"或当为"长使"，为天子诸多夫人的名号之一。《汉书·文帝纪》："归夫人以下至少使"，应劭曰："夫人以下，有美人、良人、八子、七子、长使、少使，皆遣归家重绝人类。"⑨《汉书·外戚列传》："妾皆称夫人，又有美人、良人、八子、七子、长使、少使之号焉。"师古曰："良，善也。八、七，禄秩之差也。长使、少使，主供使者。……长使视六百石，比五大夫。少使视四百石，比公乘。"⑩

文献未载南越王后宫制度。据史汉文献，知南越国有"太后"。如"太子兴代立，其母为太后"⑪，其制度与汉制同，即"汉兴，因秦之称号，帝母称皇太后"⑫。从南越王墓的发掘看，南越国设多位"夫人"。

在陈直提出"常御"即"长御"后，麦英豪指出，"汉代常与长通，在《汉书》的《戾太子传》《元后传》及《王莽传》中均有长御，如淳和晋灼注引《汉仪》都作'女长御比侍中'，联系到《汉书·赵皇后传》的'宫长李南'，长御可能属官长的身分，与此'常御'无关"，认为"从常御的词义及所见戳记或刻文都在瓮、罐、壶等储容器中推之，似属官署名较为切合，大概是主管赵氏皇家中起居馈饍事宜的"⑬。后进一步提出"常"当通"尚"，"常御"即"尚御"，并从西汉初年"常方半"铭文出发，认为常御为南越国尚方、御府的合称，"是职掌王室服饰、车驾、

① ［汉］司马迁：《史记·外戚世家》，第2390页，中华书局，2013年。
② ［汉］司马迁：《史记·外戚世家》，第2383页，中华书局，2013年。
③ 麦英豪、黎金：《南越木简发现的联想》，《广州文博（壹）》，第8页，文物出版社，2007年。并认为第91号简上之"将"在常使之前，是个单词，有供养或率领等含义，但它在这简文中的意义未明"。
④ ［汉］班固：《汉书·百官公卿表》，第739页，中华书局，2006年。
⑤ ［汉］班固：《汉书·李广列传》，第2439页，中华书局，2006年。
⑥ ［汉］班固：《汉书·东方朔传》，第2845页，中华书局，2006年。
⑦ ［汉］班固：《汉书·公孙刘田王杨蔡陈郑传》，第2889页，中华书局，2006年。
⑧ 陈直：《汉书新证》，第470页，天津人民出版社，1979年。陈直：《广州汉墓群西汉前期陶器文字考》，《学术研究》1964年第2期，第79页。
⑨ ［汉］班固：《汉书·文帝纪》，第132～133页，中华书局，2006年。
⑩ ［汉］班固：《汉书·外戚列传》，第3935页，中华书局，2006年。
⑪ ［汉］司马迁：《史记·南越列传》，第3574页，中华书局，2013年。
⑫ ［汉］班固：《汉书·外戚列传》，第3935页，中华书局，2006年。
⑬ 广州市文物管理处：《广州淘金坑的西汉墓》，《考古学报》1974年第1期，第170页。

用具、玩好的机构"①。蓝日勇认为，陈直提出常御即长御的意见，和麦英豪提出的上见，"各自言之成理，目前难断孰是孰非"②。张荣芳认为"麦先生之说更为合符史实"③。

麦英豪指出的"常方半"铜器的完整铭文，为"常方半，重五斤，内官造"。张颔指出，该器发现于"从陕西运来的大批废铜中"，而将"常方"读为"尚方"亦源于他④，《中国古代度量衡图集》收录该器时延续了上述意见⑤。从该器本身而言，其说可从。不过若据此进一步判断"常御"为"尚方、御府的合称"则不一定成立。从麦英豪注释引用文献显示的"尚方主禁器，御府主天子衣服也"看，二官虽同属少府，但却是少府属下的两个不同的"平级"职官，如是合称的认识并无它证，陈直提出"常御为长御"的意见目前尚可遵从。

当然，无论是常御还是常使，其身份是否就如汉王朝一样，则有待更多资料。在更新资料发现之前，可暂从文献记载，将"常使"列为南越国"夫人"之身份较低者——这可能与在南越王宫多枚木简上出现"常使"有一定关系。

4. 公主

第 91 号简有"公主"。

公主为皇帝之女的封号。据文献，秦始皇已设公主，如《史记·李斯列传》："斯长男由为三川守，诸男皆尚秦公主，女悉嫁秦诸公子。"⑥ 东汉蔡邕《独断》："帝之女曰公主，仪比诸侯。帝之姊妹曰长公主，仪比诸侯王。"《初学记》卷十载："至周中叶天子嫁女于诸侯，天子至尊，不自主婚，必使诸侯同姓者主之，始谓之公主。秦代因之，亦曰公主。《史记》云李斯男皆尚秦公主是也。汉制：帝女为公主，帝姊妹为长公主，帝姑为大长公主。后汉制，皇女皆封县公主，仪服同藩王。其尊崇者，加号长公主。诸王女皆封乡亭公主，仪服同乡亭侯。"

据张家山汉墓竹简《二年律令·置吏律》"诸侯王女毋得称公主"。《二年律令》的"二年"多认为是吕后二年（公元前 186 年）⑦。如前述，是时高后尚未"禁南越关市铁器"，赵佗亦未"自尊号曰南越武帝"。因此以汉制论，在吕后七年（公元前 181 年）赵佗称帝前南越不当有"公主"⑧。从高后七年到陆贾下岭南赵佗去帝号，其间大体 2 年左右，为时甚短。从《汉书·南越列传》载南越国相吕嘉"男尽尚王女"不言"公主"看，似南越未设"公主"，而从木简看，其记或当有略。

第 91 号简有"廿六年七月"。如前述，由于"廿六年"未写明是南越王还是南越武帝，且无干支等线索，故"廿六年"存在为汉文帝前元二年（公元前 178 年）、前元九年（公元前 171 年）、后元六年（公元前 158 年）三种可能。但无论如何，时间都在赵佗去帝号之后。因此从木简

① 广州市文物管理委员会、广州市博物馆：《广州汉墓》，第 473 页，文物出版社，1981 年。

② 余天炽、梁旭达、覃圣敏等：《古南越国史》，第 77 页，广西人民出版社，1988 年。

③ 张荣芳、黄淼章：《南越国史》，第 148 页，广东人民出版社，2008 年。

④ 张颔：《拣选古文物秦汉二器考释》，《山西大学学报（哲学社会科学版）》1991 年第 1 期，第 84 页。

⑤ 国家计量总局、中国历史博物馆、故宫博物院：《中国古代度量衡图集》，第 76 页，文物出版社，1984 年。

⑥ ［汉］司马迁：《史记·李斯列传》，第 3076 页，中华书局，2013 年。

⑦ 张家山二四七号汉墓竹简整理小组：《张家山汉墓竹简（二四七号墓）》，第 1 页，文物出版社，2001 年。学者们对"二年"具体时间的讨论，可参见《张家山汉简〈二年律令〉年代研究》，李均明、刘国忠、刘光胜等：《当代中国简帛学研究（1949—2019）》，第 516～523 页，中国社会科学出版社，2019 年。

⑧ 麦英豪、黎金：《南越木简发现的联想》，《广州文博（壹）》，第 7 页，文物出版社，2007 年。在注意到汉高祖十二年诏书"女子公主"后，认为"简文中的赵诞为'公主'，是遵照汉高祖'布告天下'的诏令行事，并未违规"。

发现看，在赵佗去帝号之后的南越国不仅设有公主，且公主还有舍人，显示南越国公主尚有一定势力。因此 J264 木简的发现，不仅反映了史汉南越传未载的南越国设公主情况，且说明南越国在赵佗去帝号后依然不受汉律的约束，文献所言"南越其居国，窃如故号名"的情况当确而无误①。

5. 潭侯

第 96 号简有"潭侯"。

潭侯，不见于文献。文献中南越国分封的王、侯，有苍梧王赵光、西吁王、高昌侯赵建德等。从考古资料看，学者已指出南越还分封了两位列侯②。J264 木简中"潭侯"的发现，将南越国施行分封制的情况得到了进一步的"落实"。据《史记·南越列传》，苍梧王赵光"越王同姓"③，《史记·建元以来侯者年表》则载赵建德"南越王兄，越高昌侯"④，《史记·南越列传》载赵建德为"明王长男越妻子"，《集解》徐广曰"元鼎四年，以南越王兄越封高昌侯"⑤，因此南越国所分王、侯，除西吁王可能是西瓯君的后代外⑥，其余均是赵佗宗室。故潭侯虽不见于文献，但其为"赵"姓的判断或可成立。

与此同时，基于潭侯见于木简的情况，从木简和 J264 时代出发，可以看出赵佗在南越国内进行分封列侯的时间，或不晚于"廿六年"。即，在赵佗统治的早中期时已开始分封列侯，而这个时间，将《史记集解》徐广所说赵建德获封在元鼎四年（在南越国几乎属于最晚时间）的时间大幅提前。

（二）百官郡县

据文献记载，南越国为秦将赵佗所建，而诸如百官、郡县等秦所创立的国家管理制度在南越国的情况，传世文献未有专篇记载。蓝日勇⑦、张荣芳⑧曾先后结合传世文献和考古资料，对南越国官僚制度开展梳理研究。J264 木简的发现，使我们可以将此项研究继续推进。

1. 百官

1988 年蓝日勇等首次系统考释了南越国如丞相、内史、中尉、御史、大傅、郎、居室、泰官、乐府、私府、私官、景巷、食官、厨官、厨丞、长秋居室、大厨、常御等中央职官，将、左将、校尉等军队职官，假守、郡监、县令等地方职官⑨。1995 年张荣芳等考释了南越国如丞相、内史、御史、中尉、大傅、郎、中大夫、将、将军、左将、校尉、食官、景巷令、私府、私官、乐府、

---

① 黄展岳指出"本简'公主诞'为僭号南越武帝之女"。见黄展岳：《南越木简选释》，《南越国考古学研究》，第 236 页，中国社会科学出版社，2015 年。

② 余天炽、梁旭达、覃圣敏等：《古南越国史》，第 63 页，广西人民出版社，1988 年；张荣芳、黄淼章：《南越国史》，第 118～121 页，广东人民出版社，2008 年。

③ ［汉］司马迁：《史记·南越列传》，第 3580 页，中华书局，2013 年。

④ ［汉］司马迁：《史记·建元以来侯者年表》，第 1239 页，中华书局，2013 年。

⑤ ［汉］司马迁：《史记·南越列传》，第 3577 页，中华书局，2013 年。

⑥ 张荣芳、黄淼章：《南越国史》，第 119 页，广东人民出版社，2008 年。

⑦ 余天炽、梁旭达、覃圣敏等：《古南越国史》，广西人民出版社，1988 年。根据前言所叙分工，含南越国百官郡县在内的"南越国的政治制度"由蓝日勇编写。

⑧ 张荣芳、黄淼章：《南越国史》，广东人民出版社，2008 年。根据后记所叙分工，含南越国百官郡县在内的"南越国的政治制度"由张荣芳编写。

⑨ 余天炽、梁旭达、覃圣敏等：《古南越国史》，第 67～80 页，广西人民出版社，1988 年。

泰官、居室、长秋居室、大厨、厨官、厨丞、常御、少内等中央职官，假守、郡监、使者、县（令）长、啬夫等地方职官①。通过他们的梳理，基本完成了基于文献和当时既有考古资料的南越国职官整理，大大丰富了对南越国百官制度的基本认识。J264 出土木简在进一步确定有关职官设置认识的情况下，还补充了一些之前不为人知的职官设置：

（1）泰官

第 99 号简有"泰官"。

泰官，文献中多作"太官"，玺印封泥铭文等或作"大官"。《汉书·百官公卿表》少府属官有"太官令丞"。颜师古曰："太官主膳食。"②《汉旧仪》："太官主饮酒，皆令、丞治。太官、汤官奴婢各三千人，置酒……"③《汉官仪》"太官，主膳羞也。"④ 刘庆柱、李毓芳在考释西安相家巷出土秦封泥时指出，"从已发现的考古资料可以看出，相家巷遗址出土秦封泥（包括此地出土及流散封泥），以'泰官'封泥为绝大多数，'大官'封泥甚希。而在一些集录的封泥著作中汉代封泥多为'大官'，'泰官'甚少，如《齐鲁封泥集存》有'齐大官印'，《封泥考略》有'大官长丞''大官丞印'等封泥。个别偏远地区，时代较早的墓葬中出土有为数不少的'泰官'封泥（如西汉南越王墓），这恰恰反映了秦代制度其影响仍发挥着重要作用。"⑤ 木简中"泰官"与南越王墓出土的"泰官"封泥写法一致，均为"泰"。

由于 J264 及出土木简大体均属南越国早期阶段，而南越王墓的时间明显较之晚了不少，因此木简的发现进一步提前了我们对南越国置"泰官"时间的既有认识。

（2）舍人

第 91 号简、第 96 号简有"舍人"。

据文献，秦汉"舍人"常见，如《史记·秦始皇本纪》："李斯为舍人。"《集解》文颖曰："主厨内小吏官名。或曰待从宾客谓之舍人也。"⑥ 舍人是当时的一个晋升良阶，《史记·李斯列传》："至秦，会庄襄王卒，李斯乃求为秦相文信侯吕不韦舍人；不韦贤之，任以为郎。"⑦ 汉亦设置舍人。《汉书·百官公卿表》："太子太傅、少傅，古官。属官有太子门大夫、庶子、先马、舍人。"⑧ 当时诸侯、官吏亦自有舍人。《汉书·高帝纪》："南阳守欲自刭，其舍人陈恢曰"，注："文颖曰：'主厨内小吏，官名也。'苏林曰：'蔺相如为宦者令舍人。韩信为侯，亦有舍人。'师古曰：'舍人，亲近左右之通称也，后遂以为私属官号。'"⑨《汉书·萧何曹参传》："萧何薨，参闻之，告舍人趣治行。"师古曰："舍人犹家人也，一说私属官主家事者也。"⑩

传世文献不载南越国设舍人，当然更不知南越国之公主下属有舍人，也不知南越国分封的列

---

① 张荣芳、黄淼章：《南越国史》，第 134～153 页，广东人民出版社，2008 年。

② ［汉］班固：《汉书·百官公卿表》，第 731～732 页，中华书局，2006 年。

③ ［汉］卫宏撰，［清］孙星衍辑，周天游点校：《汉官六种》，第 91 页，中华书局，2012 年。

④ ［汉］应劭撰，［清］孙星衍校集，周天游点校：《汉官六种》，第 136 页，中华书局，2012 年。

⑤ 刘庆柱、李毓芳：《西安相家巷遗址秦封泥考略》，《考古学报》2001 年第 4 期，第 433 页。

⑥ ［汉］司马迁：《史记·秦始皇本纪》，第 285 页，中华书局，2013 年。

⑦ ［汉］司马迁：《史记·李斯列传》，第 3068 页，中华书局，2013 年。

⑧ ［汉］班固：《汉书·百官公卿表》，第 733 页，中华书局，2006 年。

⑨ ［汉］班固：《汉书·高帝纪》，第 19～20 页，中华书局，2006 年。

⑩ ［汉］班固：《汉书·萧何曹参列传》，第 2018 页，中华书局，2006 年。

侯也有舍人①。

（3）中官

第73号、第75号简有"中官"。

中官，文献多见。《汉书·高后纪》："诸中官宦者令丞皆赐爵关内侯，食邑。"如淳曰："列侯出关就国，关内侯但爵耳。其有加异者，与之关内之邑，食其租税。《宣纪》曰'德、武食邑'是也。"师古曰："诸中官，凡阉人给事于中者皆是也。宦者令丞，宦者署之令丞。"②《汉旧仪》："中官、私官尚食，用白银釦器。"③ 余华青考释"中官丞印"时指出："中官，作为宦官的一种泛称，屡见于有关史籍。如《后汉书·宦者列传》：'中官用权，字（郑）众始焉。'又如《后汉书·何进传》：'中官统领禁省，自古及今，汉家故事，不可废也。'但是，此处之'中官丞印'中的'中官'，则显然并非宦官的泛称，而是一个宦官机构的名称。作为宦官机构的中官，未见文献史籍记载。"④

传世文献未载南越国设"中官"。

（4）御府

第63＋157号简有"御府丞騒"。

御府之设，屡见秦汉文献。如《史记·李斯列传》："御府之衣，臣得赐之。中厩之宝马，臣得赐之。"⑤ 汉代御府为少府所属，《汉书·百官公卿表》云："少府，秦官，掌山海池泽之税，以给供养，有六丞。属官有尚书、符节、太医、太官、导官、乐府、若卢、考工室、左弋、居室、左右司空、东织、西织、东园匠等十六令、丞；又有胞人、都水、均官三长丞；又有上林中十池监；又有中书谒者、黄门、钩盾、尚方、御府、永巷、内者、宦者等八官令丞。诸仆射、署长、中黄门皆属焉。"颜师古注"御府主天子衣服是也"⑥。而其职天子衣服之事至东汉犹存，如《后汉书·百官三》："御府令一人，六百石。本注曰：宦者。典官婢作中衣服及补浣之属。丞、织室丞各一人。本注曰：宦者。"⑦《后汉书·宦者列传》："今中尚方敛诸郡之宝，中御府积天下之缯，西园引司农之臧，中厩聚太仆之马，而所输之府，辄有导行之财。"⑧《后汉书·董卓列传》："徙御府金帛乘舆器服。"《后汉书·皇后纪》："及太后崩，乃策书加贵人王赤绶，安车一驷，永巷宫人二百，御府杂帛二万匹，大司农黄金千斤，钱二千万。"⑨

岳麓秦简《亡律》有"寺车府、少府、中府、中车府、泰官、御府、特库、私官隶臣，免为士五、隐官，及隶妾以巧及劳免为庶人……"等语。秦设御府当无疑义。据文献，御府除前

① 黄展岳指出，舍人为"身份名称或官名。……木简，'舍人'凡二见（简091、简096），表明南越国亦有舍人，其为'私属官号'，正如颜师古所云。"见黄展岳：《南越木简选释》，《南越国考古学研究》，第236页，中国社会科学出版社，2015年。
② ［汉］班固：《汉书·高后纪》，第100页，中华书局，2006年。
③ ［汉］卫宏撰，［清］孙星衍辑，周天游点校：《汉官六种》，第63页，中华书局，2012年。
④ 余华青：《新发现的封泥资料与秦汉宦官制度研究》，《西北大学学报（哲学社会科学版）》1997年第1期。胡平生认为"简文之'中官'未必专指宦官，而是宫苑的管理机构，该机构吏员可能是阉人，也可能非宦者。"见胡平生：《南越宫署出土简牍释文辨正》，《胡平生简牍文物论稿》，第173页，中西书局，2012年。其言"中官"为公园管理机构的认识尚待更多材料佐证。
⑤ ［汉］司马迁：《史记·李斯列传》，第3082页，中华书局，2013年。
⑥ ［汉］班固：《汉书·百官公卿表》，第731～732页，中华书局，2006年。
⑦ ［晋］司马彪：《后汉书志》，第3595页，中华书局，2006年。
⑧ ［宋］范晔：《后汉书·宦者列传》，第2532页，中华书局，2006年。
⑨ ［宋］范晔：《后汉书·皇后纪》，第414页，中华书局，2006年。

述负责"衣服"之外尚有其他职掌。如《史记·秦始皇本纪》"有人持璧遮使者曰:'为吾遗滈池君。'……使御府视璧,乃二十八年行渡江所沈璧也。"① 而从秦封泥的发现看,目前已有"御府""御府之印""御府丞印""御府廷印""御府工室""御府行府""御府金府""御府器府""御府帑府""御府瑟府""御府缦府""御府果□""御府熿府""御府园印"等②,从封泥上的大量御府类职官看,其负责的职能当远超文献所载。

南越国职官之前未见"御府"。从木简看,南越国设御府当可确定。而南越国既然有"御府丞",自当有"御府令",与《汉书·百官公卿表》所示汉王朝御府同样设有令、丞的情况一致。

（5）御工

第82号简有"御工令"。

御工之设不见于文献,秦封泥除"御府"外,有"御厩""御羞""御弄""御兵""御行""御鬃""御药""御府工室"③,未见"御工"。从名词看,当与"御府工室"有一定关系。不过从木简看,南越国有"御工令",自当有"御工丞",与上述另"御府"有令、丞的情况一致,显示"御工"不当是"御府工室"的简称,而可能是一与"御府"同级的职官。

据东汉蔡邕《独断》:"天子所进曰御。御者,进也。凡衣服加于身,饮食人于口,妃妾接于寝,皆曰御。"秦封泥中除前述御府下设的大量职官外,负责直接制作生产各类用品的职官甚多,如工室、寺工、材官、鞣官、材官、金府、左工、铁兵工、铁官等④,推测南越国的"御工"当与南越王使用物品的生产有关,或是一个单设的工官,或就是前述秦封泥中所见诸多工官种类的"集合体"。

（6）左外郎

第99号简"丙午,左外郎豕等下死灵泰官出入"。

"左外郎"不见于文献。从与第82号简、第95号简、第103号简参看,4枚出入籍的体例为:时间+职官+人名+事由+出入。不管事由是"上"或"下",之前都为人名。第99号简中,"下"前为"左外郎豕等"5字。据文献,秦汉有"郎"官,有"外郎"。如《汉书·惠帝纪》:"赐民爵一级。中郎、郎中满六岁爵三级,四岁二级。外郎满六岁二级,中郎不满一岁一级。外郎不满二岁赐钱万。"苏林曰"外郎,散郎也。"⑤

《汉书·百官公卿表》载:"郎中令,秦官,掌宫殿掖门户,有丞。……属官有大夫、郎、谒者,皆秦官。……郎掌守门户,出充车骑,有议郎、中郎、侍郎、郎中,皆无员,多至千人。议郎、中郎秩比六百石,侍郎比四百石,郎中比三百石。中郎有五官、左、右三将,秩皆比二千石。郎中有车、户、骑三将,秩皆比千石。……仆射,秦官,自侍中、尚书、博士、郎皆有。古者重武官,有主射以督课之,军屯吏、驺、宰、永巷宫人皆有,取其领事之号。"臣瓒注"主郎内诸官,故曰郎中令。"⑥ 秦汉时因郎中令及属下郎官等侍从皇帝而地位显要。秦封泥有"郎中丞印""郎中左田""郎中西田""南宫郎中"等,秦印有"中郎监印",传世南越印有"南越中大夫",

---

① ［汉］司马迁:《史记·秦始皇本纪》,第326页,中华书局,2013年。
② 刘瑞:《秦封泥集存》,中国社会科学出版社,2020年。
③ 刘瑞:《秦封泥集存》,中国社会科学出版社,2020年。
④ 刘瑞:《秦封泥集存》,中国社会科学出版社,2020年。
⑤ ［汉］班固:《汉书·惠帝纪》,第85~86页,中华书局,2006年。
⑥ ［汉］班固:《汉书·百官公卿表》,第727~728页,中华书局,2006年。

据文献"大夫"当属郎中令。

左外郎，虽文献未载，但记载有"越郎都稽得嘉"，《集解》徐广曰"南越之郎官"①，《汉书》注引孟康曰"越中所自置郎也"②，南越有郎应无疑问。蓝日勇、张荣芳等从都稽能擒获吕嘉的角度判断郎官为武职，其说可从③。如是，则"左外郎"所职，当与文献所载"郎"责相近，然具体职能有待更新考古资料。

（7）居室

第 24 号、第 89 号、第 95 号简有"居室"。

居室，《汉书·百官公卿表》少府属官有"居室""甘泉居室"令丞。南越国陶文有"居室"，陈直指出"为南越国少府居室令所造之物，与汉廷少府居室令主造部分陶瓦情况，亦完全符合"④。蓝日勇等指出"广州出土'居室'印文陶器，正说明南越居室令职掌与汉廷相同"⑤，张荣芳等也认为"南越国居室令的职掌同于汉制"⑥。

虽第 89 号简残，且前后简亦难确定，但从残存的"☐使谨揄居室食畜笞地五十"中的"笞地"看，恰与文献中居室有狱的记载一致。陈直已指出，"《汉旧仪》云：居室会主鞠治二千石狱，故《汉书·灌夫传》所谓'有诏劾灌夫骂坐不敬，系居室'是也。"《汉书·卫青传》载："青尝从人至甘泉居室，有一钳徒相青曰：'贵人也，官至封侯'"，张晏曰："居室，甘泉中徒所居也"⑦，表明居室有狱。

秦封泥有"居室丞印""居室寺从""居室司空""居室仓印""居室廥印""居室左般""甘泉居☐""西室居室""安居室丞""安台居室"等⑧。从"居室司空"封泥中的"司空"看，居室下应设有司空，之前出土的"居室"陶文的生产或当由"居室司空"完成。

（8）食官

第 79 号简有"食官"。

食官，《汉书·百官公卿表》属奉常，"奉常，秦官，掌宗庙礼仪，有丞。……又诸庙寝园食官令长丞，又廱太宰、太祝令丞"，又有"詹事，秦官，掌皇后、太子家，有丞。……又中长秋、私府、永巷、仓、厩、祠祀、食官令长丞"⑨。

南越之有"食官"，最早见于广州 M1006 出土"食官第一"陶文。陈直指出，"《汉书·百官表》，叙太常所管诸庙寝园有食官长丞。詹事属官，亦有食官长丞。本陶器不称为某庙某园之食官，仅单称为食官，知为南越国詹事所属之食官。詹事所掌为皇后太子家事，成帝鸿嘉三年省詹

① ［汉］司马迁：《史记·南越列传》，第 3579 页，中华书局，2013 年。
② ［汉］班固：《汉书·西南夷两粤朝鲜传》，第 3858 页，中华书局，2006 年。
③ 余天炽、梁旭达、覃圣敏等：《古南越国史》，第 72 页，广西人民出版社，1988 年；张荣芳、黄淼章：《南越国史》，第 138 页，广东人民出版社，2008 年。
④ 陈直：《汉书新证》，第 470 页，天津人民出版社，1979 年；陈直：《广州汉墓群西汉前期陶器文字考》，《学术研究》1964 年第 2 期，第 79 页。
⑤ 余天炽、梁旭达、覃圣敏等：《古南越国史》，第 72 页，广西人民出版社，1988 年。
⑥ 张荣芳、黄淼章：《南越国史》，第 146 页，广东人民出版社，2008 年。
⑦ ［汉］班固：《汉书·卫青列传》，第 2471~2472 页，中华书局，2006 年。
⑧ 刘瑞：《秦封泥集存》，中国社会科学出版社，2020 年。
⑨ ［汉］班固：《汉书·百官公卿表》，第 726、734 页，中华书局，2006 年。

事官，并属于大长秋。西汉王国百官制度，皆如汉朝。传世之西汉铜器，如《小校经阁金文》卷十三，六一页有胶东令食官金刀。又卷十一，九一页有信都食官镫，建始二年六月造。卷十二，一四页有梁王食官钟。……本陶器应为南越国詹事食官令官署中之用器，第一为其编号，死后取以殉葬者，墓主人之身份，当与食官令有关系。"① 认为陶文中"食官"为詹事属官的意见，为蓝日勇、张荣芳等所信从。J264 木简上发现的"食官"，虽不能确定其属詹事，但从木简出于宫中的情况看，其属詹事的可能性明显要比属奉常的为大。当然，同样由于木简的发现，使得我们对南越国设置食官的时间有了较为明确的下限。即，在南越国早期偏晚阶段已设食官。

（9）景巷

第 111 号简有"景巷令"。

景巷，广州象岗南越王墓殉人墓出土铜印"景巷令印"。黄展岳指出，"景巷令"即"永巷令"。并从《汉书·百官公卿表》少府、詹事属官皆有永巷令，且皆以宫中宦者充任。少府'掌山海池泽之税'，詹事'掌皇后、太子家'。南越王国似亦有少府、詹事"出发，判断佩戴"景巷令印"的殉人"当是南越国詹事属官'景巷令'，职掌南越王室家事之宦者。"② 蓝日勇先生据文献詹事掌皇后太子家事，"从'景巷令'为南越文王殉葬的情况来分析，此'景巷令'当为少府属官"③。张荣芳先生提出"此印是作为墓中殉人的随葬品出土的，按此，该永巷令不可能为少府属官，只可能是詹事属官"，与黄展岳意见一致④。

从南越王墓出土铜印和 J264 木简看，南越国有"景巷令"，则自当有"景巷丞"。由于南越王墓在南越国历史中的时间偏晚，因此 J264 木简的发现，将南越国设置景巷的时间有了较为明确的下限。即，至少在南越国早期偏晚阶段，已设景巷。黄展岳指出，《汉书·百官公卿表》记少府、詹事属官有永巷令，且皆以宫中宦者充任，南越国似亦如此⑤。

（10）赿弩

第 81 号、第 96 号简有"赿弩"。

"赿弩"，不见于文献，为南越自设职官。《说文解字》"赿，距也，从走斥省声。汉令曰：赿张百人。"⑥《释名》"弩，怒也，有势怒也。其柄曰臂，似人臂也。"⑦《说文》："弩，弓有臂者。"⑧《汉书·武帝纪》有"强弩将军路博德"⑨，《汉书·地理志》南郡"有发弩官"，颜师古注"主教放弩也"⑩。湖北张家山汉墓竹简《二年律令·秩律》："中发弩、枸（勾）指发弩，中司空、轻车；郡发弩、司空、轻车，秩各八百石。"整理者注"中发弩"为"中央政府所设主教发

① 陈直：《汉书新证》，第 470 页，天津人民出版社，1979 年；陈直：《广州汉墓群西汉前期陶器文字考》，《学术研究》1964 年第 2 期，第 80 页。
② 广州市文物管理委员会、中国社会科学院考古研究所、广东省博物馆：《西汉南越王墓》，第 308 页，文物出版社，1991 年。
③ 余天炽、梁旭达、覃圣敏等：《古南越国史》，第 72 页，广西人民出版社，1988 年。
④ 张荣芳、黄淼章：《南越国史》，第 142 页，广东人民出版社，2008 年。
⑤ 黄展岳：《南越木简选释》，《南越国考古学研究》，第 238 页，中国社会科学出版社，2015 年。
⑥ ［汉］许慎：《说文解字》，第 37 页，中华书局，2001 年。
⑦ ［汉］刘熙：《释名》，第 74 页，中华书局，2017 年。
⑧ ［清］段玉裁：《说文解字注》，第 641 页，中州古籍出版社，2006 年。
⑨ ［汉］班固：《汉书·武帝纪》，第 201 页，中华书局，2006 年。
⑩ ［汉］班固：《汉书·地理志》，第 1566～1567 页，中华书局，2006 年。

弩官"①。秦官印有"发弩"半通印，秦封泥有"弩工室印"，但均未见"赿弩"相关职官名。黄展岳指出，其与"发弩"职司近似。

据木简，"赿弩"有令，当亦有丞。两枚木简，记录了现任赿弩人员的来源与时间，虽木简残泐，也可看出其即可自"游徼特将"卒，也可自"潭侯"舍人，并不单一。因简残泐，"五百积，引未引□"所指为何暂无法明确。

（11）游徼特将

第81号简有"游徼特将"。

"游徼特将"，不见于文献。游，《汉书·高帝纪》"谓沛父兄曰，游子悲故乡"，师古曰"游子，行客也。"② 游徼，见于文献。如《汉书·百官公卿表》："中尉，秦官，掌徼循京师。"如淳曰："所谓游徼，徼循禁备盗贼也。"师古曰："徼，谓遮绕也。"③ "乡有三老、有秩、啬夫、游徼。三老，掌教化；啬夫，职听讼收赋税；游徼，徼循禁贼盗。"④《汉书·魏豹田儋韩王信列传》"太初中为游击将军"⑤。

越之有"将"见于文献，如"越将毕取以军降"⑥。"特将"不载于南越，但文献有载。《汉书·张陈王周传》："魏王豹反，使韩信特将北击之"，师古曰："特，独也，专任之使将也"⑦。《汉书·灌婴传》："从击陈豨，别攻豨丞相侯敞军曲逆下，破之。卒斩敞及特将五人。"师古曰："卒谓所将之卒也。特，独也，各独为将。"⑧《汉书·卫青霍去病传》："封三子为侯，侯千三百户，并之二万二百户。其裨将及校尉侯者九人，为特将者十五人。"师古曰："特将，谓独别为将而出征也。"⑨

游徼特将，以上引文献言，特将属游徼，应以负责南越王宫安全为上。

（12）掌故

第80号简有"掌故"。

掌故，官名，不见于《汉书·百官公卿表》，但散见于列传。《史记·晁错列传》："以文学为太常掌故"，《集解》应劭曰："掌故，百石吏，主故事。"《索隐》服虔云："'百石卒吏'。《汉旧仪》云'太常博士弟子试射策，中甲科补郎中，乙科补掌故也。'"⑩《汉书·楚元王传》："孝文皇帝，始使掌故朝错从伏生受《尚书》。"李奇曰："掌故，官名也。"⑪《汉书·晁错传》："以文学为太常掌故"，应劭曰"掌故，六百石吏，主故事。"⑫《汉书·司马相如传》："宜命掌

① 张家山二四七号汉墓竹简整理小组：《张家山汉墓竹简（二四七号墓）》，第194页，文物出版社，2001年。
② ［汉］班固：《汉书·高帝纪》，第74~75页，中华书局，2006年。
③ ［汉］班固：《汉书·百官公卿表》，第732~733页，中华书局，2006年。
④ ［汉］班固：《汉书·百官公卿表》，第742页，中华书局，2006年。
⑤ ［汉］班固：《汉书·魏豹田儋韩王信传》，第1857页，中华书局，2006年。
⑥ ［汉］班固：《汉书·西南夷两粤朝鲜传》，第3858页，中华书局，2006年。
⑦ ［汉］班固：《汉书·张陈王周传》，第2028~2029页，中华书局，2006年。
⑧ ［汉］班固：《汉书·樊郦滕灌传》，第2084页，中华书局，2006年。
⑨ ［汉］班固：《汉书·卫青霍去病传》，第2490~2491页，中华书局，2006年。
⑩ ［汉］司马迁：《史记·袁盎晁错列传》，第3306页，中华书局，2013年。
⑪ ［汉］班固：《汉书·楚元王传》，第1968~1969页，中华书局，2006年。
⑫ ［汉］班固：《汉书·爰盎晁错传》，第2276~2277页，中华书局，2006年。

故，悉奏其仪而览焉。"师古曰："掌故，太常官属，主故事者。"① 《汉书·儒林列传》："以治礼掌故以文学礼义为官，迁留滞。"师古曰："言治礼掌故之官，本以有文学习礼义而为之，又所以迁擢留之人。"② "边郡一人，先用诵多者，不足，择掌故以补中二千石属。"③ 又，《史记·司马相如列传》"宜命掌故悉奏其义而览焉"，《集解》：《汉书音义》曰："掌故，太史官属，主故事也。"④

木简"掌故"的发现，不仅显示南越设有该职，且可进而推测南越或如汉一样设太常或太史。

（13）掌宫麻

第 117 号简有"不夷鸡□掌宫麻一日姑⊠载"。

木简"掌"上一字残泐，左为"氵"，似"满"而难遽定。简上下文不详，"□掌宫"可能为宫名，但同样存在"宫麻"或"掌宫麻"为一词的可能性。

麻，《说文解字》："与林同人所治在屋下。从广从林，凡麻之属皆从麻"⑤，为五谷之一。《管子》："积于不涸之仓者，务五谷也。藏于不竭之府者，养桑麻、育六畜也。"⑥ 麻也是南方地区的重要物产。如《汉书·地理志》："自合浦徐闻南入海，得大州，东西南北方千里，武帝元封元年略以为儋耳、珠崖郡。民皆服布如单被，穿中央为贯头。男子耕农，种禾稻纻麻，女子桑蚕织绩。"⑦ 《周礼·考工记》："国有六职，百工与居一焉。或坐而论道，或作而行之，或审曲面执以饬五材以辨民器，或通四方之珍异以资之，或饬力以长地财，或治丝麻以成之"⑧，"治丝麻以成之谓之妇功"⑨。

《周礼》有"掌舍""掌次""掌皮""掌节""掌葛""掌染草""掌炭""掌荼""掌蜃""掌固""掌疆""掌畜""掌戮""掌囚""掌客""掌讶""掌交""掌察""掌货贿"等以"掌"为名的职官。其中"掌葛，掌以时征絺绤之材于山农"，"掌染草，掌以春秋敛染草之物以权量受之"⑩。从 J264 木简有"掌故"为职官名称的情况看，本简上的"掌宫麻"可能亦是官名。若是，则"掌"之前残泐字，或为人名。

（14）大鸡官

第 4 号简有"大鸡官"。

大鸡官，不见于文献，但越人对鸡的使用，文献有载。《汉书·郊祀志》："是时既灭两粤，粤人勇之乃言粤人俗鬼，而其祠皆见鬼，数有效。……乃命粤巫立粤祝祠，安台无坛，亦祠天神帝百鬼，而已鸡卜。上信之，粤祠鸡卜自此始用。"⑪ 李奇注："持鸡骨卜，如鼠卜。"《史记·孝

① ［汉］班固：《汉书·司马相如列传》，第 2605～2607 页，中华书局，2006 年。
② ［汉］班固：《汉书·儒林列传》，第 3594 页，中华书局，2006 年。
③ ［汉］班固：《汉书·儒林列传》，第 3594 页，中华书局，2006 年。
④ ［汉］司马迁：《史记·司马相如列传》，第 3694 页，中华书局，2013 年。
⑤ ［汉］许慎：《说文解字》，第 149 页，中华书局，2001 年。
⑥ 黎翔凤：《管子校注》，第 14 页，中华书局，2019 年。
⑦ ［汉］班固：《汉书·地理志》，第 1670 页，中华书局，2006 年。
⑧ ［汉］郑玄注，［唐］贾公彦疏：《周礼注疏》，第 592 页，上海古籍出版社，1990 年。
⑨ ［汉］郑玄注，［唐］贾公彦疏：《周礼注疏》，第 593 页，上海古籍出版社，1990 年。
⑩ ［汉］郑玄注，［唐］贾公彦疏：《周礼注疏》，第 249 页，上海古籍出版社，1990 年。
⑪ ［汉］班固：《汉书·郊祀志》，第 1241 页，中华书局，2006 年。

武本纪》"而以鸡卜",《集解》:《汉书音义》曰"持鸡骨卜,如鼠卜"。《正义》:"鸡卜法用鸡一,狗一,生,祝愿讫,即杀鸡狗煮熟,又祭,独取鸡两眼骨,上自有孔裂,似人物形则吉,不足则凶,今岭南犹行此法也。"① 黄展岳认为"赵佗'和集百越',设'大鸡官'专司鸡卜事务。"②

第72号、第73号简记"野雄鸡",第95号、第117号简也有"鸡",显示南越应蓄养一定数量的各种鸡只,鸡官之设,或即与此有关。

从书写看,"大鸡官"用"大"而非"太",也非"泰",表明当时大、太、泰三字在一些情况下虽可通用,但在职官名称中当各有使用范围,未必处处通用。

(15) 典

第97号简有"典宪"。

典,里典。云梦睡虎地秦简《秦律杂抄》:"匿敖童,及占癃不审,典、老赎耐?"整理小组注:"典、老,即里典(正)伍老,相当后世的保甲长。"③《汉书·百官公卿表》有典客、典属国。秦封泥有"典达"。张家山汉简《奏谳书》有"典赢",赢为人名,与"典宪"同④。

岳麓书院藏秦简中有对典、老选用的具体规定:"尉卒律曰:里自卅户以上置典、老各一人,不盈卅户一下,便利,令与其旁里共典、老,其不便者,予之典而毋予老。公大夫以上擅启门者附其旁里,旁里典、老坐之。置典、老,必里相推,以其理公卒、士伍年长而毋害者为典、老。无长者,令它里年长者。为它里典、老,毋以公士及毋敢以丁者为典、老,赀尉、尉史、士吏主者各一甲,丞、令、令史各一盾。无爵者不足,以公士,县毋命为典、老者,以不更一下,先以下爵。其后复,未当事戍,不复而不能自给者,令不更一下无复不复,更为典、老。"⑤ J264木简中出现的"典",将过去据文献和出土文物确定的南越国职官,从高层的丞相"下达"到基层之"典",是南越国基层管理制度的重要发现⑥。

(16) 卒

第81号简有"游徼特将"之"卒",第92号简有"处都"之"卒",第153号简有"县卒"。

许慎《说文解字》:"卒,隶人给事者。"⑦ 段玉裁注:"《方言》楚东海之间亭父谓之亭公,卒谓之弩父。"⑧《汉书·高帝纪》注,应劭曰:"求盗者,亭卒。旧时亭有两卒,一为亭父,掌开闭扫除;一为求盗,掌逐捕盗贼。"⑨《史记·南越列传》:"嘉弟为将,将卒居宫外"⑩,显示南越有将有卒。

从J264木简的发现看,南越国"卒"的分布广泛,不仅"游徼特将"下有卒,"处都"有

① [汉]司马迁:《史记·孝武本纪》,第600页,中华书局,2013年。
② 黄展岳:《南越木简选释》,《南越国考古学研究》,第234页,中国社会科学出版社,2015年。
③ 睡虎地秦简整理小组:《睡虎地秦墓竹简》,第87页,文物出版社,2001年。
④ 黄展岳指出:"典,里典,亦即里正,约当后世保甲长或村长。"见黄展岳:《南越木简选释》,《南越国考古学研究》,第237页,中国社会科学出版社,2015年。
⑤ 陈松长主编:《岳麓书院藏秦简(肆)》,第116页,上海辞书出版社,2017年。
⑥ 汤志彪、周群认为"不能排除其'典'也有可能是田典"。见汤志彪、周群:《广州南越国宫署遗址所出西汉木简释读二题》,《社会科学战线》2009年第5期,第245页。
⑦ [汉]许慎:《说文解字》,第173页,中华书局,2001年。
⑧ [清]段玉裁:《说文解字注》,第397页,中州古籍出版社,2006年。
⑨ [汉]班固:《汉书·高帝纪》,第6页,中华书局,2006年。
⑩ [汉]司马迁:《史记·南越列传》,第3575页,中华书局,2013年。

"卒"，县也有"县卒"。与"典"的发现一样，"卒"是南越国军队基层力量的重要发现。

2. 郡县

据文献记载和考古发现，蓝日勇先生指出，"南越国的政治体制，类似西汉王朝，也是推行郡国并行制，在郡国之上则为赵氏的王朝和王室"，"南越时期，境内仍行郡县制"，沿袭自秦郡有三：南海郡、象郡、桂林郡，属县有南海郡的番禺、龙川、博罗、揭阳、四会，象郡的临尘、象林，桂林郡的布山等8县。此外南越国还在"原象郡境内设置了交趾、九真二郡"①。张荣芳先生指出，"在南越国内实行了郡国并行制"，"赵佗称王后，仍旧设有南海、桂林郡。对于秦象郡，赵佗考虑到其情况特殊，故罢之分其地为交趾、九真二郡"，考证南海郡下辖番禺、龙川、博罗、揭阳、浈阳、含洭，桂林郡下辖布山、四会，交趾、九真下辖有象林②。经他们的梳理，基于文献和既有考古资料的南越国郡县设置情况已收罗殆尽。J264出土木简数量虽然有限，但依然可进一步加深我们对南越国郡县设置的了解。

（1）南海

第67号简有"南海"。

南海，郡名，秦置。《汉书·西南夷两粤朝鲜传》："秦并天下，略定扬粤，置桂林、南海、象郡，以适徙民与粤杂处。"③《汉书·地理志》："南海郡，秦置，秦败，尉佗王此地。武帝元鼎六年开。"④武帝灭南越置南海郡，《汉书·武帝纪》："遂定越地，以为南海、苍梧、郁林、合浦、交趾、九真、日南、珠崖、儋耳郡。"⑤

之前学者研究指出南越国设南海郡源于《汉书·地理志》及《史记·南越列传》等文献，如《汉书·西南夷两粤朝鲜传》载吕嘉"遣人告苍梧秦王及其诸郡县"⑥，表明南越既有"王"亦有"郡县"之设。J264木简的发现，使此记载得以"落实"，并进而确定了文献中南越国实行郡县制的有关记载。

（2）番禺

第91号简有"蕃禺"，即"番禺"。

番禺，南海郡治，秦、南越国、汉均延置，为南越国国都之所在。《汉书·地理志》："番禺，尉佗都，有盐官。"⑦文献中，番禺是秦汉时期岭南最重要城市，《汉书·地理志》"粤地"，"处近海，多犀、象、毒冒、珠玑、银、铜、果、布之凑，中国往商贾者多取富焉。番禺，其一都会也。"⑧《汉书·叙传》："南越尉佗，自王番禺，攸攸外寓，闽越、东瓯。"⑨

文献作"番禺"，木简作"蕃禺"。《说文解字》："兽足谓之番，从采田，象其掌。番或从足，从烦。"段玉裁注："下象掌，上象指爪，是为象形。许意先有采字，耏候从采而象其形，则非独

---

① 余天炽、梁旭达、覃圣敏等：《古南越国史》，第60～67页，广西人民出版社，1988年。

② 张荣芳、黄淼章：《南越国史》，第113～118页，广东人民出版社，2008年。

③ ［汉］班固：《汉书·西南夷两粤朝鲜传》，第3847页，中华书局，2006年。

④ ［汉］班固：《汉书·地理志》，第1628页，中华书局，2006年。

⑤ ［汉］班固：《汉书·武帝纪》，第188页，中华书局，2006年。

⑥ ［汉］班固：《汉书·西南夷两粤朝鲜传》，第3856页，中华书局，2006年。

⑦ ［汉］班固：《汉书·地理志》，第1628页，中华书局，2006年。

⑧ ［汉］班固：《汉书·地理志》，第1670页，中华书局，2006年。

⑨ ［汉］班固：《汉书·叙传》，第4268页，中华书局，2006年。

体制象形而为合体之象形也。"①

麦英豪指出，木简中"蕃禺人"标明这位常使（即常侍，为国王的近身侍卫官）的籍贯，番禺人即地道的南越人。"蕃池"的命名，表明当时的番禺地名已惯用省称②。

（3）横山

第 134 号简残存"横山"2 字。

横山，地名不见于秦汉文献。《史记·吴太伯世家》"抉吾眼置之吴东门"，《正义》引《吴俗传》云"子胥亡后，越从松江北开渠至横山东北，筑城伐吴"，虽有"横山"，然《史记正义》为唐人张守节所著，其所引《吴俗传》时代不详。《水经注·温水》："自南陵究出于南界蛮，进得横山。太和三年，范文侵交州，于横山分界，度比景庙，由门浦至古战湾"③。在《水经注》近二千"山岳"名称中，仅此一"横山"④。以其记述情况言，木简上之"横山"应即位于南越境内⑤。

第 134 号简残，是否可连读为"横山"当存疑问。若可成立，或可能与《水经注》所记"横山"有一定关系。

（三）宫室苑囿

从 2000 年开始的南越国宫署遗址发掘，清理出一号宫殿、二号宫殿等重要的宫殿建筑，确定了南越国都城番禺的宫殿区当位于广州市原儿童公园所在地一带。而从 1995～1997 年发掘清理的广州电信局内食水砖井、大型石壁水池和原广州市文化局下曲流石渠等南越国遗迹，均紧邻儿童公园发现的宫署建筑，为宫殿附近的园林建筑，通过实物的发掘证明南越国国都番禺内有宫有苑，是汉代考古中非常罕见的珍贵资料。

南越王国的宫名，文献无载。最早的发现为 1983 年清理的南越王墓出土陶瓮上的"长乐宫器"陶文，"从而证明南越国的宫室名称都是仿效汉朝的"⑥。2004 年，在 J264 发掘的同时，于南越国二号宫殿北侧发掘出土的器盖上发现"华阴宫"陶文，为南越国"新增"一宫名。除 J264 木简上"高平"存在为"高平宫"的可能外，木简中还有一些内容与南越国宫室苑囿有关。

1. 高木宫

第 54 号简有"高木宫"。

高木宫，不见于文献。高，《说文解字》："高，崇也，向台观高之形。从门囗，与仓舍同

---

① ［清］段玉裁：《说文解字注》，第 50 页，中州古籍出版社，2006 年。黄展岳注意到铜器、漆器铭文中写作"蕃禺"而东汉墓砖写作"番禺"的差异，指出"加草头的'蕃禺'似只通行于秦汉年间，到了东汉，南北各地已通用'番禺'了"。见黄展岳：《南越木简选释》，《南越国考古学研究》，第 237 页，中国社会科学出版社，2015 年。
② 广州市文物博物馆学会"南越史研究小组"：《考古发现的"广州最早"例举（上）》，《广州文博（肆）》，第 25 页，文物出版社，2011 年。麦英豪执笔。
③ 陈桥驿：《水经注校释》，第 630 页，杭州大学出版社，1999 年。
④ 陈桥驿：《〈水经注〉地名汇编》，中华书局，2012 年。
⑤ 黄展岳梳理查询"中国和越南有'横山'地名共二十处，位于岭南的有三处，分别在中国广东廉江市、广西忻城县和越南河静省。其中廉江横山、河静横山值得注意。……疑本简残存的'横山'地名，似与其中之一'横山'有关。"见黄展岳：《南越木简选释》，《南越国考古学研究》，第 238 页，中国社会科学出版社，2015 年。
⑥ 广州市文物管理委员会、中国社会科学院考古研究所、广东省博物馆：《西汉南越王墓》，第 311 页，文物出版社，1991 年。

意。"① "高木"一词，偶见于秦汉文献。如《淮南子·人间训》："譬犹缘高木而望四方也，虽偷乐哉？然而疾风至，未尝不恐也，患及身然后忧之，六骥追之弗能及也。"② 又 "夫鹊先识岁之多风也，去高木而巢扶枝，大人过之则探鷇，婴儿过之则挑其卵，知备远难而忘近患。"③ 许慎《说文解字》亦有："枻，高木也""梀，高木也"④。

《汉书·武帝纪》"行幸盩厔五柞宫"，张宴曰："有五柞树，因以为宫也"⑤。《汉书·宣帝纪》"武帝疾，往来长杨五柞宫"，颜师古曰："长杨、五柞二宫，并在盩厔，皆以树名之。"⑥ 高木宫，或即宫中有高木者，其命名方式，与汉上林苑内的长杨宫、五柞宫一致。

2. 高平宫

第 90 号、第 103 号简有 "高平"。

高平，地名，战国、秦、汉均有地名 "高平"。《史记·赵世家》："五国三分王之地，齐倍五国之约而殉王之患，西兵以禁强秦，秦废帝请服，反高平、根柔于魏，反氵坙分、先俞于赵。"《集解》引徐广曰："《纪年》云魏哀王四年改阳曰河雍，向曰高平"。《正义》引《括地志》云："高平故城在怀州河阳县西四十里。《纪年》云魏哀王改向曰高平也。"⑦《史记·范雎列传》："范雎相秦二年，秦昭王之四十二年，东伐韩少曲、高平，拔之。"《正义》："《括地志》云：'南韩王故城在怀州河阳县北四十里。俗谓之韩王城'，非也。春秋时周桓王以与郑。《纪年》云：'郑侯使辰归晋阳、向，更名高平，拔之。'"⑧《汉书·地理志》临淮郡有高平侯国，安定郡首县为高平。文献未载南越国有 "高平"。

如前所述，与第 103 号简相近的 5 枚 "出入" 木简，简上为 "甲寅""丁未""戊戌""丙午""癸丑" 纪日，之下内容是某职官为何去哪里。即，出入籍体例是：时间 + 职官 + 人名 + 事由 + "出入"。不管事由是 "上" 或 "下"，之前为人名，之后为地名或职官。第 103 号简常使 "气" 下鸟到 "高平"。因此，从木简体例看，"高平" 当为一处南越国地名。

从木简看，"居室" 和 "泰官" 都是与南越王关系密切的职官，"宫门" 直言性质为宫之门。则 "高平" 虽作为一简单地名的可能性存在，但也可能是 "高平宫" 的简称。即，南越国存在一名 "高平宫" 之宫——如同南越存在 "华阴宫""长乐宫" 一样。

若是，第 90 号简所登记的就应是 "高平宫" 内的枣树生长情况。当然，"高平宫" 的命名，明显与第 54 号简 "高木宫" 一样，是以 "高" 为宫名之首。

3. 宫门、蕃池

第 82 号简 "丁未，御工令赢上笥宫门　出入"。

笥，《说文解字》，"笥，饭及衣之器也"⑨，为盛放食物和衣物的器具。宫门，指王宫之门，

---

① ［汉］许慎：《说文解字》，第 110 页，中华书局，2001 年。
② ［汉］刘安撰，陈广忠译注：《淮南子》，第 1071 页，中华书局，2019 年。
③ ［汉］刘安撰，陈广忠译注：《淮南子》，第 1090 页，中华书局，2019 年。
④ ［汉］许慎：《说文解字》，第 119 页，中华书局，2001 年。
⑤ ［汉］班固：《汉书·武帝纪》，第 211～212 页，中华书局，2006 年。
⑥ ［汉］班固：《汉书·宣帝纪》，第 236 页，中华书局，2006 年。
⑦ ［汉］司马迁：《史记·赵世家》，第 2178～2179 页，中华书局，2013 年。
⑧ ［汉］司马迁：《史记·范雎列传》，第 2916 页，中华书局，2013 年。
⑨ ［汉］许慎：《说文解字》，第 96 页，中华书局，2001 年。

为秦汉习语。如《汉书·百官公卿表》："卫尉，秦官，掌宫门卫屯兵。"①《汉书·天文志》："太微者，天庭也，太白行其中，宫门当闭，大将被甲兵，邪臣伏诛。"②《汉书·景十三王传》："端皆去卫，封其宫门，从一门出入。数变名姓，为布衣，之它国。"③《汉书·刘屈氂传》："诸太子宾客，尝出入宫门，皆坐诛。"④

宫门管理，有严格规定。如前引《汉官解诂》："凡居宫中，皆施籍于门，案其姓名。若有医巫僦人当入者，本官长吏为之封启传，审其印信，然后内之。人未定，又有籍，皆复有符。……当出入者，案籍毕，复齿符，乃引内之也。其有官位得出入者，令执御者官，传呼前后以相通。"⑤史汉文献中记载有很多违背宫门管理制度而受罚的内容。如《汉书·严延年传》载："延年后复劾大司农田延年持兵干属车，大司农自讼不干属车。事下御史中丞，遣责延年何以不移书宫殿门禁止大司农，而令得出入宫。于是覆劾延年阑内罪人，法至死。"张晏曰："故事，有所劾奏，并移宫门，禁止不得入。"⑥从"阑内罪人"即"法至死"看，门禁之严可见一斑。又如《汉书·石显传》："显内自知擅权事柄在掌握，恐天子一旦纳用左右耳目，有以间己，乃时归诚，取一言以为验。显尝使至诸官有所征发，显先自白，恐后漏尽宫门闭，请使诏吏开门。上许之。显故投夜还，称诏开门入。后果有人上书告显颛命矫诏开宫门，天子闻之，笑以其书示显。"⑦《汉书·江充传》："督三辅盗贼，禁察踰侈。贵戚近臣多奢僭，充皆举劾奏，请没入车马，令身待北军击匈奴。奏可。充即移书光禄勋中黄门，逮名近臣侍中诸当诣北军者，移劾门卫，禁止无令得出入宫殿。"⑧

南越国的宫门管理，无论从多枚"出入籍"的发现，还是从第82号等简的内容，都表明应与汉王朝的宫门管理一样的严格。

第26号简有"蕃池"。

黄展岳指出，传世有"蕃丞之印"封泥，南越国宫署遗址蓄水石池南壁的一石板上有阴刻篆体"蕃"字。蕃池，当即指此蓄水池⑨。出土木简的水井，与发现"蕃"字刻字的南越水池，直线距离不足百米。

4. 苑囿管理

苑：许慎《说文解字》："苑，所以养禽兽也。"秦咸阳、汉长安有上林苑。在秦封泥中有大量与苑有关的内容，如"白水之苑""北苑""苪阳苑""鼎胡苑""东苑""杜南苑""高泉苑""高栎苑""共苑""平阳苑""曲桥苑""杨台苑""阴苑"等等⑩。

据《汉官旧仪》："上林苑中以养百兽。禽鹿尝祭祠祀，宾客用鹿千枚，麕兔无数。牧飞具缯

① ［汉］班固：《汉书·百官公卿表》，第728页，中华书局，2006年。
② ［汉］班固：《汉书·天文志》，第1307页，中华书局，2006年。
③ ［汉］班固：《汉书·景十三王传》，第2418页，中华书局，2006年。
④ ［汉］班固：《汉书·刘屈氂传》，第2882页，中华书局，2006年。
⑤ ［汉］王隆：《汉官解诂》，［清］孙诒让等辑，周天游点校：《汉官六种》，第14页，中华书局，2012年。
⑥ ［汉］班固：《汉书·严延年传》，第3667页，中华书局，2006年。
⑦ ［汉］班固：《汉书·石显传》，第3728页，中华书局，2006年。
⑧ ［汉］班固：《汉书·江充传》，第2177页，中华书局，2006年。
⑨ 黄展岳：《南越木简选释》，《南越国考古学研究》，第235页，中国社会科学出版社，2015年。
⑩ 刘瑞：《秦封泥集存》，中国社会科学出版社，2020年。

缴以射凫雁，应给祭祀置酒，每射收得万头以上，给太官。上林苑中，天子秋冬射猎，取禽兽无数实其中。"① 1995 年、1997 年在出土木简的 J264 的东侧、原广州市文化局所在的地下曾清理出南越国宫苑遗址，表明南越国与秦汉王朝一样，建设苑囿。

从 J264 出土第 17 号简看，南越国当有厩。第 84 号简言"守苑行之不谨，鹿死腐"，第 3 号简有"闻□苑□□人"等，当与苑的管理有关②。从出土简牍看，在睡虎地秦简③、龙岗秦简④和岳麓秦简⑤中，都有禁苑律，是当时禁苑管理的直接"文件"。据木简，南越应存在类似的"禁苑律""厩苑律"，第 84 号简是对守苑官员"不谨"行为制裁的记录。

J264 出土的木简，提供了苑囿内枣、杨梅等植物名称，提供了养殖鹿的信息，很多内容如细致入微的籍簿式登记，是苑囿"日常"管理的直接反映⑥。如南越国对枣树等果树进行对树本身编号及果实清点登记的情况，不仅是南越国苑囿管理更是秦汉苑囿管理的首次发现。

（四）经济法律

南越"自尉佗王凡五世，九十三岁而亡"⑦，与元朝持续的时间长短相近⑧，因文献记载甚少，对南越国施行何种经济和法律制度等问题长期以来一直了解甚微。依赖于考古资料的不断出现，以及学者对传世文献的往复耙梳，特别是余天炽等《古南越国史》，张荣芳、黄淼章《南越国史》的印行，方使人们对南越国经济发展的一些问题获得较深入了解。但囿于资料本身的不足，有关南越国法律问题的讨论一直阙然，久为遗憾而难获疏解。J264 出土木简虽数量少且残缺难辨编联，但因其出自宫中，且为首次较大量发现而弥足珍贵。吉光片羽间，少量南越国经济与法律问题显露痕迹，使我们可略加铺陈。

1. 禾种

第 24 号简：▨及官以受禾种居室▨

种，《说文解字》"种，先种后孰也"。木简所记，疑为从居室得到禾种。文献中有汉天子下诏给民贷种的记载。如《汉书·文帝纪》："春正月丁亥，诏曰：'夫农天下之本也，其开籍田，朕亲率耕，以给宗庙粢盛。民谪作县官及贷种食未入、入未备者，皆赦之。'"颜师古曰："种者，五谷之种也。食者，所以为粮食也。"⑨《汉书·元帝纪》："以三辅、太常、郡国公田及苑可省者振业贫民，赀不满千钱者赋贷种、食。"颜师古曰："赋，给与之也、贷，假也。"⑩ 出土简牍中，

① ［汉］卫宏撰，［清］纪昀等辑，周天游点校：《汉官六种》，第 51 页，中华书局，2012 年。
② 曹旅宁指其第 84 号简"与秦律的规定极其接近"。见曹旅宁：《南越国宫署遗址所出法律简牍初探》，《中国古都研究》第 23 辑，第 137 页，三秦出版社，2008 年。
③ 睡虎地秦简整理小组：《睡虎地秦墓竹简》，第 22 页，文物出版社，2001 年。
④ 中国文物研究所、湖北省文物考古研究所：《龙岗秦简》，中华书局，2001 年。
⑤ 陈松长主编：《岳麓书院藏秦简（伍）》，第 57～58 页，上海辞书出版社，2017 年。
⑥ 曹旅宁指其"赵佗原籍河北真定，为赵国故地，为枣之原产地之一，故有将原产于北方之枣树移植于南越，特别是宫署之举也就不足为怪了，而且可能在南越，由于气候水土，不易开花结果，故需精心培植，甚至要点清每颗树上的果实数，防止人偷食。"见曹旅宁：《南越国宫署遗址所出法律简牍初探》，《中国古都研究》第 23 辑，第 140 页，三秦出版社，2008 年。
⑦ ［汉］班固：《汉书·西南夷两粤朝鲜传》，第 3859 页，中华书局，2006 年。
⑧ 铁木真于公元 1206 年建国，1271 年忽必烈定国号为元，1279 年灭南宋，1368 年明代元。
⑨ ［汉］班固：《汉书·文帝纪》，第 117 页，中华书局，2006 年。
⑩ ［汉］班固：《汉书·元帝纪》，第 279 页，中华书局，2006 年。

有与种相关的内容。如云梦睡虎地秦简有《仓律》：

> 种：稻、麻亩用二斗大半斗，禾、麦亩一斗……。利田畤，其有不尽此数者，可也。其
> 有本者，称议种之。
>
> 县道麦以为种用者，毁禾以臧（藏）之。　　仓①

天水放马滩秦简《日书》乙种："五种忌：子麦、丑黍、寅稷、卯菽、辰麻、戌秫、亥稻，不可
始种、获及尝。"②

J264 出土木简虽残，仍可见"受禾种居室"等字。从残存文字看，其所记可能是受"禾种"
于"居室"。如是，则居室在系囚、生产陶器外，还负责一定的农业生产。

2. 田器

罗泊湾一号墓 M1∶162，正背均有字，正面 4 行，存 16 字；背面 4 行，存 19 字：

正面：

> 楉，卌八，其一郎
> 鉏，一百廿具
> 钛，十五具
> □□□□具

背面：

> ☑具一十二
> □□□钛一百二楉
> 楉，五十三
> 楉，一百一十六

M1∶163 号木牍，残：

东阳田器志

入楉卅·正月甲申中侍□□

□□十八其九在中

田器，《吕氏春秋·十二月纪》"修耒耜，具田器"③。《汉书·食货志》："故骳骳而盛也，其耕
耘下种田器，皆有便巧。率十二夫为田一井一屋，故晦五顷，……大农置工巧奴与从事，为作田器。
二千石遣令长、三老、力田及里父老善田者受田器，学耕种养苗状。"④ 发掘者已指出，M1∶162 中
的楉为锸，鉏为锄，钛也是起土的农具。而 M1∶163 更有自名，"田器即是农具，题为'东阳田器
志'，表明此牍所记载乃江淮地区的农具"，东阳"在今江苏盱眙县"⑤。

---

① 睡虎地秦简整理小组：《睡虎地秦墓竹简》，第 29 页，文物出版社，2001 年。
② 孙占宇：《天水放马滩秦简集释》，第 176 页，甘肃文化出版社，2013 年。
③ ［汉］高诱注：《吕氏春秋》，第 114 页，上海书店出版社，1991 年。
④ ［汉］班固：《汉书·食货志》，第 1139 页，中华书局，2006 年。
⑤ 广西壮族自治区博物馆：《广西贵县罗泊湾汉墓》，第 84～85 页，文物出版社，1988 年。

从 2 枚木牍的内容看，南越与汉王朝间已有一定的农器交流。这与赵佗上文帝书中提到，在吕后别异蛮夷时，"令出：毋予蛮夷外粤金铁田器"体现出的，在此之前越汉之间有"田器"交流而之后被禁的情况一致。

从岭南地区秦汉时期铜铁器的发现情况看，秦和西汉中期之前的铁器较少用于兵器者，而大量用于农业用具①。因此吕后限制田器流入南越的做法，事实上直接影响着南越国的农业生产。而只有在北方铁质农具等生产工具大量输入后，当地社会经济方将取得快速发展。当然这也反映出南越国内铁器生产的自我满足程度甚低。

3. 租

第 73 号、第 75 号简有"中官租"。

租，《说文解字》言，"租，田赋也"，"税，租也"②，"赋，敛也"③。《管子·轻重》载，"桓公问管子曰：'梁聚谓寡人曰：古者轻赋税而肥籍敛，取下无顺于此者矣。梁聚之言何如？'管子对曰：'梁聚之言非也。彼轻赋税则仓廪虚，肥籍敛则械器不奉，而诸侯之皮币不衣。仓廪虚，则俌贱无禄。外皮币不衣于天下，内国俌贱，梁聚之言非也。"④在管子看来，赋税当是一国存在与发展的重要基础。

《史记·六国年表》简公六年"初租禾"⑤，《史记·秦本纪》孝公十四年"初为赋"。《集解》徐广曰："制贡赋之法也。"《索隐》谯周曰："初为军赋也。"⑥《汉书·食货志》："至秦始皇，遂并天下，内兴功作，外攘夷狄，收泰半之赋。发闾左之戍。"⑦"汉兴，……轻田租，什五而税一，量吏禄，度官用，以赋予民。而山川园池市肆租税之入，自天子以至封君汤沐邑，皆各为私奉养，不领于天子之经费。"⑧《汉书·百官公卿表》："大率十里一亭，亭有长。十亭一乡，乡有三老、有秩、啬夫、游徼。三老，掌教化；啬夫，职听讼、收赋税；游徼，徼循禁贼盗。"⑨

《汉书·食货志》："有赋有税。税谓公田什一及工商衡虞之入也。赋共车马甲兵士徒之役，充实府库赐予之用。税给郊社宗庙百神之祀，天子奉养百官禄食庶事之用。"⑩南越国赋税之制，文献无明载。据《汉书·食货志》："汉连出兵三岁，诛羌，灭两粤，番禺以西至蜀南者置初郡十七，以其故俗治，无赋税。"⑪据此，汉武帝灭南越后在当地施行"无赋税"的制度，源自"故俗"。因此在汉设郡之前的南越国时期，当地也当"无赋税"。即，南越国无赋税。但南越国是否在"赋税"外有"租"，文献均未明载。J264 木简"中官租"的发现为该问题解决提供了线索。

据木简所记，"中官租"为"野雄鸡"。《说文解字》"野，郊外也。"《汉书·高后纪》荀悦

---

① 刘瑞：《秦汉帝国南缘的面相：以考古视角的审视》，中国社会科学出版社，2019 年。
② ［汉］许慎：《说文解字》，第 146 页，中华书局，2001 年。
③ ［汉］许慎：《说文解字》，第 131 页，中华书局，2001 年。
④ 黎翔凤：《管子校注》，第 1322 页，中华书局，2019 年。
⑤ ［汉］司马迁：《史记·六国年版》，第 852 页，中华书局，2013 年。
⑥ ［汉］司马迁：《史记·秦本纪》，第 255 ~ 256 页，中华书局，2013 年。
⑦ ［汉］班固：《汉书·食货志》，第 1126 页，中华书局，2006 年。
⑧ ［汉］班固：《汉书·食货志》，第 1127 页，中华书局，2006 年。
⑨ ［汉］班固：《汉书·百官公卿表》，第 742 页，中华书局，2006 年。
⑩ ［汉］班固：《汉书·食货志》，第 1120 页，中华书局，2006 年。
⑪ ［汉］班固：《汉书·食货志》，第 1174 页，中华书局，2006 年。

注"高皇后吕氏","讳雉之,字野鸡"①。《汉书·五行志》载"野鸟自外来,入为宗庙器主,是继嗣将易也。一曰,鼎三足,三公象,而以耳行。野鸟居鼎耳,小人将居公位,败宗庙之祀。野木生朝,野鸟入庙,败亡之异也。"②

从"野雄鸡"以"野"为名看,其或为未经驯化的"野鸟"。若是,这里为"中官租"的"野雄鸡"当属《汉书·食货志》所言的"衡虞之入"③。

从文献记载和出土简牍看,"租"所收者多为农作物,计量为"石斗升",故有前引"初租禾"。而南越国以"野雄鸡"为"中官租"的情况——不排除南越国同样征收农作物为"租"的可能④,与此明显不同。

虽从文献记载和出土简牍看,秦汉时的"赋税"与"租"确有差别,但从"租,田赋也"的记载看,二者又有紧密联系。因文献未载和出土木简少而残缺,故南越国与"租"有关问题的解决,还有待更多南越简牍的出土。

从木简看,南越国征收的租是"特产",且收租机构也非文献中所言的"啬夫"而是"中官"(广西罗泊湾二号墓有"家啬夫印"封泥,显示南越有"啬夫")——当然不排除在"中官"之外还有其他机构"收租",这当是南越国经济"制度"的一个新发现。

《汉书·百官公卿表》"少府,秦官,掌山海池泽之税,以给供养"⑤,山海池泽税的形态,据《汉书·食货志》载,王莽时"诸取众物鸟兽鱼鳖百虫于山林水泽及畜牧者,嫔妇桑蚕织纴纺绩补缝,工匠医巫卜祝及它方技商贩贾人坐肆列里区谒舍,皆各自占所为于其在所之县官,除其本,计其利,十一分之,而以其一为贡"⑥,则"山海池泽"之"税"的形态至少有"众物、鸟兽、鱼鳖、百虫"等。即,实物形态的特产"税",与木简所示"野雄鸡"甚为相近。

从文献记载看,"中官"虽非少府所属,但少府为"供养"天子职官,下也有"中黄门"等"中"官。因此南越国由"中官"所"收"的"鸟兽"类型的租,或即与少府有一定关系。

4. 徭役

"更"是徭役的一种代名词⑦,J264 出土的 3 枚木简含有"更"字:

第 153 + 第 21 - 1 号简:承书讯野等,辞曰,县卒故偏更

第 42 号简:二日平旦时,龙容践更,代音奂

第 131 号简:☐善更☐

第 42 号简中的"践更"多见于文献⑧。偏,《说文解字》"偏,帀也"⑨,"帀,周也"⑩。

① [汉]班固:《汉书·高后纪》,第 95 页,中华书局,2006 年。
② [汉]班固:《汉书·五行志》,第 1411 页,中华书局,2006 年。
③ 王雷鸣:《历代食货志注释》第 1 册,农业出版社,1984 年。第 64 页记:"古代掌管山林、水泽的官员。此处指从事山林水泽采捕生产的人名。"
④ 胡平生认为,"'租'应指缴纳物品的性质为'租',即缴纳的野雄鸡应是租用宫苑土地或进入宫苑从事采摘、渔猎、伐木、割草等经济活动缴纳的'租'。"见胡平生:《南越宫署出土简牍释文辨正》,《胡平生简牍文物论稿》,第 174 页,中西书局,2012 年。
⑤ [汉]班固:《汉书·百官公卿表》,第 731 页,中华书局,2006 年。
⑥ [汉]班固:《汉书·食货志》,第 1181 页,中华书局,2006 年。
⑦ 范传贤、杨世钰、赵德馨:《中国经济通史》第二卷,第 1078 页,湖南人民出版社,2002 年。
⑧ 赵久湘:《秦汉简牍法律用语研究》,第 216 页,人民出版社,2017 年。
⑨ [汉]许慎:《说文解字》,第 43 页,中华书局,2001 年。
⑩ [汉]许慎:《说文解字》,第 127 页,中华书局,2001 年。

徭役，亦称力役，包括劳役和兵役。文献中的劳役常称"更役"，服役者称"更卒"；参加训练、出征、屯输等军事活动的称"徭戍"，服役者称"正卒""戍卒"①。文献中有较多的内容与此有关。如《汉书·昭帝纪》"以前逋更赋未入者，皆勿收"，注引如淳曰：

> 更有三品，有卒更，有践更，有过更。古者正卒无常人，皆当迭为之，一月一更，是谓卒更也。贫者欲得顾更钱者，次直者出钱顾之，月二千，是谓践更也。天下人皆直戍边三日，亦名为更，律所谓繇戍也。虽丞相子亦在戍边之调。不可人人自行三日戍，又行者当自戍三日，不可往便还，因便住一岁一更。诸不行者，出钱三百入官，官以给戍者，是谓过更也。律说，卒践更者，居也，居更县中五月乃更也。后从尉律，卒践更一月，休十一月也。《食货志》曰："月为更卒。已复为正，一岁屯戍，一岁力役，三十倍于古。"此汉初因秦法而行之也。后遂改易，有谪乃戍边一岁耳。逋，未出更钱者也。②

《史记·项羽本纪》"萧何亦发关中老弱未傅悉诣荥阳"。《集解》：

> 孟康曰："古者二十而傅，三年耕有一年储，故二十三年而后役之"。如淳曰："律，年二十三傅之，畴官各从其父畴内学之。高不满六尺二寸以下为罢癃。《汉仪注》'民年二十三为正，一岁为卫士，一岁为材官骑士，习射御骑驰战阵。'又曰'年五十六衰老，乃得免为庶民，就田里'今老弱未尝傅者皆发之。未二十三为弱，过五十六为老。《食货志》曰'月为更卒，已复为正，一岁屯戍，一岁力役，三十倍于古者。'"

《索隐》按：姚氏云"古者更卒不过一月，践更五月而休"。又颜云"五当为三，言一岁之中三月居更，三日戍边，总九十三日。古者役人岁不过三日，此所谓'一岁力役三十倍于古'也，斯说得之。"③ 睡虎地秦简有《徭律》④。钱剑夫认为，《食货志》中"月为更卒，已复为正，一岁屯戍，一岁力役，三十倍于古者"的内容，当点读为"月为更卒。已复，为正一岁，屯戍一岁，力役三十倍于古者"⑤。广濑薰雄据出土简牍及文献记载指出，"践更是每人轮流当值，一次践更服一个月的劳役，服役地点是自己所属的县"⑥。

秦汉爵制，"爵，一级曰公士，二上造，三簪袅，四不更"，所谓"不更"，颜师古谓"言不豫更卒之事也"⑦。而"十二左更、十三中更、十四右更"，师古曰"更言主领更卒，部其役使也"。即，爵至"不更"后得以免除更卒徭役，第十二至十四为率领更卒。《汉书·吴王刘濞传》："其居国以铜盐故，百姓无赋。卒践更，辄予平贾。"服虔曰："以当为更卒，出钱三百，谓之过更。自行为卒，谓之践更。吴王欲得民心，为卒者顾其庸，随时月与平贾也。"晋灼曰："谓借人自代为卒者，官为出钱，顾其时庸平贾也。"师古曰："晋说是也，贾读曰价，谓庸直也。"⑧

---

① 黄今言：《秦汉赋役制度研究》，第 246 页，江西教育出版社，1988 年。
② ［汉］班固：《汉书·昭帝纪》，第 230～231 页，中华书局，2006 年。
③ ［汉］司马迁：《史记·项羽本纪》，第 407～408 页，中华书局，2013 年。
④ 睡虎地秦简整理小组：《睡虎地秦墓竹简》，第 29 页，文物出版社，2001 年。
⑤ 钱剑夫：《秦汉赋役制度考略》，第 131 页，湖北人民出版社，1984 年。
⑥ 广濑薰雄：《更徭辨》，《简帛研究论集》，第 481 页，上海古籍出版社，2019 年。
⑦ ［汉］班固：《汉书·百官公卿表》，第 739～740 页，中华书局，2006 年。
⑧ ［汉］班固：《汉书·吴王刘濞传》，第 1905 页，中华书局，2006 年。

南越徭役如何，因文献未载，之前学者在对南越国开展的一系列研究中，对此均未涉及。从J264木简的发现看，特别是从第 42 号简中"践更"一词看，南越国应有如秦汉类似的徭役制度①。从史汉文献记载看，虽在赵佗与汉文帝书中，赵佗言"老夫身定百邑之地，东西南北数千万里，带甲百万有余"②的数字甚为夸张，但南越国有数量较大军队的情况也是事实，因此才能在与北邻长沙国的战争中取胜，并进而不断扩展疆域，"发兵攻长沙边邑，败数县而去焉。……佗因此以兵威边，财物赂遗闽越、西瓯、骆，役属焉，东西万余里"③。其庞大军队的兵源，应与南越国施行的徭役制度有密切关系。虽 J264 出土木简未能提供更丰富内容，但从其名词一致的情况看，当与南越国的其他制度一样，徭役制度亦源于秦并有发展。

5. 刑

如前所述，J264 出土的 6 枚木简与"笞"刑有关。

南越国内施行的刑法，文献有一定记载。据《史记·南越列传》载，南越王兴即位后，太后"威劝王及群臣求内属……天子许之……。除其故黥劓刑，用汉法，比内诸侯"④，表明当时南越境内仍施行"黥劓刑"，与汉不同。

《汉书·刑法志》载有刑法种类，"故圣人因天秩而制五礼，因天讨而作五刑。大刑用甲兵，其次用斧钺，中刑用刀锯，其次用钻凿，薄刑用鞭扑"。韦昭注："刀，割刑。锯，刖刑也"，"钻，髌刑也；凿，黥刑也"⑤。《史记·南越列传》言"用汉法"而废"黥劓刑"，显示汉、越刑法差异。不过从文献看，有异者乃是汉文帝、景帝废除肉刑后的"汉法"。

据《汉书·刑法志》载，汉初与南越一样施行"黥劓刑"，不过文帝时因齐太仓淳于公女缇萦上书而议论定废肉刑。经准备，丞相张苍、御史大夫冯敬奏：

> 谨议请定律曰："诸当完者，完为城旦舂；当黥者，髡钳为城旦舂；当劓者，笞三百；当斩左止者，笞五百；当斩右止，及杀人先自告，及吏坐受赇枉法，守县官财物而即盗之，已论命复有笞罪者，皆弃市。罪人狱已决。完为城旦舂，满三岁为鬼薪白粲。鬼薪白粲一岁，为隶臣妾。隶臣妾一岁，免为庶人。隶臣妾满二岁，为司寇。司寇一岁，及作如司寇二岁，皆免为庶人。其亡逃及有罪耐以上，不用此令。前令之刑城旦舂岁而非禁锢者，如完为城旦舂岁数以免。"

但有所调整的刑法依然甚重。即，"外有轻刑之名，内实杀人。斩右止者又当死。斩左止者笞五百，当劓者笞三百，率多死"。

面对这个情况，"汉景帝下诏：加笞与重罪无异，幸而不死，不可为人。其定律：'笞五百曰三百，笞三百曰二百'，犹尚不全。至中六年又下诏曰：'加笞者，或至死而笞未毕，朕甚怜之。其减笞三百曰二百，笞二百曰一百。'又曰：'笞者，所以教之也，其定箠令。'丞相刘舍、御史

① 钱剑夫：《秦汉赋役制度考略》，第 142 页，湖北人民出版社，1984 年。认为"践更为正在服行更卒徭役，过更为已服过更卒徭役"。
② ［汉］班固：《汉书·西南夷两粤朝鲜传》，第 3852 页，中华书局，2006 年。
③ ［汉］司马迁：《史记·南越列传》，第 3571~3572 页，中华书局，2013 年。
④ ［汉］司马迁：《史记·南越列传》，第 3574~3575 页，中华书局，2013 年。
⑤ ［汉］班固：《汉书·刑法志》，第 1079~1080 页，中华书局，2006 年。

大夫卫绾请：'笞者，箠长五尺，其本大一寸，其竹也，末薄半寸，皆平其节。当笞者笞臀。毋得更人，毕一罪乃更人。'自是笞者得全。"①　至此，在原"黥劓刑"下造成"刑者不可复属"（缇萦语）的"刑至断支体，刻肌肤，终身不息"（汉文帝语）的肉刑问题基本得到解决。

由于木简的发现，我们对南越国施行刑法中"黥劓刑"外的不见于文献的"笞"刑有了直观"感受"②。可以明确，汉与南越一开始施行的都是从秦而来的"黥劓刑"和"笞"刑。不过因木简量少而残缺，暂时还难以开展南越与秦汉"笞"刑的轻重比较③。从木简发现看，虽目前还不能明确南越国有无城旦、鬼薪、隶臣、司寇等劳役之刑，但从南越刑源于秦的情况判断，秦的劳役刑也应在南越内施行——当然同样应有"死刑"等其他秦刑。

结合文献，南越国应直到最后南越王赵兴时，仍施行着旧有的"黥劓刑"和"笞"刑，与汉王朝从汉文帝开始积极去肉刑化的刑法改革不同。即，南越国与汉王朝刑法同源而异路。

6. 诉讼

J264 出土木简虽字数不等，未见"告""劾""鞠"等字，但从"问""讯""诘""辞曰""笞掠"等文字看，根据百年来出土秦汉简牍文书构建起的秦汉诉讼制度认知④，J264 出土木简中的一些内容大体可归于诉讼类文书，大体属"鞠讯"的讯问、诘问、考掠环节等部分程序，除笞刑外的其他内容暂未发现。因木简残缺且难确定编联，故在此择木简中一些相关用词略作疏理：

（1）问

第 15 号简：问菌：邑人从军五月余，乃当到戍东行者万余

第 46 号简：☑女问是门即人求我两人，言我两人在内中

第 47 号简：问最曰：伯亦有銥无有？最曰，我□米，当用銥□

第 59 - 1 号简：☑令吏以笞掠问嘉已劇情

第 62 号简：问故转辞从实，从实无豫，使人为此

第 111 号简：即操其书来予景巷令，有左问不邪，不邪已以封

问，《说文解字》"问，讯也"⑤，出土诉讼文书中多见。睡虎地云梦秦简《封诊式》："丞某告某乡主：某里五大夫乙家吏甲诣乙妾丙，曰："乙令甲谒黥劓丙。"其问如言不然？定名事里，所坐论云可（何），或覆问毋（无）有。以书言。"⑥ 里耶秦简："卅五年六月戊午朔戊寅，迁陵守丞衔告少内问：如辞（辞），次（即）竖购当初畀华，及告竖令智（知）之。"⑦

（2）讯

第 50 号简：次讯言语有不智（知），诘穷之☑

① ［汉］班固：《汉书·刑法志》，第 1099～1100 页，中华书局，2006 年。

② 闫晓君：《汉初的刑罚体系》，《秦汉法律研究》，法律出版社，2012 年。第 148～149 页对"笞"刑有简洁的梳理。

③ 胡平生认为，"简中仅仅是没有捕到老鼠，'笞五十'的刑似乎是过重了。……因此，或说此'鼠'可能是一名鼠的逃犯，责任者未能捉到，'当笞五十'。也是一种见解。"见胡平生：《南越宫署出土简牍释文辨正》，《胡平生简牍文物论稿》，第 176 页，中西书局，2012 年。

④ 闫晓君：《秦汉时期的诉讼审判制度》，《秦汉法律研究》，第 77～92 页，法律出版社，2012 年。

⑤ ［清］段玉裁：《说文解字注》，第 57 页，中州古籍出版社，2006 年。

⑥ 睡虎地秦简整理小组：《睡虎地秦墓竹简》，第 155 页，文物出版社，2001 年。

⑦ 朱汉民、陈松长：《岳麓书院藏秦简（三）》，第 261 页，上海辞书出版社，2013 年。

第 52 号简：讯婴，辞曰：徐徐，舍有酒，可少半華

第 55 号简：讯婴，□婴所为奸启门出入，徐徐

第 57 号简：讯婴，□何人□书。婴辞曰，无有

第 58 号简：讯夫董等，凡所以置门关，以时▨

第 153 + 21 - 1 号简：承书讯野等，辞曰，县卒故偏更

讯，《说文解字》"问，讯也"①，秦汉习语。《汉书·刑法志》："三刺：一曰讯群臣，二曰讯群吏，三曰讯万民"，师古曰"讯，问也"②。常见于诉讼，如《汉书·荆燕吴传》："汉有贼臣错，无功天下，侵夺诸侯之地，使吏劾系讯治。"③ 出土诉讼文书中多见，如里耶秦简："卅年十一月庚申朔丙子，发弩守涓敢言之：廷下御史书曰县□治狱及覆狱者，或一人独讯囚，啬夫长、丞、正、监非能与□□殹（也），不参不便。"④ 睡虎地云梦秦简《封诊式》：几讯典某某、甲伍公士某某："甲党（倘）有当封守而某等脱弗占书，且有辜（罪）。"⑤

（3）诘

第 50 号简：次讯言语有不智（知），诘穷之▨

第 84 号简：诘斥地唐唐，守苑行之不谨，鹿死腐

诘，《说文解字》"诘，问也"⑥，秦汉习语，如《史记·平津侯主父列传》："汲黯庭诘弘曰：齐人多诈而无情实，始与臣等建此议，今皆倍之，不忠。"⑦《史记·东越列传》："于是中大夫庄助诘蚡曰：特患力弗能救，德弗能覆，诚能，何故弃之？"⑧《汉书·贾周枚路传》："又言柴唐子为不善，足以戒。章下诘责"，师古曰"以其所上之章令，有司诘问。"⑨ 常见于诉讼文书，如《岳麓秦简》："诘芮：芮后智（知）材不得受列，弗敢居，是公列地殹（也）。"⑩ 睡虎地秦简《封诊式》："凡讯狱，必先尽听其言而书之，各展其辞（辞），虽智（知）其詑，勿庸辄诘。"⑪ 其义，如《周书·大司马》注："犹穷治也。"《礼记·月令》："孟秋之月，诘诛暴慢，以明好恶"，注："诘，谓问其罪，穷治之也。"

（4）坐

第 76 号简：▨□鸟□一，以四月辛卯死，已坐笞

坐，北京大学汉简《仓颉篇》"坐罌讆求"，整理者注："'坐'亦是法律用语，有'被罪'

① ［清］段玉裁：《说文解字注》，第 57 页，中州古籍出版社，2006 年。
② ［汉］班固：《汉书·刑法志》，第 1106 页，中华书局，2006 年。
③ ［汉］班固：《汉书·荆燕吴传》，第 1909 页，中华书局，2006 年。
④ 陈伟：《里耶秦简牍校释》，第 81 页，武汉大学出版社，2012 年。
⑤ 睡虎地秦简整理小组：《睡虎地秦墓竹简》，第 149 页，文物出版社，2001 年。
⑥ ［清］段玉裁：《说文解字注》，第 100 页，中州古籍出版社，2006 年。
⑦ ［汉］司马迁：《史记·平津侯主父列传》，第 3550 页，中华书局，2013 年。
⑧ ［汉］司马迁：《史记·东越列传》，第 3586 页，中华书局，2013 年。
⑨ ［汉］班固：《汉书·贾邹枚路传》，第 2337～2338 页，中华书局，2006 年。
⑩ 朱汉民、陈松长：《岳麓书院藏秦简（三）》，第 25 页，上海辞书出版社，2013 年。
⑪ 睡虎地秦简整理小组：《睡虎地秦墓竹简》，第 148 页，文物出版社，2001 年。

义，《史记·商君列传》'商君之法，舍人无验者坐之'。"① 文献、出土简牍中常见。如《汉书·元帝纪》："除光禄大夫以下至郎中保父母同产之令。"注引应劭云："旧时相保，一人有过，皆当坐之。"② 睡虎地秦简《秦律十八种》："吏坐官以负赏（偿），未而死，及有辠（罪）以收，执出其分。"③ 里耶秦简："卅四年六月甲午朔乙卯，洞庭守礼谓迁陵丞：丞言徒隶不田，奏曰：司空厌等当坐，皆有它罪，耐为司寇。"④

（5）繋

第 67 号简：☐还我等，毄（繋）盈，已毄（繋），乃归南海▨

繋，《说文解字》"繋，繘也"，"囚，繋也"⑤。《玉篇·系部》："野王案，繋，构束之也，留滞之也。《论语》'吾岂匏瓜也哉，繋而不食'。何晏曰：'不如匏瓜繋滞一处也'。《周礼》'以九两繋邦国之民'，郑玄曰'繋，连缀也'。"⑥ 繋在司法文书中多指拘禁关押。秦汉文献和出土简牍中常见，如《史记·夏侯婴传》："后狱覆，婴坐高祖繋岁余，掠笞数百，终以是脱高祖。"⑦《汉书·息夫躬传》："上遣侍御史廷尉监逮躬，繋雒阳诏狱欲掠问。"⑧ 云梦睡虎地秦简《秦律十八种》："人奴妾毄（繋）城旦舂，贷衣食公，日未备而死者，出其衣食。"⑨

（6）笞掠

第 59 - 1 号简：☐令吏以笞掠问嘉已劇情

笞掠，见睡虎地秦墓竹简《封诊式》：

> 治狱，能以书从迹其言，毋治（笞）谅（掠）而得人请（情）为上；治（笞）谅（掠）为下。有恐为败。⑩

> 凡讯狱，必先尽听其言而书之，各展其辞，虽知其訑，毋庸辄诘。其辞已尽书而无解，乃以诘者诘之。诘之又尽听书其解辞，又视其他无解者以复诘之。诘之极而数訑，更言不服，其律当笞掠者，乃笞掠。笞掠之必书曰：爰书：以某数更言，毋解辞，治讯某。⑪

整理小组注："笞掠，拷打，《淮南子·时则》：'毋笞掠'。"⑫ 据睡虎地秦简，"笞掠"是"讯狱"过程中的一个重要环节，有制度性"律"来规定——"有法可依"。从睡虎地秦简的内容看，"笞掠"有一系列前提，在经五道程序后，"数訑"（欺骗）"更言不服"才可笞掠，其前提是存在欺骗行为，针对的是被"诘者"和"毋解者"，即须是"其律当者"，并在之后要有文件记录"笞

---

① 北京大学出土文献研究所：《北京大学藏西汉竹书（壹）》，第 89～91 页，上海古籍出版社，2015 年。
② ［汉］班固：《汉书·元帝纪》，第 285～286 页，中华书局，2006 年。
③ 睡虎地秦简整理小组：《睡虎地秦墓竹简》，第 40 页，文物出版社，2001 年。
④ 陈伟：《里耶秦简牍校释》，第 217 页，武汉大学出版社，2012 年。
⑤ ［汉］许慎：《说文解字》，第 277、129 页，中华书局，2001 年。
⑥ 吴滨冰、田丰、颜慧林：《日本藏汉籍古抄本丛刊》第 3 辑，《玉篇》卷 27（近江石山寺藏），华东师范大学出版社，2020 年。
⑦ ［汉］司马迁：《史记·夏侯婴传》，第 3211 页，中华书局，2013 年。
⑧ ［汉］班固：《汉书·息夫躬传》，第 2187 页，中华书局，2006 年。
⑨ 睡虎地秦简整理小组：《睡虎地秦墓竹简》，第 52 页，文物出版社，2001 年。
⑩ 睡虎地秦简整理小组：《睡虎地秦墓竹简》，第 147 页，文物出版社，2001 年。
⑪ 睡虎地秦简整理小组：《睡虎地秦墓竹简》，第 148 页，文物出版社，2001 年。
⑫ 睡虎地秦简整理小组：《睡虎地秦墓竹简》，第 147 页，文物出版社，2001 年。

掠"是在何种情形下使用①。笞掠，于秦汉文献和出土简牍中常见，如《史记·张仪列传》："门下意张仪，曰：'仪贫无行，必此盗相君之璧。'共执张仪，掠笞数百。"②《史记·酷吏列传》："会狱，吏因责如章告勃，不服，以笞掠定之。于是闻有逮，皆亡匿。"③因此到汉宣帝时期下令对笞掠去世之人进行登记，但并不反对笞掠："令甲，死者不可生，刑者不可息。此先帝之所重，而吏未称。今系者或以掠辜若饥寒瘐死狱中，何用心逆人道也！朕甚痛之。其令郡国岁上系囚以掠笞若瘐死者所坐名、县、爵、里，丞相御史课殿最以闻。"④

（7）承书

第153＋21－1号简：承书讯野等，辞曰，县卒故徧更

承，《说文解字》"承，奉也，受也"。西北汉简有"承书从事下当用者如诏书"和"承书从事下当用者如律令"，是要求接到通知书的下级官吏按诏书或规定去做，为汉代下达公文的习惯用语⑤。《金石萃编》有"孔庙置守庙百石卒史碑"："元嘉三年三月丙子朔廿七日壬寅，司徒□司空□下鲁相承书从事下当用者……"⑥《艺文类聚》第一百卷"祈雨"："又曰江都相仲舒，下内史承书从事，其都间吏家在百里内，皆令人故行书告县……"⑦

（8）辞曰

第153＋21－1号简：承书讯野等，辞曰，县卒故徧更

辞曰，秦汉习语。《史记·秦始皇本纪》："刻所立石，其辞曰：'皇帝临位，作制明法……'"⑧司法文书中所见，即前引"凡讯狱，必先尽听其言而书之，各展其辞"之"辞"。如睡虎地秦简《秦律杂抄》："冗募归，辞曰日已备，致未来，不如辞，赀日四月居边。"⑨。如里耶秦简有"卅年□月丙申，迁陵丞昌，狱史堪讯。昌辞曰：上造，居平□，侍廷，为迁陵丞。"⑩

（9）適

第118号简：適令穿咒颈皮，置卷，闟其皮，史福有可（何）

適，《说文解字》："適，之也。……適，宋鲁语。"⑪《史记·平准书》："于是除千夫五大夫为吏，不欲者出马；故吏皆適令伐棘上林，作昆明池。"《集解》引韦昭曰："欲令出马，无马者令伐棘。"《索隐》"故吏皆適伐棘。谓故吏先免者，皆適令伐棘上林，不谓无马者。韦说非也。"⑫《汉书·食货志》注，颜师古曰："適，读曰谪。谪，责罚也，以其久为奸利。"⑬李均明指出：

① 祖伟：《中国古代"据供辞定罪"刑事证据首要规则及理据解析》，《法制与社会发展》2008年第1期，第50页。
② ［汉］司马迁：《史记·张仪列传》，第2757页，中华书局，2013年。
③ ［汉］司马迁：《史记·酷吏列传》，第3800页，中华书局，2013年。
④ ［汉］班固：《汉书·宣帝纪》，第252～253页，中华书局，2006年。
⑤ 永田英正：《从简牍看汉代边郡的统治制度》，《简牍研究译丛》（第2辑），中国社会科学出版社，1987年。转引自沈刚：《居延汉简语词汇释》，第158页，科学出版社，2008年。
⑥ ［清］王昶：《金石萃编》，第138～139页，上海古籍出版社，2020年。
⑦ ［唐］欧阳询撰，汪绍楹校：《艺文类聚》，第1727页，上海古籍出版社，2010年。
⑧ ［汉］司马迁：《史记·秦始皇本纪》，第306～307页，中华书局，2013年。
⑨ 睡虎地秦简整理小组：《睡虎地秦墓竹简》，第88页，文物出版社，2001年。
⑩ 陈伟：《里耶秦简牍校释》，第216页，武汉大学出版社，2012年。
⑪ ［汉］许慎：《说文解字》，第39页，中华书局，2001年。
⑫ ［汉］司马迁：《史记·平准书》，第1715页，中华书局，2013年。
⑬ ［汉］班固：《汉书·食货志》，第1165页，中华书局，2006年。

"汉简所见適是一种对官吏所犯行政过失的处罚，所犯过失通常未达到犯罪的程度，但它也影响官吏政绩的好坏。"①

此枚木简的上下文目前尚难确定，"適令"亦见于前引文献。

（10）去亡

第 44 号简：书不意其掾垣去亡死□

去，睡虎地秦简《法律答问》："何谓'寶署'？'寶署'即去也，且非是？是，其论何也？即去署也"，去署指擅离岗位②。亡，有"逃亡"之意，如睡虎地秦简《秦律十八种》："亡、不仁其主及官者，衣如隶臣妾"③。"去亡"，为"逃跑"之意，《管子·法法》："道正者不安，则材能之臣去亡矣。彼智者知吾情伪，为敌谋我，则外难自是至矣。"④《管子·参患》："道正者不安，则才能之人去亡。行邪者不变，则群臣朋党。才能之人去亡，则宜有外难。"⑤ 为秦汉习语，如《汉书·游侠列传》："人怒，刺杀解姊子，去亡。"⑥ 又见于出土简牍，如张家山汉简《奏谳书》："六月戊子发弩九诣男子毋忧，告为都尉屯，已受致书，行未到，去亡。"⑦

（11）不谨

第 84 号简：诘斥地唐唐，守苑行之不谨，鹿死腐⑧

不谨，行为不当⑨，秦汉习语。《史记·陈丞相世家》："负诫其孙曰：毋以贫故，事人不谨。事兄伯如事父，事嫂如母。"⑩《汉书·五行志》："成公七年'正月，鼹鼠食郊牛角；改卜牛，又食其角'。……董仲舒以为鼹鼠食郊牛，皆养牲不谨也。京房《易传》曰'祭天不慎，厥妖鼹鼠啮郊牛角。"⑪《汉书·翟方进传》："方进于是举劾庆曰：'案庆奉使刺举大臣，故为尚书，知机事周密壹统，明主躬亲不解。庆有罪未伏诛，无恐惧心，豫自设不坐之比。又暴扬尚书事，言迟疾无所在，亏损圣德之聪明，奉诏不谨，皆不敬，臣谨以劾。'庆坐免官。"⑫

不谨，常见于出土秦汉简牍文书，如睡虎地秦简《秦律十八种》："贾市居死〈列〉者及官府之吏，毋择行钱、布；择行钱、布者，列伍长弗告，吏循之不谨，皆有辠（罪）。"⑬ 胡家草场汉简《治水律》"为之不谨，而决溃、流邑若杀人，匠为者及民葆（保）者，罚金各四两，啬夫、吏主者各二两。"⑭

---

① 李均明：《居延汉简'適'解》，《初学录》，第 389 页，兰台出版社，1999 年。
② 赵久湘：《秦汉简牍法律用语研究》，第 123、143 页，人民出版社，2017 年。
③ 赵久湘：《秦汉简牍法律用语研究》，第 166 页，人民出版社，2017 年。
④ 黎翔凤：《管子校注》，第 315～316 页，中华书局，2019 年。
⑤ 黎翔凤：《管子校注》，第 533 页，中华书局，2019 年。
⑥ [汉] 班固：《汉书·游侠列传》，第 3702 页，中华书局，2006 年。
⑦ 赵久湘：《秦汉简牍法律用语研究》，第 193 页，人民出版社，2017 年。
⑧ 胡平生认为，第二字为地名，唐为人名，"其身份可能是一位守禁苑的小吏"。见胡平生：《南越宫署出土简牍释文辨正》，《胡平生简牍文物论稿》，第 174 页，中西书局，2012 年。
⑨ 胡平生认为"'不谨'似应读为'不勤'"。见胡平生：《南越宫署出土简牍释文辨正》，《胡平生简牍文物论稿》，第 174 页，中西书局，2012 年。
⑩ [汉] 司马迁：《史记·陈丞相世家》，第 2480 页，中华书局，2013 年。
⑪ [汉] 班固：《汉书·五行志》，第 1372 页，中华书局，2006 年。
⑫ [汉] 班固：《汉书·翟方进传》，第 3412 页，中华书局，2006 年。
⑬ 睡虎地秦简整理小组：《睡虎地秦墓竹简》，第 36 页，文物出版社，2001 年。
⑭ 李志芳、李天虹主编：《荆州胡家草场西汉简牍选粹》，第 82 页，文物出版社，2021 年。

（五）名物称谓

称谓是社会生活中自然形成的人物和人群的指代名号。因区域文化的不同，同一时期不同地域的称谓存在差异，称谓既受传统影响，也有时代印记，并含有某种象征意义，对了解当时社会风貌、社会结构和社会组织都有重要意义①。南越木简中包含的一些称谓，成为我们结合文献记载和考古发现，梳理南越国一些问题的重要线索。

1. 人名

《说文解字》："名，自命也。从口从夕。夕者，冥也。冥不相见，故以口自名。"② 从很早的时候开始，给人命名就有一系列具体的"要求"，如《礼记·曲礼》讲"名子者不以国，不以日月，不以隐疾，不以山川"③。而《左传·桓公六年》记载的更为具体：

> 公问名于申繻。对曰："名有五，有信，有义，有象，有假，有类。以名生为信，以德命为义，以类命为象，取于物为假，取于父为类。不以国，不以官，不以山川，不以隐疾，不以畜牲，不以器币。周人以讳事神，名，终将讳之。故以国则废名，以官则废职，以山川则废主，以畜牲则废祀，以器币则废礼。"④

到秦汉文献中，"姓名"往往连称。如《汉书·项羽本纪》："籍少时，学书不成，去；学剑又不成，去。梁怒之。籍曰：'书，足，记姓名而已；剑，一人敌，不足学。学万人敌耳。'"⑤《汉书·张良列传》："上怪，问曰'何为者'？四人前对，各言其姓名。"⑥ 在传世文献记录秦汉人姓与名外，金石铭刻、简牍帛书中也留下了大量的秦汉人名。不过由于南越僻远，传世文献的记载非常有限，使得对南越国的人名了解有限。木简的发现，部分弥补了这一缺憾。

J264 木简中出现的一些人名，在传世文献和出土资料中有较多发现。如：

"成"（第 91 号简"张成"、第 53 号简"肥成"），《汉书·西南夷两粤朝鲜传》有大司农"张成"，《汉书·王子侯表》有"鲜敬侯成""羽康侯成"；

"诞"（第 91 号简、第 63 + 157 号简），《汉印文字汇编》有"袁诞"⑦；

"代"（第 42 号简），《汉书·王子侯表》有"龙丘侯代"，《汉印文字汇编》有"张代""王代之印""高代印"等；

"严"（第 96 号简），《汉书·武帝纪》有"归义越侯严"，《汉印文字汇编》有"冯严私印""凌严私印""陈严私印"等；

"福"（第 118 号简），《汉书·王子侯表》有"安檀侯福""海常侯福"，《汉印文字汇编》有"吴福私印""司马福印""张福""王福"等；

---

① 王子今：《秦汉称谓研究》，引言第 1 页，中国社会科学出版社，2014 年。
② ［汉］许慎：《说文解字》，第 31 页，中华书局，2001 年。
③ ［清］孙希旦：《礼记集解》，第 48 页，中华书局，1998 年。
④ 杨伯峻：《春秋左传注》，第 115~116 页，中华书局，2015 年。
⑤ ［汉］班固：《汉书·陈胜项籍列传》，第 1796 页，中华书局，2006 年。
⑥ ［汉］班固：《汉书·张良列传》，第 2035 页，中华书局，2006 年。
⑦ ［日］左野荣辉、龚毛正雄：《汉印文字汇编》，西泠印社出版社，2020 年。下同，不再出注。

"嘉"（第59号简），《汉书·王子侯表》有"薪处侯嘉""蒲领侯嘉"，《汉书·南越列传》南越丞相名"吕嘉"；

"陵"（第110号简），《汉书·高惠高后文功臣表》有"安国武侯王陵"，《汉书·律历志》有"淳于陵"，《汉印文字汇编》有"王陵""赵陵""武陵"等；

"可"（第23号简），《汉书·食货志》有"杨可"，《汉印文字汇编》有"董可""贾可印""刘可之印""张可"；《汉书·王子侯表》有"陆元侯何""周望康侯何"，《汉印文字汇编》有"臣何""王何之印""毛何"；

"宪"（第97号简），《汉书·王莽传》有"王宪"，《汉印文字汇编》有"苏宪""郭宪""司马宪印"；

"婴"（第29－2号、第52号、第55号、第57号、第67号、第108号简），《汉书·王子侯表》有"利乡侯婴""毕梁侯婴"；

"则"（第81号、第107号简），《汉书·王子侯表》有"攸舆侯则""陪缪侯则"，《汉印文字汇编》有"徐则""黄则之印""卒则私印"；

"最"（第47号简），《汉印文字汇编》有"徐最之印""王最之印""温最"；

"野"（第153＋21－1号简），《汉印文字汇编》有"陈野""蔡野""张野私印"；

"豕"（第99号简），《汉印文字汇编》有"周豕""尹豕""翟豕私印"；

"善"（第74号简），《汉印文字汇编》有"任善""张善""达善私印"；

"牛"（第33号简），《汉印文字汇编》有"封多牛""新牛印"。

"义犬"（第92号简），《汉印文字汇编》有"王犬私印""田侍犬""尹范犬"。

"缇"（第81号简），《汉书·刑法志》有"缇萦"。

"坚"（第4号简），《汉印文字汇编》有"樊坚""范坚""靳坚之印"。

"然"（第113号简），《汉印文字汇编》有"屈然""和然"。

"地"（第84、第89号简），《中国封泥大系》有"武地信印"①；

"将"（第95号简），《汉印文字汇编》有"王曼将""丹将""段干将""吴将之印""魏将之印"等。

不过也有一些人名，在传世文献和出土金石铭刻中出现较少或未见，如"虏"（第105号简）、"没"（第80号简）、"蓬"（第77号简）、"倗"（第100号简）、"气"（第103号简）、"董"（第58号简）、"赢"（第82号简）、"菡"（第12号、第15号简）等②。

2. 专名

在上述人名和之前已略分析的地名、职官等名称外，J264木简中还有一些专名可略作铺陈：

（1）大奴

第105号简：大奴虏，不得鼠，当笞五十。

大奴，《汉书·昌邑哀王刘髆列传》："过弘农，使大奴善以衣车载女子。"师古曰："凡言大

---

① 任红雨：《中国封泥大系》，西泠印社出版社，2018年。下同，不再出注。

② 古代人名的研究，可参见萧遥天：《中国人名研究》，新世界出版社，2007年；陈美兰：《战国竹简东周人名用字现象研究——以郭店简、上博简、清华简为范围》，艺文印书馆，2014年。

奴者，谓奴之尤长大者也。"①《汉书·张放列传》："又以县官事怨乐府游徼莽，而使大奴骏等四十余人群党盛兵弩，白昼入乐府攻射官寺。"②《汉书·王尊列传》："衡又使官大奴入殿中，问行起居""辅常醉过尊大奴利家，利家捽搏其颊"③。出土秦汉简牍中"大奴"多见。

胡平生认为，"大奴……不应该按'长大'或不'长大'区别，而应当按照年龄加以区别"，大奴"应是十五岁及以上者"④。白海燕梳理汉简资料后指出："《金关三》73EJT27：59 号简'大婢睸年十一岁长七'，若按当时的年龄标准其应为小婢，但其身高较高（七尺），故将其归为大婢。由此可推知，汉简中的'大奴''小奴''大婢''小婢'，主要依据年龄标准，有时也同时参照身高标准。此外，《金关四》73EJT37：280 号简'弟小男音年十八'和《金关四》73EJT37：855 号简'子大男业年十八'，二者均为十八岁，但一属大男，一属小男，亦可能是据身高将其划分为不同类属"⑤。因此，颜师古言大奴为"奴之尤长大者"的意见，当可成立。

（2）平旦、日中、日夕

第 42 号简：二日平旦时，龙容践更，代音叟

第 53 号简：食之内中。廼者少肥威等，朝发内户，置刍。日中

第 97 号简：弗得。至日夕时，望见典宪驱其所牧三。

第 116 号简：受不能囡痛，廼往，二日中陛下

平旦、日中、日夕，秦汉时表示时间的习语。

平旦，《汉书·食货志》："春将出民，里胥平旦坐于右塾，邻长坐于左塾。毕出然后归，夕亦如之。"⑥《汉书·天文志》："北斗七星，所谓'璇玑玉衡以齐七政。'杓携龙角，衡殷南斗，魁枕参首。用昏建者杓；杓，自华以西南。夜半建者衡；衡，殷中州河、济之间。平旦建者魁；魁，海岱以东北也。"⑦《汉书·李广列传》："夜半，胡兵以为汉有伏军于傍欲夜取之，即引去。平旦，广乃归其大军。"⑧ 出土简牍亦有"平旦"⑨。

日中、日夕，如《史记·司马穰苴列传》载：

> 穰苴既辞，与庄贾约曰："旦日日中会于军门。"穰苴先驰至军，立表下漏待贾。贾素骄贵，以为将己之军而己为监，不甚急；亲戚左右送之，留饮。日中而贾不至。穰苴则仆表决漏，入，行军勒兵，申明约束。约束既定，夕时，庄贾乃至。

《索隐》按："旦日，谓明日日中时期会于军门。""立表下漏"："立表，谓立木为表，以视日景。下漏，谓下滴漏以知刻数也。""仆，音赴，仆者，卧其表也。决漏，谓决去壶中漏水，以贾失期

① ［汉］班固：《汉书·武五子传》，第 2674 页，中华书局，2006 年。
② ［汉］班固：《汉书·张放列传》，第 2655 页，中华书局，2006 年。
③ ［汉］班固：《汉书·王尊列传》，第 3232、3235 页，中华书局，2006 年。
④ 胡平生：《南越宫署出土简牍释文辨正》，《胡平生简牍文物论稿》，第 176 页，中西书局，2012 年。
⑤ 白海燕：《西北边塞汉简词语考释札记》，《古文字研究》第 33 辑，第 443 页，中华书局，2020 年。
⑥ ［汉］班固：《汉书·食货志》，第 1121 页，中华书局，2006 年。
⑦ ［汉］班固：《汉书·天文志》，第 1274 页，中华书局，2006 年。
⑧ ［汉］班固：《汉书·李广列传》，第 2440 页，中华书局，2006 年。
⑨ 沈刚：《居延汉简词语汇释》，第 57 页，科学出版社，2008 年。

过日中故也。"① 从记载看，"日中"以滴漏而定，其为时间点自无疑问，亦常见于出土简牍②。《汉书·东方朔传》："上乃起，入省中，夕时召让朔。"③《史记·扁鹊仓公列传》："臣意复诊之，曰：当旦日日夕死。"④《索隐》按："旦日，明日也。言明日之夕死也。"④ "日夕"，则当如《索隐》及字面所示，为"夕"时⑤。

（3）人、木、枚

第 12 号简"卅七人"，第 23 号简"四人"，第 46 号简"两人"，第 85 号简"可二三百人"，第 107 号简"十二人"，第 115 号简"六人"，第 158 简"六十人"。

第 10 号简"第十二木，实三百六十枚"，第 60 号简"实六十九枚"，第 68 号简"一木，第九十四，实九百八十六枚"，第 69 号简"一木，第百，实三百一十五枚"，第 90 号简"一木，第卅三，实八百廿八枚"。

人，如张显成、李建平指出，无论从先秦简帛文献，还是到秦汉简帛文献，"人"作为量词的情况都甚为多见⑥。《说文·木部》"枚，榦也"⑦，之前"'枚'用作称量'树'的个体单位量词用例的确很罕见"，仅在史汉文献和未央宫木简中有少量例证⑧，从南越木简的使用情况看，表示树的量词用"木"，与睡虎地秦简《封诊式》和里耶秦简所示相似⑨，而果实的量词用"枚"，与文献和之前多数简牍所示情况有所不同，大体是南越国"普遍"而与汉相比较为"独特"的用法。

（4）齿

第 17 号简"今案齿十一岁"。

齿，年龄也。《礼记·文王世子》："文王曰：'非也，古者谓年龄，齿亦龄也。我百，尔九十。吾与尔三焉。'"⑩《释名》"齿，始也，少长之别。始乎此也，以齿食多者长也，食少者幼也。"⑪ 因与"年"含义相近，故文献中常"年齿"连用。如《汉书·文三王传》："臣愚以为王少，而父同产长，年齿不伦；梁国之富，足以厚聘美女，招致妖丽，父同产亦有耻辱之心。"⑫《汉书·彭宣传》："臣资性浅薄，年齿老眊。"⑬《汉书·东平思王传》："今东平王出襁褓之中而托于南面之位，加以年齿方刚。"⑭《汉书·谷永传》"急复益纳宜子妇人，毋择好丑，毋避尝字，

---

① ［汉］司马迁：《史记·司马穰苴列传》，第 2611～2613 页，中华书局，2013 年。
② 沈刚：《居延汉简词语汇释》，第 31 页，科学出版社，2008 年。
③ ［汉］班固：《汉书·东方朔列传》，第 2852 页，中华书局，2006 年。
④ ［汉］司马迁：《史记·扁鹊仓公列传》，第 3381 页，中华书局，2013 年。
⑤ 胡平生指出，日夕时"大抵应在今之傍晚五六点钟该是大差不差的"。见胡平生：《南越宫署出土简牍释文辨正》，《胡平生简牍文物论稿》，第 177 页，中西书局，2012 年。
⑥ 张显成、李建平：《简帛量词研究》，第 148～151 页，中华书局，2017 年。
⑦ ［汉］许慎：《说文解字》，第 114 页，中华书局，2017 年。
⑧ 张显成、李建平：《简帛量词研究》，第 78～79 页，中华书局，2017 年。
⑨ 张显成、李建平：《简帛量词研究》，第 162～163 页，中华书局，2017 年。
⑩ ［清］孙希旦：《礼记集解》，第 552 页，中华书局，1998 年。
⑪ ［汉］刘熙：《释名》，第 26 页，中华书局，2017 年。
⑫ ［汉］班固：《汉书·文三王传》，第 2216 页，中华书局，2006 年。
⑬ ［汉］班固：《汉书·彭宣传》，第 3052 页，中华书局，2006 年。
⑭ ［汉］班固：《汉书·宣元六王传》，第 3322 页，中华书局，2006 年。

毋论年齿。推法言之，陛下得继嗣于微贱之间，乃反受福。"① 而如前引文献所示，马齿随着年龄的增加而出现不同程度的磨平，故"齿"多用于马匹纪年②。从 J264 木简的发现情况看，南越国亦然。这与赵佗与汉文帝书中讲"老夫处辟，马牛羊齿已长"中用"齿"字来记述马牛羊的情况一致③。

（5）版

第 54 号简有"囗八版""内高木宫四版"。

《说文》："版，判也，从片反声。"④ "版"可指未刮削使用木牍。如睡虎地秦简《秦律十八种》："令县及都官取柳及木桼（柔）可用书者，方之以书；毋（无）方者乃用版。其县山之多荓者，以荓缠书；毋（无）荓者以蒲、蔺以枲萷（絭）之。各以其樽〈获〉时多积之。"整理小组注："版，书写用的木板，其形扁平，与方不同。"⑤

版，亦指筑墙之版。《吕氏春秋·孝行览》："郢人之以两版垣也，吴起变之而见恶。"高诱注："郢，楚都也，楚人以两版筑垣。吴起，卫人也，楚以为将，变其两版，教之用四。楚俗习久，见怨也。"⑥《汉书·黥布列传》："项王伐齐，身负版筑，以为士卒先。"李奇曰："版，墙版也；筑，杵也。"⑦ 放马滩秦简《日书》乙种"·寅、巳、申、亥、卯、午、酉、子、辰、未、戌、丑，凡是谓土禁，不可垣。垣一版，赀；三版，耐；成垣，父母死。"⑧ 而在版之上尚有"堵"，"堵，垣也，五版为一堵，从土者声"⑨。《毛诗注疏》"之子于垣，百堵皆作"，毛亨传"一丈为版，五版为堵"。郑玄笺："侯伯卿士，又于坏灭之国，征民起屋舍，筑墙壁。百堵同时而起，言趋事也。《春秋传》曰：'五版为堵，五堵为雉。'雉长三丈，则版六尺。"⑩ 睡虎地秦简《秦律十八种》："卒岁而或陕（决）坏，过三堵以上，县葆者补缮之；三堵以下，及虽未盈卒岁而或盗陕（决）道出入，令苑辄自补缮之。"⑪

（6）分、寸、尺、斤、两

第 17 号简：有"高六尺一寸"。

第 21-2 号简：有"广于故船四分"。

第 92 号简：有"干鱼二斤十二两"。

《汉书·律历志》："度者，分、寸、尺、丈、引也，所以度长短也。""一为一分，十分为寸，十寸为尺，十尺为丈，十丈为引，而无度审矣。……夫度者，别于分，忖于寸，蒦于尺，张于丈，信于引。引者，信天下也，职在内官。"⑫

① ［汉］班固：《汉书·谷永列传》，第 3452～3453 页，中华书局，2006 年。
② ［日］富谷至编，张西艳译：《汉简语汇考证》，第 153 页，中西书局，2018 年。
③ ［汉］班固：《汉书·西南夷两粤朝鲜传》，第 3851 页，中华书局，2006 年。
④ ［汉］许慎：《说文解字》，第 139 页，中华书局，2017 年。
⑤ 睡虎地秦简整理小组：《睡虎地秦墓竹简》，第 50～51 页，文物出版社，2001 年。
⑥ ［汉］高诱注：《吕氏春秋》，第 146 页，上海书店出版社，1991 年。
⑦ ［汉］班固：《汉书·黥布列传》，第 1883 页，中华书局，2006 年。
⑧ 孙占宇：《天水放马滩秦简集释》，第 156 页，甘肃文化出版社，2013 年。
⑨ ［汉］许慎：《说文解字》，第 288 页，中华书局，2017 年。
⑩ ［汉］郑玄笺，［唐］孔颖达疏：《毛诗注疏》，第 946 页，上海古籍出版社，2014 年。
⑪ 睡虎地秦简整理小组：《睡虎地秦墓竹简》，第 47 页，文物出版社，2001 年。
⑫ ［汉］班固：《汉书·律历志》，第 965～966 页，中华书局，2006 年。

《汉书·律历志》："权者，铢、两、斤、钧、石也，所以称物平施，知轻重也。本起于黄钟之重，一龠容千二百黍，重十二铢。两之为两，二十四铢为两，十六两为斤，三十斤为钧，四钧为石。"①

木简表明，南越采取了与《汉书·律历志》从名目到进制一致的度量衡制度，说明"秦统一岭南后把中原的度量衡推行到这里，南越国沿袭秦制不改"②。

（7）雌、雄、牡

第 73 号简有"野雄鸡七，其六雌一雄"。

第 78 号简有"牡鹿一"。

雌、雄、牡，表示鸟、兽等性别的专词。《说文解字》"雄，鸟父也"，"雌，鸟母也"③，"牡，畜父也"④。《汉书·司马迁传》："《礼》纲纪人伦，故长于行；《书》记先王之事，故长于政；《诗》记山川溪谷禽兽草木牝牡雌雄，故长于风；《乐》乐所以立，故长于和。《春秋》辨是非，故长于治人。"⑤ 睡虎地秦简《日书》甲种："丙丁有疾，王父为祟，得之赤肉、雄鸡、酉（酒）。"⑥《封诊式》"牡犬一。"⑦

（8）杨楳

第 156 号简：☑杨楳（梅）其□如惠□☑

"杨楳"，即杨梅。文献可见《史记·司马相如列传》："樗枣杨梅"，《集解》徐广曰："樗，音弋井反。樗枣，似柿。"《索隐》张揖曰："杨梅，实似穀子而有核，其味酢，出江南荆扬。《异物志》'其实外内着核熟时正赤味甘酸也'"⑧。《南方草木状》卷下也载，"杨梅，其子如弹丸，正赤。五月中熟。熟时似梅，其味甜酸。陆贾《南越行纪》曰，'罗浮山顶有胡杨梅、山桃绕其际，海人时登采拾，止得于上饱啖，不得持下'。东方朔《林邑记》曰：'林邑山杨梅，其大如杯碗，青时极酸，既红，味如崖蜜，以酝酒，号梅香酎，非贵人重客，不得饮之。"⑨

（六）源秦别汉

1. 自立

据文献记载，南越立国源于秦末"中国扰乱，未知所安，豪杰畔秦相立"，南海尉任嚣"私相授受"于龙川令赵佗，"稍以法诛秦所置长吏，以其党为假守"。秦亡后"佗即击并桂林、象郡，自立为南越武王"⑩，因此唐司马贞说"中原鹿走，群雄莫制。汉事西驱，越权南裔"⑪。

① ［汉］班固：《汉书·律历志》，第 969 页，中华书局，2006 年。
② 广州市文物管理委员会、中国社会科学院考古研究所、广东省博物馆：《西汉南越王墓》，第 351 页，文物出版社，1991 年。
③ ［汉］许慎：《说文解字》，第 71 页，中华书局，2017 年。
④ ［汉］许慎：《说文解字》，第 23 页，中华书局，2017 年。
⑤ ［汉］班固：《汉书·司马迁传》，第 2717 页，中华书局，2006 年。
⑥ 睡虎地秦简整理小组：《睡虎地秦墓竹简》，第 193 页，文物出版社，2001 年。
⑦ 睡虎地秦简整理小组：《睡虎地秦墓竹简》，第 141 页，文物出版社，2001 年。
⑧ ［汉］司马迁：《史记·司马相如列传》，第 2647 页，中华书局，2013 年。
⑨ 中国科学院昆明植物研究所：《南方草木状考补》，第 304 页，云南民族出版社，1991 年。
⑩ ［汉］司马迁：《史记·南越列传》，第 3569 页，中华书局，2013 年。
⑪ ［汉］司马迁：《史记·南越列传》，第 3581 页，中华书局，2013 年。

从文献记载看，在陆贾第一次至南越时，赵佗已明确表达出对刘邦、萧何、曹参、韩信等汉王朝帝王将相"统治集团"的"轻视"甚至"蔑视"：

> 因问陆生曰："我孰与萧何、曹参、韩信贤？"陆生曰："王似贤。"复曰："我孰与皇帝贤？"陆生曰："皇帝起丰沛，讨暴秦，诛强楚，为天下兴利除害，继五帝三皇之业，统理中国。中国之人以亿计，地方万里，居天下之膏腴。人众车舆，万物殷富，政由一家，自天地剖泮未始有也。今王众不过数十万，皆蛮夷，崎岖山海间，譬若汉一郡，王何乃比于汉？"尉他大笑曰："吾不起中国，故王此。使我居中国，何渠不若汉？"①

因此在高后后期"有司禁粤关市铁器"后，赵佗随即"自尊号为南越武帝，发兵攻长沙边邑"②。而在高后遣将军还击但"不能踰岭"后，在"高后崩，即罢兵"的情况下，南越依然"以兵威边，财物赂遗闽越、西瓯、骆，役属焉，东西万余里。乃黄屋左纛，称制，与中国侔"，显示出南越国"随时"自立的独特地位。

出现这种情况的原因，除南越国远居岭南"不利于"汉王朝统治的"空间"距离外，应源于汉初"接秦之弊，大夫从军旅，老弱转粮饟，作业剧而财匮，自天子不能具钧驷，而将相或乘牛车，齐民无遮盖"等情况下无力对岭南恢复治理直接相关③。故而史汉载，汉高祖"为中国劳苦，故释佗不诛"，"遣陆贾立佗为南越王"，与南越"剖符通使，使和辑百越"，造成南越国远超其他汉封之国的自立性。

该时期南越与汉王朝的关系，同汉王朝与匈奴间的关系较为一致。《史记·匈奴列传》载，刘邦与匈奴"约为昆弟以和亲"，"高惠、吕太后时，汉初定，故匈奴以骄"，即使是冒顿"妄言"于高后，高后依然"与匈奴和亲"，文帝即位"复修和亲之事"，"罢丞相击胡之兵"，与匈奴约"愿寝兵休士卒养马，除前事，复故约，以安边民。使少者得成其长，老者安其处，世世平乐"④。

因此，南越赵佗在岭南的自立不仅得到汉高祖刘邦认可，也得到了汉文帝"同意"。文帝借"吏"言，讲"服岭以南，王自治之"，并在明知"两帝并立"的情况下，依然望南越能"分弃前患""通使如故"。所以在赵佗称"皇帝，贤天子也。自今以后，去帝制黄屋左纛"后，南越依然能"其居国，窃如故号名"，只有在"其使天子"时才"称王朝命如诸侯"，"造就"了南越国强烈的两面特征⑤。

林甘泉在为张荣芳《秦汉史论集（外三篇）》作"序"中指出：

> 2000多年的封建社会中，中原王朝和周边少数民族政权的关系大致有以下三种类型：一，中原王朝政府征服了少数民族地区，设置郡、县，将其纳入中原王朝的版图；二，少数民族政权向中原王朝称臣纳贡，但仍保持自己相对的独立性，与中央王朝的地方政权有别；

① ［汉］司马迁：《史记·郦生陆贾列传》，第 3251 页，中华书局，2013 年。
② 据《汉书·高后纪》，赵佗在高后五年称"南武帝"，在高后七年"盗侵长沙，遣隆虑侯灶将兵击之"。与《史记·南越列传》等记载的时间不同。见［汉］班固：《汉书·高后纪》，第 100 页，中华书局，2006 年。
③ ［汉］司马迁：《史记·平准书》，第 1703 页，中华书局，2013 年。
④ ［汉］司马迁：《史记·匈奴列传》，第 3478～3480 页，中华书局，2013 年。
⑤ 刘晓达也认为，南越王墓和宫苑出土"遗存共同暗示出南越国君臣对中原汉地礼仪、丧葬与文化艺术的传承。同时，某些材料却也隐晦地显示出该王国所具有的独立国家意识乃至对'天下'的政治欲望、自我想象与觊觎"。见刘晓达：《宅院、国家、天下——对南越王墓与宫苑遗址出土部分遗存之思考》，《美术学报》2018 年第 1 期。

三，少数民族政权使完全独立的政权，或与中央王朝结盟通好，或与中原王朝处于一种敌对的状态。[1]

南越和汉王朝的关系大体属汉"外臣"[2]——它首先是一个自立的政权，名义上的臣属并不影响它的自立。这就如倭向汉王朝进贡、接受汉朝册封并被赐金印[3]，"绍兴和议"后南宋向金割地、纳贡、称臣[4]时所具有的独立性一样。

2. 作制

南越国的建立脱胎于秦对岭南的统治，并自始至终处于汉王朝的"纪年"之中，这样南越国制度与秦制度及汉王朝制度之间，一直存在难以截然分割的紧密联系。即，蓝日勇等早已指出的，南越国"政治制度一开始就不能脱离秦代制度的影响"[5]，具有对秦制度的"因循性"、对西汉王朝制度的"仿效性"，和与秦汉王朝或汉初其他诸侯国不相类同的"特异性"，"其因循、仿效性，来自它是中原汉人所建、臣服于汉朝中央这一性质。其特异性，则是由于它是一个独立自主的王国，是一个建立在越族地区的地方割据政权这一特点所规定的"[6]。张荣芳等的观点虽在具体的文字书写上有异，但实质内容与此较为相似，指出南越制度"很大程度上是对秦在岭南实施的政治制度的沿袭"[7]，"南越国的政治制度的独创仍是少数的，大部分仍为对秦汉之制的沿袭，即以仿秦、汉之制为主"[8]。学界基本都认为南越制度的基础是秦制，并受到汉制影响。

J264 木简出土后，结合木简、文献记载和多年来不断增加的考古发现与学者研究，我们可以在之前已有较多讨论的基础上，对南越制、秦制及汉制的一些问题展开讨论。

（1）一源二脉

从南越与汉王朝的建立看，无论是汉高祖刘邦，还是汉王朝的将相萧何、曹参、韩信等人，

---

① 张荣芳：《秦汉史论集（外三篇）》，前言页，中山大学出版社，1995 年。

② 刘瑞：《秦、西汉的"内臣"与"外臣"》，《民族研究》2003 年第 3 期。

③ 《汉书·地理志》："乐浪海中有倭人，分为百余国，以岁时来献见云。"《后汉书·光武帝纪》："东夷倭奴国王遣使奉献。"《后汉书·孝安帝纪》："冬十月，倭国遣使奉献。"《后汉书·东夷列传·倭》："建武中元二年，倭奴国奉贡朝贺，使人自称大夫，倭国之极南界也。光武赐以印绶。安帝永初元年，倭国王帅升等献生口百六十人，愿请见。"《三国志·魏书》："冬十二月，倭国女王俾弥呼遣使奉献"，"景初二年六月，倭女王遣大夫难升米等诣郡，求诣天子朝献，太守刘夏遣吏将送诣京都"，"正治元年，太守弓遵遣建中校尉梯等奉诏书印绶诣倭国，拜假倭王，并赍诏赐金、帛、锦罽、刀、镜、采物，倭王因使上表答谢恩诏。其四年，倭王复遣使大夫伊声耆、掖邪狗等八人，上献生口、倭锦、绛青缣、衣、帛布、丹木、短弓矢。掖邪狗等壹拜率善中郎将印绶。其六年，诏赐倭难升米黄幢，付郡假授。"

④ 《金史·交聘表》："七月乙巳，宋康王贬号称臣，遣使奉表。"《金史·挞懒列传》："宗弼为都元帅，再定河南、陕西。伐宋渡淮，宋康王乞和，遂称臣，画淮为界，乃罢兵。"《金史·张景仁传》："大定二年，仆散忠义伐宋，景仁掌其文辞。宋人议和，朝廷已改奉表为国书，称臣为侄，但不肯世称侄国。往复凡七书，然后定。"《金史·梁肃传》："宋主屡请免立受国书之仪，世宗不从。及大兴尹璋为十四年正旦使，宋主使人就馆夺其书，而重赂之。璋还，杖一百五十，除名。以肃为宋国详问使，其书略曰：'盟书所载，止于帝加皇字，免奉表称臣称名再拜，量减岁币，便用旧仪，亲接国书。兹礼一定，于今十年。今知岁元国信使与彼，不依礼例引见，辄令迫取于馆，侄国礼体当如是耶？往问其详，宜以诚报。'肃至宋，宋主一一如约，立接国书。肃还，附书谢，其略曰：'侄宋皇帝谨再拜，致书于叔大金天兴祚钦文广武仁德圣孝皇帝阙下。惟十载遵盟之久，无一毫约之违，独顾礼文，宜存折衷。矧辱函封之贶，尚循躬受之仪，既俯迫于舆情，尝屡伸于诚请，因岁元之来使，遂商榷以从权。敢劳将命之还，先布鄙悰之恳，自余专使肃控请祈。'"南宋向金称臣、纳贡、割地，后称侄皇帝，接金朝国书，与南越国同汉王朝交往相比，南越国的地位要高于南宋。

⑤ 余天炽、梁旭达、覃圣敏等：《古南越国史》，第 57 页，广西人民出版社，1988 年。

⑥ 余天炽、梁旭达、覃圣敏等：《古南越国史》，第 60 页，广西人民出版社，1988 年。

⑦ 张荣芳、黄淼章：《南越国史》，第 112 页，广东人民出版社，2008 年。

⑧ 张荣芳、黄淼章：《南越国史》，第 113 页，广东人民出版社，2008 年。

均与南越国赵佗一样，原本都是"秦"人。

因此，无论是汉王朝建立后对秦制的"因循而不革"[1]，还是"绝道聚兵自守"，赵佗只是"以法诛秦所置吏，以其党为假守"而继以原"法"，南越国制度和汉王朝制度，同出于秦，具有高度一致的"同源性"——即包括最高层级的皇帝制度，也包括皇帝之下的百官制度和郡县制度，乃至经济、法律、文书等各方面制度，都同源于秦。

南越简牍的出土和多年来不断增加的考古发现不断表明，越、汉二朝在郡县制、百官制、经济、名物、法律等制度中的绝大多数内容，都能在已有的秦文献和秦考古发现中找到来源。

当然，由于在迄今为止越、汉二朝的传世及出土文献和考古发现上的"数量和质量"的严重"不平等"，很多南越制度一时找不到"秦制"源头，而是能在"汉制"中寻到一定"影子"，但这并不能意味着它们就一定是越制向汉制学习的结果——"说有易，说无难"，不能因现在在秦制中没有找到而即确定某些南越制度来源于汉。即，在讨论越、汉制度等相关问题时，二者制度来源的"同源"特征，应时刻给予足够重视[2]。

以越汉统治集团而言，南越国赵佗在为帝之前，先为龙川令，再为南海尉，直至"并桂林、象郡"后自立为"南越武王"。而在刘邦"集团"中，刘邦在秦时"公职"最高为"亭长"，职"求盗"；萧何先"以文毋害为沛主吏掾"，后"给泗水卒史事，第一"，对秦政治制度较刘汉王朝的多数将相要有较多了解，因此才能在刘邦至咸阳后"独先入收秦丞相御史律令图书藏之"，使刘邦"具知天下阸塞，户口多少，强弱处，民所疾苦者，以何得秦图书也"[3]，成为刘邦战胜项羽的重要保障，因此刘邦战后"以何功最盛""当第一"；曹参"秦时为狱掾"[4]，后从刘邦，功"次之"于萧何；韩信少时"家贫无行，不得推择为吏，有不能治生为商贾，常从人寄食"，后先为项羽"郎中"，后为刘邦"连敖""治粟都尉"，最后因萧何的举荐而拜"大将"[5]。

这样，从汉初"布衣将相"的"履历"及他们灭秦前的"经历"看，无论是刘邦还是萧何、曹参，他们对秦制的了解、认识与把握，都无法与赵佗等南越官吏相比。钱穆言，"汉廷君臣，多起草莽，于贵族生活，初无染习，遂亦不识朝廷政治体制。又未经文学诗书之陶冶，设施无所主张"，"故汉初之规模法度，虽全袭秦制，而政令施行之疏密缓急，则适若处于相反之两极焉"[6]。虽钱穆言汉"全袭秦制"未必准确，但其言汉初将相君臣"不识朝廷政治体制""政令施行之疏密缓急"与秦"相反"的意见则为允当[7]。

---

① ［汉］班固：《汉书·百官公卿表》，第 722 页，中华书局，2006 年。

② 蓝日勇指出，南越国仿效汉朝推行郡国并行制，"国内封有苍梧王、高昌侯等同姓王侯和西于异姓王"，且"南越国仿汉而立太子"。见余天炽、梁旭达、覃圣敏等：《古南越国史》，第 59 页，广西人民出版社，1988 年。从文献记载看，就南越国封王设侯的记载而言，与其说是南越国仿汉王朝而分封，毋宁说是延续了项羽"复古"的分封之制，是否仿汉并不确定。而太子之制，文献中秦始皇虽未设太子，但秦之前有太子却史不绝书，汉设太子之制延续有源，不能概言南越仿汉。

③ ［汉］班固：《汉书·萧何曹参传》，第 2005 ~ 2006 页，中华书局，2006 年。

④ ［汉］班固：《汉书·萧何曹参传》，第 2013 页，中华书局，2006 年。

⑤ ［汉］班固：《汉书·韩信传》，第 1861 ~ 1863 页，中华书局，2006 年。

⑥ 钱穆：《秦汉史》，第 53、54 页，生活·读书·新知三联书店，2004 年。

⑦ 田昌五、安作璋也指出，"西汉的社会秩序基本稳定了，百姓各事产业，只要假以时日，经济即可恢复发展。但是，朝廷上的秩序仍然杂乱无章，君不君、臣不臣的现象相当严重。刘邦出身泗水亭长，萧何、曹参出身胥吏，韩信家贫无行，常从人寄食，周勃是鼓吹手，樊哙以屠狗为业，彭越以强盗起家，黥布是囚徒，陈平是游士，只有张良是破落贵族出身。他们都曾是秦朝的编户齐民，彼此之间无尊卑之分，也不习封建礼仪，及至刘邦称帝，仍一如既往，因而在朝会之时，经常出现'群臣饮酒争功，醉或妄呼，拔剑击柱'的混乱现象，根本不把刘邦这个皇帝的尊严放在眼中。"见田昌五、安作璋：《秦汉史》，第 98 页，人民出版社，2008 年。

因此，在讨论越汉制度异同时，在分析越制、汉制与秦制区别时，南越与汉王朝对原有秦制"理解"程度的差异，也应得到足够重视。

（2）同根殊制

《汉书·百官公卿表》在记载汉王朝对秦制"因循而不革"的同时，还提出汉王朝"明简易，随时宜也，其后颇有所改"，《汉书·礼乐志》讲"汉兴，拨乱反正，日不暇给"①，均表明汉制既有对秦制的删减——"简易"，也有在现实情况改变后的调整——"颇有所改"。

汉制在秦制基础上的沿革兴替，无论从《汉书·百官公卿表》的记载，还是从《史记·平准书》《汉书·食货志》《史记·礼书》《汉书·礼乐志》《汉书·刑法志》等专志及各纪传表志的文字中，都有或多或少的反映。从文献看，汉对秦制"蠲削烦苛"（《汉书·刑法志》），"制礼仪"（《汉书·礼乐志》），不断调整。因此，虽有"汉承秦制"的记述，但汉制与秦制依然有明显差异。"西汉初期，最高统治集团确实在许多方面进行了'拨乱反正'的努力，取得了'拨乱反正'的成功"，萧何顺从民心进行政治改革，"因民之疾秦法，顺流与之更始"，"顺应民心以否定秦法，成为汉初政治的标志之一"②。而汉既然可"简易"秦制，那南越也当然可对其遵奉而来的秦制有所改变和发展。

就文献记载和考古发现言，南越对秦制的改变，不少地方都小于汉对秦制的调整。如就秦的郡县制而言，南越和汉都在继承郡县制时"破坏性"地进行了分封，不过与汉先大封异姓诸侯王、再灭异姓而分同姓的情况不同，仅知的南越所分王为赵佗同氏，也未有裁灭之举，越汉差异明显。又如，秦始皇统一后废除了之前流行的谥号制度而自称"始皇"，与赵佗自立后号"南越武帝"的做法一致，但刘邦所建立的汉王朝则要等皇帝去世后方有尊号，差异明显。再如，从两万枚左右的秦封泥发现看，绝大多数秦封泥都有十字界格或日字格，特别是统一后秦的封泥更趋一致；而从南越国封泥看，直到汉武帝时代南越文王墓出土的封泥依然如秦一样采用界格，汉封泥则完全相反——在统一后不久就去掉界格"复古化"和"去秦化"的恢复到战国封泥中很少采用界格的样子③。

因此，从有限的资料看，汉与南越的制度虽均继承自秦，但在制度改变的时间和改变程度上，汉制的变化要远大于南越。这应就是司马迁用28字"子羽暴虐，汉行功德；愤发蜀汉，还定三秦；诛籍业帝，天下惟宁，改制易俗"④总结汉高祖功德时，以"改制易俗"为结语的重要原因——而他对南越的"评语"则毫无此意。即，虽汉制与南越制都源之于秦，虽然它们都根据实际情况进行了不少改变，但汉的改变要剧于南越。从现有资料看，还难以得出"大部分"南越制度"仍为对秦汉之制的沿袭，即以仿秦、汉之制为主"⑤。

《汉书·南越列传》载，南越太子兴即位，"太后恐乱起，亦欲倚汉威，劝王及幸臣求内属。即因使上书，请比内诸侯，三岁一朝，除边关。于是天子许之，赐其丞相吕嘉银印，及内史、中尉、太傅印，余得自置。除其故黥刑，用汉法"⑥，可见直至此时，南越国施行的法律制度，依然

① ［汉］班固：《汉书·礼乐志》，第 1030 页，中华书局，2006 年。
② 王子今：《秦汉史》，第 106 页，中信出版集团，2017 年。
③ 刘瑞：《秦封泥分期研究》，待刊。
④ ［汉］司马迁：《史记·太史公自序》，第 3980 页，中华书局，2013 年。
⑤ 张荣芳、黄淼章：《南越国史》，第 113 页，广东人民出版社，2008 年。
⑥ ［汉］班固：《汉书·南越列传》，第 3854 页，中华书局，2006 年。

与汉法有明显不同。从木简的发现看，第91号简记南越有"公主"，这与张家山汉墓竹简《二年律令·置吏律》中规定"诸侯王女毋得称公主"的情况有明显差异。即，南越不用汉法。而从木简发现看，南越还据当地情况设立了一些迄今不见于秦汉文献和出土文物的职官，如"大鸡官""御工令"等，说明在职官制度上南越有所"创造"。

从南越木简中的计时看，在第81号、第91号简"廿六年七月"和第96号简"廿六年八月"的记述中，3枚木简在"廿六年"前均无年号和王名，与"文帝九年"在之前写上王名的方式不同，且均未书写干支；在第73号、第75号简"四月辛丑"和第76号简"四月辛卯"中，既写月也写干支；在第61号简"丙戌"、第80号简"甲寅"、第82号简"丁未"、第95号简"戊戌"、第99号简"丙午"、第103号简"癸丑"中，则均仅写干支不写几月。上述这些"复杂"的纪年情况，表明南越国可能存在较为复杂的制度要求。

而如前所述，从木简发现情况看，南越木简的规格和容字等在很大程度上都与秦简、汉简不同，而这种情况与文献中匈奴与汉交往中"印封皆令广长大"的做法相似。类似这种文书玺印中因某种原因加以改变的做法，其实并不罕见。如《汉书·匈奴列传》：

> 王莽之篡位也，……因易单于故印。故印文曰"匈奴单于玺"，莽更曰"新匈奴单于章"。……单于曰，"印文何由变更"，遂解故印绶奉上，将率受。……明日，单于果遣右骨都侯当白将率曰："汉赐单于印，言'玺'不言'章'，又无'汉'字，诸王已下乃有'汉'言'章'。今即去'玺'加'新'，与臣下无别。愿得故印。"①

从文献记载看，匈奴与汉往来文书简牍印封的故意广大，和王莽对赐匈奴单于印章名称的故意变更，都是在某种情况下的"主动"创设。从南越木简包括内容、性质不同文书均采用"广大"规格的情况看，南越也应存在"故意"做出比秦、汉简牍文书"广大"的制度要求。与此同时，从一些职官的名称言，如常御、常使等的写法，既不见于现知的秦官，也不见于现知的汉官，它们大体也都是在南越国立国后对原秦职官名的主动更改。

3. 南越

南越国研究的不断深入，与现代考古学的发展息息相关。1981年麦英豪在《广州汉墓》"结语"中专门探讨了"南越人与南越王国"，并对南越国与西汉灭南越行郡县后的差异及存在问题进行了讨论②。1976～1979年广西贵县（今贵港市）罗泊湾发掘出两座南越国时期的大型墓葬，报告指出M2的墓主为南越国派驻当地相当于王侯一级官吏的配偶，其发现在很大程度上填补了两广地区南越国高等级墓葬发掘的空白③。1983年广州象岗南越王墓的发掘，极大地推动了南越国考古。在1991年出版的考古报告中，黄展岳、麦英豪在专章"南越国的考古发现与研究"中，通过考古资料对南越国进行了"一次综合性"的研究④，突破过去发掘报告总结该墓资料的写法，以南越王墓出土物为中心，结合其他考古资料开展的研究，"把南越国和当时岭南地区的社会经济

---

① 〔汉〕班固：《汉书·匈奴传》，第3820～3821页，中华书局，2006年。

② 广州市文物管理委员会、广州市博物馆：《广州汉墓》，第471～475页，文物出版社，1981年。

③ 广西壮族自治区博物馆：《广西贵县罗泊湾西汉墓》，第113页，文物出版社，1988年。

④ 广州市文物管理委员会、中国社会科学院考古研究所、广东省博物馆：《西汉南越王墓》，文物出版社，1991年。

研究推向了一个新的阶段"①。在这个过程中，在前文不断征引的《古南越国史》《南越国史》外，麦英豪②、黄展岳③对南越国考古的研究做出了巨大贡献，推动了南越国考古的快速发展。J264 出土的木简，是南越国研究的新资料，对于南越国史的研究具有重要的学术价值：

（1）验证、推进和补充了已有研究。如木简中的"公主""陛下"等文字，从实物上反映出史汉南越传中有关南越王居国称帝的记载。又如早在 1995 年，张蓉芳已据史籍记载明确提出南越"实行户籍制度"，南越木简中发现的多种籍簿证实了这个认识，推动了南越国籍簿研究。又如第 68 号等简管理登记"壶枣"的内容，是秦汉苑囿植物管理的重要发现，显示出如《西游记》等记载五庄观对人参果树上果实"数数"登记的，过去认为"夸张"而不可能的情况，实际古已有之。由于 J264 内出土木简的时代为南越国早期，相当于西汉早期，而该时期类似籍簿一直极少发现，因此，它们的发现无疑是秦汉籍簿制度和相关制度研究的新资料。

（2）史汉文献中关于南越国的记载简略且存在较大程度的重复，一直制约着南越国史研究的不断深入。由于文献缺失，过去一直无法开展如南越法律问题研究。J264 出土木简中与法律相关文书简的发现，如"当笞五十""不当笞""讯""诘"等内容，填补了研究空白，慢慢开启了相关研究的大门。又如木简中"公主""舍人""左外郎""典等职官都不见于史汉南越传和以往南越国考古，丰富了对南越国职官制度的认识；又如木简中"南海""番禺"的发现印证了南越国行郡县的认识，这是南越国地理研究的新发现。当然，它们的发现，同样推动了秦汉相关制度及有关问题的研究④。

（3）在 2000 年开始进行南越国宫署遗址考古发掘之前，湖南长沙走马楼出土数万枚三国吴简，甚至在僻于湘西的小城里耶的 J1 中也出土了三万余枚秦简。这些发现一方面不断地震惊着世人，一方面也预示着在城市考古中必然有简牍类文物的较多发现。故在 2002 年开始进行南越国宫署遗址全面发掘之时，南越简牍的出土就成为考古队对发掘工作的必然"预期"，并为此进行了一系列的认真准备。与里耶 J1 秦简牍等是在配合基本建设考古过程中的"偶发"不同，J264 木简是 2000 年开始的南越国宫署遗址主动性考古发掘的"必然"发现。因此，在 J264 木简第一时间发现后，随即得到了"妥善"保护和"认真"清理。虽 J264 内发现木简的数量甚为有限，但依然在改写着广东地区简牍发现空白的同时，预示着在今后南越国考古、岭南考古中必将有更多简牍文字资料发现的"前景"。并不断提醒我们，在陆续开展的城市考古中要对容易埋藏简牍的水井类遗存做到"应清必清"，当然在清理之前要做好出土简牍的"优先设计"。J264 木简的发现是 2000 年以来南越国宫署遗址主动性发掘工作的重要成果，不仅印证了发掘之前对南越国宫署遗址定有简牍埋藏发现的学术设想，而且以木简的发现向今后的南越考古提出了相应冀望。相信随着今后区域考古工作的进一步开展，新的更多发现将层出不穷地呈现出来。

---

① 黄展岳：《南越国考古学研究》自序第 1 页，《南越国考古学研究》，中国社会科学出版社，2015 年。

② 麦英豪：《麦英豪文集》，文物出版社，2018 年。

③ 黄展岳：《南越国考古学研究》，中国社会科学出版社，2015 年。

④ 霍雨丰认为，第 15 号简"问闽，邑人从军五月余，乃当到戎东行者万余"所记为南越国初期与闽越国之间发生的一次军事行动。见霍雨丰：《一件极为重要的南越木简——兼谈南越国与闽越国的关系》，《企业导报》2013 年第 15 期，第 186～187 页。

贰　广州南越国宫署遗址渗水井 J264
出土动物骨骼鉴定报告

余　翀

（中山大学社会学与人类学学院）

袁　靖　杨梦菲

（中国社会科学院考古研究所）

　　我们受委托整理广州南越国宫署遗址渗水井 J264 出土的动物骨骼。渗水井出土的动物骨骼共计 717 块，其中贝类 1 块、脊椎动物骨骼 716 块。以下从整理结果、讨论两个方面分别报告。

一　整理结果

　　整理结果分为种属鉴定、出土状况、数量统计、鱼骨测量等四个方面。

（一）种属鉴定

无脊椎动物　Invertebrate

　瓣鳃纲　Lamellibranchia

　　真瓣鳃目　Eulamellibranchia

　　　蚌科　Unionidae

脊椎动物　Vertebrate

　硬骨鱼纲　Osteichthyes

　爬行纲　Reptilia

　　龟鳖目　Chelonia

　　　龟科　Testudinidae

　鸟纲　Aves

　　鸡形目　Galliformes

　　　雉科　Phasianidae

　哺乳纲　Mammalia

　　啮齿目　Rodentia

　　食肉目　Carnivora

鼬科　Mustelidae

南越国宫署遗址出土动物有种属不明的蚌，种属不明的鱼类，爬行类，龟，雉和三种种属不明的鸟类，种属不明啮齿类，鼬科动物，种属不明哺乳动物和种属不明小型哺乳动物等。至少有 11 个种属。

（二）出土状况

蚌

碎块 1。

鱼类

方骨 1，左腮盖骨 1，腮盖骨碎块 3，右基鳍骨 1，右角骨 1，右拟锁骨 1，右舌腭骨 1，尾舌骨 1，血管间棘 14，咽齿 1，脊椎 148，肋骨 11，其他骨骼 55。

龟

腹甲碎块 1。

爬行类

肢骨 1。

雉

头骨 1，锁骨 1，胸骨 1，右肱骨 1，左腕掌骨 1，腰骶骨 1，左跗跖骨 1，脊椎 2。

鸟类

头骨 2，头骨碎块 2，上喙骨 2，下喙骨 2，左喙骨 3，右喙骨 3，左肩胛骨 2，右肩胛骨 2，肩胛骨完整 1，胸骨残 2，左肱骨远端 3，右肱骨完整 1，尺骨完整 1，尺骨碎块 2，左桡骨完整 1，右桡骨近端 1，桡骨 3，左腕掌骨 1，右腕掌骨 3，盆骨完整 2，碎块 1，腰骶骨完整 2，腰骶骨残 4，左股骨完整 2，右股骨完整 2，左胫骨完整 3，右胫骨完整 4，腓骨 1，左跗跖骨完整 1（雄性），左跗跖骨完整 1（雌性），跗跖骨完整 1，第 1 节趾骨 17，第 2 节趾骨 28，第 3 节趾骨 6，脊椎 70。

啮齿类

头骨 3，左上颌骨 1，左下颌骨 4，右下颌骨 7，游离齿 5，寰椎 1，枢椎 1，左肩胛骨 7，右肩胛骨 4，左肱骨 9，右肱骨 5，左尺骨 5，右尺骨 4，左桡骨 1，右桡骨 2，桡骨 3，左盆骨 2，右盆骨 4，左股骨 8，右股骨 7，股骨远端 5，左胫骨 5，右胫骨 6，胫骨近端关节 2，右距骨 1，脊椎 42。

鼬科动物

右下颌骨 2，右肱骨 2，掌骨/跖骨 2。

哺乳动物

第 1 节趾骨 2，第 3 节趾骨 4，尾椎 25，脊椎 78，籽骨 22，右距骨 1，桡骨 1，左跟骨 1。

（三）数量统计

全部动物骨骼可鉴定标本数为 717 件，其中贝类 1 件、占 0.14%，鱼类 239 件、占 33.33%，爬行类 2 件、占 0.28%，鸟类 191 件、占 26.64%，哺乳动物 284 件、占 39.61%。

（四）鱼骨测量

我们对鱼脊椎骨的直径和高进行了测量，并按照每 2 毫米统计个数。通过对 107 块鱼脊椎直径的测量，其中小于 2 毫米为 2 块，2～4 毫米为 73 块，4～6 毫米为 10 块，6～8 毫米为 15 块，大于 8 毫米的为 7 块（图二八）。通过对 101 块鱼脊椎高度的测量，其中小于 2 毫米的为 1 块，2～4 毫米为 74 块，4～6 毫米为 7 块，6～8 毫米为 10 块，8～10 毫米为 1 块，10～12 毫米为 1 块，12～14毫米为 7 块（图二九）。

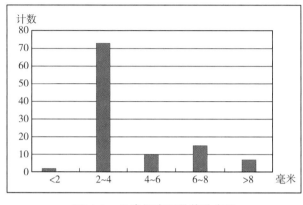

图二八　鱼脊椎直径数值分布图

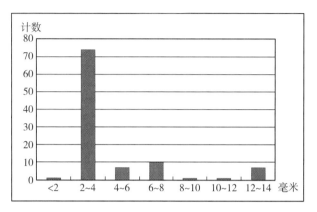

图二九　鱼脊椎高数值分布图

二　小结

由于出土的动物骨骼多属于鱼类、鸟类和啮齿类，我们对这些动物种属的鉴定能力有限，现仅能确定它们的部位。至于种属的鉴定尚有待于以后的研究。

依据现有的认识，大致可以推测南越国宫署遗址渗水井里出土的动物种属至少有 11 种，以哺乳动物最多，其次为鱼类、鸟类等，爬行动物的数量相当少。鸟类按照喙骨和跗跖骨等的形状和尺寸，至少可以分为 4 种。

从鱼脊椎骨的直径和高度分布图上均可看到以 2～4 毫米的脊椎最多，从散点图上也可以看到同样的特征（图三〇）。依据现生鱼类的脊椎骨测量数据推断，当时这些鱼的重量都在 500 克以下。

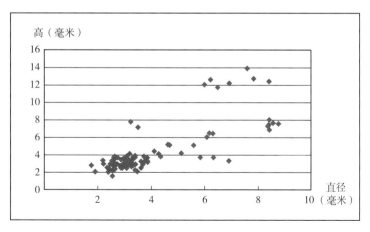

图三〇　鱼脊椎测量值散点图

从出土动物的种类、数量等特征看，这些动物骨骼都是当时人食用后随意丢弃的。

叁　广州南越国宫署遗址渗水井 J264 出土植物遗存分析报告

赵志军

（中国社会科学院考古研究所）

J264 位于广州南越国宫署御苑遗址的西北部，井口东、西两侧连接有木制的进水暗槽，向北有陶制的排水管道，在水平高度上进水口略高于排水口，从这种结构设计上分析，J264 应该是一口渗水井，类似现今广东地区的"沙井"，其功能主要用于疏通和净化由御苑排泄出的积水和污水。

J264 由砖和陶井圈垒砌而成，井内堆积大体可分为 16 层。根据出土的遗物判断，渗水井本身以及井内各层的淤积物都属于南越国时期，即西汉早期遗存。由于当地水位较高，井内的淤积物长期被水浸泡，这种特殊的埋藏环境对各种有机物质起到了良好的隔氧保护作用，因此在淤积物中包含有异常丰富的古代植物遗存。

为了详细了解这些植物遗存的种类和组成、进入并沉积在渗水井内的途径，以及它们与御苑的关系，进而复原当时御苑的植被景观和人们的生活，伴随 2005 年度的考古发掘，我们开展了浮选工作系统获取植物遗存，然后在实验室对浮选结果进行了整理、鉴定和分析。本文报告的就是此次浮选的结果以及分析。

一　采样与浮选

作为一口渗水井，容积非常有限，因此我们采取了完全浮选的方法，即将井内清理出的淤积物全部收集起来进行浮选。为了便于分析植物遗存在堆积过程中的变化规律，在浮选土样的采集过程中，我们以自然淤积层为单位分别进行采样，共获得浮选土样 16 份。由于各淤积层的厚度不一，每份浮选样品的土量也不同，例如，第 8 层的堆积较厚，从中采集和浮选的土量多达 70 余升，而底部的第 16 层堆积较薄，可采集的浮选土量不到 10 升。最后总计浮选了土样 711 升。浮选是在现场进行的，使用的浮选设备是水波浮选仪。

需要加以说明的是，浮选法的设计主要是针对在一般考古遗址中能够长期保存的炭化植物遗存，其工作原理是，炭化物质在干燥的情况下比土壤颗粒轻，密度又略小于水，因此将浮选土样放入水中便可使炭化的植物遗存脱离土壤浮出水面进而提取之[①]。但是，J264 中埋藏的植物遗存绝大多数并没有炭化，其之所以能够长期保存主要得益于渗水井内特殊的埋藏环境。从理论上讲，未经炭化的植物遗存密度相对较大，并不适宜采用浮选法进行提取，一般应该选用水筛的方法。但是，我们所使用的水波浮选仪设计得比较合理，配备有粗、细两个筛子，粗筛用不锈钢制成，长方体，底部装有孔径约 2 毫米的筛网，使用时悬挂在浮选仪水箱的上半部；细筛是直径为 19.5 厘米的不锈钢分样筛，规格一般选用 80 目（网孔径 0.2 毫米），使用时安置在水箱溢水槽下方的托架上。按照设计原理，在具体浮选过程中，土样中密度小于水的物质如炭化植物遗存将会浮出水面，然后通过溢水槽的出水孔落入细筛中；土样中密度大于水的物质包括个体较大而未经炭化的植物遗存将会自然下沉，经过水箱中粗筛的筛选，达到水筛的效果。由于水波浮选仪的设计可以同时发挥浮选和水筛两种不同的功能，因此我们决定仍然采用浮选的方法对 J264 埋藏的植物遗存进行提取。

实际操作过程中显示，虽然 J264 中埋藏的植物遗存并没有炭化，但仍有大量的植物遗存，尤其是那些个体较小的植物种子漂浮出水面流入细筛中。另一方面，由于井内淤积物主要由有机物质和黏土组成，因此粗筛收取到的物质也是以比较纯净的植物遗存为主。如此令人满意的浮选结果出乎我们的意料，这说明，某些细小的植物遗存在未经炭化的情况下仍然可以使用水波浮选仪进行提取，而粗筛的设置又保障了其他个体较大的植物遗存的提取。

浮选的物质经阴干后被运送到中国社会科学院考古研究所植物考古实验室进行整理和植物种属鉴定。

二　植物遗存鉴定结果

J264 浮选出的植物遗存异常丰富，各种植物种子数不胜数。鉴于渗水井内的堆积基本属于同一时代，为了减少不必要的实验室工作量，我们从 16 份浮选样品中选择了 5 份进行实验室整理，即第 6、8、12、15 和 16 层的样品。另外，在浮选过程中凭肉眼发现了一些个体很大的植物种子，为防止这些种子阴干后出现干裂，及时将它们拣选出来密封在容器中。对这些从浮选样品中拣选出的植物种子的鉴定结果也列入浮选结果一览表中（表四）。

通过实验室的整理和分类，J264 中浮选出土的植物种子分别属于数十个不同的植物种属。根据中国科学院植物研究所植物学家刘长江先生的鉴定结果以及中国社会科学院考古研究所植物考古实验室杨金刚馆员的补充，目前共鉴定出 26 个植物种属，其中绝大多数被鉴定到了种（species）一级，少数仅鉴定到属（genus）一级，在可鉴定到种的植物种类中包括了水稻、大豆和粟三种农作物品种。下面分别给予介绍：

---

① 赵志军：《植物考古学的田野工作方法——浮选法》，《考古》2004 年第 3 期。

表四　　　　　　　　　　　　J264 出土植物遗存一览表

样品	T7J264⑥	T7J264⑧	T7J264⑫	T7J264⑮	T7J264⑯	拣选
土量（L）	28	71	13	33	9	
桃金娘 *Rhodomyrtus tomentosa*	~6500	~150000	~1500	~1500	22	
甜瓜 *Cucumis melo*	219	~50000	~10000	~3000	71	
截叶栝楼 *Trichosanthes truncata*	1	208	5	1		
冬瓜 *Beinicasa hispida*	1	3	2	1		
桑树 *Morus alba*		~3000	235	229	3	
杨梅 *Myrica rubra*	7	63	3	1142		
芭蕉 *Musa basjoo*	12	92	83	21		
罗浮柿 *Diospyros morrisiana*		118	10	13		
柿 *Diospyros kaki*						2
君迁子 *Diospyros lotus*		6				
杜英 *Elaeocarpus decipiens.*	50	2				4
乌榄 *Canarium pimela*						2
方榄 *Canarium bengalense*						1
荔枝 *Litchi chinensis*						2
枣 *Zizyphus jujuba*						1
南酸枣 *Choerospondias axillaries*						2
紫苏 *Perilla frutescens*		12				
长叶茅膏菜 *Drosera indica*		89		2		
山鸡椒 *Litsea cubeba*	1	3				
楝树 *Melia azedarach*	2					
悬钩子属 *Rubus* sp.		~12000	300	~3000	22	
榕属 *Ficus* sp.		~2000	597	~1000	8	
葡萄属 *Vitis* sp.		529	1	2		
稻谷 *Oryza sativa*				3		
大豆 *Glycine max*				2		
粟 *Setaria italica*				1		
未知		445	2	5	1	1

1. 桃金娘（*Rhodomyrtus tomentosa*）

桃金娘种子是出土数量最多的一类植物种子，尤其是在第 8 层样品中所发现的桃金娘种子不计其数，初步估算多达 15 万粒以上，再加上其他 4 份样品，此次发现的桃金娘种子总计约 16 万粒。桃金娘种子个体较小，平均长约 2.5 毫米，宽约 2.3 毫米，呈扇形，表面布满细小的瘤状纹（图版一三三，1）。桃金娘属于桃金娘科（Myrtaceae）的桃金娘属（*Rhodomyrtus*），是一种常绿灌木，枝叶四季常青，花色红白相映，绚丽多彩，果实为壶形浆果，成熟时呈紫红色，艳丽秀美。

桃金娘的枝、叶、花、果均具观赏性，由此成为我国南方地区园林的观赏花卉的主要品种。另外，桃金娘的浆果成熟后可以作为水果食用，也可酿酒。

2. 甜瓜（*Cucumis melo*）

甜瓜籽的出土数量也很可观，仅在 5 份样品中就发现了 6 万余粒甜瓜籽。这些甜瓜籽在形态和尺寸上基本一致，扁平椭圆形，增厚边缘不明显，平均长约 6.5 毫米，宽约 3 毫米（图版一三三，2）。甜瓜又名香瓜，在植物分类上属于葫芦科（Cucurbitaceae）的甜瓜属（*Cucumis*），是一年生的匍匐或攀援草本植物。甜瓜的果肉多汁香甜，古往今来一直是受人喜爱的瓜类果品。甜瓜的栽培历史十分悠久，有学者考证，《诗经・豳风・东山》中“有敦瓜苦，烝在栗薪”的“瓜”就是指甜瓜。甜瓜的品种很多，以西北地区种植的品种最为著名，如哈密瓜、白兰瓜等。《汉书・地理志》记载：“敦煌，古瓜州也，有美瓜。”这里所说的“美瓜”应该就是产于西北地区的一种甜瓜品种。甜瓜在南方地区也很早有种植，长沙马王堆一号汉墓女尸的肠胃中就曾发现了百余粒甜瓜籽①。但在广东地区还是首次发现古代甜瓜遗存。

3. 截叶栝楼（*Trichosanthes truncata*）

在 J264 浮选结果中还发现有一类属于葫芦科的瓜类植物种子，数量也较多，计 215 粒，经鉴定为截叶栝楼。截叶栝楼的瓜子呈扁平卵形，表面比较粗糙，增厚边缘十分明显，平均长约 6 毫米，宽约 3 毫米（图版一三三，3）。截叶栝楼是一种攀援藤本植物，果实即栝楼瓜为椭圆形，平均直径约 15 厘米，成熟后呈橙黄色。截叶栝楼的瓜子肥大，可以炒制食用，也可以用作中药材，被称作“瓜蒌子”。

4. 冬瓜（*Beinicasa hispida*）

冬瓜也是一种属于葫芦科的瓜类植物，在浮选结果中发现了 7 粒冬瓜籽。这些冬瓜籽呈扁平椭圆形，带有明显的增厚边缘，平均长约 8.5 毫米，宽约 5 毫米（图版一三三，4）。冬瓜是栽培作物，是现今常见的瓜类蔬菜，国内外学术界普遍认为冬瓜应该是在中国被驯化的②，但由于缺乏考古实物证据，有关冬瓜起源的问题长期没有得到认真的讨论。这次在 J264 发现的几粒冬瓜籽是目前我国已知最早的冬瓜遗存，对今后探讨冬瓜的起源问题具有十分重要的意义。

5. 桑树（*Morus alba*）

出土的桑树种子数量很多，在 5 份样品中共发现了约 3500 粒。桑树的种子细小，呈宽卵形，平均粒长约 2 毫米，粒宽约 1.5 毫米（图版一三三，5）。桑树属于桑科（Moraceae）的桑属（*Morus*），是一种落叶乔木，树高可达 15 米。桑树是一种重要的经济类树种，桑叶是家蚕的饲料，桑椹可食用或酿酒，桑木可制器具，枝条可编箩筐。另外，桑树的树冠宽阔，枝叶茂密，到了秋季叶色变黄，颇为美观，所以也常被当作一种绿化树种。

6. 杨梅（*Myrica rubra*）

杨梅的果实是一种核果，核果的种子之外包裹有由石细胞组成的内果皮，被称作果核。果核十分坚硬，即便不经过炭化也能长期保存在土壤中，因此在考古遗址中时常出土有未经炭化的各

① 湖南省博物馆、中国科学院考古研究所编：《长沙马王堆一号汉墓》，第 32 页，文物出版社，1973 年。

② Harlan, J. R. Crops and Man. American Society of Agronomy, Inc. 1992.

种核果的果核，例如，20 世纪 80 年代在象岗南越王墓中就曾出土过杨梅的果核①。此次在 J264 中出土的杨梅果核的数量非常多，仅在 5 份样品中就发现了 1215 粒，实属罕见。这些杨梅果核呈卵形，表面有沟纹；果核大小不等，大的平均长约 15 毫米、宽约 10 毫米，小的平均长约 7 毫米、宽约 6 毫米（图版一三三，6）。杨梅又名水杨梅，属杨梅科（Myricaceae）的杨梅属（Myrica），是一种常绿乔木。杨梅树的枝叶茂密，果色鲜艳，常被作为园林或住宅区的观赏树种。杨梅树的木质致密，切面光滑，是良好的细工木材。杨梅的果实是一种美味的水果，肉质化的果皮充满汁液，其味酸甜可口，既可生食也可制作蜜饯果酱，还可酿酒。杨梅是南方地区特有的果树，陆贾《南越纪行》载"罗浮山顶有湖，杨梅山桃绕其际"，时至今日，罗浮山区仍是杨梅的著名产地。

7. 芭蕉（Musa basjoo）

芭蕉种子的出土数量也很多，共计 208 粒，除第 16 层外，其他各层都有出土。芭蕉种子呈扁球形，表面分布有疣突，在合点处成小孔穴，平均直径约 6 毫米（图版一三四，1）。芭蕉属于芭蕉科（Musaceae）的芭蕉属（Musa），虽然被称作"树"，但实际是一种多年生的草本植物。芭蕉树的茎高 3~4 米，叶片宽大，叶长可达 3 米，是我国南方园林必不可少的观赏植物品种，或植于庭前屋后，或植于窗前院落，绿荫如盖，清雅秀丽，掩映成趣。芭蕉的园林种植可以追溯到汉魏时期，唐代诗人王维《七律·无题》有"雨打芭蕉叶带愁，心同新月向人羞"的著名诗句。到了宋元明清时期，芭蕉已经成为园林景观中不可或缺的重要观赏类植物。

8. 罗浮柿（Diospyros morrisiana）

此次浮选出土数量较多的还有罗浮柿种子，共发现 141 粒。种子为长圆形，扁平，长约 6 毫米，宽约 3 毫米（图版一三四，2）。罗浮柿属于柿树科（Ebenaceae）的柿树属（Diospyros），主要生长在南方地区。罗浮柿的植株介于树木和灌木之间，有的品种树高可达 20 米，但材质并不优良，有些品种十分矮小，成灌木状。罗浮柿的果实成熟后呈黄色，近球形，可食用，是南方地区的一种野生水果。罗浮柿的果实虽不甜美，但果色有绿有黄，有时也被用作庭院观赏植物。

9. 柿（Diospyros kaki）

柿也属于柿树科的柿树属，是一种重要的水果类植物。在浮选过程中拣选出了 2 粒柿的种子。种子呈扁平卵形，顶部有鸟喙状尖，长约 12 毫米，宽约 7 毫米（图版一三四，3）。柿树是一种落叶乔木，木材可以做器具或家具，但一般仅作为果树栽培。柿树应该原产中国，此前在战国或汉代的墓葬中曾出土过柿的遗存。柿树在我国南北都可种植，以黄河流域种植的较为普遍，但广东地区特产的"从化红柿"也很闻名，其皮色艳丽、肉质柔软、味甜多汁。

10. 君迁子（Diospyros lotus）

君迁子在植物分类上与柿树属于同科同属，现今多将其作为嫁接柿树的砧木。此次浮选在第 8 层样品中出土了 6 粒君迁子的种子，这些君迁子的种子在形态上与柿的种子十分相似，但略显瘦长，尺寸也略小，长约 10 毫米，宽约 5 毫米（图版一三四，4）。君迁子是落叶乔木，成材后树高可达 30 米。君迁子树的木质坚硬，纹理美观，耐磨损，是一种良好的木材。君迁子果实俗称"黑枣"，果味甘甜，富含多种维生素，可生食，也可用来酿酒或制醋。

---

① 广州市文物管理委员会、中国社会科学院考古研究所、广东省博物馆：《西汉南越王墓》，第 32 页，文物出版社，1991 年。

11. 杜英（*Elaeocarpus decipiens*）

此次出土了 56 粒杜英的种子，主要发现在第 6 层样品中。杜英种子属于核果，形状近似枣核，顶端开裂呈三瓣状，核表面有深沟纹，果核较大，平均长约 15 毫米，最大径约 7 毫米（图版一三四，5）。杜英属于杜英科（Elaeocarpaceae）的杜英属（*Elaeocarpus*），是一种常绿乔木，树高可达 15 米，主要分布在长江以南地区。每年秋季，杜英树的老叶逐渐变成红色，在油绿的嫩叶掩映下，呈现出美丽的色彩对比，因此成为一种优良的观叶树种。

12. 乌榄（*Canarium pimela*）

在浮选过程中拣选出了 2 粒乌榄核，呈纺锤形，顶部尖锐，底部内凹。一粒较大，长 30 毫米，底端腹径约 20 毫米；另一粒较小，长 16 毫米，底端腹径约 12 毫米（图版一三四，6）。乌榄属于橄榄科（Burseraceae）的橄榄属（*Canarium*），在两广地区将乌榄称作"黑榄"（因果实成熟时呈紫黑色），将普通橄榄称作"白榄"（果实成熟时呈黄白色），二者都是当地人们喜爱的果品。高要茅岗遗址也曾出土有百余粒乌榄核[①]，说明至少在秦汉时期广东地区食用乌榄的习惯已经相当普遍。乌榄是一种常绿乔木，主要分布在岭南地区，乌榄树的木材结构细致，但材质稍软，干燥后易开裂，但在岭南地区也被用作门窗和家具等用材。

13. 方榄（*Canarium bengalense*）

在浮选过程中还拣选出了一粒呈三棱锥状的植物种子，从形态上判断应该是方榄的果核，长 13 毫米，底端腹径约 10 毫米（图版一三五，1）。这粒果核与现今的方榄果核相比尺寸较小，因此鉴定结果尚待进一步核实。方榄也被称作三角榄，常绿乔木，主要分布于云南和广西南部的石灰岩丘陵山地，在广东地区并不普遍。方榄的果实也可食用，但不如橄榄或乌榄味美，方榄种仁可加工制成工业用油。

14. 荔枝（*Litchi chinensis*）

荔枝是此次发现的一种著名水果，但出土的数量很少，仅在浮选过程中拣选出了 2 粒荔枝核。这两粒荔枝核的外表黝黑光滑，长约 14 毫米，宽约 11 毫米，在形态和尺寸上与现今的荔枝核差别不大（图版一三五，2）。荔枝属无患子科（Sapindaceae）的荔枝属（*Litchi*），是一种常绿乔木，成材后树高可达 30 米以上。荔枝树干高大粗壮，枝叶茂密，根系发达，因此常被用作河岸堤坝的防风树木。荔枝木的纹理整齐，结构细匀，强度大，适于制造木船或木车的关键部件，在木材分类中属于优等特类木材。荔枝的果实十分甘美，除糖分外，还含有维生素等各种营养成分，是一种名贵的水果品种。葛洪在《西京杂记》中记述："南越王尉佗献高绞鱼、荔枝，高祖报以蒲陶、锦四疋。"《三辅黄图》记载："元鼎六年，破南越，起扶荔宫，以植所得奇草异木。荔枝自交趾移植百株，无一生者。"这说明，早在西汉初年南越国就以盛产荔枝而闻名，J264 的浮选结果用考古实物证实了这些古文献中的记载。

15. 枣（*Zizyphus jujuba*）

此次浮选发现的是一粒十分典型的枣核，呈圆梭形，两端尖锐，表面有沟纹，长 12 毫米，最大腹径 7 毫米，与现今枣核没有多大的区别（图版一三五，3）。枣树属于鼠李科（Rhamnaceae）

---

① 杨豪、杨耀林：《广东高要县茅岗水上木构建筑遗址》，《考古》1983 年第 12 期。

的枣属（*Zizyphus*），是一种落叶乔木，高达 15 米。枣木十分坚硬，纹理细致，是良好的细工木材。枣树的花期长达两个月之久，开放时散发出淡淡的芳香，因此也被用作庭院内的观赏树种。枣树是我国特产果树，《诗经·豳风·七月》中有"八月剥枣，十月获稻"的诗句，但这是指山枣（酸枣）还是栽培枣仍有待考证。1978 年在广东高要茅岗遗址中发现过几粒山枣核，年代在战国至秦汉之间①。长沙马王堆汉墓出土有完整的枣，从形态上看应该属于栽培枣品种，这说明至少在西汉初年枣树已经栽培而成②。象山南越王墓也曾出土有枣核，此次在南越国宫署遗址再次发现枣核，说明汉代在岭南地区可能也有枣的种植。

16. 南酸枣（*Choerospondias axillaries*）

南酸枣虽名"枣"，但实际在植物分类上与枣树没有多大关系。南酸枣属于漆树科（Anacardlaceae）的南酸枣属（*Choerospondias*），又称"五眼果"，因其果实在成熟时顶端呈现出五个明显的凹眼而得名。此次浮选出土的 2 粒南酸枣果核，形似圆柱状，顶端有五个凸起，应该是与果实顶端的凹眼相对应，长 14 毫米，最大腹径约 10 毫米（图版一三五，4）。南酸枣是一种落叶乔木，主要分布于长江以南地区，树高可达 30 米，木材纹理清楚，有光泽，材质柔韧，收缩率小，易加工，是良好的制作和建筑用材。南酸枣的树姿优美，可作园林绿化树种。南酸枣的果实成熟时显黄色，果肉较薄但酸甜，略有涩味，可以生食，现今主要用于酿酒和制作果酱。

17. 紫苏（*Perilla frutescens*）

在第 8 层浮选样品中发现了 12 粒紫苏的种子。种子呈椭圆球状，表面可见六边形的皱折网状纹，平均长约 1.2 毫米，宽约 1.1 毫米。紫苏属于唇形科（Labiatae）的紫苏属（*Perilla*），一年生草本植物，现今我国南北都有栽培，但野生种仅分布于长江以南地区。紫苏是一种重要的药用植物，有镇痛、镇咳等效用。紫苏的叶有一种特殊的芳香，常被作为烹制肉食的调味品。另外，紫苏的叶片茂密，或紫或绿或红，常被用作庭园花草的点缀。

18. 长叶茅膏菜（*Drosera indica*）

长叶茅膏菜是热带地区的一年生草本植物，在我国主要分布于两广以及福建和台湾地区。此次浮选出土了 91 粒长叶茅膏菜的种子，十分细小，呈三棱状肾形，顶部略尖呈鸟喙状，表面密布网状脉纹，平均长仅 0.7 毫米左右，宽约 0.5 毫米（图版一三五，5）。长叶茅膏菜属于茅膏菜科（Droseraceae）的茅膏菜属（*Drosera*）。茅膏菜科是一个非常独特的植物种类，以虫为食物，被称为食肉类植物，例如分布在美洲地区的扑蝇草（*Dionaea muscipula*）就属于茅膏菜科。此次发现的长叶茅膏菜也是一种食虫植物，其叶片能够分泌黏液捕食昆虫。长叶茅膏菜属因其独特的叶片花卉形态以及新奇的食虫特性，很早就被人类培养成一种观赏性盆栽植物，或用以点缀园林景观。

19. 山鸡椒（*Litsea cubeba*）

山鸡椒又名山苍子，属于樟科（Lauraceae）的木姜子属（*Litsea*），是一种落叶灌木或小乔木，主要分布在长江以南地区。山鸡椒是一种重要的香料植物，其果实、花乃至叶都能提取芳香油，可用作食品、糖果、香皂、化妆品等的添加料。此次浮选发现了 4 粒山鸡椒种子，呈圆球状，有

---

① 杨豪、杨耀林：《广东高要县茅岗水上木构建筑遗址》，《考古》1983 年第 12 期。

② 湖南省博物馆、中国科学院考古研究所编：《长沙马王堆一号汉墓》，第 35 页，文物出版社，1973 年。

一圈微棱，直径约 4 毫米（图版一三五，6）。

20. 楝树（*Melia azedarach*）

楝树属于楝科（Meliaceae）的楝属（*Melia*），落叶乔木，高达 20 米，木材的材质轻韧，容易加工，常用作家具、建筑、工具等。楝树的果实是一种核果，出土的 2 粒果核呈长圆状球形，表面粗糙，有数道棱，长约 10 毫米，最大径约 7 毫米（图版一三六，1）。

21. 悬钩子属（*Rubus*）

悬钩子属在植物分类上属于蔷薇科（Rosaceae），该属包含有 400 多个种，在我国约有 150 余个种，广泛分布于南北各地。此次浮选出土的悬钩子属植物种子数量非常多，仅在 5 份样品中就发现了 15000 余粒。这些种子呈肾形，表面有显著网纹，平均长约 2 毫米，宽约 1 毫米（图版一三六，2）。悬钩子属植物的一大特点是花卉和果实都色彩绚丽，所以该属中的许多品种都是常见的观赏类植物，如荼蘼（*R. rosaefolius*）、毛萼莓（*R. chroosepalus*）、三花莓（*R. trainthus*）等，例如《红楼梦》第 17 回描写大观园景观中就提到园内种植有"荼蘼架"。悬钩子属植物还有一个特点就是许多品种的果肉酸甜多汁，可以生食或制果酱和酿酒，如各种树莓（也被称作"马林"）、覆盆子（*R. idaeus*）、茅莓（*R. parvifolius*）等。

22. 榕属（*Ficus*）

榕属是桑科（Moraceae）中的一个大属，包含有千余个不同的种，但由于主要分布于热带地区，在我国仅有 120 余种。此次浮选出土的榕属植物的种子数量很多，在 5 份样品中共发现了近 4000 粒。这些种子呈不规则卵形，表面光滑，尺寸很小，平均长约 1 毫米，宽约 0.7 毫米（图版一三六，3）。榕属以常绿乔木或灌木为主，也有少量藤本。榕属植物生长较快，枝叶茂密，有些品种有形状怪异的板根，极具观赏性，因此榕属植物中有许多品种被作为优良的遮荫树或风景树，如榕树（*F. microcarpa*）、菩提树（*F. religiosa*）、硬皮榕（*F. callosa*）等。榕属植物中还有些种类的果实甜美可食，如无花果（*F. carica*）、青果榕（*F. varirgata*）等。大多数榕属种类的茎皮纤维品质优良，可代替麻制作麻袋、人造绵以及造纸。

23. 葡萄属（*Vitis*）

此次浮选出土的葡萄属植物的种子数量较多，共发现 500 余粒，平均长约 5 毫米，宽约 4 毫米。葡萄属植物种子的形态特征很突出，背面中部有一个内凹的合点，腹部有两条并列的深槽（图版一三六，4），因此很容易鉴定，但在本属内部种与种之间种子的区分比较困难，因此目前只能鉴定到属一级。葡萄属归葡萄科（Vitaceaea）有 60 余个种，我国有近 30 个种，大多数分布在长江以南地区。葡萄属中绝大多数种的果实都可以食用或酿酒。由于葡萄属的所有植物均属于藤本植物，具有依附其他物质向上攀援的特性，所以常被用作庭院廊道的荫蔽植物。

在 J264 的浮选结果中还发现了极少量的农作物遗存，包括稻谷、粟和大豆三个品种，均出土自第 15 层。

24. 稻谷（*Oryza sativa*）

此次仅发现 3 粒炭化的稻米，两粒完整，一粒碎米。粒长平均值为 5.1 毫米，粒宽为 3 毫米，长宽比值是 1.7。现代籼稻的长宽比值一般在 2.3 以上，粳稻在 1.6～2.3 之间，J264 出土稻米的长宽比明显落在了粳稻数值范围内，如果仅根据形态和测量数据判断，这些稻谷遗存应该属于粳稻。

25. 大豆（*Glycine max*）

在浮选样品中发现了 2 粒大豆，形状为长圆形，背部圆鼓，豆脐呈窄长形，位于腹部偏上部，经过测量，长和宽分别为 4 毫米和 3 毫米。

26. 粟（*Setaria italica*）

仅发现 1 粒炭化粟粒，圆球状，直径 1.8 毫米，胚部因炭化爆裂呈深沟状。

除以上 26 类可鉴定植物种子外，J264 浮选结果中还有少许未鉴定出种属的植物种子，暂称之为未知种子。

三　分析与讨论

J264 出土的植物遗存如此丰富，除了前面一再提到的井内的特殊埋藏环境外，与该渗水井功能密切相关的御苑也是值得考虑的因素之一。前面提到，J264 是一口类似现代"沙井"的渗水井，其进水口通过沟槽与东南方向的御苑相连接，所以其功能主要用于疏通和净化由御苑排泄出的积水和污水。由于该井的进水口与出水口之间有一个小的落差，流入井内的水在再次排泄出去之前必然存在一个沉淀的过程，因此 J264 内的沉积物在很大程度上反映的实际是御苑排泄出的水所携带的物质。御苑作为南越国宫署内的花园，除了修建有亭台廊榭之外，还应该种植有各种花草树木，而在这样一处相对封闭的人造小环境内，园内种植的各种植物的种子的传播途径必然受到人为局限，其中很大一部分应该随雨水顺着人工修建的沟渠进入并沉淀在渗水井内。因此，J264 内沉积物中包含大量的植物遗存也就不难理解了。

问题是，这些由御苑排泄出来的植物遗存究竟有哪些是源于御苑内种植的植物？是否还有通过其他途径进入御苑的植物遗存？搞清楚这个问题，对我们复原南越国宫署御苑的原貌以及当时上层贵族的日常生活具有十分重要的意义。

植物考古学研究的目的是探讨古代人类与植物的关系，进而分析和复原古代人类的生活方式[①]。人类与植物的关系分为直接关系和间接关系，所谓直接关系就是指人类对植物资源的利用。自然界的植物由于各自特性能够给人类提供的价值不同，而人类根据自己的需求对不同植物的利用取向也有所不同，据此可以将自然界的植物依据其利用价值划分为不同的类别，例如，观赏类植物、材用类植物、食用类植物、芳香类植物、药用类植物等等。但事实上，许多植物种类对人类而言具有多种利用价值，因此可以被同时划分到不同的类别。

我们对 J264 出土的可鉴定植物种类按其主要利用价值进行了分类统计（表五），结果发现，具有观赏价值的有 13 类，食用价值的 18 类，材用价值的 9 类，另外还有属于芳香类或药用类植物。事实上，这些植物中大多具有药用价值，但因属于次要利用价值，而且与我们讨论的问题无关，所以没有单独分类。还需要指出的是，在 J264 出土的植物遗存群体中，具有材用价值的种类看似很多，但其中大部分是以食用价值或观赏价值为主的，真正以材用为主的仅有楝树一种，因此，J264 出土的植物种类在利用价值上可大体分为观赏与食用两大类。御苑是休闲游玩的场所，

---

① 赵志军：《植物考古学的学科定位与研究内容》，《考古》2001 年第 7 期。

很显然，如果是御苑内种植的植物种类就应该以观赏性为主，这成为我们判断出土植物种类原产地的第一个标准。

表五　　　　　　　　　　　　　　J264 出土植物遗存利用价值分类统计表

中文名称	拉丁名称	观赏类植物	食用类植物	材用类植物	其他用途
桃金娘	*Rhodomyrtus tomentosa*	√			药用价值
甜瓜	*Cucumis melo*		√		
截叶栝楼	*Trichosanthes truncata*		√		药用价值
冬瓜	*Beinicasa hispida*		√		
桑树	*Morus alba*	√	√	√	
杨梅	*Myrica rubra*	√	√	√	
芭蕉	*Musa basjoo*	√	√		
罗浮柿	*Diospyros morrisiana*	√	√		药用价值
柿	*Diospyros kaki*		√		
君迁子	*Diospyros lotus*		√	√	药用价值
杜英	*Elaeocarpus decipiens*	√			
乌榄	*Canarium pimela*		√	√	
方榄	*Canarium bengalense*		√	√	
荔枝	*Litchi chinensis*		√	√	
枣	*Zizyphus jujuba*	√	√	√	
南酸枣	*Choerospondias axillaries*	√	√	√	
紫苏	*Perilla frutescens*	√	√		药用价值
长叶茅膏菜	*Drosera indica*	√			
山鸡椒	*Litsea cubeba*				芳香植物
楝树	*Melia azedarach*			√	
悬钩子属	*Rubus* sp.	√	√		
榕属	*Ficus* sp.	√	√		
葡萄属	*Vitis* sp.	√	√		
合计		13	18	9	

除了利用价值外，出土数量也是判断这些植物遗存原产地的重要依据。我们对 J264 出土的可鉴定植物种类按四个数量等级进行了分组统计（表六），属于第一组（万粒种子以上）的有 3 类植物，第二组（千粒等级）3 类，第三组（百粒等级）4 类，剩余的植物种类都属于第四组（少于百粒）。既然 J264 埋藏的植物遗存主要来自御苑，从常理上分析，御苑内种植的植物遗存应该比通过其他途径进入御苑的植物遗存被埋藏在渗水井内的几率大得多，由此出土的数量也应该多得多，这成为我们判断出土植物遗存原产地的第二个标准。

表六				J264 出土植物遗存数量等级分组统计表	

中文名称	拉丁名称	第一组 >10000 粒	第二组 1000～9999 粒	第三组 100～999 粒	第四组 <100 粒
桃金娘	*Rhodomyrtus tomentosa*	√			
甜瓜	*Cucumis melo*	√			
截叶栝楼	*Trichosan thestruncata*			√	
冬瓜	*Beinicasa hispida*				√
桑树	*Morus alba*		√		
杨梅	*Myrica rubra*		√		
芭蕉	*Musa basjoo*			√	
罗浮柿	*Diospyros morrisiana*			√	
柿	*Diospyros kaki*				√
君迁子	*Diospyros lotus*				√
杜英	*Elaeocarpus decipiens*				√
乌榄	*Canarium pimela*				√
方榄	*Canarium bengalense*				√
荔枝	*Litchi chinensis*				√
枣	*Zizyphus jujuba*				√
南酸枣	*Choerospondias axillaries*				√
紫苏	*Perilla frutescens*				√
长叶茅膏菜	*Drosera indica*				√
山鸡椒	*Litsea cubeba*				√
楝树	*Melia azedarach*				√
悬钩子属	*Rubus* sp.	√			
榕属	*Ficus* sp.		√		
葡萄属	*Vitis* sp.			√	
合计		3	3	4	13

　　结合表五的统计结果，首先我们能够肯定的是，属于第一组的桃金娘和悬钩子属的植物种子应该是来源于御苑内种植的植物：其一，这两类植物都属于比较常见的灌木观花类植物，适于用作庭院种植的观赏性植物；其二，这两类植物种子的出土数量惊人，仅在 5 份样品中悬钩子属植物种子就出土了 1.5 万余粒，而桃金娘种子竟然多达 16 万余粒！除了原产御苑，很难设想它们还有被埋藏在 J264 内的其他途径和原因。

　　第二组的桑树、杨梅和榕属的植物种子也应该是源于御苑内种植的植物。这一组植物的种子在出土数量上虽然不及第一组，但也相当可观，而且桑树、杨梅树和榕属的一些树种现今仍然常被作为园林或住宅区的观赏树木。那么，它们的出土数量相对桃金娘和悬钩子属的为什么较少呢？这可能与不同的植物属性有关，桃金娘和悬钩子属都是灌木，而桑树、杨梅树和榕属树种都是乔木。作为宫署内附设的园林，面积本来就十分有限，还要留出适当的视觉空间展示亭阁廊榭等园内建筑美，因此园内种植的观赏树木既不能过于高大，也不能过于密集。所以即便考虑到不同植物种类所产种子数量上的差异，作为树木的桑树、杨梅和榕属的植物种子的数量相对于作为灌木的桃金娘和悬钩子属的为少也是合理的。

与以上两组植物种类完全不同的是，列入第四组的植物种类可能都不是种植在御苑内的，而应该是通过其他途径进入御苑的。属于这一组的植物种类的出土数量非常少，例如柿、乌榄、方榄、荔枝、枣、南酸枣等都仅发现了一或两粒种子，暂且不考虑它们其中是否有能够用作观赏植物的种类，仅从出土数量上分析，它们作为当时御苑内种植的植物品种的可能性就微乎其微。另外，这一组植物种类中的绝大部分属于果品类植物，其中不乏古今常见的水果品种，因此，它们被埋藏到渗水井内的最大可能性应该是，作为购入的或进贡的美味果品送入园林内供人享受，某些果核或种子被丢弃在地上，在尚未清扫出去之前被雨水冲刷到排水沟渠内，而后流入 J264 被埋藏在沉积物中。

第三组的截叶栝楼、芭蕉、罗浮柿和葡萄属这四类植物的情况比较复杂，因为这些植物的种子的出土数量既没有多到足以说明它们是御苑内种植的植物，又没有少到可以用来排除其为御苑内种植的植物的可能性，这种在出土数量上的尴尬情况使得我们只能依靠另一个判断标准即它们的利用价值进行推测。首先，芭蕉作为南方园林中不可或缺的重要观赏类植物，应该是源于御苑内种植的植物，其种子的出土数量相对较少可能与芭蕉果实的可食用性有关。芭蕉果实不仅可食用而且味美，很可能在完全成熟之前已经被人采摘食用了，只有极少量果实熟透后自然落地，携裹芭蕉种子被排泄到 J264 内，所以浮选出土的芭蕉种子数量相对较少。葡萄属植物的情况应该与芭蕉相同，一般多被用作庭院廊道的荫蔽植物，但果实也可以食用，成熟后仅有少量果实错过采摘自然落地，被排泄并沉积到 J264 内。然而，罗浮柿的利用价值很不明确，果实作为一种野生水果虽然可以食用，但却并不美味，其树木虽然也可用作观果类庭院栽培植物，但却不普遍。截叶栝楼一般不被当作园林植物，其主要利用价值是瓜子而不是瓜果。因此，有关这两类植物的原产地问题只能暂时存疑。

在 J264 出土的所有植物种类中，甜瓜籽的情况最为特殊。此次出土的甜瓜籽数量惊人，仅在 5 份样品中就发现了 6 万余粒，如果以数量标准判断，甜瓜似乎应该属于御苑内种植的植物种类。但甜瓜的利用价值主要就是食用，不具备观赏价值，而且甜瓜是一种匍匐或攀援植物，即便在大田种植，单株占地面积也很大，根本不适于狭小的园林内种植。因此，我们使用的两种判断标准在甜瓜籽原产地的问题上出现了相互矛盾的情况。由于在一处宫署花园内种植甜瓜的景象实在令人难以想象，我们还是倾向于甜瓜是被当作瓜果带入苑内消费的。那么，为什么在 J264 内会埋藏有数量如此巨大的甜瓜籽呢？这也许与甜瓜的食用方式有关。此次发现的如杨梅、荔枝、柿、枣、乌榄等果品的果核都是紧密地包裹在果肉内的，一般是由食用者自己在食用过程中用舌和齿剔除出的，所以食用果肉和剔除果核是一个连贯的动作。然而，甜瓜的可食用部分是肉质化的果皮（俗称外瓤），籽粒散布在多汁的胎座中（俗称内瓤），因此在食用时可以将包含籽粒的内瓤先清理干净，然后再食用美味的外瓤，这样就使得甜瓜的食用过程可以被分解为前后两个不必连贯的步骤，现今餐厅供应的饭后果品中，只有甜瓜是将籽粒清理干净才送上餐桌，就是这个道理。据此，我们也许可以大胆地推测，与其他果品不同的是，甜瓜在当时被送入御苑后，先由下人将甜瓜籽粒清理干净，然后再奉送给主人品尝。而清理的地点很有可能就是排水管道旁，以便甜瓜籽粒能够随水被排泄到御苑外。

最后需要说明的是，此次浮选还发现了三种农作物，即稻谷、粟和大豆。这些农作物出土数量非常少，而且在埋藏前都已炭化，这在 J264 浮选结果中显得十分特殊。另外，浮选结果中的可食用植物遗存绝大多数属于瓜果类植物，这与御苑背景不无关系，因此这几粒炭化农作物的出现反而显得有些异常。这些农作物是如何被埋藏到渗水井内的，它们与御苑有什么关系，我们尚无法判断，但是，这些农作物的出土对我们了解岭南地区当时的农业生产情况还是有些启示。例如，此次出土的稻谷如果仅从形态特征上分析，似乎应该属于粳稻类型，这与一般认为的南方地区以种植籼稻为主的情况不相吻合。粟是北方旱作农业的代表作物，但 J264 却出土了一粒典型的炭化粟粒，这是否能够说明汉代在岭南地区也有粟的种植，有待进一步探讨。

四　结语

J264 特殊的埋藏环境和限定的使用功能，不仅为我们保存了大批珍贵的古代植物遗存实物资料，而且为复原南越国宫署特别是御苑的植被提供了难得的条件。通过对这些出土植物遗存的分类、鉴定和量化分析，我们了解到，南越国宫署御苑的植被在当时十分繁茂，宜地衬景栽植着各种花草树木。可以想象，在御苑内的楼台亭阁之间，榕树、杜英、桑树、杨梅以及芭蕉等树木参差错落，绿叶成荫；山石池渠周围，桃金娘、紫苏以及荼蘼、毛萼莓、三花莓等悬钩子属植物，还有珍奇的食虫植物长叶茅膏菜等花草争奇斗艳，香气袭人；走廊通道之上，葡萄架棚绿荫如帐，遮阳避暑；这些景观植物将南越国宫署御苑衬托得秀丽雅致、生气勃勃。

同样通过对出土植物遗存的分析，我们还了解到当时南越国的王室成员们在御苑内的活动，除了游玩赏景、休闲娱乐之外，还品尝着各种美味的瓜果，其中即有热带和亚热带地区特产的如杨梅、荔枝、芭蕉、乌榄等鲜美果品，也有我国南北地区普遍种植的如甜瓜、柿子、枣等著名瓜果，还包括有葡萄属和悬钩子属中尚未鉴定到种的一些果类品种。这些品种丰富的瓜果类植物遗存一方面反映了当时南越国上层贵族的奢华生活，另一方面也展示了我国在瓜果栽培上的悠久历史，以及在植物资源开发上对世界做出的巨大贡献。

肆　广州南越国宫署遗址渗水井 J264 内出土木简材质分析

王树芝

（中国社会科学院考古研究所）

　　南越国宫署遗址坐落在今广州老城区中心的中山四路与中山五路之间，为南越国宫城所在。2004 年，在御苑石构水池的西南约 50 米处，发现一口南越国时期的渗水井 J264[①]。在井内发现了一百多枚木简，木简数量虽少，但是它的发现在广东还是第一次，是研究广东古代文化的重要资料。在南越王宫博物馆筹建处韩维龙主任的同意和帮助下，取到无字简、加工残片、碎片及附着的简碎片 9 个样品，目的是对这些简的木质材料的种属进行鉴定和研究，对古代人类制作木简的工艺进行探讨，寻找古代人类利用木材的信息。

一　研究方法

　　将木材样品置于盛水的烧杯中，煮沸使其软化。然后放到酒精甘油 1∶1 的溶液中进一步软化，将软化好的木材用徒手切片法按照横、径、弦三个方向分别切出厚度 15～25 微米的切片。在光学显微镜下进行观察，根据《中国木材志》[②]《中国主要木材构造》[③] 和《中国竹材结构图谱》[④] 等书籍对树种木材特征的描述和现代木材的构造特征，对样品进行树种的鉴定。如果不能用徒手切片法切片，就先炭化，用双面刀片从木炭上切出横、径、弦三个方向的切面，然后在具有反射光源和明暗场的物镜放大倍数为 5 倍、10 倍、20 倍、50 倍的 Nikon LV150 金相显微镜下观察、记载木材特征，根据上述方法进行树种的鉴定。将构造特征明显的木材样本粘在铝质样品台上，干燥处理，然后样品表面镀金，在日立 S－530 扫描电子显微镜下进行拍照。

[①]　南越王宫博物馆筹建处、广州市文物考古研究所：《南越宫苑遗址：1995、1997 年考古发掘报告》，第 3～9 页，文物出版社，2008 年。

[②]　成俊卿、杨家驹、刘鹏：《中国木材志》，第 1～820 页，中国林业出版社，1992 年。

[③]　腰希申：《中国主要木材构造》，第 1～262 页，中国林业出版社，1988 年。

[④]　腰希申、宸铁梅、马乃训等：《中国竹材结构图谱》，第 1～187 页，科学出版社，2002 年。

二　研究结果

对 9 个样品进行鉴定，这些样品分别属于 3 个树种（表七），杉木（*Cunninghamia lanceolata*）、红锥（*Castanopsis hystrix*）和竹亚科（*Bambusoideae*）的半开放型维管束竹种。

表七　　　　　　　　　　　　　木简样品的鉴定结果

样品号	样品状况	样品量	树种
临 18 号	碎片、无字	1	红锥
108 号	附着碎片、无字	1	杉木
103 号	附着的简碎片、无字	1	红锥
64 号	非简、无字、加工残片	1	半开放型维管束竹种
83 号	非简、无字、加工残片	1	杉木
32 号	简、无字	1	杉木
34 号	简、无字	1	杉木
35 号	简、无字	1	杉木
144 号	简、无字	1	红锥

1. 杉木

显微构造特点：图三一之 1、4、7、10 和图三二之 2 为木材样品横切面，生长轮明显，早材至晚材略急变或急变。图三一之 2、5、8、11 和图三二之 3 为木材样品径切面，管胞径壁具缘纹孔 1～2 列，射线薄壁细胞与早材管胞间交叉场纹孔式为杉木型。图三一之 3、6、9、12 和图三二之 4 为木材样品弦切面，木射线通常单列，1～21 个细胞高，多数 5～13 个细胞。因此，32 号残简、34 号残简、35 号残简、83 号加工残片（图三二，1）和 108 号碎片均为杉木。

杉木是我国特有的用材树种，分布较广，东自浙江、福建沿海山地及台湾山区，西至云南东部、四川盆地西缘及安宁河流域，南自广东中部和广西中南部，北至秦岭南麓、桐柏山、大别山，约相当于东经 102°～122°。

2. 红锥

显微构造特点：图三三之 1、4、6 为木材样品的横切面，生长轮明显，环孔材，早材管孔略大，在肉眼下明显，连续排列成早材带，早材至晚材急变，晚材管孔在显微镜下才能看见。导管在早材带横切面为卵圆形，径列，具侵填体，在晚材带横切面为卵圆形，通常单管孔，径列。图三三之 2、5 为木材样品的径切面，单穿孔，射线组织同形。图三三之 3 为木材样品的弦切面，木射线单列。因此 144 号残简、103 号附着的简碎片和临 18 号碎片为红锥。

红锥为常绿乔木，高可达 20 米，胸径 1 米以上。产于长江以南各地，主产云南、广西和广东，为我国亚热带常绿阔叶树林和热带季雨林的主要树种。

3. 半开放型维管束竹种

图三二之 5 可以看到加工痕迹。图三二之 6 为竹材样品的横切面，外部的维管束小而排列紧

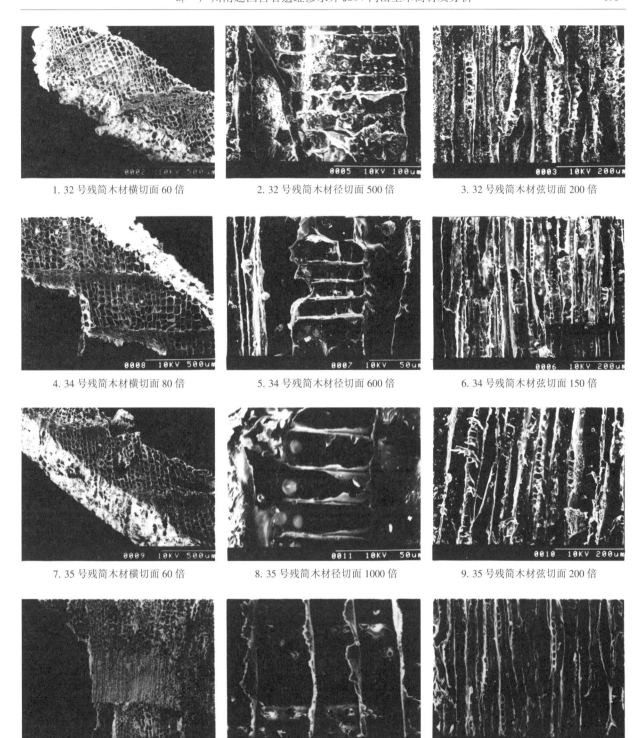

1. 32 号残简木材横切面 60 倍　　2. 32 号残简木材径切面 500 倍　　3. 32 号残简木材弦切面 200 倍

4. 34 号残简木材横切面 80 倍　　5. 34 号残简木材径切面 600 倍　　6. 34 号残简木材弦切面 150 倍

7. 35 号残简木材横切面 60 倍　　8. 35 号残简木材径切面 1000 倍　　9. 35 号残简木材弦切面 200 倍

10. 108 号碎片木材横切面 60 倍　　11. 108 号碎片木材径切面 600 倍　　12. 108 号碎片木材弦切面 200 倍

图三一　32 号、34 号、35 号、108 号残简木材切面

密，输导组织不明显，往内由小渐大，由密渐疏，输导组织由不明显到明显。维管束为半开放型维管束，维管束仅由一部分组成，不存在纤维股，但侧方维管束鞘与内方维管束鞘相连①。因此，

① 腰希申、宸铁梅、马乃训等：《中国竹材结构图谱》，第 1～187 页，科学出版社，2002 年。

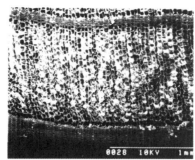

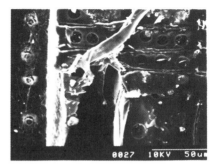

1. 83 号加工残片　　　　　　2. 83 号加工残片木材横切面 50 倍　　　　3. 83 号加工残片木材径切面 600 倍

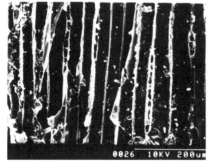

4. 83 号加工残片木材弦切面 200 倍　　　　5. 64 号加工残片　　　　　　6. 64 号加工残片竹横切面

图三二　64 号、83 号加工残片木材切面

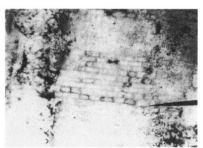

1. 144 号简木材横切面　　　　　　2. 144 号简木材径切面　　　　　　3. 144 号简木材弦切面

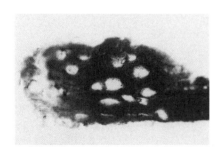

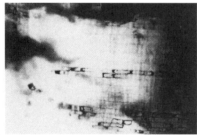

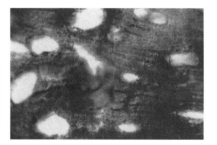

4. 103 号附着的简碎片木材横切面　　　5. 103 号附着的简碎片木材径切面　　　6. 临 18 号碎片木材横切面

图三三　103 号、144 号、临 18 号残简木材切面

64 号加工残片（图三二，5）为半开放型维管束竹种。

　　竹类植物主要分布在热带、亚热带地区，也有少数属、种生长在温带甚至亚寒带地区。东南亚的季风带是世界竹子分布的中心。我国竹林的地理分布范围很广，南自海南岛，北至黄河流域，东起台湾岛，西至西藏的聂拉木地区。天然分布范围大约在东经 85°～122°，北纬 18°～35°。竹材的一些力学和理化性质优于木材，因此，人类利用竹子的历史非常悠久，自古以来竹子在人们生活中有重要作用，也可以制作竹简。

三　讨论

1. 木简的制作工艺

木简由杉木和红锥制成。杉木材质优良，纹理直，质轻软细密，干后不翘不裂，易加工，切削容易，耐腐朽，有香气，为我国南方首要的商品材。红锥耐腐性强，切削面光滑。

经过量测，木简长度、宽度和厚度分别为 24.5~25 厘米、1.6~2 厘米、0.1 厘米。虽然我们取到的木简样品无字，但是与有字简相对照，能够确定其写字的一面。从显微镜下看到，有字简写字的宽面为现代木材工业中所谓的径锯板，径锯板是指与年轮方向成 45°~90° 角的板面[①]。32 号、35 号和 34 号杉木木简写字一面与年轮成 45° 角，144 号简是红锥木简，写字一面与年轮成 90° 角，这样加工有两种好处，一是较容易劈成约 0.1 厘米厚的薄片，二是可以减低木材的干缩和湿胀。生材或湿材在气干过程中，从开始至达到纤维饱和度时止，蒸发的水是胞腔里的自由水，对木材的形状、尺寸和性质无影响；但从纤维饱和度起，继续干燥下去，木材细胞壁内的吸着水开始蒸发，木材就开始收缩，直到木材达到绝干时为止，这种现象叫干缩。同理，木材从绝干状态起，可以吸湿或吸水，木材就开始膨胀，至达到纤维饱和度时为止，这种现象叫湿胀。总之，木材的加工很可能是用刀子沿径锯板面劈开，再切成长 24.5~25 厘米、宽 1.6~2 厘米的小条，用柔软的东西轻轻磨光，在径锯板面用墨写字，再用耐磨、耐拉的细绳或牛皮索串联在一起。

2. 简的木质材料

早在三千多年前，即我国商代时，就有了最早的书籍实物。是用龟壳和兽骨作载体，在上面刻上象形文字，叫作甲骨文，也就是甲骨的书。到商朝后半期，开始出现青铜铸造的日用品。当时人们便开始以青铜器作载体，在上面刻（或铸）上字，后人称之为青铜的书。到东汉时期，开始有人把一种书全部刻在石头上，立在当时的京城——洛阳，让大家阅读，这种石刻叫作石经，后来人们把它叫作石头的书。不过，严格说起来，上述这些都不能算作正式的书。我国最早的正式的书是用竹片和木板做成的，叫作竹简和木简[②]。

自奥莱尔·斯坦因 1901 年 2 月 3 日在塔里木盆地南端被塔克拉玛干沙漠掩埋的尼雅遗迹发掘出土 350 片魏晋木简以来，在一百多年的时间里，许多地方出土了木简或竹简。除出土木简以外，出土竹简的地方也不少，如 1959 年甘肃省武威县磨嘴子第六号墓出土的 610 支简，其中既有木简又有竹简[③]；1973 年河北省定州汉墓出土了竹简《论语》[④]；1975 年在湖北省云梦县睡虎地发现了秦墓竹简[⑤]；1993 年湖北省荆门郭店一号楚墓出土三组竹简《老子》[⑥]；1994 年河南省新蔡葛陵楚

① 成俊卿、蔡少松：《木材识别与利用》，第 62 页，中国林业出版社，1982 年。

② 殷增简：《芙蓉国冒出个地下图书馆——纪念三国吴简发现五周年》，《河南图书馆学刊》2001 年第 5 期。

③ 甘肃博物馆：《甘肃武威磨咀子 6 号汉墓》，《考古》1960 年第 5 期。

④ 陈东：《关于定州汉墓竹简〈论语〉的几个问题》，《孔子研究》2003 年第 2 期。

⑤ 陈长琦：《〈睡虎地秦墓竹简〉译文商榷（二则）》，《史学月刊》2004 年第 11 期。

⑥ 姜国钧：《老子教育思想再评价——以郭店竹简〈老子〉为依据》，《中南大学学报（社会科学版）》2003 年第 2 期。

墓出土竹简①。

由于杉木干后不翘不裂，易加工，耐腐朽，有香气，抗白蚁，因此样品多用杉木制作木简。

红锥木材坚硬，色泽美观，结构细至中细，少变形，耐腐性强，切削面光滑，适合做木简。样品中的红锥虽是碎片，无字，但与有字木简宽度和厚度相同，可以断定也是木简。

出土的 64 号样品是竹子，虽非简、无字，但有加工痕迹，推测当时也可能用竹制作竹简。然而，在 J264 内只出土了木简而未出土竹简。

四　结语

南越国宫署遗址 J264 内出土木简是由杉木和红锥两种木材制成，通过对木简的大小、锯面形态的观察对其加工工艺进行了推测，用的是木材工业中所谓的径锯板，并且根据竹材的加工痕迹推测当时应该制作过竹简。

---

① 于茀：《新蔡葛陵楚墓竹简中的繇辞》，《文物》2005 年第 1 期。

伍　广州南越国宫署遗址渗水井 J264 内
出土木片、木板和木炭分析

王树芝

（中国社会科学院考古研究所）

广州南越国宫署遗址渗水井 J264 内除发现一百多枚木简和一些树叶外，还出土了一些木块、木板和木炭。对木片、木板和木炭的植物种属进行鉴定和研究，有利于了解古代人类利用木材的信息，复原遗址周围的古树景观。

一　研究方法

先将木样炭化，用双面刀片从木炭上切出横、径、弦三个方向的切面，然后在具有反射光源和明暗场的物镜放大倍数为 5 倍、10 倍、20 倍、50 倍的 Nikon LV150 金相显微镜下观察、记载木材特征，根据《中国木材志》[①]《中国主要木材构造》[②] 和《中国竹材结构图谱》[③] 等书籍对树种木材特征的描述和现代木材的构造特征进行树种的鉴定。将构造特征明显的木材样本粘在铝质样品台上，干燥处理，然后样品表面镀金，在日立 S-530 扫描电子显微镜下进行拍照。

二　研究结果

对 12 个木片、木板和木炭样品进行鉴定，这些样品属于 8 个树种（表八）：杉木（*Cunninghamia lanceolata*）、红锥（*Castanopsis hystrix*）、断腰型维管束丛生竹种、双断腰型维管束丛生竹种、开放型维管束散生竹种、大叶樱（*Prunus macrophylla*）、厚壳桂属（*Cryptocarya*）和杜仲（*Eucommia ulmoides*）。

1. 断腰型维管束丛生竹种

图三四之 1 和图三五之 3 维管束为断腰型维管束，即维管束由中心维管束和一个纤维股两部分组成，纤维股位于中心维管束的内方，细胞间隙处（原生木质部）的鞘（即内方维管束鞘）通常

---

① 成俊卿、杨家驹、刘鹏：《中国木材志》，第 1～820 页，中国林业出版社，1992 年。
② 腰希申：《中国主要木材构造》，第 1～262 页，中国林业出版社，1988 年。
③ 腰希申、宸铁梅、马乃训等：《中国竹结构图谱》，第 1～187 页，科学出版社，2002 年。

表八　　　　　　　　　　木材和木炭样品的鉴定结果

样品号	样品状况	树种
1 号	非简、木片	断腰型维管束丛生竹种
2 号	非简、木片	双断腰型维管束丛生竹种
3 号	非简、木片、有加工痕迹	断腰型维管束丛生竹种
4 号	非简、有节、木片	开放型维管束散生竹种
5 号	非简、木片	杉木
6 号	非简、木片	杉木
7 号	非简、木片、有加工痕迹	红锥
J264	井底垫板	杉木
J264	井内木板	杉木
J264③层	木块	杉木
J264⑤层	木块	杉木
J264	木炭	大叶樱、厚壳桂属、杜仲、杉木

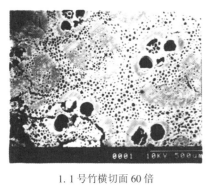

1. 1 号竹横切面 60 倍

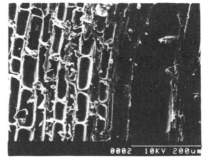

2. 1 号竹径切面 200 倍

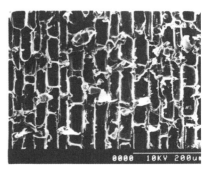

3. 1 号竹弦切面 200 倍

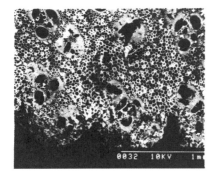

4. 2 号竹横切面 50 倍

5. 2 号竹径切面 150 倍

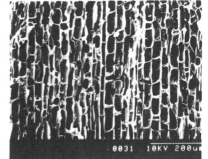

6. 2 号竹弦切面 150 倍

图三四　1 号、2 号竹切面

小于其他维管束鞘，具有这一特征的竹类全都是丛生竹竹种，属于中国东南沿海地区丛生竹种。图三四之 2、3 分别为木片的径切面和弦切面，其薄壁细胞结构相似。因此，J264 中 1 号和 3 号有加工痕迹的木片（图三五，1）为断腰型维管束丛生竹种。

2. 双断腰型维管束丛生竹种

图三四，4 维管束为双断腰型维管束，即维管束被薄壁组织分割为三部分，即中心维管束的

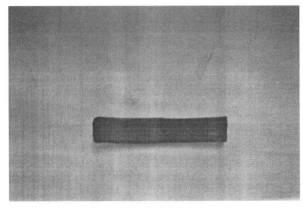

1. 3 号竹加工痕迹　　　　　　　　　　　　　　　　　2. 7 号红锥木材加工痕迹

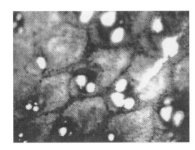

3. 3 号竹横切面　　　　　　　　　　4. 7 号红锥横切面　　　　　　　　　　5. 7 号红锥径切面

图三五　3 号竹、7 号红锥切面

外方和内方各增生一个纤维股，具有这一维管束类型的竹类也全都是丛生竹竹种，属于中国东南沿海地区丛生竹种。图三四之 5、6 分别为径切面和弦切面，其薄壁细胞结构相似。因此，J264 中 2 号木片为双断腰型维管束丛生竹种。

3. 开放型维管束散生竹种

图三六之 1 维管束为开放型维管束，维管束仅由一部分组成，即没有纤维股的中心维管束，支撑组织仅由硬质细胞鞘承担，细胞间隙中有侵填体，四个维管束鞘大小近相等，相互对称。属于散生竹种。图三六之 2、3 分别为径切面和弦切面，其薄壁细胞结构相似。因此，J264 中 4 号竹片为开放型维管束散生竹种。

4. 红锥

图三五之 4 为木片的横切面，生长轮明显，环孔材，早材管孔略大，在肉眼下明显，连续排列成早材带，早材至晚材急变，晚材管孔在显微镜下才能看见。导管在早材带横切面为卵圆形，径列具侵填体。导管在晚材带横切面为卵圆形，通常单管孔，径列。图三五之 5 为木片的径切面，单穿孔，射线组织同形。因此，J264 中 7 号有加工痕迹的木片（图三五，2）为红锥。

5. 杉木

图三六之 4、7、10 和图三七之 1、4 为横切面，生长轮明显，早材至晚材略急变或急变。图三六之 5、8、11 和图三七之 2、5 为径切面，管胞径壁具缘纹孔 1 ~ 2 列，射线薄壁细胞与早材管胞间交叉场纹孔式为杉木型。图三六之 6、9、12 和图三七之 3、6 为弦切面，木射线通常单列，1 ~ 21 个细胞高，多数 5 ~ 13 个细胞。因此，J264 内木板、井底垫板、J264③层木块、J264⑤层木

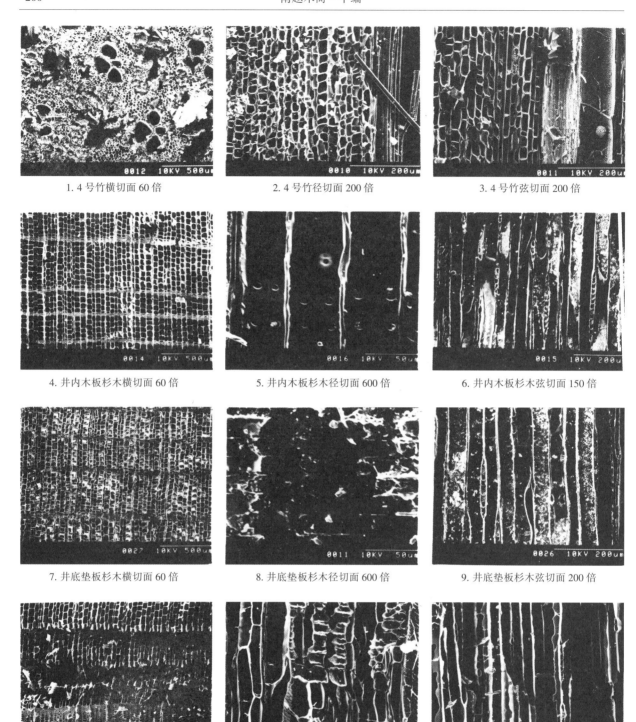

1. 4 号竹横切面 60 倍　　　　2. 4 号竹径切面 200 倍　　　　3. 4 号竹弦切面 200 倍

4. 井内木板杉木横切面 60 倍　　5. 井内木板杉木径切面 600 倍　　6. 井内木板杉木弦切面 150 倍

7. 井底垫板杉木横切面 60 倍　　8. 井底垫板杉木径切面 600 倍　　9. 井底垫板杉木弦切面 200 倍

10. J264⑤层杉木横切面 60 倍　　11. J264⑤层杉木径切面 500 倍　　12. J264⑤层杉木弦切面 200 倍

图三六　4 号竹、井内木板、井底垫板、J264⑤层杉木切面

块和井中木炭为杉木。

6. 大叶樱

　　图三七之 7 为木炭的横切面，生长轮略明显，散孔材，导管在横切面为卵圆及椭圆形，通常为径列复管孔（2～10 个以上），间或呈管孔团及单管孔，斜列或径列。图三七之 8 为木炭的径切

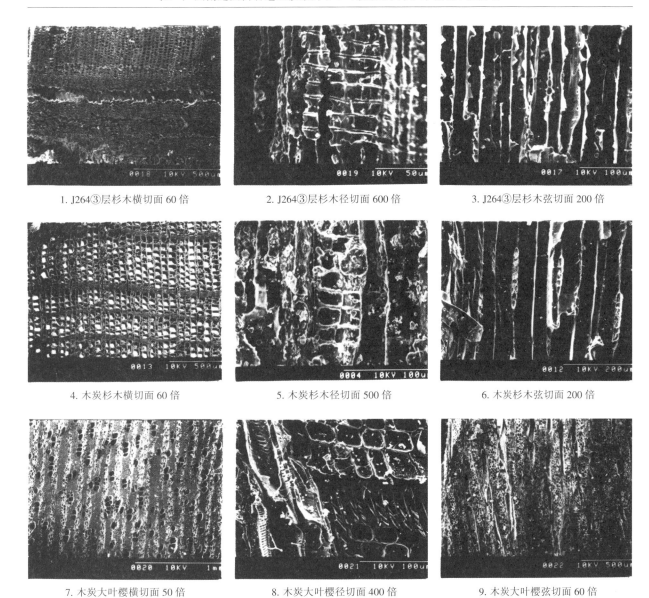

1. J264③层杉木横切面 60 倍　　2. J264③层杉木径切面 600 倍　　3. J264③层杉木弦切面 200 倍

4. 木炭杉木横切面 60 倍　　5. 木炭杉木径切面 500 倍　　6. 木炭杉木弦切面 200 倍

7. 木炭大叶樱横切面 50 倍　　8. 木炭大叶樱径切面 400 倍　　9. 木炭大叶樱弦切面 60 倍

图三七　J264③层杉木和木炭切面

面，单穿孔，螺纹加厚明显，射线组织异形Ⅱ型。图三七之 9 为木炭的弦切面，单列射线多。因此，J264 中的木炭有大叶樱。

7. 厚壳桂属

图三八之 1 为木炭的横切面，生长轮略明显，散孔材，导管在横切面为圆形、卵圆及椭圆形，短径列复管孔（2～4 个，稀 5 个），少数呈管孔团及单管孔。图三八之 2 为木炭的径切面，单穿孔，油细胞可见，射线组织异形Ⅱ型。图三八之 3 为木炭的弦切面，窄射线通常 1～3 个细胞。因此，J264 中的木炭有厚壳桂属。

8. 杜仲

图三八之 4、7 为木炭的横切面，生长轮略明显，散孔材，导管明显多。图三八之 5、8 为木炭的径切面，导管内壁具螺纹加厚，单穿孔，卵圆形。射线组织通常同形单列及多列，直立或方形射线细胞少见，比横卧射线细胞略高。图三八之 6、9 为弦切面，射线宽达 2～3 个细胞。因此，

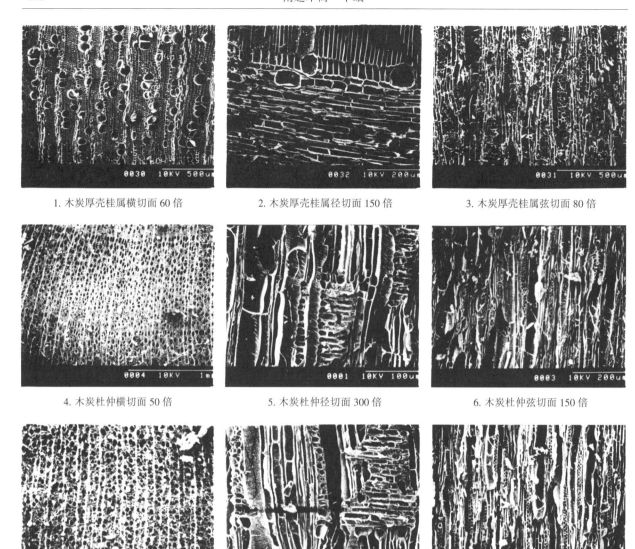

1. 木炭厚壳桂属横切面 60 倍　　　2. 木炭厚壳桂属径切面 150 倍　　　3. 木炭厚壳桂属弦切面 80 倍

4. 木炭杜仲横切面 50 倍　　　5. 木炭杜仲径切面 300 倍　　　6. 木炭杜仲弦切面 150 倍

7. 木炭杜仲横切面 60 倍　　　8. 木炭杜仲径切面 300 倍　　　9. 木炭杜仲弦切面 150 倍

图三八　木炭切面

J264 中的木炭有杜仲。

三　讨论

关于出土竹材和木材的利用。

J264 中 3 号样品有加工痕迹（图三五，1），为竹亚科的断腰型维管束丛生竹种。7 号样品有加工痕迹（图三五，2），宽度、厚度与简的宽度、厚度一样，为红锥。在残木简的研究中红锥用来制作简，依此类推，虽然没有出土竹简，但有可能制作过竹简。

红锥属于壳斗科，为常绿乔木，约 130 种，分布于亚洲热带和亚热带地区。在我国有 70 余种，产于长江以南各地，主产云南、广西和广东，为我国亚热带常绿阔叶树林和热带季雨林的主要树种，木材蓄积量大。许多种类是丘陵与亚高山常绿阔叶林的主要树种。木材坚硬，色泽美观，结构细至中细，少变形，耐腐性强，切削面光滑，适合做木简。

竹材的一些力学和理化性质优于木材，因此，人类利用竹子的历史非常悠久，自古以来竹在人们生活中有重要作用，利用竹子可以制作或编织各种器具，也可做竹简。如位于荆门市南部的纪山墓群中的郭店一号楚墓，出土竹简 800 余枚，其中有字简 730 枚[①]。

杉木属于杉科杉木属，为乔木，高达 30 米，胸径可达 2.5 ~ 3 米。产于秦岭南坡、桐柏山、伏牛山、大别山一线至江苏宁镇山区以南，东起沿海，西至四川大渡河流域，南至广东中部、广西中部、云南东南部。我国中亚热带山区的静风谷底、阴坡、山冲或山脚地形是杉木生长的最好环境。杉木材质优良，纹理直，质轻软，细密，干后不翘不裂，易加工，耐腐朽，有香气，抗白蚁，为我国最普遍的重要用材，广泛用于房屋、桥梁、造船、电杆、门窗、家具、板料、木桶、木盆等，也是优良的造纸原料。井中出土的杉木木片、木板、木块可能与制作木简有关，井底垫板可能与井结构有关。

大叶樱主要产自台湾中部山区及华南（广东、广西、海南），广泛分布于中国台湾至日本南部。树姿优美，其树有自然脱皮习性，脱皮后的枝、干均显红褐色，美丽奇特，是一种优美的庭荫绿化观赏树种。

厚壳桂属是樟科，乔木，高可达 20 米，圆锥花序腋生及顶生，花淡黄色，花梗极短，果球形或扁球形，熟时紫黑色，4 ~ 5 月开花，8 ~ 12 月结果。分布于中国四川、广西、广东、福建及台湾，生于海拔 300 ~ 1100 米山谷阴蔽的常绿阔叶林中。它的树冠呈伞形，枝叶开展、繁密，适合庭荫绿化。

杜仲属于杜仲科杜仲属，为落叶乔木，高达 20 米，胸径达 50 厘米，是我国罕有的单科单属子遗植物。叶椭圆状卵形、卵形或椭圆形，果两侧具窄翅，种子扁平、条形。产于山东、河南、陕西南部、甘肃南部、湖北、湖南、安徽、江苏、浙江、广东西部、广西、四川、贵州、云南等地。喜光，不耐庇荫。喜温凉湿润气候，是一种绿化美化树。

因此，J264 中出土的大叶樱、厚壳桂属、杜仲和杉木木炭可能是当时地面上的木炭被风吹或雨水冲刷到井里的。

四　结语

通过对木片、木板和木炭样品进行鉴定，它们属于 8 个树种，杉木、红锥、断腰型维管束丛生竹种、双断腰型维管束丛生竹种、开放型维管束散生竹种、大叶樱、厚壳桂属和杜仲。出土的红锥木片和杉木木片、木板、木块可能与制作木简有关，竹子片也有可能做竹简，井中出土的杉木垫板可能与井构件有关，出土的大叶樱、厚壳桂属、杜仲和杉木木炭可能是当时地面上的木炭被风吹或雨水冲刷到井里的。

---

① 　彭浩、雷志雄：《郭店楚墓竹简》，第 1 页，湖北美术出版社，2002 年。

陆 广州南越国宫署遗址渗水井 J264 内
出土叶片鉴定

王树芝

（中国社会科学院考古研究所）

广州南越国宫署遗址渗水井 J264 内发现了一些残叶片，对其中 2 片较完整的叶片进行了鉴定，寻找南越宫苑遗址 J264 附近的树种信息，为现今广州市园林绿化中树种的选择提供参考。

一 鉴定方法

用尺子量测叶片的长、宽和叶柄的长度。记录叶子的质地、叶片形状、叶尖形状、叶缘形状及叶脉数量、脉序等①。对叶子进行拍照。与树种的生物学特性的描述进行比对，确定树种。

二 鉴定结果

对 1 号叶片样品的量测和观察：叶革质，窄椭圆状倒卵形。长 12、宽 4.6 厘米。先端短尖，尖头通常钝，基部楔形，稍下延。侧脉 9 对，叶柄长 10 毫米（图版一三六，5）。

夜香木兰，也叫夜合花，木兰科木兰属，常绿灌木或小乔木，高 2 ~ 4 米，叶革质，椭圆形、狭椭圆形或倒卵状椭圆形，长 7 ~ 14、宽 2 ~ 4.5 厘米。先端长，渐尖，基部楔形，稍起波皱，边缘稍翻卷，侧脉每边 8 ~ 10 条，网眼稀疏，叶柄长 5 ~ 10 毫米。由此断定，J264 出土的 1 号样品树叶是夜香木兰（*Magnolia coco*）的树叶。

夜香木兰枝叶深绿婆娑，花朵纯白，入夜香气更浓郁，为华南久经栽培的著名庭园观赏树种，花可提取香精，也有掺入茶叶内作熏香剂，根皮入药能散瘀除湿，治风湿跌打，花治淋浊带下。

对 2 号叶片样品的量测和观察：叶薄革质，椭圆形。长 6.5、宽 2.5 厘米。先端钝渐尖，基部楔形，全缘。侧脉 10 对，稍平行，沿叶缘整齐网结，向上弯曲网结，叶柄长 5 毫米（图版一三六，6）。

---

① 中国科学院植物研究所主编：《中国高等植物科属检索表》，第 550 ~ 555 页，科学出版社，2002 年。

榕树，也叫细叶榕，是桑科榕属，大乔木，高达 15 ~ 25 米，胸径达 50 厘米。冠幅广展。叶薄革质，狭椭圆形。长 4 ~ 8、宽 3 ~ 4 厘米。先端钝尖，基部楔形，全缘，基生叶脉延长。侧脉 3 ~ 10 对，叶柄长 5 ~ 10 毫米。由此断定，J264 出土的 2 号样品树叶是榕树（*Ficus microcarpa*）的树叶。

榕树枝叶茂密，树冠开展，冠幅大，遮荫效果好，根系发达，抗风性强，适应性广。树性强健，为遮荫树、行道树、园景树、防火树、防风树、绿篱树或修剪造型树等。庭园、校园、公园、游乐区、庙宇等均可孤植、列植、群植，也可制作盆景。其枝上丛生如须的气根下垂着地，入土后生长粗状如干，形似支柱，可"独木"成林，蔚为奇观。

由此看来，在南越国时期的 J264 附近生长有夜香木兰和榕树。

下编：文字篇

南越木简文字编

一				吏		上	下
004	017：15	073	096	059−1	012	005	103
009	059−2	076	117	143	026	006	116
012	068	078	140	148	077	011	
016	069：3	087				082	095
017：10	069：10	090					099

福	祝	三		王	霝	气	中
118	027	009	090	017	099	029–1	007
		010	092			103	033
		013	097				046
		069	110				053：4
		085					053：18

中	菅	苦	董	苑	蒻	菌	苟
073	088	056	058	003	033	012	014
075				084	053	015	
088							
107							
116							

蘩	蒿	蓬	蕃	蓐	莫		少
028	026	077	026：5	115	026		023
			026：9			以上第一篇　文二十四	052
			091				053

八	分	尚	公	半	牛	牡	特
054	021-2	113	091	023	033	078	081
068				052	043		
090：11							
090：14							
096							

名	吾	問		唐	嚴	赾	前
079	026	014	062	084	096	081	025
		015	111			096	106
		046					
		047					
		059-1					

歷	歸	歲	此	是	迹	適	還
003	039	017	062	029-2	085	118	067
006	065	028	077	046			
	067		088	056：1			
			154	056：5			

送	遣	近	道	洒	復	往	循
117	115	011	008	053	054	003	012
		101	074	116	077	079	
						115	
						116	

徐	徧	後	得		御	延	行
052	021-1	071	011	107	063+157	022	012
055		077	056	108	082		015
		113	077	110			071
			097				084
			105				088：3

行	衛	齒	踐	距	十	
088：9	081	017	042	026	010：4	068：7
113					010：11	068：13
					017	069
					054	089
					060	092

以上第二篇　文四十三

十	千	廿		卅	冊	言	
105	049	023	096	012	090	008	050
107		054	110			018	074
158		081				025	
		090				043	
		091				046	

語	諒	謹	訊		信	誠	誕
050	059-1	084	050	058	014	043	063
		089	052	153			091
		138	055				
			057：1				
			057：6				

譙	詰	音	善	對	丞	與	為
043	050	042	074	111	063	022	033
	084		131			051	043
							055
							062
							063

為	鬭	及		取	卑	史	事
087	118	011：1	108	033	026	118	133
101		011：8		054			145
		020		101			
		024：2					
		024：4					

書	堅	臣	寸	將	皮	啟	故
044	004	011	017	081	118:6	055	016
054				091	118:11		021-2
057				095			056
111							062
153							071

故		更	牧	用		皆	者
074	096	021-1	097	047		018	012
077	100	038				106	015
080	153	042			以		029-1
081		131			上第三篇　文三十八		043
091							053

智	翟	雞	離	雄	雌	鳥	於
008	026	004	009	072	073	009	021-2
012		072	026	073：2		059-2	077
018		073		073：9		076	
050		095				103	
100		117					

畢	惠	予	敢	受	死		腫
115	156	061	014	003	044	149	007
		111	039	024	076	154	
				048	084		
				116	095		
					099		

脯	腐	肥	則	劇		等	
077	084	053	081	059-1		012	074
079：4			107			023	099
079：12					以上第四篇　文二十二	053	100
						058	107
						067	113

等　　　笞　　　笞　　　　　管　　　其

等		笞		管	其		
133	082	004	076	117	008	061：16	111
153		008	089		018	073	113
155		051：9	105		029-1	079	118
		051：11	107		044	097	156
		059-1	110		061：5	101	

第	典	左	工	巨	甘	曰	曰
003	097	022	082	007	090	008	052
010		099				020	056：3
068		111				029–2	056：10
069						047：3	057
090						047：11	071：4

曰	乃	可		平	嘗	嘉	虖
071：8	012	003	052	042	047	059-1	105
074	015	011	085	090			
117	067	022	118	103			
153	115	023					
154		043					

盈	去	主	即	食		餘	合
067	044	091	022	039	089	011	022
108：6			039	053	092	015：9	
108：12			046	079：2	108	015：18	
			063	079：8			
			111	087			

今	舍	入		内	侯	高	尤
017	029–1	003	088	046	096	017	003
022	052	022	095	053：3		054	
059–1	091	055	099	053：13		090	
	096	080	103	054		103	
	101	082	108				

就	來		木		楺	楊	樹
108	074		010	101	156	156	001
	111		054				007
		以上第五篇　文三十四	068				
			069				
			090				

朱	枚	極	楯	案	棧	樂	橫
059-2	010	029-1	022	017	077	054	134
	060					106	
	068						
	069						
	090						

東	林	之		師	出

012	038	012	051	084	018	055	103
015		022	053	085		080	
		039	074			082	
		048	077：3			095	
		050	077：13			099	

南	華	員	固	財	贏	邑	都
067	052	107	056	017	082	015	026
138							092
							096
							106

郎	邪	巷		日		時	
099	111	111		023	088	042	079：14
				038	097	051：6	097
			以上第六篇　文二十八	042	113	051：12	108
				051	116	058	113
				053	141	079：9	

景	旦	朝	游	月		有	
111	042	053	081	007	075	007	057
		108		012	076	047：6	071
				015	081	047：9	100
				023	091	050	111
				073	096	052	118

夕	夜	裏	版	禾	種	年	租
097	077	068	054：3	024	024	081	073
	079	069	054：13		142	091	075
		090	061：7			096	
			061：14				

秋	麻	室	完	實		容	守
054	117	022	017	010	090	042	018
074		024	088	060			084
		089		062			
		095		068			
				069			

宫	穿	窮	痛	癰	最	兩	罪
054	118	050	116	007	047：2	046：10	137
082					047：10	046：14	154
117						092	

置　　　常　　　　　　　白　　　百

053	054	103	009	004	069：6	090	以
058	056			010	069：9	096	上第
118	080			011	081	158	七篇
	091			049	085		文三
	095			068	087		十五

人					伯	何	侍
011	046：7	085：5	101：5	158	047	057	079
012	046：11	085：11	101：8			071	113
015	046：15	091：8	106				
022	057	091：23	107				
023	062	096	115				

代	使		傷	備	從	北
042	008	080：4	103	017	100	015	012
	038	080：6				062	070
	062	089					099
	063	091					
	077	095					

監	身	卒	求	居		尺	屬
029–1	017	081	046	003	100	017	073
		092	061	024	106		075
		153	115	056			081
				089			091
				095			096

船	服	先	積	見	視	次	盗
021–2	130	079	081	085	022	050	014
136			096	097			

頸	德（願）	顯	縣	令		卷
118	079：1	014	077	033	118	118
	079：11		087	061		
			153	081		
				082		
				111		

以上第八篇　文二十五

畏	禺	山	崖	府	廣	庎	而
039	091	134	012	063	021-2	084	056
							070

豕	狼	兕		驅	鹿	麋	免
099	017	118		097	078	101	116
					084		
					088		

以上第九篇　文十七

犬	狂	類	鼠	能	然	黨	大
092	011	101	105	028	113	022	001
			107	116			004
			110				018
							063
							105

夷	亦	壺	夫	情	意	憲	慶
117	047	068	058	008	044	097	106
		069		059–1			

急	怒		水	江	池	潭	治
008	039	以上第十篇　文二十二	033	024	026	096	029-1

海	滿	浦	汜	沒	泊	泰	魚
067	117	010	085	080	147	017	039
						099	092

龍　　　非　　　　　　不

042	001		001	028：2	050	066	104
		以上第十一篇　文十五	008	028：4	056	071	105
			014：1	029–2	061：3	084	107
			014：5	039	061：11	088	111
			018	044	065	100	116

不	至	到	户	門	關	闔	耳
117	011	015	053	046	058	056	130
	020	113		055			
	088			058			
	097			082			
	135						

聞	掌	拱	抵	持	操	掾	承
003	080	096	106	070	039	044	153
133					111		

揄	失	女	妻	姑	奴	如	嬰
089	061	046	063	117	004	020	029–2
					105	025	052
						028	055：2
						156	055：4
							057：2

嬰	姦	毋	弗	戎	我	義	亡
057:8	055	017	088	015	046:9	092	044
		155	097		046:13		
					047		
					048		
					067		

望	無	張	引	弩	發		縱
097	047	091	081：21	081	053		071
	057		081：23	096			073
	062		096：20				075
			096：22				

以上第十二篇 文三十七

給	緹	紫	紽	繫	風	它	二
054	081	009	047：7	067：4	077	025	003
092			047：17	067：7			010
							023
							042
							087

二	凡	地	垣	在	坐	封	野
088	058	084	044	022	076	056	072
092		089		046			073
107							153
116							

田	時	畜	當		留	疆	勉
003	108	089	004	110	023	020	007
101			015				
			065				
			105				
			107				

勞		處	斤	所		載	軍
059-2		092	092	017	097	117	015
	以上第十三篇　文二十四	101		018	100		108
				055			
				058			
				074			

轉	輩	官		陵	陽	除	陛
062	115	004	075	110	085	001	116
		024	079				
		061：2	099				
		061：17					
		073					

四	五	六	七

021-2	073	015	096	010	060	091	012
023	075	033	105	011	068	096	073
049	076	069		017	072	115	081
054		081		023	073	158	087
068		089		054	081		091

七	九	萬	甲	乾	丙	丁	戊
113	060	015	080	092	029-2	082	053
	068:6				061		095
	068:10				099		

成	己	辛	辭		癸	子	丑
091	018：7	073	008	074	103	017	073
	018：10	075	052	087		087：2	075
		076	057：3	153		087：12	103
			057：9				
			062				

寅	卯	已		以			
080	076	029-1	079	008	058：7	074	111
		039	101	014	058：11	076	
		059-1	111	029-1：3	059-1	077	
		067	113	029-1：10	061	079	
		076		048	073	101	

午	未		臾	酒	戌		勢
099	020	115	042	027	061		043
	047			052	095		
	081			108			
	082						
	096						

以上第十四篇　文三十九

牁	賄	劈	驪	謏	苴	膾	諫
132	044	009	063	062	007	008	043

觙	壐	隌	槅	頎	簡 003	簡 005
033	061	061	061	010	003：8	005：1
					003：13	005：2
					003：14	005：4
						005：5

以上不见于《说文》 文十四

簡 006		簡 007	簡 009	簡 012	簡 013	簡 014	簡 016
006：2	006：8	007：1	009：1	012：7	013：1	014：10	016：1
006：3	006：9	007：6	009：2		013：3		
006：4	006：10				013：4		
006：6	006：11						
006：7							

簡 020	簡 026	簡 027	簡 039	簡 043	簡 046	簡 047	簡 048
020：3	026：1	027：1	039：4	043：6	046：1	047：13	048：1
020：7	026：11	027：4		043：9		047：18	048：2
		027：5					048：3
		027：6					048：4
		027：7					

簡 049	簡 051	簡 055	簡 066	簡 067	簡 070	簡 071	簡 076
049：1	051：1	055：3	066：1	067：12	070：1	071：3	076：1
049：2	051：3		066：3		070：5		
	051：5		066：4				
	051：7						
	051：8						

簡 081	簡 085	簡 087	簡 091	簡 100	簡 101	簡 104	
081：24	085：2	087：6	091：18	100：1	101：1	104：1	104：6
	085：8	087：8	091：19			104：2	104：7
			091：20			104：3	
						104：4	
						104：5	

簡 106	簡 115	簡 132	簡 133	簡 136	簡 138	簡 140	簡 143
106：6	115：11	132：2	133：2	136：2	138：2	140：1	143：1
			133：3				

简 147　　简 151　　简 158

147：2

151：1

158：1

158：2

以上未识别字　文九十一

图　版

（上为北）

图版一 南越国宫署遗址

1.蕃池刻"蕃"字石板

2.食水砖井底部石板

图版二　南越国蕃池和食水砖井

（东—西）

图版三　南越国宫署遗址曲流石渠遗迹

1. 一号宫殿东北角散水（东—西）

3. 戳印"华音宫"陶文器盖

2. 二号宫殿东北侧散水（西—东）

图版四　南越国一号宫殿和二号宫殿

1. 一号廊道东侧南段的散水明渠和地漏（南—北）　　　　　　2. 砖石走道（南—北）

3. 南越国宫城北墙（西—东）

图版五　南越国一号廊道、砖石走道和宫城北墙

1. J264叠压在南越国地层下（西—东）

2. 考古发掘人员在悬梯上清理井内堆积

图版六　J264发掘现场

1.井西侧竖井操作坑（西南—东北）

2.用钢筋、钢索固定井体

3.第六节井圈与井体分离

4.第六节井圈平移至竖井

5.第六节井圈起吊至地面

图版七　J264第六节井圈及木简整取现场

1.宋少华（长沙简牍博物馆馆长）与麦英豪先生（左）、韩维龙主任（中）解剖堆积层

2.章昀在清洗木简

图版八　J264 木简的清理与清洗

1.井壁西侧缺口和北侧陶管道（东南—西北）

2.井壁东侧缺口和北侧陶管道（西南—东北）

图版九　J264井壁及周边遗迹（一）

1.井口与东侧明渠、西侧沟槽、北侧陶管道（北—南）

2.井口东侧明渠与两侧铺砖（东—西）

图版一〇　J264井壁及周边遗迹（二）

1. 井口西侧沟槽（西—东）

3. 井壁由井砖和陶井圈筑成（西北—东南）

2. 井口北侧陶管道与木暗渠 G154（南—北）

图版一一　J264 井壁及周边遗迹（三）

1. 井底支垫木板与井砖（东—西）

2. 井底处井坑（下—上）

3. 井内第⑧～⑯层堆积层次（西—东）

图版一二　J264 井底结构、井坑与井内堆积层次

1. 井砖（J264：11）

2. 井砖（J264：12）

3. 井砖（J264：13）

图版一三　J264 出土井砖

1. 陶井圈（J264：14）

2. 筒瓦（J264：1）

3. 筒瓦（J264：3）

图版一四　J264 出土陶井圈和筒瓦

1. 筒瓦（J264：6）

2. 筒瓦（J264：7）

3. 筒瓦（J264：8）

图版一五　J264 出土筒瓦

1. 板瓦（J264：9）

2."公"字瓦片（J264：2）

4. 方格纹陶片（J264：15）

3."公"字瓦片（J264：10）

5. 方格纹陶片（J264：16）

图版一六　J264 出土陶板瓦、"公"字瓦片和陶片

1. J264 出土动物骨骼

2. J264 出土动物骨骼

图版一七　J264 出土动物遗存

1. 第⑧层出土种子

2. 第⑧层出土甜瓜籽等种子

图版一八　J264 出土植物遗存（一）

1. 第⑧层出土杨梅等果核

2. 荔枝核

3. 荔枝

4. 树叶

图版一九　J264 出土植物遗存（二）

除大樹围□□□□□□□不

除大
橙
非
小
忿
禾

释文　　摹本　　黑白照片　　彩色照片

图版二〇　简 001

冘往田歷居可二□受聞第苑□□入

释文

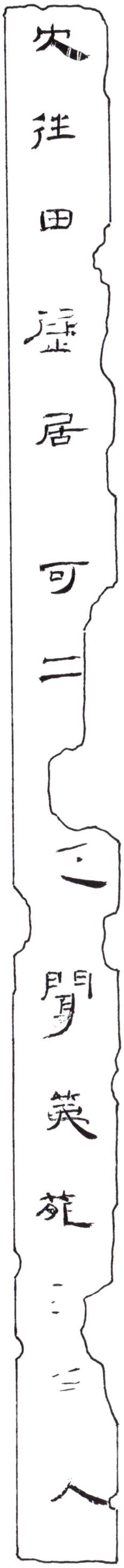

摹本

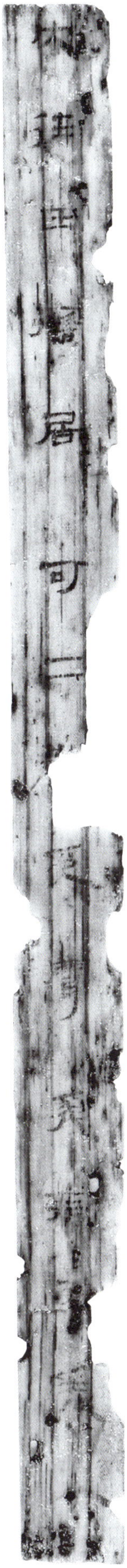

黑白照片

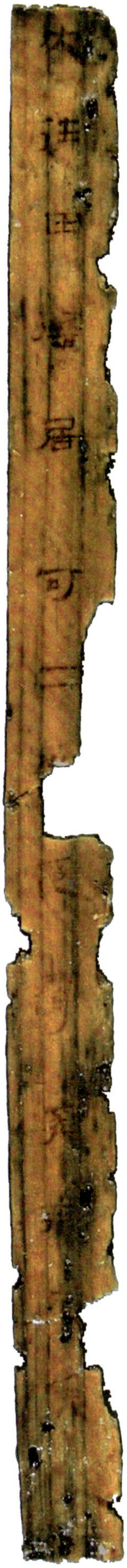

彩色照片

图版二一　简003

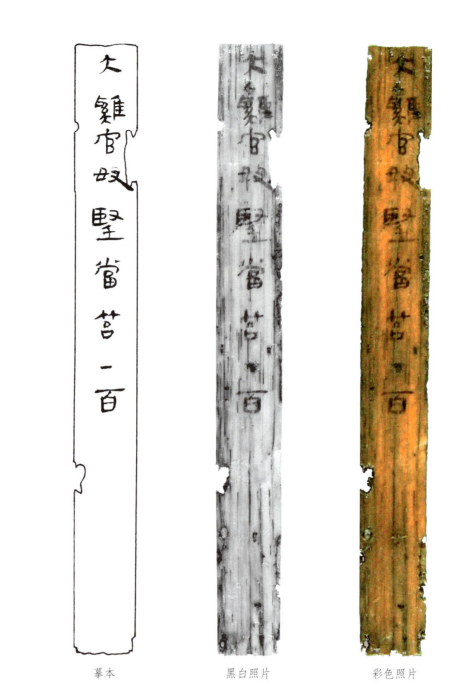

大雞官奴堅當笞一百

释文　　　　摹本　　　　黑白照片　　　　彩色照片

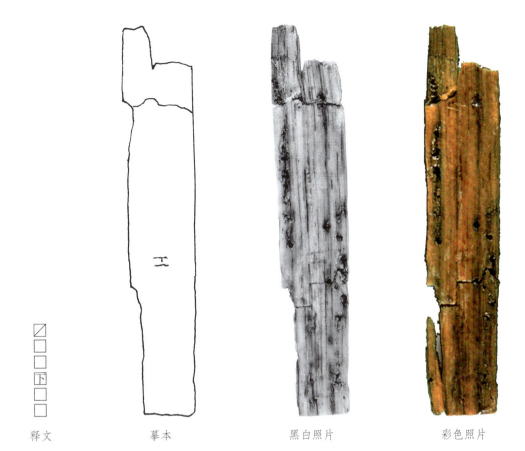

释文　　　　　摹本　　　　黑白照片　　　　彩色照片

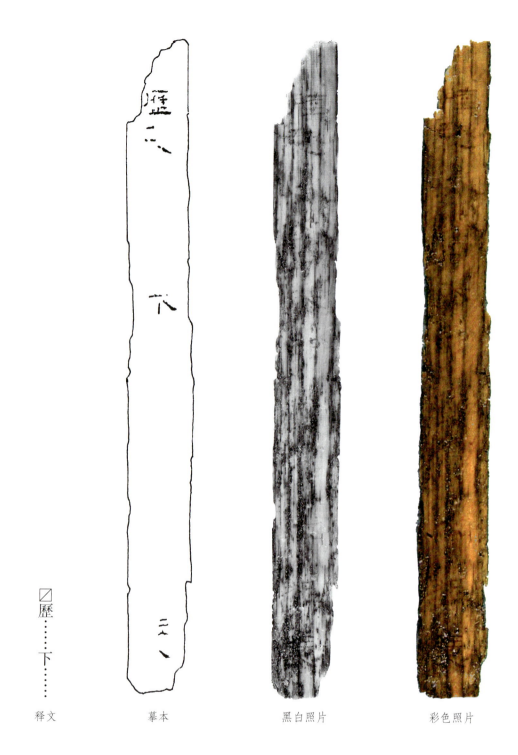

☑歷
……
下
……

释文　　　　摹本　　　　黑白照片　　　　彩色照片

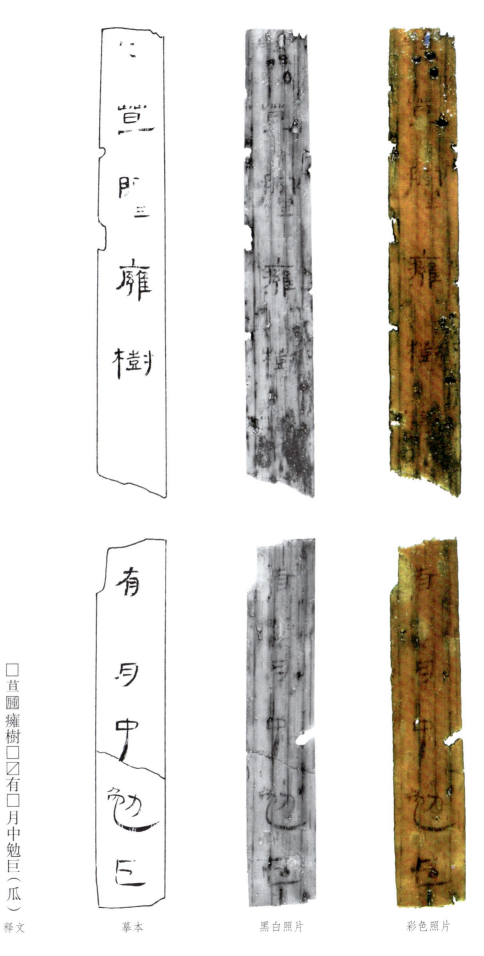

□苴▨膧瘫樹□□有□月中勉巨（瓜）

释文　　　　　　　摹本　　　　　　黑白照片　　　　　彩色照片

□其急道言情辤（辭）曰以□使笞智膾□□

| 释文 | 摹本 | 黑白照片 | 彩色照片 |

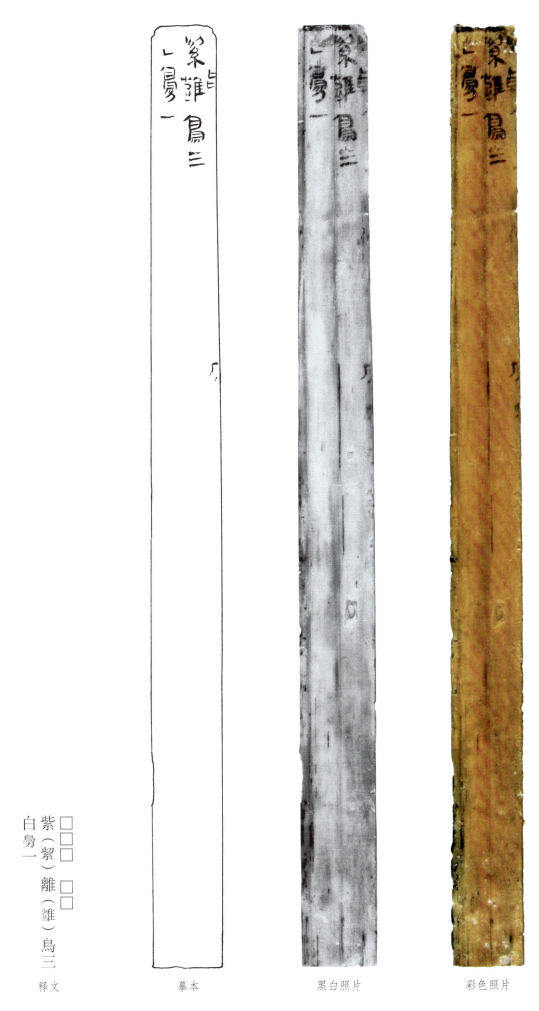

白鴞一　　　白鴞一

紫（緊）離（雉）鳥三

□□□

□□

□

释文　　摹本　　黑白照片　　彩色照片

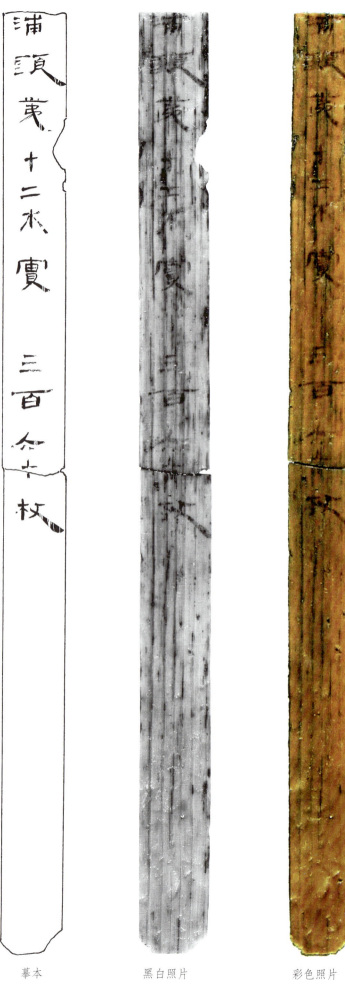

浦頓（頓）第十二木　實三百六十枚

□及餘臣得至下狂及近人可六百□

释文　　　　摹本　　　　黑白照片　　　　彩色照片

乃智（知）之菌（遲）等上□者卅七人循北崖東行一月

释文　　　　摹本　　　　黑白照片　　　　彩色照片

☑
☐
三
⋮
虎
⋮
☐

释文　　　摹本　　　黑白照片　　　彩色照片

图版三一　简 013

□不敢盗苟不信顯以問□

释文　　　　摹本　　　　黑白照片　　　　彩色照片

□問菌（遲）邑人從軍五月餘乃當到戎（戌？）東行者萬餘

释文　　摹本　　黑白照片　　彩色照片

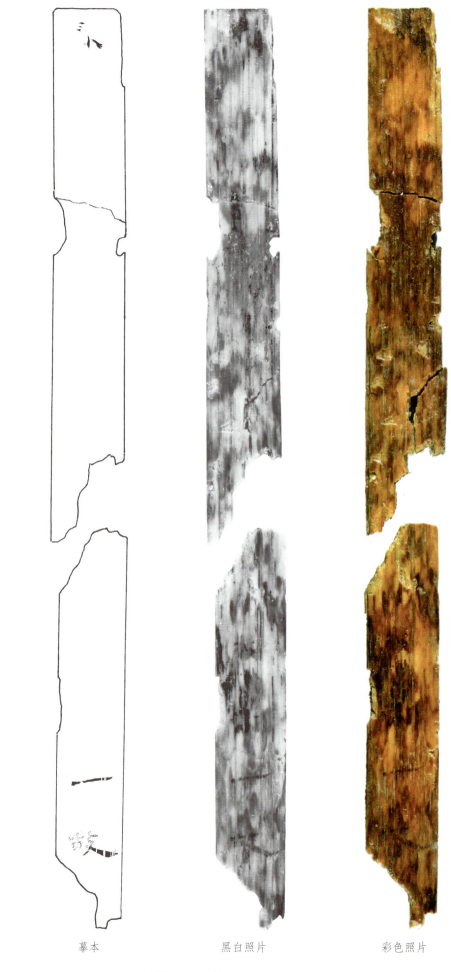

□……
一故
☑

释文　　　　　摹本　　　　　黑白照片　　　　　彩色照片

图版三四　简016

王所財（賜）泰子今案齒十一歲高六尺一寸身園毋狠傷

释文　　摹本　　黑白照片　　彩色照片

皆不智無所言已

皆不智其所言己□大己守師

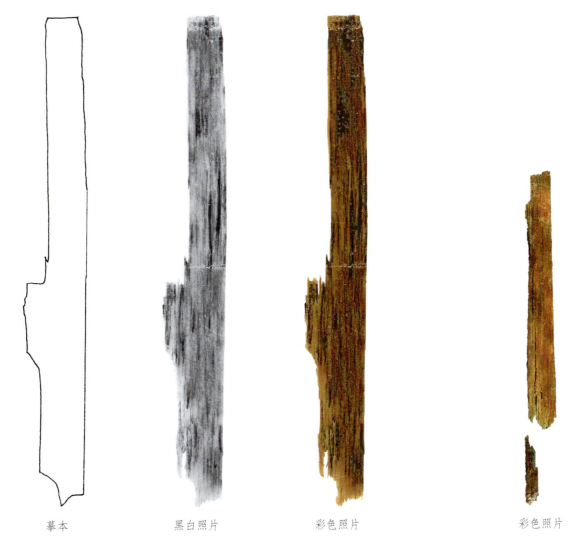

摹本　　　　　　黑白照片　　　　　彩色照片　　　　　　　　彩色照片

简 020

☑
及疆☑
至如曰☑
未

释文　　　摹本　　　黑白照片　　　彩色照片

简 021–1

☑
徧
更

释文　　　摹本　　　黑白照片　　　彩色照片

图版三八　简 020、简 021–1

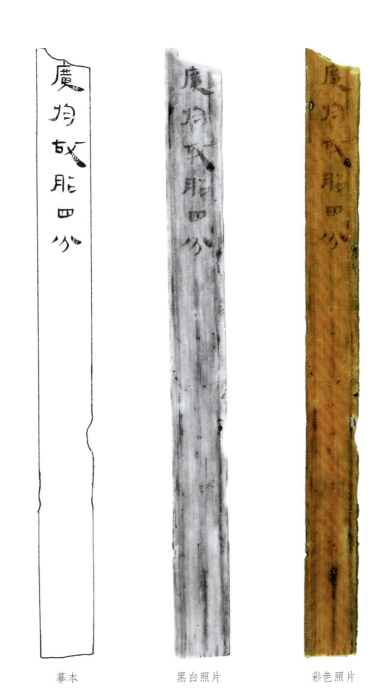

□
廣
於
故
船
四
分

釋文　　　　　　摹本　　　　　黑白照片　　　　彩色照片

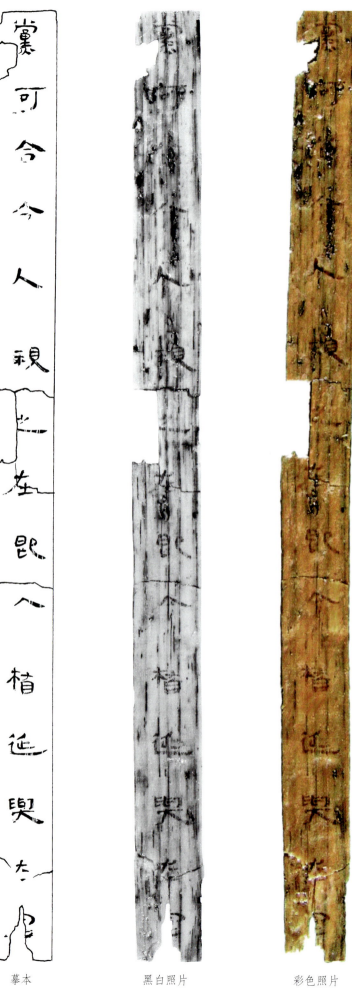

黨可合令人視之在即入楯（植）延與左室

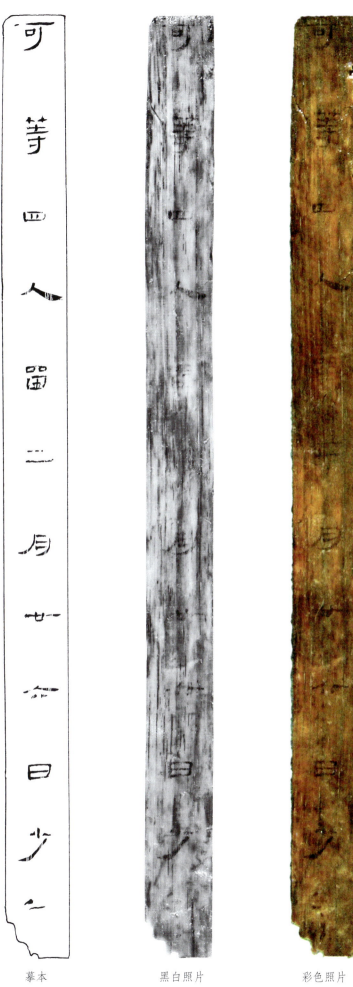

可等四人留二月廿六日少半

释文　　　　摹本　　　　黑白照片　　　　彩色照片

江及官及受禾穜居室□

释文　　摹本　　黑白照片　　彩色照片

□□距上莫蕃翟蒿蒿蕃池□離離吾都卑

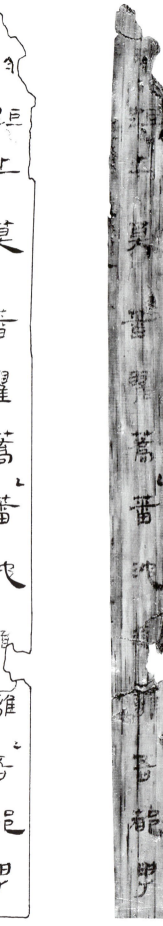

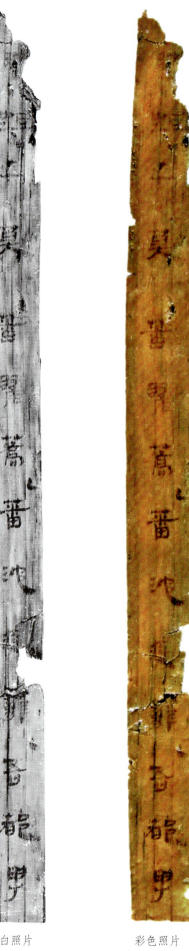

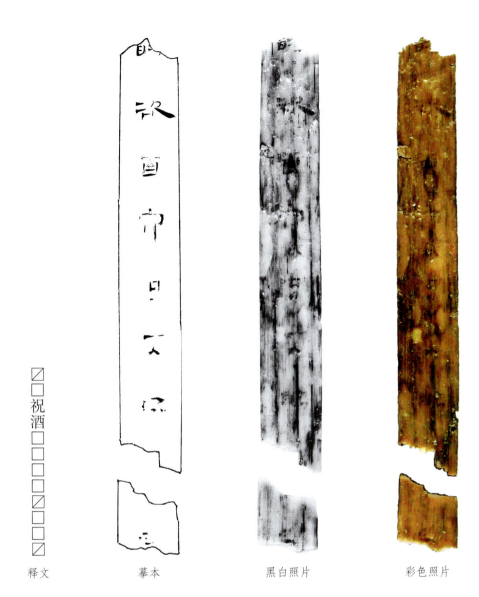

□□祝
酒□□
□□□□
□□□□
□□□□
□□□□
□□□□
□□□

释文　　　　摹本　　　　黑白照片　　　　彩色照片

□歲不蘖不能如□

释文　　摹本　　　黑白照片　　彩色照片

□極者以治其監舍气已以

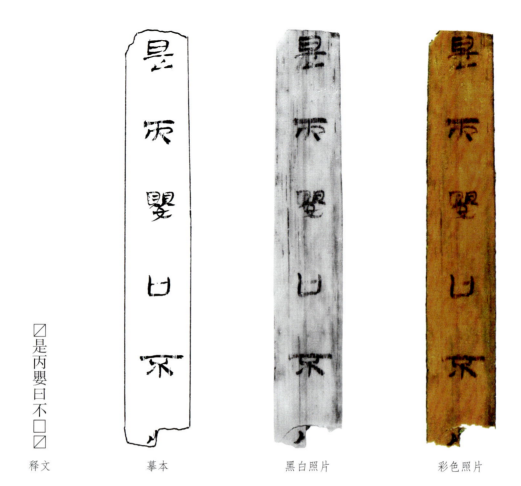

☑是丙嬰曰不□☑

释文　　　　　摹本　　　　　黑白照片　　　　　彩色照片

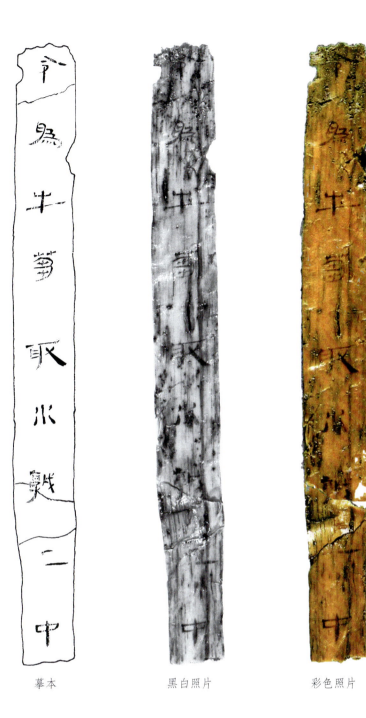

□令爲牛蒭取水䶊五中□

释文　　　摹本　　　黑白照片　　　彩色照片

□日匣林使

释文　　　　　摹本　　　　黑白照片　　　　彩色照片

图版五〇　简 038

□甌畏不□怒已即操魚歸□□食之

二日平旦時龍容踐更代畱叟

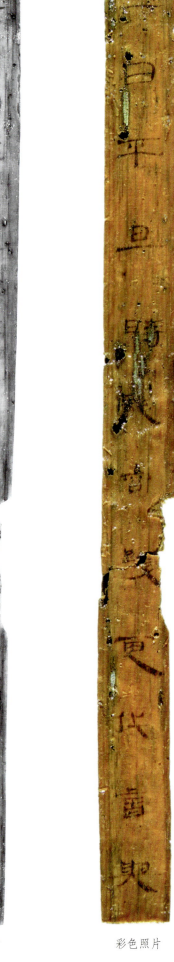

二日平旦時龍容踐更代畱叟

释文　　　　　　　摹本　　　　　　黑白照片　　　　彩色照片

誰爲牛可者□誠䜌□言勞

書不意其掾垣去亡死囲

释文　　摹本　　黑白照片　　彩色照片

图版五四　简 044

□□女問是門即人求我兩人言我兩人在內中

释文　　　摹本　　　黑白照片　　　彩色照片

問最曰伯亦有統無有最曰我□未嘗用統□

□……以我受之

释文　　　　　摹本　　　　　黑白照片　　　　　彩色照片

简 049

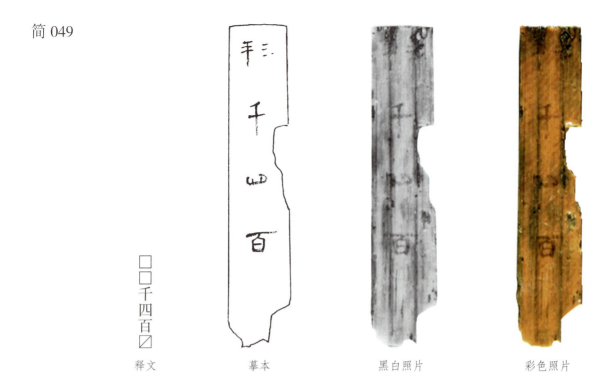

□□千四百□

释文　　　　　摹本　　　　黑白照片　　　　彩色照片

简 059-2

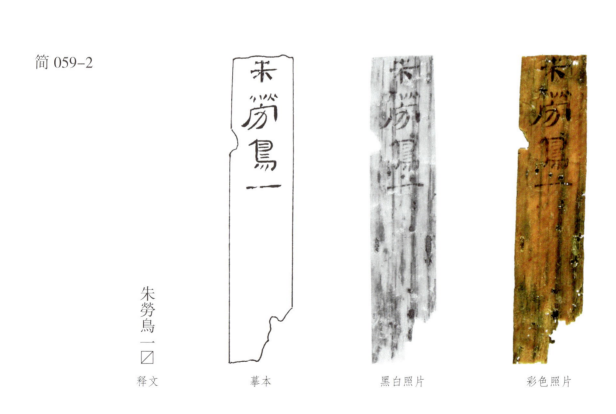

朱勞鳥一□

释文　　　　　摹本　　　　黑白照片　　　　彩色照片

次訊言語有不智詰窮之□

釋文　　　　摹本　　　　黑白照片　　　　彩色照片

□日□與□時□□笞之笞時

食之内中洒者少肥戊等朝發内户置蒻日中

释文

摹本

黑白照片

彩色照片

田八版囷給常書內高木宮四版樂復取廿六

释文　摹本　黑白照片　彩色照片

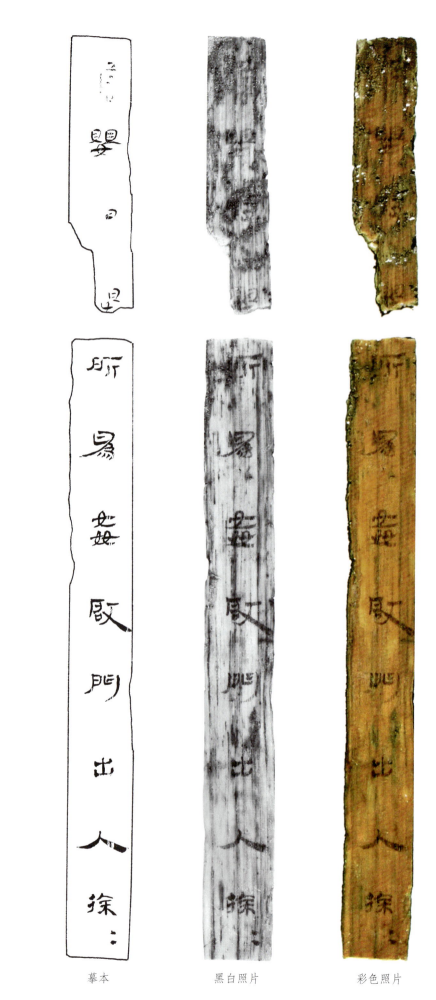

訊嬰□嬰□所爲姦啟門出入徐徐

释文　　摹本　　黑白照片　　彩色照片

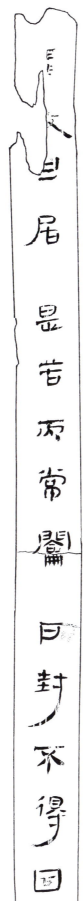

□虽叚曰居是苦而常闟曰封不得固

释文　　　　　摹本　　　　　黑白照片　　　　　彩色照片

图版六五　简 056

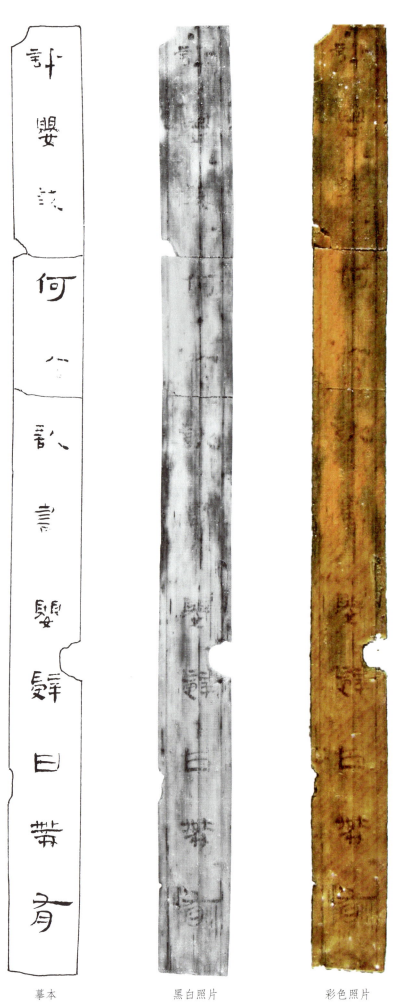

訊嬰辤（辭）何人訊書（？）嬰辤（辭）曰無有

释文　　　　摹本　　　　黑白照片　　　　彩色照片

訊夫董等凡所以置門關以時□

釋文　　　摹本　　　黑白照片　　　彩色照片

释文　　摹本　　黑白照片　　彩色照片

□今（令）吏以笞諒（掠）問嘉已劇情

釋文　　　　　摹本　　　　黑白照片　　　彩色照片

臨官不求其隔版丙戌失不以隔版予其官令

釋文　　　　　　摹本　　　黑白照片　　　彩色照片

問故轉辤（辭）從實從實無讟使人爲此

釋文　　　　摹本　　　　黑白照片　　　　彩色照片

图版七一　简 062

简 063（长）

简 157（短）

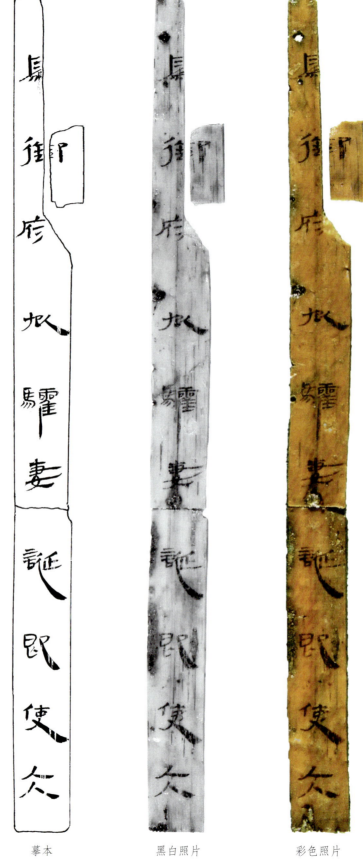

□□爲御府丞驪妻誕即使大

释文　　　　摹本　　　　黑白照片　　　　彩色照片

简 065

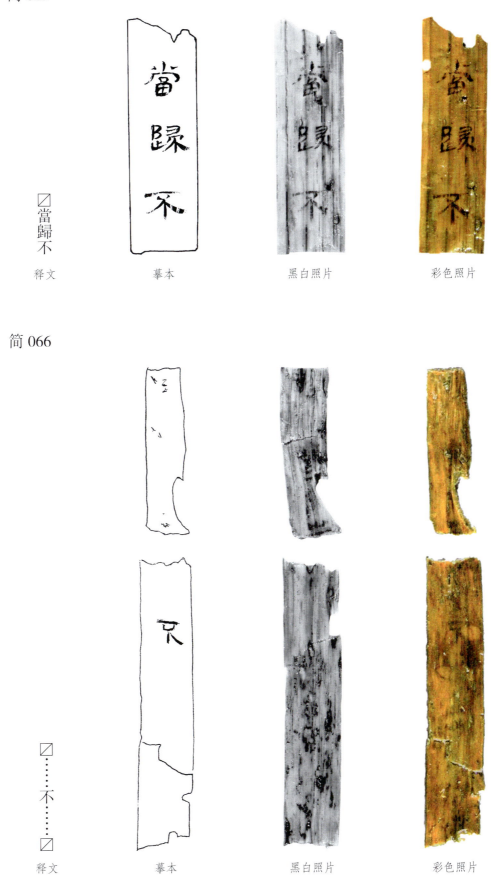

□當歸不

释文　　　　摹本　　　　黑白照片　　　　彩色照片

简 066

□
……不……
□

释文　　　　摹本　　　　黑白照片　　　　彩色照片

图版七三　简 065、简 066

□還我等毄（繫）盈巳毄（繫）乃歸南海□□

释文　　　　摹本　　　　黑白照片　　　　彩色照片

壶棗一木第九十四　實九百八十六枚

釋文　　摹本　　黑白照片　　彩色照片

壷棗一木第百　實三百一十五枚

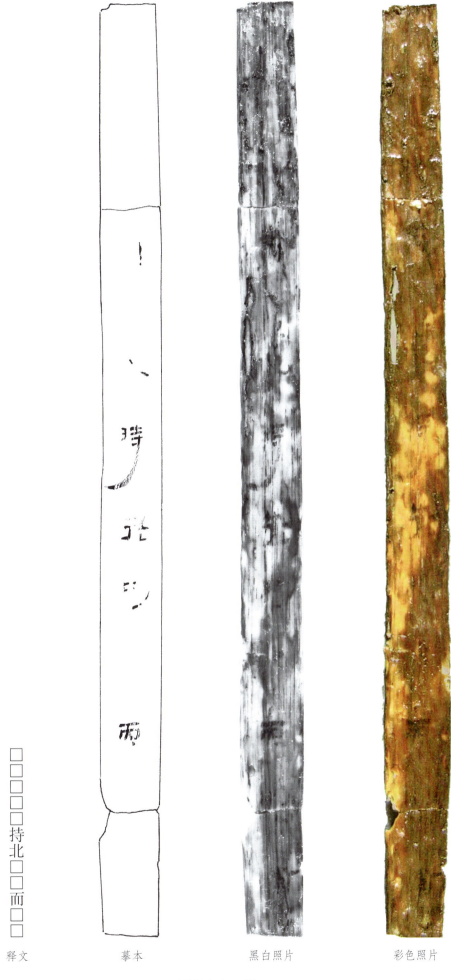

□□□□□
□持北□□
□□而□□
□□□

释文　　　　　　摹本　　　　黑白照片　　　彩色照片

图版七七　简 070

釋文	摹本	黑白照片	彩色照片
□□縱□□日不行後日有何故			

野雄雞
六

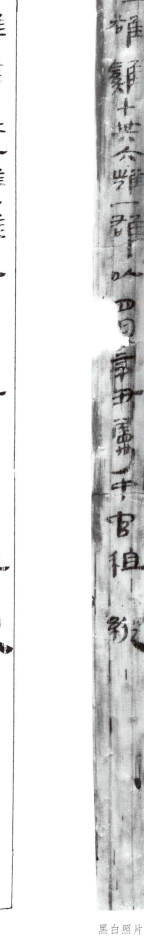
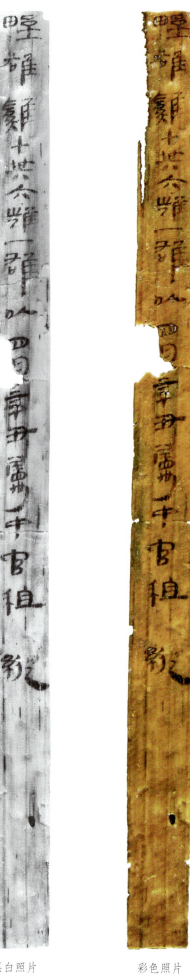

野雄雞七其六雌一雄以四月辛丑屬中官租　　縱

釋文　　　　　　　　　摹本　　　　黑白照片　　　彩色照片

故善道言之辟（辭）曰秋等所以來

释文

摹本

黑白照片

彩色照片

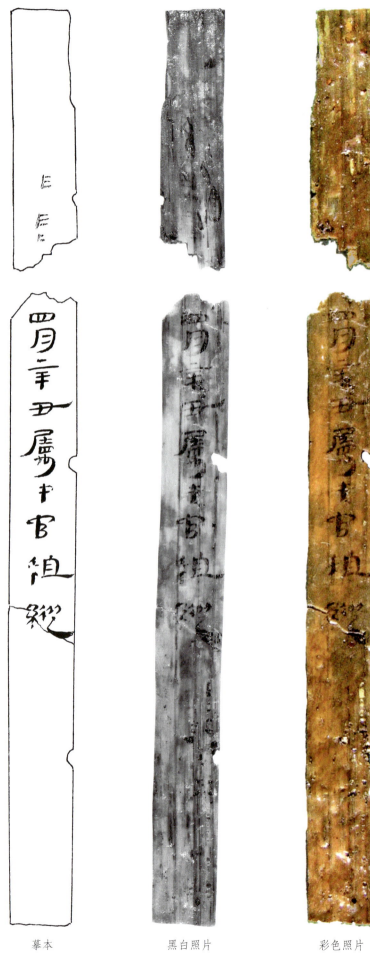

……□四月辛丑屬中官租　縱

释文　　　摹本　　　黑白照片　　　彩色照片

□□鳥□一以四月辛卯死巳坐笞□

释文　　　摹本　　　黑白照片　　　彩色照片

蓬復之使脯得風此夜以故縣（懸）之於棧上後▢

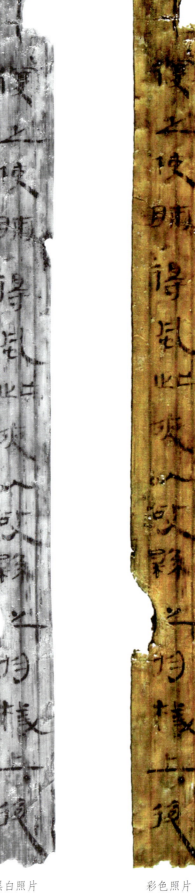

释文　　　　　　　　　摹本　　　　　　黑白照片　　　　　彩色照片

图版八四　简 077

牡
鹿
一

释文　　　　摹本　　　　黑白照片　　　　彩色照片

图版八五　简 078

甲寅常使汲使覃殹　出入

释文　　摹本　　黑白照片　　彩色照片

近（赿）弩令緹故游衛特將則卒廿六年七月屬　五百積引未引□

释文　　　摹本　　　黑白照片　　　彩色照片

丁未御工令嬴上筍宮門　出入

詰厈（斥）地唐地唐守苑行之不謹鹿死腐

釋文　　　　摹本　　　　黑白照片　　　　彩色照片

图版九〇　简 084

陽□氾見人迹可□三百人之

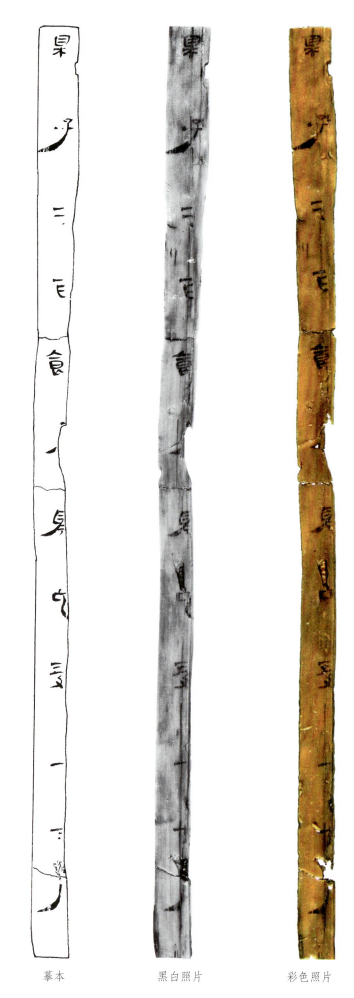

縣
子
二
百
食
□
為
□
辟
（
辭
）
二
七
子

不入行此菅中鹿弗行至二日　完

释文　　　　摹本　　　　黑白照片　　　彩色照片

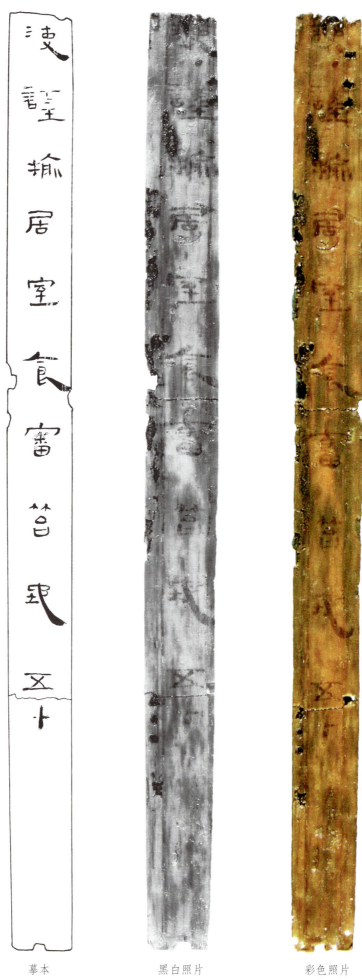

使謹揄居室食畜笞地五十

释文　　　摹本　　　黑白照片　　　彩色照片

高平甘棗一木第卅三　實四百廿八枚

釋文　　摹本　　黑白照片　　彩色照片

□張成故公主誕舍人廿六年七月屬　將常使□□□蕃禺人

釋文 　　　　　摹本 　　　　黑白照片 　　　　彩色照片

乾魚三斤十二兩　給處都卒義犬　食

釋文　　　　摹本　　　　黑白照片　　　　彩色照片

戊戌常使將下死雞居室　出入

释文　　　　摹本　　　黑白照片　　　彩色照片

近（赾）弩拱都嚴故潭侯舍人廿六年八月屬　五百積引未引曰

释文　　　　　　摹本　　　　黑白照片　　　彩色照片

图版九九　简096

弗得至日夕時望見典憲驅其所牧

释文　　摹本　　黑白照片　　彩色照片

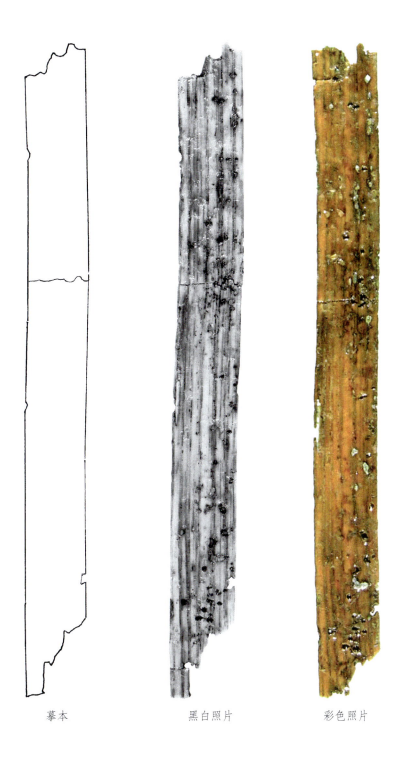

摹本　　　　　　黑白照片　　　　　　彩色照片

丙午左北郎豖等下死靈泰官

出入

丙午左北郎豖等下死靈泰官　出入

释文　　　摹本　　　黑白照片　　　彩色照片

□□有不智備等所居故

釋文　　　　摹本　　　　黑白照片　　　　彩色照片

□麋處近人田舍人類已取其木以爲

释文　　　　　　　　摹本　　　　　　　黑白照片　　　　　彩色照片

墓本　　　　　　　黑白照片　　　　　　　彩色照片

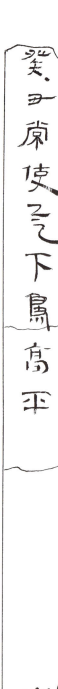

癸丑常使气下鳥高平

出入

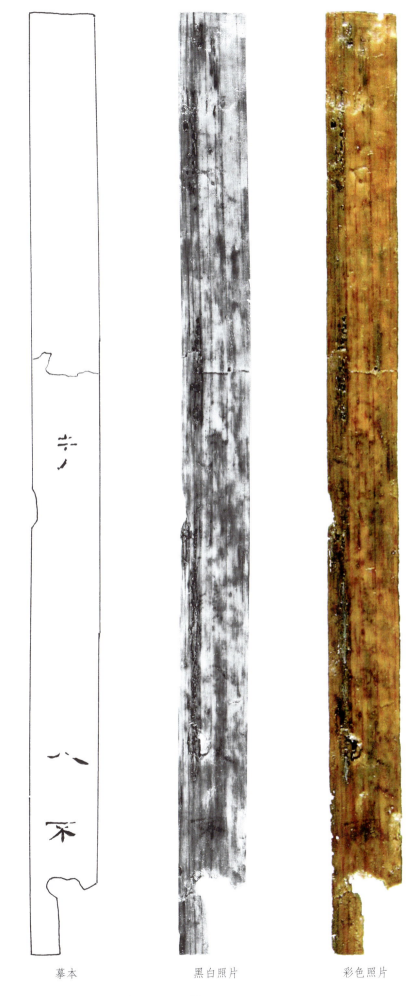

大
奴
虜

不
得
鼠

當
笞
五
十

释文

摹本

黑白照片　　　　彩色照片

□居前慶都人□抵皆樂

释文　　摹本　　黑白照片　　彩色照片

□則等十二人　得鼠中員　不當笞

軍時得入朝盈及時就酒食盈

| 釋文 | 摹本 | 黑白照片 | 彩色照片 |

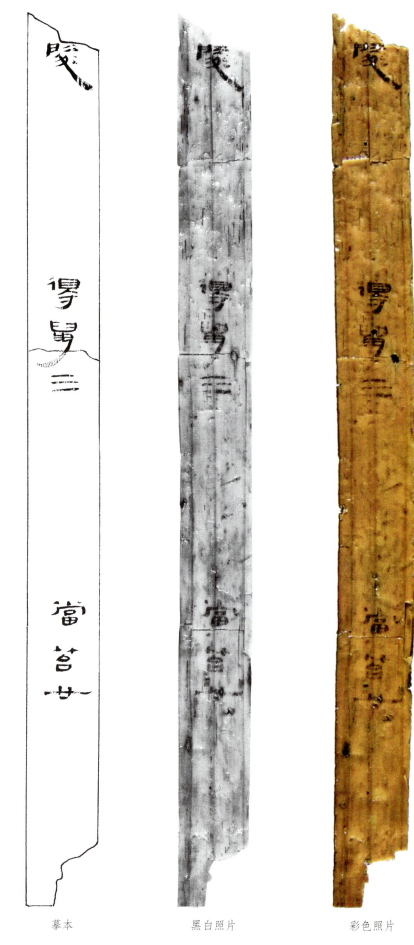

□陵

得鼠三　當笞廿

即操其書來予景巷令有左問不邪不邪已以對

即操其書來予景巷令有左問不邪不邪已以對

侍尚後行十日到其時然等已

侍尚後行七日到其時然等已

释文　　　　　　摹本　　　　　黑白照片　　　　彩色照片

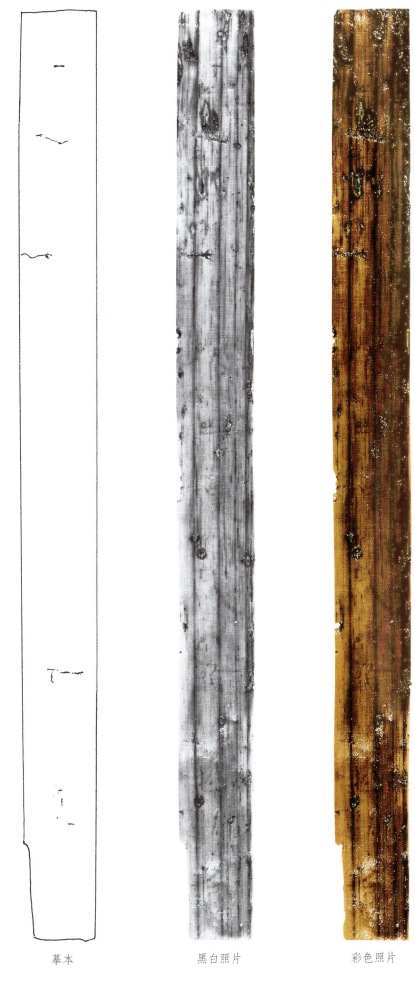

未畢蓐乃輩遣六人往求□☑

释文　　　　　　　摹本　　　　　．黑白照片　　　　　彩色照片

受不能囡痛遐往二日中陞下

释文　　　　摹本　　　　黑白照片　　　　彩色照片

不夷雞䦛管宮麻一曰姑囡載

释文　　　　摹本　　　　黑白照片　　　　彩色照片

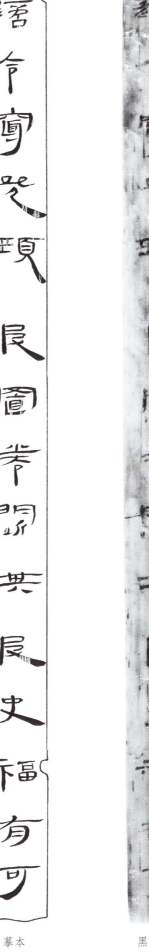

適令穿兒頸皮置卷關其皮史福有可（何）

釋文　　　摹本　　　黑白照片　　　彩色照片

简 130

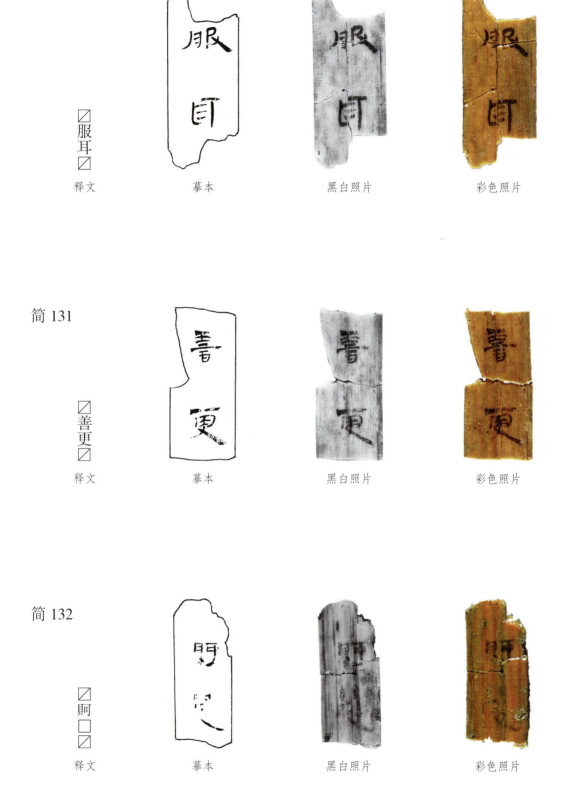

□服耳□

释文　　　　　　摹本　　　　　　黑白照片　　　　　　彩色照片

简 131

□善更□

释文　　　　　　摹本　　　　　　黑白照片　　　　　　彩色照片

简 132

□阿□
□□

释文　　　　　　摹本　　　　　　黑白照片　　　　　　彩色照片

简 133

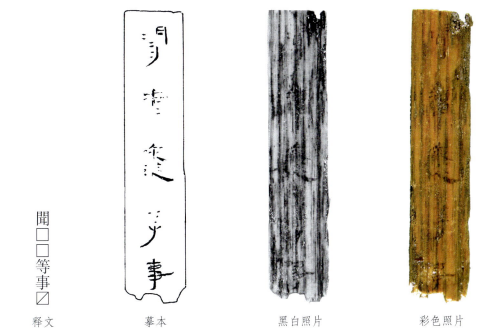

闻
□
□
等
事
☑

释文　　　　　摹本　　　　　黑白照片　　　　　彩色照片

简 134

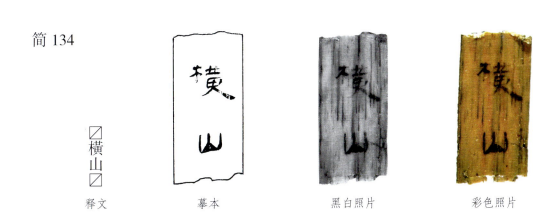

☑
横
山
☑

释文　　　　　摹本　　　　　黑白照片　　　　　彩色照片

简 135

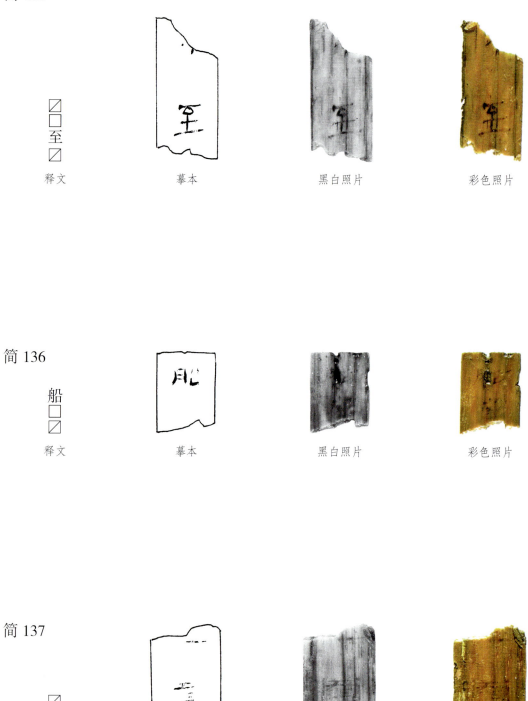

☑☑
☑至
☑

释文　　　　　摹本　　　　黑白照片　　　　彩色照片

简 136

船☑
☑

释文　　　　　摹本　　　　黑白照片　　　　彩色照片

简 137

☑☑
☑罪

释文　　　　　摹本　　　　黑白照片　　　　彩色照片

简 138

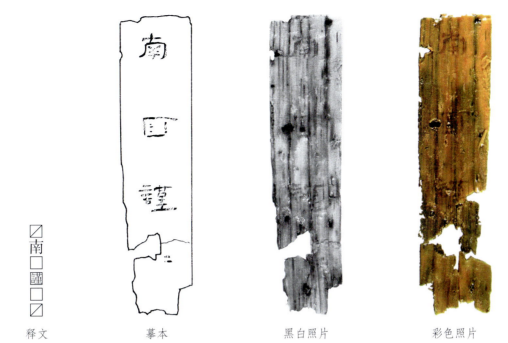

☑
南☐
謹
☐☑

释文　　　　摹本　　　　黑白照片　　　　彩色照片

简 139

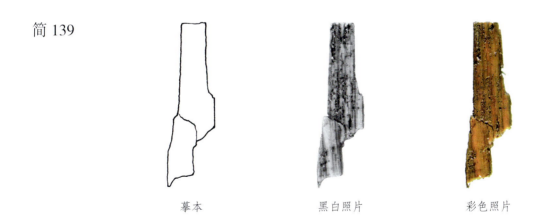

摹本　　　　黑白照片　　　　彩色照片

简 140

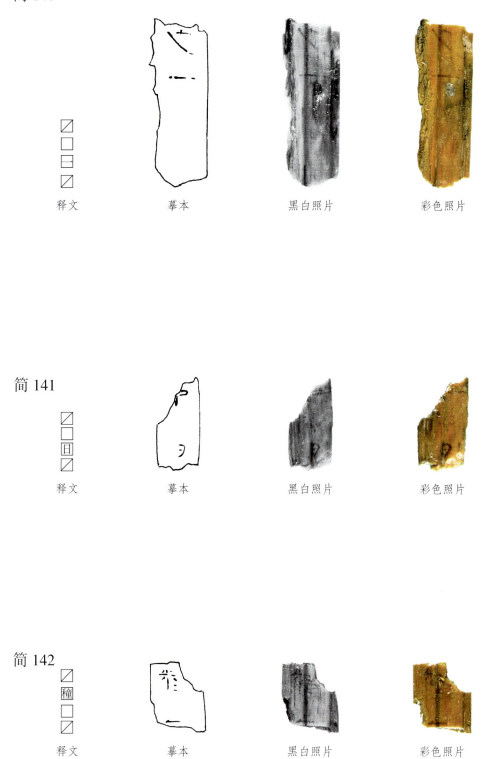

☒			
□			
□			
☒			
释文	摹本	黑白照片	彩色照片

简 141

☒			
□			
田			
☒			
释文	摹本	黑白照片	彩色照片

简 142

☒			
種			
□			
☒			
释文	摹本	黑白照片	彩色照片

简 143

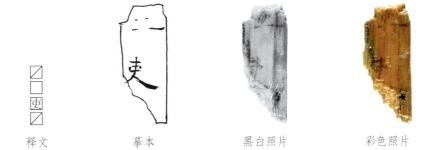

| 释文 | 摹本 | 黑白照片 | 彩色照片 |

简 144

彩色照片

简 145

| 释文 | 摹本 | 黑白照片 | 彩色照片 |

简 146

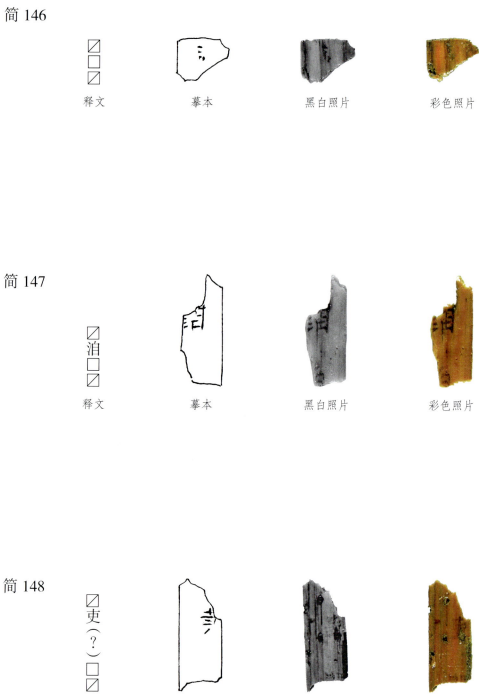

| 释文 | 摹本 | 黑白照片 | 彩色照片 |

简 147

简 148

简 149

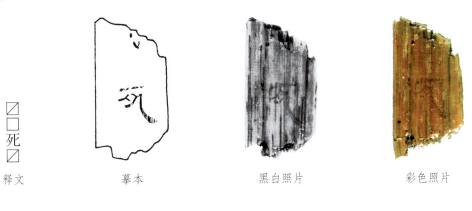

□□
□死
□□

释文　　　　　摹本　　　　　黑白照片　　　　　彩色照片

简 150

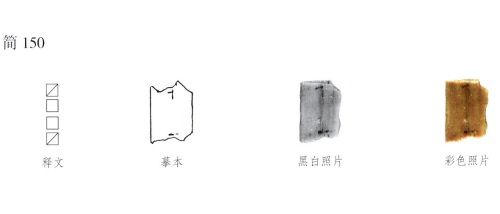

□□
□□
□□
□□

释文　　　　　摹本　　　　　黑白照片　　　　　彩色照片

简 151

□□
□□
□□

释文　　　　　摹本　　　　　黑白照片　　　　　彩色照片

简 152

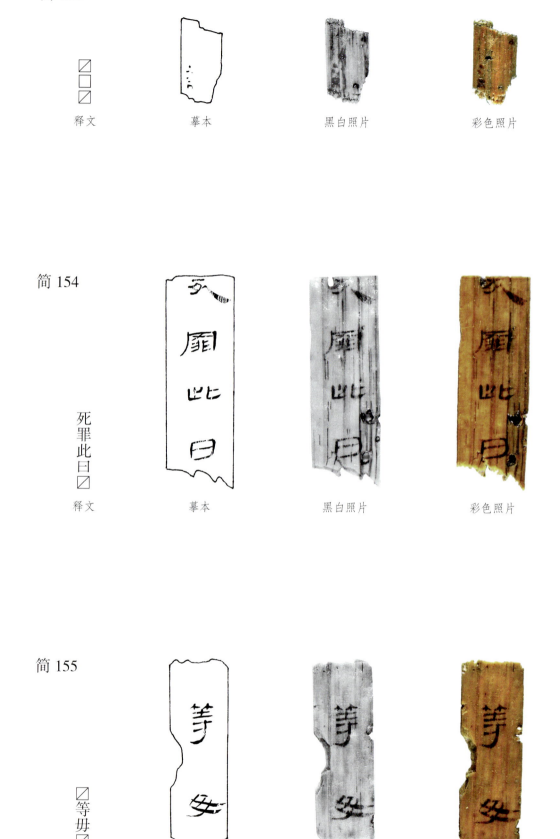

□
□
□

释文　　　　　摹本　　　　黑白照片　　　　彩色照片

简 154

死
罪
此
曰
□

释文　　　　　摹本　　　　黑白照片　　　　彩色照片

简 155

□
等
毋
□

释文　　　　　摹本　　　　黑白照片　　　　彩色照片

图版一二八　简 152、简 154、简 155

承書訊野等辟（辭）
曰縣卒故☑

释文 摹本 黑白照片 彩色照片

□楊楳其□□如惠□□

释文　　　　　　摹本　　　　　　黑白照片　　　　　　彩色照片

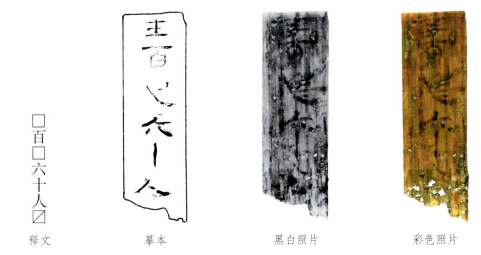

□百□六十人□

释文 摹本 黑白照片 彩色照片

背面　　　　　　　正面

1. 罗泊湾汉墓出土木牍（M1：161）

2. 罗泊湾汉墓 M1 出土木简与封泥匣

金
滕
一
□
□

释文

3. 南越王墓西耳室出土竹签牌（C61-2）

图版一三二　罗泊湾汉墓 M1 出土简牍与南越王墓出土竹签牌

1.桃金娘

2.甜瓜

3.截叶栝楼

4.冬瓜

5.桑

6.杨梅

1.芭蕉

2.罗浮柿

3.柿

4.君迁子

5.杜英

6.乌榄

1. 方榄

2. 荔枝

3. 枣

4. 南酸枣

5. 长叶茅膏菜

6. 山鸡椒

图版一三五　J264 出土植物遗存（五）

1.楝树

2.悬钩子属

3.榕属

4.葡萄属

5. 1号叶片

6. 2号叶片

图版一三六　J264出土植物遗存（六）

后　记

本报告是南越国宫署遗址系列考古发掘报告的第二本。

考古发掘不易，报告出版更难。从 2004 年底发现南越木简，用了两个月的时间发掘到现在发掘报告的正式出版，已经是整整 18 个年头了。

当初木简面世，被誉为"南越第一简"，引起学界和社会重视。按照国家文物局的要求，2005 年 5 月 25 日，广州市文化局进京汇报南越木简和南越国宫署遗址考古发掘情况。国家文物局局长单霁翔，副局长张柏，以及国家文物局专家组宿白、郑孝燮、傅熹年、徐苹芳、黄景略和罗哲文等先生听取汇报后，高度肯定了南越木简发现的重大意义，决定以《文物要情》上报中央政治局常委，另请中央电视台等新闻媒体广为报道。同时国家文物局专家组就南越木简的保护研究提出三点意见：一是要用红外线拍摄；二是要抓紧木简的脱水保护；三是在继续做好南越国宫署遗址考古发掘的同时，将出土木简的渗水井作为独立的发掘单位，整理编写考古发掘报告，尽快出版。

为落实会议精神和专家意见，我们用红外线摄像机逐字拍摄木简；然后把木简送长沙简牍博物馆脱水（后来根据蔡敏编审的提示，请当时在长沙的文物出版社专职人员按出版要求拍摄木简的彩色照片和黑白照片）；邀请中国社会科学院考古院研究所黄展岳研究员、河南省文物考古研究院郝本性研究馆员对简文进行释读；与文物出版社商谈出版事宜，并经蔡敏编审的推荐邀请河北省文物考古研究院张守中研究馆员描摹简文。同时编写《广州市南越国宫署遗址西汉木简发掘简报》，后发表在《考古》2006 年第 3 期。由于当时考古发掘任务紧迫，而筹建南越王宫博物馆又紧锣密鼓，再加上木简整理的技术问题，直到 2008 底年南越国宫署遗址大规模考古发掘结束时，木简的研究仍在进行，报告还未脱稿。

2009 年初，我调任广州市文物考古研究所，广州市文化局党委书记徐咏虹问我有何需求，我回答唯一的要求就是继续把《南越木简》完稿出版。但是，我旋即去河南主持"南水北调"工程中河南省叶县杨南遗址的考古发掘，以后又忙于单位的日常事务和筹建南汉二陵博物馆，南越木简整理的事情又拖了下来。到了 2017 年 9 月我退休之前，为木简的整理报告的出版尽心竭力：一是落实了木简整理出版的相关经费；二是正式与文物出版社签定出版协议；三是将前些年整理收集的全部考古资料，包括木简释文、照片、摹本等交付给莫慧旋，嘱咐她和刘瑞合力完成木简发掘报告的出版任务。

2018 年 1 月，广州市文物考古研究院、中国社会科学院考古研究所和南越王宫博物馆（联合发掘南越国宫署遗址的三家单位）联席会议决定，自 2018 年起分阶段开展南越国宫署遗址 2000 ~ 2009 年考古发掘资料整理和报告出版工作，并确认《南越木简》报告位列其中。2019 年 10 月，

《南越木简》发掘报告初稿通过专家论证并交付文物出版社。后来又几度易稿，如今终得付梓。

本报告凝聚了参与、关心、支持南越国宫署遗址发掘和保护工作各方人士的心血。已经仙逝的著名考古学家宿白、徐苹芳和麦英豪等先生，最早提出单独整理出版木简发掘报告的意见并给予具体指导，尤其是麦英豪先生，在木简的发掘保护中发挥了重要作用。中国社会科学院考古研究所刘庆柱、白云翔、黄展岳研究员，河南省文物考古研究院郝本性研究馆员，河北省文物考古研究院张守中研究馆员，长沙简牍博物馆宋少华研究馆员等专家对资料整理和报告编写给予热心指导。南越王博物院陈伟汉、全洪、李灶新，广州市文物考古研究院冯永驱、朱海仁、易西兵等专家为资料整理及报告编写提出了宝贵意见和建议。原南越王宫博物馆筹建处书记陈茹，南越王博物院温敬伟、乐新珍、胡锦锋等也为报告编写提供了帮助。

广州市文化广电旅游局刘瑜梅局长、刘晓明副局长对报告出版十分关注并鼎力支持，原广州市文化广电新闻出版局二级巡视员陈玉环女士从木简发现到资料整理、报告编写都给予充分关注。

在此，谨向所有参与、帮助、关心和支持南越木简发掘、资料整理和报告编写的领导、专家和同仁表示诚挚的感谢！

考古发掘领队：冯永驱，白云翔

考古工地现场负责人：韩维龙，刘瑞

本报告由韩维龙、刘瑞、莫慧旋主编，刘瑞、莫慧旋、余翀、赵志军、王树芝等分别执笔。具体执笔分工如下：

上编第壹、贰、叁、伍章由莫慧旋执笔；

上编第肆章由莫慧旋、刘瑞、杨松山执笔；

中篇第壹章由刘瑞执笔；

中篇第贰章由中山大学社会学与人类学学院余翀，中国社会科学院考古研究所袁靖、杨梦菲执笔；

中篇第叁章由中国社会科学院考古研究所赵志军执笔；

中篇第肆、伍、陆章由中国社会科学院考古研究所王树芝执笔；

下编由莫慧旋、刘瑞执笔，中国社会科学院大学研究生刘起云、武汉大学研究生姜修翔作出了贡献。

本报告遗迹图由余保国主要负责，遗物图由朱汝田负责，田野考古照片由韩维龙、刘瑞、莫慧旋提供，室内照片由何民本、麦穗丰以及文物出版社提供，摹本由张守中提供，拓片由黎振安提供。文字图片排版、表格制作、生僻字合成由莫慧旋完成，统稿和校稿由刘瑞、莫慧旋负责，最后由韩维龙审校定稿。

本报告旨在客观、完整、真实地向全社会公布南越木简及相关考古资料。因主客观因素，报告出版延迟至今，谨致歉意。囿于学识水平，报告中错漏之处在所难免，祈请各位专家、学者和读者批评指正。

2022 年 12 月